U0035510

大漠孤客

蔣介石與盛世才關係揭秘

崔保新——著

獻給李安華

我的妻子、密友、伴侶及創作之源

自序

在新疆民國史上，無論功罪如何，盛世才是一個繞不過去的人物。先從時間長度看，在民國三十九年的治疆史中，楊增新十七年，金樹仁五年，盛世才近十二年，餘後五年，竟先後換了四任封疆大吏。再觀歷史階段，盛世才自崛起到調離新疆，適逢中日戰爭及二戰期間，在大歷史、大舞臺、大人物博弈中造就了盛世才。此間，國際關係、黨際關係及新疆民族宗教的複雜性，使盛世才變得異常複雜敏感。盛世才功在此間，罪在此間，定論與分歧亦在此間。

盛世才是個特別複雜的人物。他心中曾嚮往蘇式共產主義，崇拜史達林，思想言行傾向中國共產黨，但他又不得不置身於國民黨陣營。單以能力和能量而言，盛世才算是時代牛人。然而，他遊走於國共兩大陣營之間，一會兒紅色，一會兒白色，一會兒自稱非紅非白，自我標榜為獨立的政治集團。因此，解碼盛世才，有助於弄清上世紀三〇到四〇年代新疆錯綜複雜的黨際關係。

對於盛世才不能簡單定論，因為其不僅僅關係到盛本人、家人，亦牽涉到聯共、中共、國民黨，更關係到新疆在民國史上的定位問題。如果盛世才一身皆黑，那將如何定位新疆在二戰中發揮的獨特作用和貢獻呢？很難想像，一個殺人狂、獨裁者、獨夫民賊，竟欺騙了三大政黨，並領導了四百萬新疆人民十二年？是政黨、民眾瞎了眼，還是學者在說假話？

無論評價史達林、蔣介石、毛澤東這些領袖人物，還是定論楊增新、金樹仁、盛世才這些封疆大吏，要以大歷史觀為視閾，以國家主權與領土安全為尺度，以多說並存的史料為依據，而且只能用同一標準——歷史評價與道德評判，而非雙重標準。

統攬有關盛世才的學術著作，大致可分三類：一是盛世才自己的回憶錄、辯解錄、著述；二是其五弟盛世驥的口述史；三是臺灣張大軍、大陸蔡錦松的學術著作。新近解密的蔣介石日記，以及中國和新疆政協出版的文史資料，通過親歷、親聞、親見的鮮活史料，為學術研究提供了許多線索和細節。

本書以盛世才的人際關係為緯度，以蔣介石與盛世才的關係為主線，試圖建構起盛世才研究的新框架。凡人都具有一定社會屬性，任何人在成長過程或多或少都要受到他人的影響，如家長、同學、師長、同事、上級等等，大小人物概莫能外。人際關係，既是個人成長的座標節點，又是人生不同階段的歷史記錄儀，亦是人與人間的一面多棱鏡。按時間順序排列人際關係，便把盛世才的一生切割成幾個段落，如求學，成長，成功，轉折，失敗，反思，直至人生落幕。由階段而非籠統視之，其人生，何時白？為何白？何時紅？為何紅？何時黑？為何黑？何時色彩混雜？又為何？就一目了然，其邏輯順序，因果關係，也易分辨。

這種寫法，有一個必備條件，即要借助與盛世才相關人物的研究成果。好在內地與臺灣的學術研究始終走在新疆前面，為筆者研究提供了豐富的史料。開展盛世才人際關係的比較研究，有助於讓民國新疆史的研究翻越天山，跨越海峽，與內地、臺灣及海外的研究成果相匯流。

一九一二年是盛世才一生中的重要節點——盛世才棄文從戎，成為關鍵轉捩點。期間，陝西籍的張季鸞、雲南籍的李根源、東北籍的郭松齡，對青年盛世才的鍛造不可忽視。而其革命的對象金樹仁和戰場的對手馬仲英，在一定程度上也成就了他。在盛世才輸誠國民黨的過程中，才智和地位在其之上的宋美齡、朱紹良、羅家倫、梁寒操等人，或深或淺地影響著他。當然，還有他榮辱與共的妻子邱毓芳，伴隨盛世才走過了四十餘年的人生旅途。史達林與盛世才之間被譽為獅子與雪豹的較量，自命不凡的盛世才也承認，他不過是史達林手中的一粒棋子。盛世才治疆十二年，善與惡、正與邪、智與勇、剛與柔、劍與帛，針鋒相對，跌宕起伏，交織上演。

從一九二五年蔣介石資助盛世才讀完日本陸軍大學起，到一九七〇年為其蓋棺論定，蔣介石對盛世才的影響幾乎伴隨其一生。蔣介石與盛世才的關係，不僅是貫穿本書始終的一條紅線，亦是民國時期中蘇關係、中央與新疆關係的縮影。一九四九年，盛世才追隨蔣介石敗亡臺灣後，不僅長期坐冷板凳，而且也消失於公眾視野。蔣與盛是一對棒打不散的冤家，蔣助他、誡他、拉他、讚他、恨他、罵他，卻一直護佑他，直至其先蔣四年多走到了生命的盡頭。

盛世才在臺灣如何度過餘生？對史達林、蘇聯、新疆諸事有何反思？本書力所能及地做了補遺。

盛世才早年獨尊袁世凱，後崇拜史達林，亦效法他們獨裁稱霸過新疆。然而，霸業轉世成空。一九一六年，黃炎培曾寫下討袁檄文。一九五六年，赫魯雪夫在祕密報告中清算史達林的罪惡。今日重誦警世箴言，實在發聾振聵！引之，為逝者哀，為來者鑒。

是為序。

作者
二〇一八年三月十日
於廣州石書齋

目次

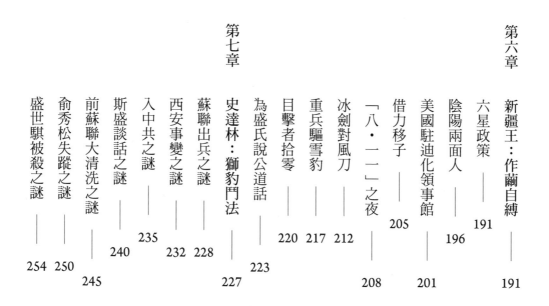

引子

元年復始

一九一二年，瀋陽第五中學的學生盛世才離開東北老家，隻身一人來到上海，「就讀中國公學專門部政治經濟科。中國公學在當時是一所名校」。[1]

斯時，盛世才剛滿十八歲。這個來自黑土地的農村青年，猶如一張白紙，性情樸實，履歷簡單，思想單純。然而，上海這個五顏六色的花花世界，會不會根據他的經歷、敏感、好惡，以及他遇到的老師和所處的環境，給這張白紙塗抹上色彩斑斕的油彩呢？答案是肯定的。無論有意無意，情願或不情願，這些油彩將左右和伴隨著他的一生。

一九一二年，中國乃至世界發生了什麼呢？當時影響頗大的《民國新聞》月刊，[2]記錄下了民國元年中國社會的主要脈絡。

一月刊中，孫中山先生風頭無兩。

一九一二年一月一日晚間，孫中山抵達「中華民國臨時大總統蒞位典禮」舉行地清兩江總督府，各省代表及文武官吏濟濟一堂，極一時之盛。孫中山揮帽致意，由黃興、徐紹禎陪同步入府邸。晚十時整，典禮正式開始。當孫中山出現在大禮堂時，各省代表及陸海軍代表發出的「萬歲」聲震天動地。孫中山正位中央，大聲宣讀中華民國臨時大總統誓詞。中華民國臨時政府宣告誕生。

1 盛世驥《蔣介石的封疆大吏——我家大哥盛世才》，萬卷樓圖書有限公司，二〇〇〇年八月，第六頁。
2 《民國新聞》月刊。

二月刊中，袁世凱粉墨登場。

一九一二年二月十二日（辛亥年十二月二十五日）裕隆太后忍痛連發三道詔書：清帝退位詔、公佈優待條例詔和勸諭臣民詔。裕隆太后在宣統皇帝「退位懿旨」中表示：「皇帝退位是根據國內外大局形勢判斷所做出而順應社會潮流之舉。」至此，在中國歷史上顯赫二百六十八年的大清王朝正式畫上句號。在退位中推波助瀾的袁世凱膺命組建政府。

一九一二年二月十五日，南京總統府舉行「南北統一成立共和大典」，全票補選袁世凱任中華民國臨時大總統。孫中山致電袁世凱：查世界歷史，滿場一致通過者只華盛頓一人，公為再現。同人深幸公為世界之第二華盛頓，我中華民國之第二華盛頓。新總統必須遵守臨時參議院所訂之《中華民國臨時約法》。

二月二十三日，梁啟超電賀袁世凱，獻計大總統搞「新權威主義」，實行開明專制。

三月刊中，蔣介石留下一幀極易被忽視的影像。

一九一二年三月十日，袁世凱在北京宣誓就任中華民國臨時大總統。南北中央政府正式成立。英國駐華記者莫里循寫道：會場秩序井然，不再有磕頭禮，不再有辮子。

民國新聞三月刊有蔣介石的消息：蔣介石受陶成章[1]案牽連，第三次東渡日本避難，其間以深造軍事為名學習德語，準備赴德國學習軍事。他主辦軍事學術雜誌《軍聲》並任撰稿人，在其中一篇文中主張將俾斯麥的「鐵血政策」[2]作為中國的指導原則，其目標不是保持現狀，而是去創造現代工業化國家所需的守法公民。

---

1 陶成章（一八七八—一九一二），字煥卿，號陶耳山人，浙江紹興人，民主革命家。光復會創始人之一，先後兩次赴京刺殺慈禧太后未果，後隻身東渡日本學習陸軍。中華民國創立後，他力辭接任浙督，積極準備北伐，設北伐籌餉局、光復軍司令部，任總司令。一九一二年一月十四日凌晨，陶成章被受陳其美指使的蔣介石、王竹卿暗殺於上海廣慈醫院，年僅三十四歲。

2 奧托・馮・俾斯麥（一八一五年四月一日—一八九八年七月三十日），普魯士宰相兼外交大臣，被稱為「鐵血首相」。俾斯麥是德國近代史上一位舉足輕重的人物，是普魯士德國容克資產階級的最著名的政治家和外交家。一八六二年成為首相的俾斯麥，在九月二十六日的下院首次演講中堅定的對議會說道「當代的重大問題不是通過演說和多數派決議所能解決的……而是要用鐵和血來解決！」從此俾斯麥被冠上了「鐵血首相」的綽號。普魯士於一八六六年擊敗奧地利統一德國（除奧地利），一八七〇年擊敗法國使德意志帝國稱霸歐洲大陸。俾斯麥結束了德國的分裂，完成了德意志的統一，這在歷史上是進步的。但是統一後的德國實力逐漸強大，受「鐵血政策」影響成為世界戰爭的策源地，這是俾斯麥不可推卸的責任。被稱為「德國的建築師」、「德國的領航員」。

五月刊中，新事物接踵而至。

三日，京師大學堂改名北京大學，嚴復任校長。清華學堂正式更名清華學校，唐國安任校長。九日，頗具規模的共和黨在上海成立，成為同盟會的競爭者。參議院十日決議：定「五色旗」為中華民國國旗。

二十日的上海《民權報》，發表了日本留學生戴季陶一篇短文，題目只有一個字：「殺」。戴文倍受輿論注目，因其大膽轟斃袁世凱政府：

> 熊希齡賣國，殺！唐紹儀愚民，殺！袁世凱專橫，殺！章炳麟阿權，殺！此四人中華民國國民之公敵也。

戴季陶正值少年氣盛，任《民權報》主筆，取名「天仇」，其聲言所「殺」之人皆非一般人士，不是總統就是總理……。

六月十三日上午十時，會審公廨再次開庭審理戴季陶案。戴季陶說：「主筆不入獄，不是好主筆。」會審公廨「依照中華民國新刑律第二百七十條妨礙秩序罪減等處斷，著罰洋三十元。」問官最後對戴季陶說：「以後言論，總以和平為是。」

這種殺氣在蔣介石身上亦暴露無遺。蔣介石在留學日本前，曾贈近照予表兄單維則，上題七言絕句一首：

> 騰騰殺氣滿全球，力不如人萬事休；光我神州盡我責，東來志豈在封侯！[1]

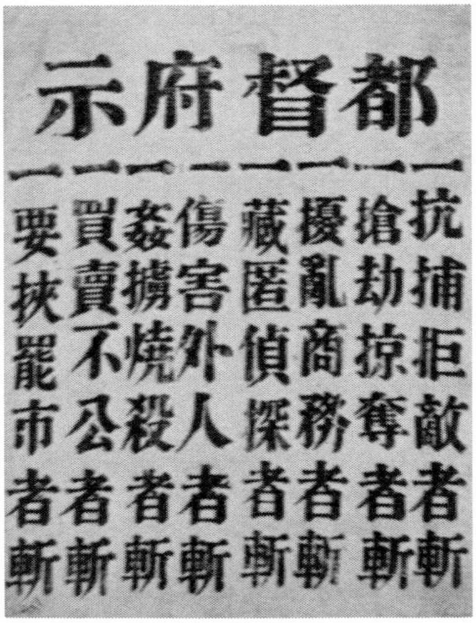
都督府示
一抗捕拒敵者斬
一搶劫掠奪者斬
一擾亂商務者斬
一藏匿偵探者斬
一傷害外人者斬
一姦擄燒殺者斬
一買賣不公者斬
一要挾罷市者斬

浙江督府公告的八個「斬」字，反映了民初社會彌漫著濃重殺氣

1 《蔣介石家書・日記文墨選錄》，團結出版社，二〇一〇年一月，第三二〇頁

蔣、戴是留日好友。蔣學軍，戴學文。有意味的是，學武的殺氣溢胸，學文的刀筆殺人。倘若言「殺」成為一種社會風尚，後學盛世才焉能不受影響？

八至十二月，國民黨先聲奪人。

八月二十五日，國民黨在北京湖廣會館舉行成立大會，孫中山出席並主持大會。國民黨是「五合一」[1]的產物，宋教仁代為操盤成為政壇明星。

十二月，中國各地相繼舉行中華民國第一屆國會選舉，中國有史以來第一次帶有近代民主政治精神和色彩的選舉拉開帷幕。根據選舉結果，在參眾兩院八百六十二個席位中，國民黨奪得三百九十二席，其中眾議院二百六十九席，參議院一百二十三席。國民黨的議席總數超過共和黨、統一黨、民主黨議席之和（上述三黨議席總數相加二百二十三個），榮登「國會第一大黨」寶座。

光環的背後暗伏著殺機。國民黨與袁世凱集團的政爭，並不因袁世凱雇兇殺了宋教仁而止息，反而助長了國民黨內的殺氣，政爭愈演愈烈。

民國元年還有一個現象，就是中國學生赴日留學有增無減。赴日留學距離近、費用低、文字相近、文化相通，一時成為許多學子不約而同的首選。令日人詫異的是，中日戰爭爆發時，他們大多成為愛國的抗日先鋒。

大樹底下必有苗木。在大樹陰影遮蔽下，樹苗最易被人忽視。若它們一旦獲得陽光雨露滋潤，總有數珠拔地而起，這些未來的政軍、文化各界新秀，將助推歷史車輪繼續前行。

依照盛世才成長史中的人脈際遇，以下人物將依次出場。時間節點為一九一二年。他們分別是：

張季鸞二十六歲，中華民國臨時大總統孫中山的秘書，中國公學西洋史講師。

郭松齡二十九歲，考入北京將校研究所，任區隊長。

邱毓芳八歲，在瀋陽讀小學。

---

[1] 一九一二年八月十一日，同盟會、統一共和黨、國民公黨、國民共進會和共和實進會五個政團集會於北京安慶會館，就合併為國民黨一事達成協議。十三日發表宣言。八月二十五日下午一時，國民黨成立大會在湖廣會館舉行，由二十四日剛剛抵京的孫中山主持。大會通過《國民黨政見宣言》及政綱。

蔣介石二十五歲，從日本軍校回國參加辛亥革命，在滬軍都督陳其美都督府任職。

朱紹良二十一歲，積極參加辛亥革命，在陳其美都督府任參謀，與蔣介石結為同志。

金樹仁三十二歲，在甘肅導河縣任高等小學校長。

馬仲英剛剛出生。

張培元十八歲，因欺詐錢財受緝，從蘭州逃至迪化，投奔恩師新疆督軍楊增新。

二十四歲的蔣介石

李根源三十三歲，任國民黨雲南支部支部長，北京政府授予其陸軍中將軍銜。

宋美齡十五歲，美國佛蒙特大學一年級學生。她制定章程並發起創立了一個組織。同時創辦了一份小報，自任主編，每週出一期，五美分一份，每期都銷售一空。

史達林三十二歲，職業革命者，至少有五次被捕和四次從沙皇監獄和流放地逃跑的經歷。

郭寄嶠十歲，在安徽合肥讀書。

蔣經國二歲，在奉化老家母親身邊。

羅家倫十四歲，在南昌一所中學和美國傳教士所辦的英文夜校就讀。

一九一二年，上述人物分佈於天南地北，經歷志向各異，年齡相差亦較大，他們之間並無交集，但國運、命運將他們拋到了邊疆，從此與盛世才有了割不斷的關係。

在這些人物當中，大時代將把他們造就為世界級人物、國家領袖、封疆大吏和文壇巨擘，他們對盛世才一生的影響，或多或少，或輕或重，或正或負，不容忽視。

水有源，樹有根，果有因。我們可以從民國元年上述人物及後來與盛世才的交集中，解碼盛世才：盛最崇拜誰？最贊賞誰？最蔑視誰？最愛恨交織誰？並打開史學上的一個個死結：盛世才為何東渡日本留學？為何棄文從戎？如何崛起新疆？為何信仰共產主義？為何投靠蔣介石？為何改信三民主義？為何內心充滿殺氣？

第一章 張季鸞：青春偶像

季鸞先生，一代論宗，精誠愛國，忘劬積瘁，致耗其軀。握手猶溫，遽聞殂謝。斯人不作，天下所悲。其中「握手猶溫」一句是說前一天蔣介石到醫院探望張的情景。除唁電外，蔣還簽署了國民政府「褒獎令」，並寫下挽聯：天下慕正聲，千秋不朽；崇朝嗟永訣，四海同悲。

——李滿星

精神導師

張季鸞（一八八八—一九四一）是盛世才人生遇到的第一位精神導師。如果說，盛世才一生崇拜什麼人，那就是這位名滿天下的張季鸞。如果再問，蔣介石由衷地尊敬和佩服什麼人，那也是民國政論神筆張季鸞了。

蔣、盛與張結緣大約均在民國元年。不同的是，二十六歲的張季鸞為孫中山起草《臨時大總統就職宣言》，自然引起了二十五歲的蔣介石矚目。瀋陽五中十八歲的學生盛世才考入中國公學，「就讀上海公學專門部的政治經濟科，報界名人張季鸞就是他的西洋史老師。」[1]

他們師生關係保持良好，盛氏也被張氏所器重，一直到盛在新疆後來當了督辦，張已主持大公報筆

---

1 盛世驥《蔣介石的封疆大吏——我家大哥盛世才》，萬卷樓圖書有限公司，二〇〇〇年八月，第六—七頁。

政，不僅經常有書信來往，而且還曾派記者到新疆採訪新聞。[1]

說起盛世才的這位西洋史老師，可是當時大名鼎鼎的人物。辛亥革命推翻了清政府，結束了二〇〇〇多年的封建帝制。一九一二年元月，孫中山就任中華民國任臨時大總統，經于右任舉薦，年僅二十六歲的張季鸞出任總統府秘書，在參與起草《臨時大總統就職宣言》上小試牛刀。

一九一三年，張季鸞離滬赴京，創辦北京《民立報》，任總編輯。其時，袁世凱向英法美德日俄六國銀團洽借二五〇〇萬英鎊，為消息靈通的張季鸞獲悉，即投稿上海《民立報》。內幕一揭，震動全國，遂成了孫中山領導的討袁之役的導火線。袁世凱惱羞成怒，下令封閉北京《民立報》，逮捕張季鸞。羈押三個多月，經多方營救張才得以釋出，立即被驅逐出京。[2]

張季鸞因此名聲大噪。回滬後，《大共和日報》總編輯胡正之盛邀他但任國際版主編，同時兼上海中國公學教員。

張季鸞何以能勝任中國公學的教職呢？

話要從一九〇五年說起。是年，陝西高等學堂派遣三十一名官費生留學日本，張季鸞以優異成績入選，成為本次留學生中年齡最小的一位。

國內千里挑一的學子，在國外亦不孚眾望。闖過日語關後，張季鸞考入早稻田大學，不久升入東京第一高等學校。這個「一高」，在當時的日本牌子最硬，聲望最高，非常難考。學習兩年半畢業，可直接升入有名的東京帝國大學。當時清政府規定，凡是考上日本的「一高」、高等師範、高等工業、千葉醫專等五個日本國立學校的中國留學生，一律享受官費待遇。據說當時中國在日本常年有八百多留學生，考上「一高」的只有兩人，其一為張季鸞。[3]

張季鸞潛心研究世界發達國家的政治經濟理論，特別關注日本自明治維新之後的發展變化。好學慎思的張季

1 張大軍《新疆風暴七十年》第三一五五頁。
2 周雨編《大公報憶舊》，中國文史出版社，一九九一年六月第二七八—二七九頁。
3 李滿星《張季鸞與民國社會》，百花文藝出版社，二〇一一年五月，第三一一頁。

鸞，對日本的歷史、政治、思想、文化，尤其是明治維新以後的經濟社會變化，以及社會思潮、風俗人情，都作了絕非浮泛的調查和研究。日文水準也相當高，在留日學生中名列前茅。當時日本學者評價說：中國留學生中，日文寫的流暢清麗的，首推張季鸞的論文和戴季陶的書信、小品。甚至傳說他會背誦日本的百科全書。[1]有意思的是，這兩個一流的才子，後來都成為輔佐蔣介石的摯友。

中國留學生來自於落伍於世界而災難日益深重的國家，大部分留學生的目的，不是鍍金找金飯碗，而是為了救國救民。一九一一年十月，武昌首義爆發，張季鸞與絕大多數留學生選擇歸國參加革命。

張季鸞矮小文弱，北人南相，與身材魁梧的學生盛世才相比更顯羸弱。大凡進校的新生，私下都願打聽老師的經歷，並附加上自己的想像，然後添油加醋流傳開去。張季鸞時年雖二十六歲，貌不驚人，但其考入日本「一高」，加入同盟會，協助創辦《夏聲》，做過孫中山的秘書，執筆孫中山就職宣言文告，揭過總統袁世凱的短，坐過監獄等等傳奇經歷，足以使盛世才等學生歎佩不已。

更讓學生們喜歡的是張季鸞這個人，常年穿著一身綢布長衫，給人以瀟灑從容之感，人雖瘦弱，但兩眼炯炯有神，說話急時有些口吃，卻十分健談。「喜交遊、善談笑、愛熱鬧」的性情，博得了學子們的一致好感。[2]

張季鸞講授西洋史，用今天的話說，就是海洋國家崛起稱霸世界史。張季鸞從小博聞強記，有極紮實的國學底子，加之留學背景，跌宕起伏的人生經歷，他的政論，不偏激偏狹，不任性使氣，其論事析理，穩健明達，不溫不火，猶如與聽者圍爐夜話，娓娓道來，聽而忘倦。他不靠理走偏鋒引人入勝，不憑嘩眾取寵奪人耳目，而是以分析的透闢，說理的犀利名世。他有一副永遠清新的頭腦，活潑綿密而又提綱挈領的思路，更有高人一籌的見解……可以說，他繼承了關學大儒劉古愚尚實的人品與風格。[3]

劉古愚是張季鸞的恩師。課上課下，張季鸞會情不自禁地說起恩師。張家祖居陝西榆林城，自明朝以來，張家世代輩出武舉人。張父張楚林少年習武時，因騎馬墜傷手臂，即棄武從文，發憤讀書，竟於光緒二年（一八七六）考取進士，為陝西榆林城百年罕見。隨之，張楚林被朝廷委派到山東曲阜、鄒平、寧陽等地任知縣。以文成

1 同一注第三三頁。
2 周雨編《大公報憶舊》，中國文史出版社，一九九一年六月，第二八七頁。
3 李滿星《張季鸞與民國社會》，百花文藝出版社，二〇一一年五月，第七七頁。

就功名的張楚林，擅長文辭和書法，一心教授兒子張季鸞專心於經、史，不再走祖輩做一介魯莽武夫之路。然而，張父厚道質樸，為官清正，不取身外之財，難融於厚黑的官場，終因貧病交加，於一九〇〇年鬱鬱而終於任所。時年，張季鸞僅十三歲。中國人的傳統習慣是落葉歸根，張季鸞與母親及兩個妹妹撫柩回籍，從山東到陝西榆林，一路風塵，歷盡艱辛。

張季鸞少時體弱且口吃，但聰明異常，又刻苦用功。延榆綏道陳兆璜與張楚林為舊交，欣賞其子的少年文章，又同情他的家境，遂將其招入道署，令與己兒共讀。後經陳兆璜介紹，一九〇二年秋前往關中「煙霞草堂」，師從關中名儒劉古愚習經世之學。

劉古愚（一八四三－一九〇三），名光蕡，字煥唐，因晚年自號古愚，故世稱古愚先生。戊戌變法時期，關於中國思想啟蒙的領袖人物，有「南康北劉」之說。一八八四年（光緒十一年），劉古愚與長安舉子柏子俊，採取募捐集資辦法，在涇陽創辦了一所學堂「求友齋」，開設經史、道學、時務、天文、地理、算學、掌故等課程，並親自講授。「求友齋」是當時民辦的以救國救民為宗旨的傳播西學的學堂之一，比康有為一八九一年創設的「萬木草堂」，要早七年。于右任即是先生的弟子之一。[1]

劉古愚對地理歷史造詣很深，課餘常給學生談長城內外山川形勢以及歷史上的重大邊患，還鼓勵張季鸞假期多去口外和三邊實地考察，促使張季鸞打下了中國史地知識的根基。[2]

天將大任於斯人必先苦其心志。父亡兩年之後，噩耗依然接踵而至。一九〇二年三妹夭亡，翌年恩師病逝蘭州，一九〇四年，堅強的慈母王氏也隨父而去。張季鸞趕回榆林為母送葬守孝。

是年秋，正逢陝西鄉試，十七歲的張季鸞身帶孝衣趕往數百裡外的考場。他姍姍來遲，苦苦哀求考試機會，但監考官毫不通融。憂憤難抑之下，他放聲慟哭，哭聲驚動了巡視考場的學台沈衛（相當於今省教育廳長，大儒沈鈞儒之叔父）。沈衛知悉哭者是劉古愚的高足，當下出題，讓他描述長城各口的形勢，並談自己的看法。張季鸞不負期望，把從嘉峪關到山海關以及內長城各險要關口的形勢，設防沿革，敘述得簡明扼要，還夾帶著自己的

1 李滿星《張季鸞與民國社會》，百花文藝出版社，二〇一一年五月，第十八頁。

2 周雨編《大公報憶舊》，中國文史出版社，一九九一年六月，第二七六頁。

議論。少年見識果然不凡，不負關東大儒的調教。沈學台同意張參加入闈考試。[1]論年齡，老師張季鸞僅大盛世才七歲，但經歷與學問，卻有天壤之別。盛世才稟賦不低，只是缺少名師調教。遇到張季鸞師，是他一生中的大幸。

最能改變人生際遇的莫過於教育，它可以把不可能變為可能。當年，張父楚林不貪外財，在清貧中堅守做人的操守，將勤奮、簡樸、忠孝當作無形資產留給兒子，並由此延展出看似偶然實際必然的際遇。

沒有教育的滋養，張季鸞這個孤苦無依、備嘗艱辛的少年，也許命運就會和黃土高原上千千萬萬個放羊娃一樣了。同樣，若沒有受教育的機會，盛世才的一生亦只能像其祖輩一樣，面朝黃土背朝天了。

中國公學

中國公學誕生於晚清新舊體制激烈的衝突之中。為了富國強兵、拯救積貧積弱的國家，清廷一九〇五年宣佈，廢除科舉，提倡新學。就宏觀而論，這是救國的良策，就微觀而言，它令千百萬士子們延續千年的讀書做官的大夢破滅了。一些學子選擇了出國求學之路。

向東望，那個曾經不入清廷遺老法眼的撮而小國日本，在明治維新中，實行脫亞入歐、對外開放的國策，不過二十餘年，國富兵強，敢於向大國挑戰，一敗清國，再敗俄國，儼然躋身世界強國之列。強國之路，變法之道，總是受到時代學子們青睞的。

然而，一九〇五年十一月，日本文部省公佈《取締清韓留日學生規則》，對留日學生嚴加限制，引起中國留日學生的強烈反對，東京八千名留日學生罷課抗議。十二月八日晨，陳天華留下五千字絕命書，在東京大森灣跳海自殺；熊克武等三千餘同學退學回國。

為安置紛紛回國的愛國青年們，同盟會員們奔波籌畫，中國公學應運而生，於一九〇六年四月正式開學。首屆共招學生三一八人，來自全國十三個省。設大學班、中學班、師範速成班、理化專修班。不久，因經費短

---

1 李滿星《張季鸞與民國社會》，百花文藝出版社，二〇一一年五月，第二七頁。

缺，中國公學難以為繼，學校創辦人、總會計姚宏業為喚起社會重視，投江自盡。在社會輿論壓力下，清廷在上海吳淞撥給公地八百畝興建校舍，大清銀行借助十萬銀元，浙、鄂、蜀、贛等省也予補助，公學得以繼續開辦。此後，中國公學逐漸發展成包括文、法、商、理四院十七系的綜合型大學，並增設了中學部。

中國公學從創辦起，就與清末革命黨人命運相連。先有資產階級革命派姚宏業、孫鏡清等人四方奔走，勸募經費，籌辦中國公學。辛亥革命勝利後，孫逸仙、黃克強對中國公學亦大力扶持。校長鄭孝胥，教員于右任、馬君武、李登輝、陳平、張季鸞等人，均為同盟會員。

一九〇六年三月，于右任為中國公學校歌作詞，馬君武作曲：

> 眾學生，勿彷徨，以爾身，為太陽，照爾祖國以爾光，爾一身，先自強。修道德，為堅壘；求知識，為快槍。
>
> 眾學生，勿彷徨。爾能處之地位是大戰場。爾祖父，思義黃，爾仇敵，環爾旁。欲救爾祖國亡，爾先自強！

這簡直是男兒要自強的留學生版。國要強，少年先自強！少年強，方能救國亡！四十多年後，中華人民共和國的締造者毛澤東在莫斯科對中國留學生們說：你們是早上八九點鐘的太陽，希望寄託在你們身上。文字表述變了，真義未變。

在新思想傳播上，中國公學實際上成了革命者或革新者的搖籃。

中國公學不用高中文憑就可以投考，錄取新生較寬。教學當中新開的選修課目很多，學術自由，相容並蓄，德日派、英美派都有一席之地。因此，講授資本主義、社會主義、國家主義和無政府主義諸學說同台競技，毫無顧忌。可謂別開生面。

張季鸞與盛世才所處的時代，是多種主義和多種學說並行的時代，資本主義、自由主義、帝國主義、封建主義、三民主義、共產主義和社會主義，大行其道。然而，實踐是檢驗真理或主義的唯一標準，究竟哪一種主義最切合中國的實際，能將中國帶入現代化，政治家們還要經過社會實踐，而這個過程是漫長的、曲折的，甚至帶著濃濃的血腥味。

此時，在十八歲的盛世才身上，只有兩種底色，出生關外農家，求學讀書。人生經歷單純，眼界見識狹窄。在他之前的人生中，還沒有碰上思想導師，播火者，大碩名儒，對他一生的方向、信仰、追求產生影響的人。

東方巴黎

伴隨著清朝帝國大廈在風雨飄搖中轟然倒塌，古老的中國走進中華民國元年。儘管新思想天天在產生，新觀念在日日飛播，紫禁城金鑾殿上已不見皇帝的蹤影，但皇權體制依舊，皇權思想依然頑固。這雖說是一個除舊佈新的年代，一個令新知識階層憧憬的年代，亦是一個封建社會步履蹣跚緩緩轉型的年代。歷史的車輪吱吱咯咯前行。一切都在變化，一切又不盡人意。

民國初年的東亞首埠——大上海，既日新月異，又魚龍混雜。

就陽光的一面說，世界工業化國家很多科技成果和生活方式，幾乎同步出現在上海。中國第一家蒸汽發電廠、第一條瀝青路面、最早的官辦輪渡、最早的飛行表演、第一個獨立司法機關、第一家官商合辦的水電公司、第一張上海地圖、第一家華商電車公司、第一家採取西方驗光技術的眼鏡店，以及玻璃廠、色織廠、鋼鐵廠、啤酒廠、電池廠、化學用品廠……誕生於上海。

經濟發展帶來了教育和文化進步。中國第一家文化用品商店百新書店、第一所戲劇學校、第一所私立學校大同學院、第一台國產中文打字機、第一家遊樂場、第一部短故事片、第一個攝影協會……，均在民國元年前後開中國風氣之先。

這是一個完全在盛世才經驗之外——簡樸、單純、緩慢、日出而作、日落而息的社會。上海作為亞洲最繁華的都市，靠近軍政中心，冠蓋往來，巨賈接踵，宮舍華麗，綺羅招展，五花八門，猶如萬花筒，十里洋場，燈紅酒綠，百態人生盡顯其中；遊樂世界，冒險樂園，百樣風情盡寫春秋。市面上的熙熙攘攘，繁花似錦，掩不住貧富懸殊，乞丐成幫；霓虹燈下的光怪陸離，喧鬧摩登，混雜著妓女賣笑，黑幫敲詐。青紅幫販毒綁票，敲詐勒索，坑害弱勢百姓，城狐社鼠坑蒙拐騙，遍設陷阱，弄得良民傾家蕩產。什麼按摩院、辦學捲逃、靈柩販鴉片、吹橫笛、碼頭惡霸、糞把頭、丐捐、拐小孩、滑頭廣告等等，盛世才聞所未聞，聞之驚愕！[1]新民國，欣欣向榮，百廢待興，大上海是一個試驗場；舊中國，醜行惡俗，百病叢生，大洋場是一處大染缸。學校固然是求知學技之所，但社會更是人生的大課堂。有意思的是，蔣介石從這裡發跡，張季鸞從此地展翅，盛世才亦從是處起步。

賣田讀書

遼寧開源盛家屯的農戶盛家，因家境貧困，一直為籌措兒女學費之事所困擾。

「父親在大哥很小時，便送他進私塾讀書，大哥七歲時已將《論語》、《孟子》、《中庸》、《大學》背誦無遺。有一天，夫子對父親說：『您這個兒子資質佳，稟賦高，極可造就。』父親燃起了希望，他要栽培一個當官的兒子。然而栽培一個人談何容易，當時家裡的經濟情況並不寬裕，全家族的人力物力都必須放在生計上，才能勉強維持基本生活，哪裡有多餘的金錢和時間來栽培一個小孩讀書呢？對此二叔有些微詞：『讀了書不一定保證有官做？』但無論如何，父親還是不放棄希望，堅持讓大哥讀書，甚至外出求學，雖然讀了書，官不一定能做得成；但不讀書，盛家永遠無翻身之日，將世世代代受人欺負。」[2]

據盛世驥所述，他的曾祖父、祖父不曾受過教育，目不識丁，連鈔票面額都不認識，經常受人欺騙。祖父為了出口氣，花錢讓父親到私塾念書。父親在私塾讀過三年經書，成了鄰裡少數識字的人物。後來父親受新文化的影響，對教育展現無比熱忱，更致力推廣，曾做過甲長及鄰村黃家屯小學的校董。

盛世才有一個識文斷字的好父親。有了文化，才知道教育的重要，知識的可貴，才能看得遠，放長計議。

「大哥後來進入西豐縣初等小學讀書，又到瀋陽第五高等小學，再考入遼寧第五中學。父親為了栽培大哥，犧牲了二哥及三哥求學的機會，只讓他們在私塾讀書，二哥世英放羊、三哥世駿耕種，來補貼家計；父親何嘗不

1 王金海文、葉雄圖《畫說老上海》，華藝出版社，二〇一〇年七月第一三〇—一五〇頁。
2 盛世驥《蔣介石的封疆大吏——我家大哥盛世才》，萬卷樓圖書有限公司，二〇〇〇年八月，第五—六頁。

願讓所有的子女都能受教育，然而，家貧無力，不得不犧牲其他子女的教育權利。」[1]

靠家族賣地一次次交付長子盛世才的學費，盛家下了豪注。而農家子弟的刻苦用功，吃常人不能吃之苦，忍常人不能忍之辱，乃因其一肩擔著一個家族期盼出人頭地的重負。只許成功，不許失敗；只能成功，不容失敗。以恐懼失敗之心處事，往往善於捕捉住每一次成功的機會，無形中提高了成功的幾率。

俗話說，名師出高徒。哪個世上成功者，背後沒有名家直接或間接的指點與扶掖。中國公學是一所新學，集中了當時諸多維新名人。像張季鸞這般人物，是盛世才在遼寧老家打著燈籠沒處找的，他可能是盛世才最親近、最佩服、受其影響最深的「大人物」。

大凡個人的成長軌跡，起點在家，恩仇亦在家。張季鸞在《歸鄉記》中敘說了幼年時的經歷：「我的人生觀迂淺得很。簡而言之，可稱為報恩主義。就是報親恩，報國恩，報一切恩！我以為如此立志，一切只有責任問題，無權利問題，心安理得，省多少煩惱。」不讀書者，一般只知親恩，不知國恩。

教育使盛世才懂得了報恩，他在新疆發跡後，即將盛氏、邱氏家族悉數帶入新疆，封以高官厚祿，算是回報親恩。不到四十歲，即被國民政府委任陸軍上將，這是盛家在夢中亦無法想像的。教育投資帶來的收益，與土地收益相比，不可等同而語。

天津《大公報》

一個人的人生，不是自覺選擇，就是被選擇。張季鸞民國元年出任中華民國臨時政府秘書就是被人推薦。「一九二五年又曾一度從政，那是經同鄉摯友——河南軍務督辦胡景翼的推薦，由張紹曾內閣發表他為隴海鐵路會辦。那是當時有名的『肥缺』。他到任不到一月，就拂袖而去，說『不幹這勞什子，還是當我的窮記者去。』」[2]

---

1 同一注第同頁。
2 周雨編《大公報憶舊》，中國文史出版社，一九九一年六月，第二七九頁。

「張季鸞是一介書生，早年便立志要『新聞救國』、『言論報國』，在日本留學時，雖同情同盟會的革命主張，但認為記者應超然於黨派之外，他始終沒有參加過任何黨派。」[1]

早在一九二三年，他就撰文指出：「中國報界之淪落苦矣。自懷黨見，而擁護其黨者，品猶為上；其次，依資本為轉移；最下者，朝秦暮楚，割售零賣，並無言論，遑言獨立，並無主張，遑言是非。」[2]而張季鸞志向更宏，他要辦一張上上品的報紙，報格獨立於軍閥黨派，不受資本牽絆，且有自己獨立的言論、主張和是非。

一九二六年，張季鸞與吳鼎昌、胡政之成立新記公司，張季鸞任總編輯兼副經理。張為《大公報》草擬了一句廣告詞，「來看：華北最老的報，全國最新的報」。這寥寥十四字，概括了這份報紙的前世與今生。是年九月一日，《大公報》創刊號在天津街頭順利問世了。

到了一九三一年五月二十二日，《大公報》以套紅的版面，慶祝發行一萬期紀念日。這一天，報館舉行了盛大慶典，蔣介石以下的大批高官，以及包括胡適在內的無數名流，紛紛發來了賀電。在賀電中，蔣介石贊曰，《大公報》「聲光蔚起，大改昔觀。曾不五年，一躍而為中國第一流之新聞紙」。

新疆孤懸塞外的特殊地理位置，在日俄兩大強鄰覬覦蠶食下，使其一次次成為國內外輿論矚目的焦點。一次是「九‧一八」事變之後的一段時間，舉國輿論關注新疆會不會成為第二個蒙古或東北？一九三二年爆發的新疆大亂，直至「四‧一二」政變、「六‧二二」二次政變、黃慕松撫疆被軟禁、羅文榦視察新疆、盛、馬、張大戰與蘇聯出兵等等事件，國內外輿論就新疆會不會成為蘇俄新的加盟共和國而議論紛紛。

一九三七年「七‧七」事變後，中國沿海港口及滇緬、桂越公路被日海軍一一封鎖，新疆成為唯一的國際大通道，戰略地位凸顯。盛世才作為封疆大吏，在《大公報》等國內主流媒體的助推下，成為中國家喻戶曉的政治明星。

如果說，老派的金樹仁抵制《大公報》，是懼怕它戳穿了其家族統治的老底，在限制民眾接觸新思想的同時，亦扼殺了自己的新思想。趕不上時代潮流，最終要被時代淘汰。與金樹仁相比，盛世才是新生力量的代

1 周雨編《大公報憶舊》，中國文史出版社，一九九一年六月，第二八〇頁。
2 同一注同頁。

表，他所具有新思想、新理論、新方法、新形象，應該說一部分就來自《大公報》。對《大公報》的態度，一定程度上標示了新舊政治人物的分際線。

一九三三－一九三四年，在新疆動亂與平亂時期，天津《大公報》對新疆政局格外關注，給予密集報導，派遣記者李天熾駐疆觀察報導。斯時，盛世才正因軟禁中央宣慰使黃慕松、不執行中央對蘇外交政策而與國民政府鬧僵，中央通訊社、《中央日報》等黨報站在國民黨立場上，口誅筆伐盛世才。盛世才便通過天津《大公報》發表公告，說明新疆省政府的原則立場，向國民政府隔空喊話。用今天的眼光視之，盛世才利用上海中國公學建立的關係網，利用在報界一枝獨秀的天津《大公報》，為其在政變中火中取栗的政府做了一次成功的危機公關。

盛世才與天津《大公報》的密切關係，在文獻上留下了難以抹去的印記。張大軍在其《新疆風暴七十年》中，大量引用了天津《大公報》的報導，引用國民黨機關報《中央日報》的報導反而很少。[1]可能是在一些重大事件中，《中央日報》裝聾作啞，耳目不靈，沒有留下史料。

《大公報》親睞新疆，與新疆戰略地位重要有關，但其背後張季鸞與盛世才的人際關係被史者忽略了。如果說，當年發表在天津《大公報》上由張季鸞主筆的新疆社評，其事實與觀點能經得起時間的檢驗，盛世才為其提供了真實可信的一手資料是一原因。盛世才與張季鸞的關係，盛世才與天津《大公報》的互動，一直是新疆民國史研究的一個盲點，是為遺憾。

盛世才與《大公報》的互動，無疑讓邊疆的各種政治勢力看到，新疆政壇新秀的盛世才，不僅能征善戰，而且足智多謀，口誅筆伐，頭頭是道，在內地有著廣泛的人脈關係。

盛世才橫空出任封疆大吏，新聞價值俱足，才使得張季鸞與盛世才的關係重續舊緣，發揚光大。

在一些政見或具體事務上，不能說他們師生之間沒有分歧，但有一點可以肯定，永遠保持新疆為中國的領土，是他們師生共同堅守的底線和苦鬥的目標。

1 張大軍《新疆風暴七十年》，臺灣蘭溪書局，第三四三四頁。

張季鸞之「三罵」

張季鸞在主持《大公報》筆政後，先聲奪人，提出著名的「不黨、不賣、不私、不盲」四不主義辦報方針。雖寥寥八字，說到底就是要堅守獨立的報格。報格的背後是人格，只有求人格獨立者，才會力爭報格獨立。

盛世才非報人，但不妨礙他爭人格之獨立。在南京，他不加入國民黨，不願與腐朽官僚同流合污，不願依附東北軍閥，顯得孑然一身，行影孤單，最終才有冒險西行開創事業之舉。盛世才在新疆不結黨、不立派、經濟上不營國私、政治上不盲從，與張季鸞到有幾分相似之處。

張季鸞說：「中國報人本來以英美式的自由主義為理想，是自由職業者的一門。其信仰是言論自由，而職業獨立。對政治，貴敢言；對新聞，貴爭快。從消極的說，是反統制，反干涉。」[1]老師崇尚英美民主政治，學生嚮往蘇俄專制制度，大相徑庭。

然而，在媒體上爭言論自由，已屬不易，在政治上爭人格獨立，做無黨無派的中立者，盛世才將為其「獨立」的選擇，付出一次次慘痛的代價。

對張季鸞而言，盛世才是弟子，就《大公報》而言，盛世才是讀者。張季鸞對盛世才的長期影響，還是通過《大公報》獨立的報格和觀點，所謂細雨潤無聲。不妨枚舉三例。

例之一：張之「三罵」。張季鸞撰寫過三篇膾炙人口的社評，曾經風行國中。一罵吳佩孚。一九二六年十二月四日的《大公報》社評《跌霸》中曰：「吳氏之為人，一言以蔽之，曰有氣力而無知識，今則並力無之，但有氣耳。」酣暢淋漓，一語中的。二罵汪精衛。一九二七年十一月四日《嗚呼領袖之罪惡》文中，指斥汪精衛「特以『好為人上』之故，可以舉國家利益，地方治安，人民生命財產，以殉其變化無常目標不定之領袖欲。」

三罵之對象，是當時炙手可熱的蔣介石。一九二七年十二月二日發表的社評《蔣介石之人生觀》，針對蔣介石與宋美齡結婚而「深信人生若無美滿姻緣，一切皆無意味」，並「確信自今日結婚後，革命工作必有進步」的

---

[1] 一九三九年五月五日《大公報》香港版社評《抗戰與報人》。

說法，以犀利尖銳的筆觸指出「蔣氏人生觀之謬誤」，「夫何謂革命？犧牲一已以救社會之謂也。命且不惜，何論婦人？」「兵士殉生，將帥談愛；人生不平，至此而極」。社評責問，以蔣氏的結婚後革命工作必有進步的說法來論，南京政府軍隊有數十萬，國民黨黨員也有數十萬，蔣氏能否一一與謀美滿之姻緣，俾加緊所謂革命工作？」《大公報》敢駁蔣介石之謬，幫那些不滿國民黨幫派林立、排除異己、嫉賢妒能的人們出了一口惡氣，包括盛世才自己。

張季鸞不懼因罵吳、罵汪、罵蔣而引火焚身，在於其非泄私憤，罵大街，而是站在國家立場，代表進步知識份子的思想，無欲則剛，獨立不羈，不偏不倚。惟因姿態超然，影響巨大，致使《大公報》同時受到國共兩黨領導人的青睞。在蔣介石的辦公桌、起居室、衛生間各放置一份《大公報》。蔣介石儘管挨過張罵，但亦敬重張季鸞的氣度與學識，努力發展與張季鸞的私人關係。

例之二：《大公報》在「西安事變」中的擁蔣立場。其社評反對張學良發動兵諫，站在了民族存亡的高度，不陷於黨派之爭的泥淖，代表民意，富有遠見，見識恢弘。盛世才因仇恨而生偏狹，以為殺了蔣介石，就可以打敗日本收復東北，眼界狹窄且感情衝動，反受其累。老師玩槍桿子不如學生，但思想則高屋建瓴！

例之三：《大公報》始終堅持國家中心論。《大公報》擁護蔣介石在抗戰時期的領袖地位，認為這對抗戰有利、民族有利、進步有利，唯獨對日本侵略者和漢奸不利。固執得有理！後來，正因為中國堅持抗戰，在國際上的聲望高了，蔣介石的話語權大了，盛世才永保新疆為國家領土的理想，才有了國家做後盾，其生命安全危亦才有了歸依之所。

《大公報》認為，「在中國處於內外危機的國難時期，只有工業化才是中國的惟一出路，提出了非『資』、非『社』的現代化方案。力圖通過推動國民黨政權，爭取一個相對穩定的國際國內環境，自上而下地來實現經濟層面的現代化。《大公報》把國家現代化與擁護國民政府連在一起，又因其不具備領導現代化的政治條件——廉潔有能，因而對它的支持與指責就像一枚硬幣的兩面，貫穿於現代化的進程中」。當時《大公報》所宣導的「國家中心論」，順應抗日戰爭、中國近代化時代大主流，無疑是進步的。盛世才在新疆推行廉潔效能政治，保障國際大通道暢通，積極支援抗日前線，實行民生主義，與《大公報》的方向是一致的。

獨立的《大公報》，不僅蔣介石必看，共產黨領導人毛澤東說，他在延安經常讀的報紙就是《大公報》。因為《大公報》堅持「不黨、不賣、不私、不盲」的獨立立場，張季鸞始終堅持對時局進行盡可能公正、客觀的報導和評論。一九三〇年早春，蔣介石連續三次圍剿紅軍，《大公報》在追蹤報導中，不乏肯定紅軍的文章，二十世紀三〇年代，國民黨要求各個報刊一律稱共產黨為「共匪」，只有《大公報》從未服從這個命令。一九三五年，在國民黨一片「剿匪」聲中，《大公報》就發表了范長江採訪延安的稿子，報導了陝北的真相。

張季鸞對新疆的關注，由來已久。廣祿曾在回憶錄中寫道：

我本來與天津大公報張季鸞認識，從沈到津，他聽說我來了，晚間偕同外勤記者王松年來惠州飯店看我，他知道我帶來了做國璽的玉石，喜的如獲至寶。很興奮地對我說：「那再好沒有了，今天請你再不要對任何人講」。他教王松年離開給大公報館打電話，叫來另一名攝影記者，關閉了房門，要我打開了有鐵箍的大箱，在由氈包裡取出三十六公斤半重的潔白無瑕的羊脂玉，晶光四射，果非凡品，他們嘴裡嚷道：「無價之寶！」他們把玉石放在桌上，讓我坐在旁邊，右手扶住玉石攝了好幾張照片。張季鸞再三地囑咐，無須再給別人看了。第二天，大公報的國內新聞版（第二版），幾乎用了半版的位置，刊登了我的談話和照片。形容得這塊玉石差不多「只應天上有」。我還記得大號標題是：「新疆獻玉代表廣祿談話」。之後，平津京滬各報都轉載，這塊玉石竟成了那幾天特寫新聞的資料。[1]

這是大公報較早關注報導新疆的一則新聞。張季鸞親自出馬，指揮搶報該條獨家新聞。此時，他的學生盛世才剛剛由北京抵達新疆，開始與獻玉主人新疆邊防督辦兼省主席金樹仁打交道。

盛世才赴新的目的之一，是要就近考察蘇聯社會主義制度。在國內媒體中，《大公報》可以滿足他的願望。儘管國民黨堅持反蘇立場，並不影響《大公報》客觀地報導蘇聯。一九三一年三月二十二日，作為中國外交使團的隨行記者，曹谷冰抵達蘇聯，開始對這個廣袤國家進行深度採訪。此後四個多月，《大公報》在「異域特稿——蘇俄觀察」的專欄中，先後發表近三十篇通訊，次年夏天又結集而為《蘇俄視察記》一書。凡此種種，均被

[1] 廣祿《廣祿回憶錄》，傳記文學，一九七〇月，第一三六頁。

認為「開風氣之先」。

此時，盛世才剛到新疆不久，雖說他由符拉迪沃斯托克乘坐西伯利亞鐵路抵達新疆，但並沒有到過蘇聯歐洲部分的核心區如莫斯科、聖彼德堡，對蘇聯心嚮往之，卻知之甚少，《大公報》的蘇俄通訊，一飽了盛世才的眼福，令盛世才對蘇聯這個神祕的國度更加癡迷。

陳紀瀅觀察盛世才

一九三八秋，盛世才密訪莫斯科歸來，即積極籌備新疆省第三屆民眾代表大會。「為了把『新新疆是鞏固的抗日大後方』這塊金子牌子打出去，盛世才特邀恩師張季鸞參加大會。張因有事，就派該社記者陳紀瀅代為出席。陳在迪化全程（九月三十日－十月十一日）參加了大會，並與盛作了多次長談。會議期間，陳紀瀅把大會情況作為獨家新聞，每天在《大公報》刊出。後來又集結成冊，出版《新疆鳥瞰》，出盡了風頭。[1]

陳紀瀅在《新疆鳥瞰》一書中，開篇即自問自答：盛世才是怎樣一個人物？他寫道：

> 論事不論人——中國古諺。
>
> 他像一匹龐大而卻拙笨的駱駝，馱負著一個沉重的鹽包，在荒涼的沙漠中行進，它時時追求著水草，渴望著光明。
>
> 他的成就，一點兒也不是從取巧中獲得，反之，他卻經歷了驚濤駭浪，受盡了千辛萬苦，從血肉中爭脫出來。他是一位膽大心細的軍事家，同時他又是一位富於新思想，有科學頭腦的政治家。他理想的新天地，是個極自由極和平的美麗的花園——新新疆。
>
> 我們寄託在他身上的新重載，不只是用手用腦把新疆改造成一個理想的社會，而要永遠實踐他所應允我們的一句話：「保持新疆永遠是中國的國土！」

[1] 蔡錦松《盛世才外傳》，中共黨史出版社，二〇〇五年一月，第二〇七頁。

這是我這篇文章的結論。

陳紀瀅的結論，非主觀妄斷，亦非人云亦云，而是來自對盛世才方方面面近距離的觀察：

在我沒有和盛世才氏見面以前，我在內地常在各種書報上和由朋友們口述中，知道了一些關於他個人的故事，特別關於他的個性。因為記載的人和僅用口述的人，見解立場各有不同，於是對他的批評，毀譽極不一致。很難使第三者對他有很清楚的瞭解，尤其是使對邊疆問題素有興趣的人感到十分煩悶，我也正是煩悶者之一。所以時想尋找一個機會，和這位氣「謎人」接觸一個時期，使我親自有一個瞭解他的機會。從那時起，一直到現在止，我時時以密切的注意力，從遠方，從各種關係人物中，攝取他的小影。我相信我的觀察與論斷，沒有過於偏激的地方，假如和我看法不同的讀者讀到這篇文字時，那只好信不信由你吧。

陳紀瀅是由漢口乘歐亞航空公司飛機，經過兩天的航行，於一九三八年十月六日清晨飛抵迪化的。這是他第一次來到魂牽夢繞的新疆。

從極繁華的都市來到荒涼的邊塞，一切感覺，的確都是很新鮮的。當我們乘抵機場的時候，他的副官長盧毓麟先生拿著他和李溶氏的名片來歡迎我們，說：「督辦馬上就來！」隨後，遼遠的地方，就揚起了塵煙，許多馬隊汽車都飛跑過來，雄糾糾的衛士們從汽車上馬背上跳下來，盛氏也從一輛嶄新的小汽車中下來，衛士們一窩蜂似地把他包圍起來。

他那天穿著黃呢上將服，朱紅長筒皮靴，胸前佩帶看金質銀質紀念章，體格很高，在許多矮矮的年輕衛士群中，顯著他特別魁梧偉大，而他的容顏也比較像片上所顯年輕而神氣很多。

隨後他把我們讓進一間招待室裡，那裡邊擺著一張統長的檯子，有潔白的臺布，臺上擺著一些糖果，我們彼此坐定，談了不大時間，他一會兒招呼衛士，一會兒請副官長，為我們收拾這兒，預備那兒，處處顯示著他對人的熱情，有周密的思慮，和有如山倒的命令。他的周密，竟至顧及到客人的便溺等問題。這件小事，我們後來常引為談話資料。

在與盛氏第一次極短促的交談之下，陳紀瀅得出第一個印象：

他的外表雖然有北方人的氣質，特別是東北人的風度，但他的內心，或者說是腦子吧，卻並不簡單的，一面是多感的。但無論如何，找不出他像一般人所形容的「混世魔王」那股兇氣。雖然他的兩道眉很濃重，嘴唇很厚，鼻子似乎多肉，但是這些都不足以形容他的整體，老實說，依相法看，他的五官及四肢都很勻稱，沒有一點令人感覺難看。（注意：我並非說北方人頭腦都是簡單的）充分暴露著參謀長的特長。他在外表上顯示著：一面是雄赳赳

從十月六日甫到，到十一月十四日離新，陳紀瀅與盛世才密切地接觸了一個多月時間。我們住在督辦公署的花園裡，因為那個花園距他的臥房只有一牆之隔，走起來也不過用三四分鐘工夫。所以他常常過來，陪我們吃飯，聊天；有時候衛士送上各地拍來的電報，他就一面看，一面和我們談。我們每次所談的範圍極廣，大之如國際問題，一切主義；小之如每個人的私生活，什麼人有什麼嗜好，都常提起。他談得很天真，有時候簡直找不出他哪一點是違心之論。

雖然在新疆，國際新聞材料很少，很難得使一個留心國際政局的人有正確的判斷，但對於他似乎並沒有多大困難，遇著一個問題發生之後，他很銳敏地預測這件事的結局，十九是不會錯的。我說他這種判斷力的養成，固然是他平時肯用功，但仍然與學軍事有關啊！

盛世才不是老於世故、藏鋒內斂之人，他身在新疆，心卻在南京。對於政府當局，他的批評卻很尖銳，在他口中時常流露著是「好」與「壞」的字眼；我知道他對於蔣委員長由衷地恭敬，當時王逆兆銘還在位，他卻很不客氣地批評，認為他是一個禍國殃民的敗類，應該剷除。那時候他對汪的確不甚高興。他常說過去中央兩次派大員到新疆，結果使地方與中央的關係，弄得越壞，其唯一原因，就是汪想攫取新疆政權作為根據地，以遂行他的更大的野心，所以在當時談話中，他常因為中央不能把汪及其黨剷除表示遺憾。

在與陳紀瀅的對話中，盛世才並不掩飾捕人殺人的事實，且認為捕殺有理有據。

他並不避諱新疆歷次叛亂，什麼人被處置的一些事實，他喜歡把每一個案件的經過給人仔細剖白，使著你感到那個人的「死」，並不是一種恐怖的或霸道的行為，而是一種法律的制裁。

有人說他多疑，這點不用任何人替他辯解。但也有一個反證，就是在他的部下，十幾年以上的老同僚還多著呢。

陳紀瀅對盛世才的觀察是由內及外的，他不掩蓋盛世才的生理缺陷，但亦並不因一些假像而得出膚淺的結論。

他在閒談的時候，口齒很流利，但一遇到演講或訓話，則常常犯口吃，並且犯得很重。一口遼寧音，還夾雜著以下土話，不過在這種場合，你如果有耐心，也最能領略他的豐富，使你覺得他的演說詞就是一篇文章，有頭有尾，一個題目他能從各方面發揮議論，以至再找不出有什麼遺漏為止。聽了他的演詞再聽別人的，不免要發生「精細」與「粗糙」之感。

他至今還沒有一個私人秘書，督辦公署的秘書，只能夠辦些例行公文。一遇到演講，作文章，則須自己下手。有人說，第一，他嫌別人不如他仔細，費半天勁，還有疏漏；第二，別人的理論，沒有人比他高超正確。這一來，別人也不敢多事，他也寧肯自己費點氣力，不令別人代勞了，所以直到現在，由他的名義發表出來的無論是文章演說詞，可以說都是由他親自炮製的。

盛世才酷愛讀書，這是他與眾不同、卓爾不凡的根本原因。

這兩年來，他的確拼命地在讀書，所讀的書，大部分是關於政治、經濟以及哲學方面的。

他對研究哲學興趣很濃厚，他並且常把讀書心得講給軍官學校的學生和行政人員們聽。每回有人到新疆去，他必先電托給他帶新書，他並且有一種癖，自己看過了的書，或者認為特別好的書，一定傳給他的部下看。所以在今天，新疆各界讀書運動的狂熱，不能不歸功於由於他的提倡。

他對於自己提倡的六大政策不但重視而且認真地施行，一切都要問是否合乎六大政策？這幾年來，因宣傳之得力，推行的順利，就連小孩子也能談六大政策了。他常常寫關於六大政策理論方面的文章，預備將來出版專集。

關於寫，作，讀，他都很用力，彷彿有漸漸由一個軍人要變成一個政治家的趨勢，然而不然，照他的意思，軍人不懂政治不會是一個完全的軍人，特別是邊疆的軍人；因此，他的部下也非受政治訓練不可，據說二十六年南疆叛亂中，有幾個維族軍官因為受過政治訓練，思想正確，沒有附逆，這是最顯著的一件事實。

盛世才在新疆是「戰神」，為民間津津樂道，以至於傳得神乎其神。

他始終握著軍事大權，他並且喜歡談戰略戰術，並且每次談起都很起勁。「沒打過敗仗」，這是新疆軍人對他的評語。關於練兵，他好像特別有辦法，他對士兵非常親近，能做表率，賞罰嚴明，現在新疆兵額雖不多，但很精壯。他注重士氣的旺盛，同時也注意武器的精良。他說，「打靶」是最好的射擊訓練，他的兵平均一星期打一次靶，據說都有十發八中的程度，平常消耗子彈多，到戰時則少了。二十六年在南疆平亂，用的子彈最少。現在他的部隊大部分都機械化了。

陳紀瀅深知，一個人的性格、生活習慣、家庭，與其事業成敗密不可分。

他的私生活可謂極其嚴謹，煙，酒，只是當陪客人的時候才用，自己吃的飯菜都很簡單，以先通常打球，做點柔軟體操，後來醫生說他有胃病，不適宜劇烈的運動，再加上事事須要躬親，操勞過度，以致兩個鬢角都斑白了。他時常因為自己的勞碌，談到培養幹部問題。他說，「蘇聯之所以強，因為有幹部人才，是一大原因。」新疆已著手訓練各種幹部人才了。

如果祥知他的私生活，應該說一說他的夫人邱毓芳女士。邱女士現任女一中校長，治校很嚴，和盛先生一樣的儉樸，一雙皮鞋把後跟磨掉了，還在穿著。友服是很樸素的，不常常換。白天她個人都忙於公務，夜晚還領導小孩子們溫習功課。小孩子們穿得也很粗糙，據盛氏告訴我，上年領他們到莫斯科去參觀工人宿舍的時候，他叫孩子們把最好的衣服一件氈子絨外衣穿上，但不及人家工人子弟穿得整齊。他說，提高人民生活是對的，但在中國這種窮困的情形下，講求享受實在有點不配。

因為提倡清廉，他須要以身作則，一切金錢收支，都由機關管理，還有財物稽核委員會隨時清查，除了因公開銷以外，每月落在他手裡的，僅是一百多快錢的薪水。他的老父親，有一次對人喟歎：「像這樣子怎末得了，將來不幹了，豈不受窮嗎？」某先生答覆得很妙，說：「督辦只要好好的幹，就是他不幹了，新疆人民一定不會讓他受窮。」他個人對金錢的確很淡泊，他常說：「過去有多少所謂大人物，末後不是失敗在『錢』

上？」[1]

陳紀瀅的《新疆鳥瞰》，初版於一九三〇年代末，再版於一九六九年。顯然，至少陳紀瀅自己認為，他對盛世才的基本判斷是公允的、正確的、深刻的，經受住了時間考驗，不需要修改和訂正。這是一種哲人的自信。

與盛氏兩次長談

平心而論，陳紀瀅對盛世才的觀察，是全面的，立體的，近距離的，他並非從人物的好壞、道德的善惡，去簡單武斷地評價一個人，而是從細節觀察、時代語境、人物性格特徵等方面，做出自己的理性分析。譬如，盛世才膽大心細，看似有東北人的好爽，實際細心入微。他不用秘書代稿一事，既反映了他事必躬親、不偷懶的作風，亦反映他疑心重重，不輕易信人的一面。盛世才善於學習，不僅表現在自己身上，亦表現在對兄弟、子女學業的督促與設計上……這些都是一個人事業成功的基本要素。

在迪化時，也許是張季鸞的關係，也許是《大公報》的影響力，也許是陳紀瀅與盛世才趣味相投，或者兼而有之，他們有兩次不設題目的私下長談，陳氏將談話內容記錄在案，並謹慎地評價他。

這次長談，可以說是漫談一切，他對每件事情，都有透闢的見解，清晰的分析，特別是關於政治理論，他談起了滔滔不盡這幾乎使我原來不相信一個軍人有這樣的頭腦——然而，仔細想新疆之所以有現在，也絕不是僅憑武力達到的，所以我們要說「盛世才是個單純的武人」那絕對錯了。[2]

在第一次長談記錄的結尾處，陳紀瀅有感而發：呵！一個沙漠中的怪傑！

在第二次談話中，陳紀瀅向盛世才提出一個即使用現在眼光看，亦不失尖銳且現實的問題：「將來治理新疆的一定是漢族人嗎？」且看盛世才如何回答：

1 陳紀瀅《新疆鳥瞰》，臺灣商務印書館，一九六九年，第一一八頁。
2 陳紀瀅《新疆鳥瞰》，臺灣商務印書館，一九六九年，第二〇八頁。

這自然要看各民族文化教育及政治認識發展程度如何而定。因為新疆地大物博，又處在邊陲，在地域上，在物質上，它都有自成區域的可能，如果對國家利害弄不清楚，很容易被人以少數民族界限所分化，使這塊土地變色，但如果各民族能體會到國家利益高於一切，那麼照理來講，占新疆人口百分之八十的維吾爾族人民是宜於統治新疆的。自然無論在何時，站在國家立場上言，狹義的民族界限是不該有的。[1]

在新疆這樣一個經濟文化落後、民族宗教複雜的區域實行社會主義，既不符合馬克思主義的經典論述，亦有著巨大的阻力。

他的思想除了受書籍影響之外，受環境的影響也不少，無疑的他是一位傾向社會主義者，他想做一個主義的鬥爭，創造者。但同時他又走上了民族革命之路，這全是環境使然。因為在新疆一個複雜的民族，極其封建落後，宗教支配之下的社會環境內，談社會主義是不可能的，實行任何違背宗教原則的政治形式都有困難，尤其是當整個民族受日本帝過主義侵凌的時候，民族意識加強，自然的，民族主義支撐了大多數的人的民族革命心理。

不過，陳紀瀅對盛世才寄予了希望。

新疆過去如同害了纏手病的病人，經過了好多醫生都沒治好，盛世才氏是一個新起的醫生，並且開了一個新鮮藥方，病人吃了第一及第二劑已經大見好，已度過了危險期，所以現在我們應該信任他，讓他繼續的治下去，好使它健壯起來。我們除了監督幫助他發展新疆外，我們永不忘記他的一句名言：保持新疆永遠為中國的國土。這句話在若干年後，將如玖玖赤金，擲地有光。

論到新疆的將來，他有兩句很精彩的話，使我永遠忘懷不了。他說：「將來治理新疆的不必一定是漢人，但前提是要保持新疆永遠為中國的國土！」論到自己，他說：「我也不能一輩子在新疆當督辦，幹一天要盡一天的職，而且要積極地為國家為地方做點事！」這種地方可以顯示他所見極遠，和做事的精神。[2]

是的，盛世才亦不甘只做新疆王，新疆王只是他攀上更高權位的跳板。

---

1 陳紀瀅《新疆鳥瞰》，臺灣商務印書館，一九六九年，第二四六頁。
2 陳紀瀅《新疆鳥瞰》，臺灣商務印書館，一九六九年，第二〇八頁。

陳紀瀅的《新疆鳥瞰》與杜重遠的《盛世才與新新疆》採訪撰寫於同一年代，但二人選取的視角不同，陳紀瀅高屋建瓴，散點透視，盛世才只是新疆諸多人物中的一員；杜重遠聚焦一人，特寫盛世才與新新疆的關係。大凡評價歷史人物，感情距離要遠，採訪觀察要近，且不能只聽當事人一面之詞，而要兼聽眾議，去偽存真，方不為假像迷惑。杜重遠與盛世才曾為同學，又是東北老鄉，盛世才崛起新疆後，盛邀杜重遠來疆輔佐他，遂成為其部屬，杜氏自認為與盛氏關係很近。由此，杜氏歌頌盛世才之書，其客觀性多遭人詬病。後來盛世才「變臉」，不但將國民黨、共產黨在疆人物一網打盡，而且杜重遠亦慘遭盛氏之毒手。陳紀瀅則始終注意與盛世才保持距離，有一分事，說一分話，不濫用溢美之詞。

陳紀瀅筆下的盛世才，在一定程度上代表了時下《大公報》主編張季鸞對盛氏的看法。可視為一九三八年間陳紀瀅為盛世才做的一幅素描。它有著時間和資料的局限性，因為萬事萬物無時無刻不在變化之中。時下的盛世才與未來的盛世才是不能劃等號的。

陳紀瀅後來去了臺灣，被蔣介石聘為政策諮詢顧問，並於盛世才繼續保持著聯繫。

盛氏辦《新疆日報》

打江山靠槍桿子，坐江山靠筆桿子。這一至理名言，對國民黨、共產黨，乃至盛世才都適用。報紙是筆桿子的利器之一。

張季鸞主持《大公報》期間，「對工作務求精細，往往為一字修改，繞室彷徨許久。重要新聞排錯一字，可以頓足歎息，終日不樂。」[1]

日報為統攬全日新聞，一般把截稿期推至晚上。作為《大公報》總編輯張季鸞，「患肺病多年，但一直堅持夜班。他每天工作到次晨二三時，遇有重大問題，也常熬到天亮」。[2]此時，盛世才亦未入眠，他經常亦因報紙

1　周雨編《大公報憶舊》，中國文史出版社，一九九一年六月，第二八八頁。
2　同一注，第二八一頁。

社論而熬夜，同一個星空下，只是二人不知而已。

由於新疆日報社是當時新疆唯一有力的官方宣傳機構，盛世才對《新疆日報》十分重視。《新疆日報》是盛世才鉗制輿論，文治新疆的一個縮影。

「《新疆日報》擁有全省範圍內的周密的通訊網，這一點，是當時蔣管區的任何報紙都沒有的。這個通訊網是在盛世才的直接命令下建立起來的，在迪化和專區、各縣，都成立有通訊小組，有些通訊小組都是副縣長或教育科長負責，按時報導本機關或各縣的情況，因此《新疆日報》本省新聞的來源十分豐富，本省新聞占了整整一版。」[1]建立通訊員網，既擴大報紙的新聞來源和發行範圍，又增強了報紙的影響力。

每天出版的《新疆日報》，是盛世才必讀之物。他看得非常仔細。例如，宋美齡到迪化時，《新疆日報》把『她』字誤排成『它』，該校對即遭到摧殘的處分。又一次國民黨新疆外交特派員吳澤湘到迪化，《新疆日報》上登載了他的照片，由於製版和印刷工人把吳的襯衣領子上染上了一些黑點，這一天的報紙就全部重印。」[2]

新疆日報社制定了嚴密的責任制度。「凡是經過編輯和總編輯看過的稿件，也要在上面簽字，而且，每天所有底稿都按日分別保存起來，以便在發生問題時可以追究責任。」

「盛世才對於《新疆日報》所發表的社論也非常注意。新疆日報社沒有社論委員會的組織，社論是由各版的編輯與總編輯輪流撰寫，題目由本人自由選定，寫好以後，只經過總編輯校閱就可以發表，可是，遇到重要的社論，都要在電話中念給盛世才聽，盛世才如對社論有異議，也及時在電話中指示修改。」[3]管好報紙的內容，闡述政府的立場，發出社評的聲音，報紙才能起到動員群眾、穩定社會、教化民眾的功能。

平心而論，凡閱讀過盛世才主政時期的《新疆日報》者，只要不帶偏見，不得不承認，《新疆日報》不但印刷得精緻，版面清雅明晰，視野亦顯宏大，可謂民國時期辦得較好的報紙之一。其中，《新疆日報》如何向國內第一大報《大公報》學習，可供學者深入研究。

1 同一注同頁。
2 《新疆文史資料》第二輯，一九七九年八月第八〇—八一頁。
3 《新疆文史資料》第二輯，一九七九年八月第八〇—八一頁。

公學人脈

一九四一年九月六日，在日機頻繁的「疲勞轟炸」中，張季鸞在重慶中央醫院去世，享年五十三歲。國民黨元老于右任先生，不顧年老之身，親自來為少年同鄉、鄉黨、摯友張季鸞安排殮室，備辦殮具。[1]旋即，蔣介石發出唁電：《大公報》社轉張夫人禮鑒：季鸞先生，一代論宗，精誠愛國，忘劬積瘁，致耗其軀。握手猶溫，遽聞殂謝。斯人不作，天下所悲。

其中「握手猶溫」一句是說前一天蔣到醫院探望張的情景。蔣介石還簽署了國民政府「褒獎令」。寫下挽聯：天下慕正聲，千秋不朽；崇朝嗟永訣，四海同悲。

中共領導人毛澤東、陳紹禹（王明）、秦邦憲（博古）、吳玉章、林祖涵（林伯渠）發來聯名唁電：

季鸞先生在歷次參政會內堅持團結抗戰，功在國家。驚聞逝世，悼念同深。肅電致悼，藉達哀忱。

在數以千計悼念張季鸞的挽幛、挽聯中，「大文開時代，正氣壯山河；橫批：精神不死！」[2]言簡意賅，最能傳神。

九月二十六日，在國民黨中央禮堂舉行公祭大會。蔣介石率孔祥熙、宋子文、張群、張治中、于右任、陳布雷等人弔唁，中共方面周恩來、董必武、鄧穎超也前往弔唁。從清晨到夜晚，在數千人的弔唁者中，還有一位不為人們注意的人—新疆省駐重慶代表處處長張元夫，代表盛世才送別恩師。

張元夫是盛世才的同鄉、同學，家境富裕，樂善好施，曾資助盛世才赴日留學。盛世才發跡後，特聘張元夫任新疆政府駐重慶辦事處主任，一直充當蔣介石與盛世才的聯絡人。

1 李滿星《張季鸞與民國社會》，百花文藝出版社，二〇一一年五月第十一—十三頁。
2 陳紀瀅：一代論宗哀榮餘墨；《傳記文學》，二一卷第三期，第十二頁。

此時，盛世才已決心歸順中央，正在制定擺脫蘇聯控制的秘密計畫。新疆的安危，正是張季鸞臨終前放不下的擔憂。

一九四一年九月八日，《大公報》的代總編輯王芸生，親自撰寫了社評《敬悼季鸞先生》：

先生以一身繫國家三十年輿論之重，堪當中國報界之一代大師。于右任先生謂：「先生積三十年之奮鬥，對國家有大貢獻，對時代有大影響，其言論地位，在國家、在世界，並皆崇高。」先生三十年做報，無時不在奮鬥……嘗以「不望成功，準備失敗」八個字為報紙之秘訣……[1]

據統計，張季鸞從辛亥革命時辦《民立報》直到辦《大公報》，三十年中，他寫了大約三千篇文章。其文筆犀利，講理透闢，筆鋒常帶感情，最能感染讀者，所以給人深刻印象，影響深遠。[2]

「不望成功，準備失敗」，亦可以視為盛世才經營新疆的秘訣。盛世才何嘗不明白，要想與恩師一樣在歷史上留下英名，獲得崇高地位，惟有奮鬥、奮鬥、奮鬥、奮鬥！然而，在新疆政壇上苦鬥，尤其是與蘇聯的史達林過招，只能成功，失敗則無葬身之地！

蔣介石與張季鸞二人，年齡僅相差一歲，經歷頗為相同：都是少年失怙，由寡母拉扯大，分別都上過當地有名的學堂，跟從名師，熟讀經史，受新文化、新思想影響很大。在一九〇六年初，兩人同時留學日本，一個從文，一個習武。二人都在日本東京見過民主革命的先行者孫中山，當面聆聽教誨，加入了同盟會，自稱是革命之父孫中山的信徒。

有趣的是，張一九〇八年在日本主編《夏聲》雜誌，初顯才名，蔣也曾辦《軍聲》雜誌，為時人有所知聞。可謂，無論《夏聲》、《軍聲》，皆發革命之聲；豈管習文、習武，共懷救國之念。

辛亥革命前夜，蔣、張差不多同時回國，追隨孫中山革命，只是一個持槍，一個操筆。張抱定「新聞救國」

---

1 李滿星《張季鸞與民國社會》，百花文藝出版社，二〇一一年五月第十一十三頁。

2 周雨編《大公報憶舊》，中國文史出版社，一九九一年六月，第二八一頁。

信念，一支筆驚天地，泣鬼神；蔣篤定槍桿子打天下，只有打倒軍閥，一統天下，才能建立孫中山的三民主義理想國。可謂文耕武伐，目的終歸於建設一個現代化工業國家。

盛與張相比，一個身材魁梧，相貌堂堂，一個北人南相，精瘦幹練。一個舞槍弄棒，迷信軍事，一個舞文弄墨，擲地有聲。一個是火炬，照亮了國家前行的方向，點亮了民眾心中的黑暗，一個是雪豹，在群雄爭霸中脫穎而出，誓言做國家邊疆的長城。就縱橫素質而言，盛世才文武兼修，既能指揮槍桿子，又會玩弄筆桿子，故盛世才能在新疆打下江山，又能守住江山，這是他這位只會寫文章的老師最驕傲、最欣慰、最羨慕的事了。

張季鸞走了，中國公學人脈還在。中國公學由於採取開放式辦學方針，成了中華民國治國、治史、文化、外交等濟世安邦人才的加油站，所造就的人才五花八門。在盛世才之前或同期就讀的名家有：

胡適（一八九一年十二月十七日－一九六二年二月二十四日）一九〇六年考入中國公學，現代著名學者、詩人、歷史家、文學家、哲學家。

馮友蘭（一八九五－一九九〇），一九一二年冬入中國公學大學預科；後成為著名的哲學家、哲學史家、教育家，其學說與熊十力、金嶽霖、賀麟一起被稱為現代新儒學的四大流派。

中國公學具有光榮的革命傳統，師生中出過不少革命活動，如辛亥革命義士秋瑾、黃花崗七十二烈士之一的謬德潘，共產黨烈士江竹筠等。

盛世才後來在邊疆政壇上崛起，其戍邊、籌邊、安邊之策，在許多方面都可從中國公學的經歷中找到線索。中國公學的三年經歷，使盛世才收穫了一個社會關係網，並受用一生。譬如，他可以向國民黨元老于右任行弟子之禮；與中央研究院院長胡適以學兄相稱；他與著名的哲學家馮友蘭同年入學。

在中國公學，盛世才還囫圇吞棗式地吸納了三民主義、馬克思主義、自由主義、資本主義等等學說，他要花一生的心血去驗證真偽。

在中國公學，盛世才結識了他的第一位思想導師張季鸞，他帶給的影響，幾乎伴隨了他的一生。在盛世才心中，張季鸞才是他的精神導師，而蔣介石不是，蔣介石與盛世才的關係與時變化，一會兒是上下級，一會兒是競爭對手，一會兒是合作夥伴，一會兒是庇護人。

如果盛世才後來不投筆從戎，繼續沿著學術之路走下去，他也可能成為經濟學家、社會學家、外交家或史學家。天道酬勤，像盛世才這樣勤勉刻苦的學子，只要方向不變，成名成家是遲早的事。有意思的是，盛世才一八〇度大騰挪，為中國公學造就了一位另類者——抗戰時期戍守新疆而保領土不失的封疆大吏。

第二章

郭松齡：父子情深

臨刑前，郭松齡面不改色，對東三省人民留下遺言：「吾倡大義，出賊不濟，死固分也；後有同志，請視此血道而來！」夫人韓淑秀也從容不迫地說：「夫為國死，吾為夫死，吾夫婦可以無憾矣，望汝輩各擇死所！」

抗戰爆發後，馮玉祥在泰山為郭松齡立祠，尊崇郭松齡為抗日愛國將領。

——徐徹、徐悅

輟文習武

張季鸞的經歷、品格、知識與才華，對學生盛世才產生了最直接的影響，他要像老師那樣赴日深造。然而，張季鸞赴日留學是官費，而盛世才要自掏腰包。

一九一五年，盛世才從中國公學畢業。他返回東北老家，「一提要到日本讀書，立即遭到叔叔們強烈的封殺，堅持不能再支助了。當時父親也感到十分為難，他萬萬沒有想到讀書的花費，竟然這麼昂貴，到上海，要賣田地；到日本，還要再賣田地，這樣一來全家族豈不都要活活餓死！大哥得知叔叔們的反對聲浪，懊惱不已，他明知家境的難處，但他更認定放棄學業就等於放棄了未來。最後，他哭著跪求母親。

母親問他：「孩子，真的想念書嗎？」大哥堅定地回答：「是的，娘。」母親答應了他，並將他的意願傳達給父親知道。

最後，父親為了籌措大哥赴日的旅費及學費，把部分田地變賣，母親也將自己的首飾變現，還有大哥的同學張元夫，由於他的經濟條件好，也資助了大哥不少盤纏。在千辛萬苦中，民國五年（一九一六），大哥終於踏上日本的領土，考入日本明治大學政治經濟科，研究政治經濟學。」[1]注意，張季鸞在日本讀的是政治經濟學，他的學生盛世才亦選讀此科，不能說師生之間在救國圖強上沒有互動或默契。

盛世才第一次赴日留學半途而廢。「大哥是明治大學肄業的，那是因為民國七年（一九一八）十一月上海工人事件，引發學生的愛國情緒，東京留日學生也受此風潮影響，決定回國抗議。大哥愛國不落人後，做事又積極，被留日同鄉推為同鄉會代表，返滬參加全國學生總會。當時國內變亂紛呈，國家積弱，大哥深感要拯救中國，徒托空言，於事無補，鑒於救國必依靠武力，非改從軍事不可，於是決心棄文就武。」[2]

上海虹口地區是近代日本僑民的重要聚居地。一九一四年公共租界工部局開始聘用日籍巡捕，參與管理虹口地區的治安、交通事務。在虹口區，日僑中的不法分子經常挑起事端，搶劫店鋪，刀戳華人，調戲婦女等等，至一九一八年七月十八日終於釀成虹口流血事件。虹口騷亂事件發生後，上海《西報》評論說，日本方面以此次騷亂為藉口，向租界工部局和中國政府提出擴大權益的要求，其中最重要的一條就是希望在虹口全用日捕，可見日方「司馬昭之心，路人皆知矣」。

日本僑民借助國勢強盛，在中國領土上為非作歹，必然激起中國人的反抗。上海工部局採取息事寧人的態度，給予死亡日捕六百撫恤金及一百六十元喪葬費。對參與槍戰的華捕也未作嚴厲處置，只給予降級處分。日僑中的暴烈分子對此非常不滿，曾公開揚言，說日本總領事如不向工部局提出在虹口全用日捕的要求，他們將焚毀日本領事署。有的乾脆煽動說：「總領事不稱職，不能為虹口日人謀最好利益。」

無獨有偶，中國山東權益的喪失與收回，也與中日間軍事實力息息相關。第一次世界大戰期間，即一九一四年八月，日本不顧中國反對，悍然在中國領土上對德宣戰，強行控制了山東，並佔有了德國在山東的權益，還迫使北洋政府簽定了有關條約。中國當時亦參加了協約國，對同盟國作戰，曾支援協約國大量糧食，還派出

1 盛世驥《蔣介石的封疆大吏——我家大哥盛世才》，萬卷樓圖書有限公司，二〇〇〇年八月，第六頁。
2 盛世驥《蔣介石的封疆大吏——我家大哥盛世才》，萬卷樓圖書有限公司，二〇〇〇年八月，第九頁。

十七・五萬名勞工，犧牲了二千多人。作為戰勝國的中國，索回德國強佔的山東半島的主權，本是順理成章的事。全國學生總會組織爭取回收山東膠州灣的領土，以及那裡的鐵路、礦產、海底電纜等權益，即是對即將召開的巴黎和會的聲援。民間爭取國權無果，北洋政府對日軟弱，翌年，轟轟烈烈的「五四」運動因此而爆發。

也許身在日本，反爾更瞭解日本的國力和吞併中國的野心，盛世才一眼就看透上述事件的實質，日本人借助強大武力欺侮中國人。

此時，革命青年蔣介石應孫中山邀請，趕赴廣州，任陳炯明粵軍總司令部作戰科主任。大才子戴季陶亦棄文從軍，先任護法軍政府法制委員會委員長兼大元帥府秘書長，繼任林森署理軍政府外交部長時的代理外交次長。

一件偶然事件，往往能改變一個人一生的選擇。盛世才悟通了文弱武強之道，秀才遇到兵，有理說不清。即使說得清，也於事無補。「他不顧回國原意，毅然奔往廣東，投靠雲南講武堂韶州軍校。」[1]此時，廣東是中國革命大本營，孫中山、蔣介石、戴季陶等都雲集廣州。

韶州講武堂

「大哥是日本明治大學肄業的，那時因為民國七年（一九一八）十一月上海工人事件，引發學生的愛國情緒，東京留日學生也受到此風潮影響，決定回國抗議。大哥愛國不落人後，做事又積極，被留日同學推薦為同鄉會代表，返滬參加全國學生總會。當時國內變亂紛呈，國家積弱，大哥深感要拯救中國，徒託空言，於事無補，鑒於救國必依靠武力非改從軍事不可，於是決心棄文就武。當其他同學參加全國學生總會組織爭取回收青島運動時，他不顧回國的原意，毅然奔往廣州，參加雲南省主席李根源主辦的雲南講武堂韶關分校。」[2]

盛世驥的此段口述史，提供了以下資訊：一、盛世才回國的時間與原因；二、盛世才已成長為東北留學生的領袖；三、在日本留學的盛世才，並沒有割斷與上海中國公學的聯繫，依然關注國內政治動向；四、盛世才對巴

1 盛世驥《蔣介石的封疆大吏——我家大哥盛世才》，萬卷樓圖書有限公司，二〇〇〇年八月，第九頁。
2 盛世驥《蔣介石的封疆大吏——我家大哥盛世才》，萬卷樓圖書有限公司，二〇〇〇年八月，第九頁。

黎和會私下出賣青島中國利權於日本的行為，有了更深一層的思考。

盛世才作出了一生中最重大的決定——輟文習武。盛世驥作為那個時代的過來人，對其大哥棄文就武的原因作了深層次的分析。

民國七年（一九一八）十一月十一日，德國宣佈停戰，第一次世界大戰偃旗息鼓，和平年代即將來臨。然而北洋政府的腐敗無能，列強在中國予取予求，主權不能擁有，百姓得不到保護，中國政府的卑弱，對時局嗅覺敏銳，又熱情洋溢的中國知識份子而言，要比其他人更覺得屈辱，因為他們眼睜睜看著自己的國家遭到無情的蹂躪，可是救亡圖存，又談何容易！在槍桿子出政權的環境裡，拿不起槍桿，心性不夠兇狠的人，是不可能改變現狀的。軍閥的霸道，列強的強權，遂令文質彬彬、滿腹經綸的飽學之士無力濟世。讀書人所學何事？現實的殘酷，令人氣餒，讓人憤恨。大哥看清時局的無奈，決定棄文習武，一切歸零，從頭學起。

這是人生一項重大決定，決定參數是國家命運，而非小家興衰。「『棄文習武』，是多麼簡單的字句，對大哥而言是極端痛苦的抉擇，尤其在日本的學業即將完成之際。如果沒有理想，缺乏毅力，誰肯做如此痛苦的決定。這次，大哥沒有和父母商量，下定決心給自己幾年的時間，進軍校學習成為一位軍人，只因國家需要軍事人才。投筆從戎，是當時青年學子愛國最直接的表達方式之一。」[1]

盛世才棄文修武的決定，既受愛國熱情激勵，又有理性判斷。在苟活一生與戰死沙場之間，前者逆來順受，沒有風險，後者險象環生，但前景無限。青年盛世才選擇了後者。

也許還有經濟原因，即家族再也負擔不起餘下的留學費用，而上軍校則學費全免，且管衣食。不過，好端端地選擇肄業，是需要勇氣的，其中所包含的勇氣和智慧，需要往後的歲月來證明。

韶州講武堂的創辦人是李根源。

李根源（一八七九—一九六五）是雲南騰沖人。騰沖縣位於雲南西部，西鄰緬甸，境內崇山峻嶺，大河奔流。有人形容，站在三千七百餘米的高黎貢山之巔（騰沖最高峰），一雙腳踩著兩個大陸，向東邁一步是亞洲大

---

1 同上注第十一—十二頁

陸，向西跨一步是印度大陸。騰沖歷史上曾是古西南絲綢之路的要衝。張騫出使西域前往康居（今阿富汗、巴基斯坦）、身毒（今印度），所見絲綢、邛杖等物，即是經騰沖轉運的。

生於大山深處易，走出深山老林難。一八九八年（光緒二十四年），李根源十九歲考中秀才，轟動鄉裡。跌宕起伏的時勢最易為年輕人造就新的機會。二〇世紀交集之際，正值科舉沒落新學萌動期。一九〇三年（光緒二十九年），李根源把握機會走出大山，到省會昆明接受新式教育。一九〇四年（光緒三十年），又獲得留學日本學習軍事的機會，並先後畢業於日本振武學堂與士官學校。一九〇五（光緒三十一年），加入同盟會。學軍事、留學日本、加入同盟會，是李根源日後在政壇上嶄露頭角的關鍵三步。

李根源一九〇九年（宣統元年）回國，任雲南講武堂監督兼步兵科教官，旋升總辦。[1]

一九一七年李根源出任陝西省省長。繼而任北洋政府航空督辦，農工商總長，兼署國務總理，成為民國時期雲南籍人士在中央政府中任職最高的人。[2]

若用一句話概括李根源與盛世才的聯繫，就是師生關係。如前所述，李根源曾任赫赫有名的雲南講武堂校長，在護法戰爭中，李根源移師廣東，擔任駐粵滇軍總司令兼攝滇軍第四師師長，督辦粵贛湘邊防軍務，翌年，授陸軍上將銜，一等文虎章。[3]作為雲南講武堂總辦，李根源深知軍校在現代戰爭中的作用。在駐防粵贛湘交界地區之際，他又創辦了雲南講武堂韶關分校，即韶州講武堂，並於一九一八年向全國招生，第一期錄取學員三四七人。

開學之際，李根源向第一期學生致入學訓詞。

先說滇軍百戰史

滇軍間關百戰，至於嶺表，三年於茲矣。此三年中，值國多難，其效命於疆埸，暴露於邊關者，歲無寧日。將士夷傷，不可勝計。

1 李根源著《雪生年錄》，文海出版社。
2 李根源著《雪生年錄》，文海出版社，第二五七頁。
3 李根源著《雪生年錄》，文海出版社，第一三九－一四〇頁。

繼而以第一次世界大戰為例，述說戰爭與學習的關係

有宜為諸員生而告者，今日無學之民，不可以為國，尤不可以為戰……自歐戰之際，亦曆五載。陸上之戰，漸移於空際，海上之戰，漸移於水中，戰術之變遷，隨科技與物質而演進。知今日之一國國民，不可以無學而戰，則當知今日之軍人，尤不可不日黽（min，勉力）焉從事於學。

李根源特別強調學習態度

為學之要，故非一端，而今日之所以為諸生告者，不在多言，惟堅韌刻苦四字而已……故必有堅忍不拔之概，後有堅貞不屈之操；有堅貞不屈之操，而成艱苦卓絕之業，是在諸員生勉勵而已。

李根源認為軍人要樹立國家觀念，並終身行之

彼於國家觀念，本末分明，故無足責。或托於愛國志士，或驕嬌之氣，久而遂墮，利欲所熏，變而加厲，豈非無堅韌刻苦之一念所由至哉。根源往昔在滇教疏諸生，不逾斯職，切磋砥礪，亦已有年。至於行已立身，未嘗不兢兢於是。今即成事而推及成敗，就諸生而課期短長，與此意無往不合。所願諸生終身行之，毋以為庸言而忽之也。

民國七年戍午九月二十二日[1]。

民國八年（一九一九），韶州講武堂招收第二期學員。六月十日，公佈五一二人錄取學員名錄，盛世才即是其中的一名學員。「盛世才，晉庸，遼寧開源」[2]

在韶關講武堂時代，學校被亂兵圍困，盛世才和同學突圍而出，跑過一獨木橋，橋斷落水，追兵向水中槍彈四射，後來跑到許崇武處才脫難。[3]此次遇險，讓他首次體驗了文武之道的差別，兵者，非文人錦繡文章，勝敗

1 李根源《曲石文錄》民國二十一年第六五－七二頁。
2 同一注同頁。
3 陳紀瀅《新疆鳥瞰》，臺灣商務印書館，一九六九年第二四七頁。

者，命懸一線，生死攸關也。此乃他一生的經驗。

盛世才之後考入日本陸軍大學，但其學習軍事的源頭則在李根源主辦的韶關講武堂。

郭松齡夫婦

在韶關講武堂中，盛世才邂逅了東北老鄉軍事教官郭松齡。

郭松齡（一八八三年－一九二五年），字茂宸，祖籍山西，生於遼寧省瀋陽市東陵區深井子鎮漁樵村。郭松齡自幼家境貧寒，父親郭復興粗通文墨，常年在外打工，從小過著衣不遮體、食不果腹的生活。逢青黃不接時，他們母子不得不到鄰村乞討。朱門酒肉臭路有凍死骨的見聞，在他心中埋下了要改變社會貧富不均的種子。九歲時，其父回村設館授讀，郭松齡才得以入館念書。三年私塾，使他讀誦了一些儒家經典，並且練得一手好字。[1]

「十二歲時，適逢中日甲午戰爭，遼東百姓流離失所。私塾館倒閉，家庭失去經濟來源。作為長子的郭松齡只得外出做工，補貼家用。做工期間，依然發憤讀書。父親亦指導他讀一些科舉課程。漸漸人們發現，郭松齡已經可以為他們寫各種文契了，因此管他叫『農民秀才』。」[2]

郭松齡十九歲時，因其父在城裡有了一份穩定的工作，郭松齡才結束了打工生活，進入瀋陽大儒董漢儒開辦的書院複讀。董漢儒是一位堅持操守的清末舉人，反對八股考試，提倡致用之學，培養「真正人才」。他經常用歷史上的治世文臣、愛國武將來激勵他的學生。郭松齡視董漢儒為恩師，做了高官後，還時常探望恩師，並出資助恩師之子到日本陸軍大學深造。郭松齡是知恩圖報的人。[3]

甲午戰爭剛滿十年，日俄戰爭又在黑土地上爆發。郭的家鄉是日俄交戰區，炮火毀壞了許多房屋，居民也有

1 徐徹、徐悅《張作霖》，中國文史出版社，二〇一二年一月，第二一二－二一三頁。
2 徐徹、徐悅《張作霖》，中國文史出版社，二〇一二年一月，第二一三頁。
3 同一注同頁。

不少被打死打傷。郭松齡再次被迫輟學。日俄戰爭的災難給郭松齡的觸動是巨大的，遂立志走從軍救國之路。[1]

雖說郭松齡的普通教育因家境貧困時斷時續，但其軍校履歷卻十分完整。一九〇五年秋，入奉天陸軍小學堂。翌年，入選奉天陸軍速成學堂學習。一九一二年考入北京將校研究所，任區隊長。翌年秋，投考北京中國陸軍大學，名列榜首。在三年學習期間，他努力汲取新知識，瞭解新思想。凡是西學學者或中國學者來京講學，他必往傾聽。他對法律學、政治學、社會學亦興趣濃厚。一九一六年，郭以優異成績畢業於陸大，遂被聘為北京講武堂教官。[2]歷經十年寒窗苦讀，始為軍旅中文武兼備、深具愛國思想的卓犖者。

從軍以後，至少有兩個人對郭松齡產生了重要影響。一是其長官朱慶瀾，帶他經歷了暴風雨，目睹了大世面。一九〇七年，自奉天陸軍速成學堂畢業後，郭松齡充任盛京將軍衙門衛隊哨長（相當於排長），由於帶兵嚴謹，勤於職守，深得陸軍統領朱慶瀾賞識。朱對郭信任而親密，郭則忠誠地長期追隨在朱的左右。

一九〇九年，朱慶瀾調入四川駐防，任陸軍第三十四協協統。郭任第六十八團連長。一九一七年，孫中山在廣東發起護法運動，朱慶瀾時在孫中山麾下擔任廣東省省長。郭松齡得到此訊，遽辭北京講武堂教官職，隻身南下投奔朱慶瀾。在粵期間，郭擔任粵、贛、湘邊防督辦公署參謀和廣東省警衛軍營長等職務，兼韶關講武堂教官，為廣東軍政府訓練軍隊和培養軍事人才。

二是思想導師孫中山。早在一九一〇年，郭松齡經方聲濤、葉荃的介紹加入新軍同盟會，成為同盟會早期成員之一。在廣東期間，郭松齡目睹軍政府政令、軍令不能統一，對實權操縱在地方軍閥手中的狀況很是憂慮。便尋得一個機會，拜謁孫中山，並建言反對軍閥：「欲謀真正共和，須由軍人革命。」還說：「軍人每為軍閥利用，造成特殊勢力，實為共和政治之障礙，故其自身亦須革命。」據說，「中山深韙其言，而公亦深服膺中山主義。」[3]

郭松齡身材高大，面貌嚴肅，生活簡樸。無論春夏秋冬，總是穿著制服，軍容整齊，令韶關講武堂學員肅然

---

1 張繼學《張作霖幕府與幕僚》，浙江文藝出版社，二〇一一年一月，第二一二五頁。
2 張繼學《張作霖幕府與幕僚》，浙江文藝出版社，二〇一一年一月，第二一五頁。
3 張繼學《張作霖幕府與幕僚》，浙江文藝出版社，二〇一一年一月，第二一五頁。

起敬。「每於課餘至廣州，輒與旅粵東省二三同志謀改造東三省事」。[1]

那時，因廣東是孫中山的家鄉，辛亥革命的策源地，護法運動的中心，形成了東西南北中，革命要到廣東風潮。風雲際會，兩個東北有志青年軍人，在韶關講武堂結成了師生關係。

一九一八年五月，轟轟烈烈的護法運動失敗，一批追隨孫中山的國會議員和軍人被迫相繼離開廣州。失望加悵惘的郭松齡決定回東北發展。他認為：「欲謀三省之根本改造，非先推倒惡軍閥不可；欲推倒惡軍閥，非準備絕大犧牲不可。余擬回奉，投身奉天軍閥巢窟，謀取兵權，潛蓄勢力，以圖根本改造。」[2]

一九一八年末，郭松齡回到奉天。經督軍署參謀長陸大同學秦華介紹，郭任督軍署少校參謀。不久，調任東三省講武堂中校教官。「講武堂開學時，張作霖看到相貌殊異的郭松齡在場，便嚴厲地問到：『汝系反對余之革命黨，今日來此何為？』郭松齡『默然』，張作霖『亦不復致詰』。張作霖以為郭松齡既然已經投靠自己，也就既往不咎了。郭松齡帶有使命，就此潛伏於東北軍中。

郭松齡胸懷大志，目標專一，對如何訓練一支新式軍隊，早已成竹在胸。他厭惡軍閥作風，痛恨下跪、磕頭等腐敗習氣。郭松齡嚴於律己，治軍亦嚴。他宣導不打人、罵人，不媚上壓下，不營私舞弊。官兵若有違反軍紀者，不徇私情，嚴懲不貸。

郭松齡辦事極其認真，要求學員特別嚴格。每當假期屆滿，他必親自站在校門口監督，凡遇遲到者，即使一分鐘，也要禁閉處分。他同時嚴格約束隊長、區隊長，按習俗，教官無權管教隊長。[3]

郭松齡『對於戰術，造詣頗深，每講授如懸河泄水，注而不竭，極受學員們的歡迎』。」[4]無巧不成書。其時張作霖的六公子張學良正在講武堂讀書。許多教官懾於其背景不敢管理，任其自流。郭松齡不信邪，對張學良管理如常。張學良深慕郭教官之才學。

一九二〇年夏，張學良於奉天陸軍講武堂第一期畢業，旋升任東三省巡閱使署衛隊旅旅長，即向張作霖舉

1 李堅白：《東北國民軍總司令郭松齡事略》，《遼寧文史資料》第十六輯，遼寧人民出版社，一九八六，第十五頁。
2 李堅白：《東北國民軍總司令郭松齡事略》，《遼寧文史資料》第十六輯，遼寧人民出版社，一九八六，第十五頁。
3 張繼學《張作霖幕府與幕僚》，浙江文藝出版社，二〇一一年一月，第二一六頁。
4 同一注同頁。

賢，調郭松齡為參謀長，並兼第二團團長。此乃郭松齡手握兵權之始。[1]

郭松齡在創辦新軍上有很多建樹。一是狠抓軍事教育，開辦各種軍官培訓班；二是建立春秋兩季會操制度，檢查軍隊訓練品質與軍紀；三是特創軍需獨立制度。當時的軍隊，軍需官一般由各級主官的親屬擔任，軍需處往往成了軍官的私人帳房。郭松齡則任命專業人員管理軍需，實行軍需獨立，不准長官動用公款。由此杜絕了軍中克扣軍餉的劣行，保證了官兵軍餉及時足額發放，提高了軍隊的戰鬥力；四是建立有效的軍官升遷制度，量才使用有真才實學者，軍官們行有標準，惟帶好兵是舉，不必苦心鑽營，暗下營私舞弊。[2]

郭松齡和張學良一道，廣泛延攬軍事院校出身的人才，儲才備用。僅一年有餘，就使該旅之會考成績冠於各軍。東北軍將領多胡匪出身的大老粗，他們久經沙場，當然不服操場練兵，放言道：郭松齡「所練之軍隊，紀律雖佳，未必善戰。」[3]

一九二〇年，直皖戰起。郭松齡率部出山海關。在天津小站附近，以一團兵力，圍剿龍濟光兩個旅，戰術靈活，官兵奮勇，進退迅捷，『人始驚異』，名聲外傳。」[4]

這一年，盛世才從軍校畢業，「返回東北，由李根源校長推薦到郭松齡麾下，擔任一名排長。」[5]

「大哥在郭松齡的調教下，在軍隊中做最實際的訓練，應用所學，發揮才長，因而受到郭松齡的器重，不久升任東北軍第八混成旅中尉連附。」[6]

郭松齡手下軍官數百，唯與兼有文韜武略、探索救國主義的部屬盛世才談得投機。盛世才時常去郭家走動。

在郭松齡與張學良延攬的人才中，有叫邱宗浚者，家世顯赫。其人生於瀋陽，做過小學教員，畢業於保定陸軍軍官學校，後在郭松齡部任衛兵團團長，二人過往從密。邱宗浚生有三女，均受過中高等教育。二女邱毓芳時下正在瀋陽女子師範學校讀書，因聰明乖巧，善解人意，郭松齡夫婦膝下無子，收為義女，視為己出。

1 同上注同頁。
2 張繼學《張作霖幕府與幕僚》，浙江文藝出版社，二〇一一年一月，第二一七頁。
3 李英夫：《我所知道的郭松齡將軍》，《瀋陽文史資料》第三輯，一九八二年內部版，第一一九頁。
4 李英夫：《我所知道的郭松齡將軍》，《瀋陽文史資料》第三輯，一九八二年內部版，第二一八頁。
5 盛世驥《蔣介石的封疆大吏——我家大哥盛世才》，萬卷樓圖書有限公司，二〇〇〇年八月，第十三頁。
6 盛世驥《蔣介石的封疆大吏——我家大哥盛世才》，萬卷樓圖書有限公司，二〇〇〇年八月，第十三頁。

盛世才在郭家與邱毓芳初識。一次，邱毓芳在學校演話劇，女扮男裝，身穿軍服，腰挎指揮刀，英姿颯爽，一剎間征服了盛世才。二人私下書信往來，情竇雙開。

「邱毓芳畢業於瀋陽第一女子師範學院，是個思想前衛女性。她在家中排行老二，上有姊姊，下有弟弟，是家中最能幹的女孩，從小操持家務，會讀書，全不像嬌生慣養的千金小姐。大哥與邱毓芳相差十歲，在郭松齡夫人的撮合下，兩個人於民國十年（一九二一），在小河沿明湖春餐廳結婚，由郭松齡證婚。」[1]

盛世才與邱毓芳相差十歲，結為夫妻亦算合適。時年，郭松齡三十八歲，盛世才二十八歲，要從邱毓芳認郭松齡為義父，似乎有些不倫不類。然而，盛世才不以為然，他不缺父親，缺的是有權有勢能助他事業起飛的貴人。可以說，郭與盛關係特殊，名為父子，實為師生，兼為貴人。跟著善人學做人，跟著魔鬼學跳神。若認賊作父，好運從此顛倒。認郭作父，實在是盛的幸運。

說起郭松齡夫人、盛世才的義母韓淑秀，更是女中豪傑。瀋陽坊間流傳著她不同版本的傳奇故事。有說韓淑秀畢業於奉天女子師範學堂，有說畢業於北京燕京大學，總之是知書達理的新女性。

一九一一年十月，武昌起義爆發，東南十八省回應革命。郭松齡由四川返回到奉天，參與奉天革命黨人張榕領導的武裝起義。張榕的反清祕密機關，就設在時任瀋陽某附小教員韓淑秀家中，韓淑秀與郭松齡由此得以相識。不料，起義計畫洩密，奉天當局對革命黨人進行了瘋狂鎮壓。一九一二年一月二十三日，張榕被害。郭松齡被捕，已定以斬首之刑。

坊間傳說之一，有時間、地點、人物、事件，新聞要素俱全。一九一二年十二月二十五日，正當郭松齡等被帶到大西門外荒草地殺人場行刑時，韓淑秀拿著一份當日的《盛京日報》，高呼著：「刀下留人！」十萬火急地闖進法場。原來這份報紙上剛登出「清帝退位詔書」，韓淑秀在千鈞一髮之際，以政局驟變的快訊，挽救了郭松齡等的生命。兩人在生與死之中建立了感情，結為恩愛夫妻。

坊間傳說之二，更為生動細膩。張作霖奉趙爾巽之命大肆捕殺革命黨人。郭松齡因為剪了頭髮，一身時裝，並且帶有四川新軍證件，因而被逮捕，草草審問之後就被押往刑場。郭松齡有口難辯，只好仰天長歎，引頸等

[1] 盛世驥《蔣介石的封疆大吏——我家大哥盛世才》，萬卷樓圖書有限公司，二〇〇〇年八月，第十六頁。

死。在此緊要關頭，韓淑秀冒死挺身而出，對監斬的東三省總督趙爾巽喊道：「總督大人，刀下留人！」趙爾巽大吃一驚，誰人如此大膽，竟敢騷擾法場？趙爾巽嚴厲的目光向人群掃去。只見一個俊秀的年輕女子從容地從人群中走了出來，急步走到趙爾巽面前，施了一禮，說：「總督大人，我是郭松齡的未婚妻，郭松齡是咱們奉天城東漁譙寨人，總督可派人調查以明真偽。他本是四川新軍的一名營長。我們已經訂婚三年。這次，他從四川回來，就是要與我完婚的。被人誣為革命黨，實在冤枉，請總督大人明察。」四川總督趙爾豐和趙爾巽是親兄弟，郭松齡的上級是朱慶瀾，而朱慶瀾又是趙爾豐屬下。問明瞭這層關係，趙爾巽將郭松齡當場釋放。

不管哪種說法，韓淑秀闖法場刀下救人是真，二人結為夫婦亦真。

由女中人傑韓淑秀做介紹人，由為人正派的郭松齡做證婚人，由郭松齡與韓淑秀婚姻作楷模，盛世才與邱毓芳的婚姻亦經受了的歲月的考驗，終生相守，不離不棄。

因為郭松齡夫婦的關係，盛世才攀上了軍中高枝，軍階得到提升，家族的社會地位和經濟窘境即刻得到很大改善。

「大哥學成回到東北，在那個時代裡，雄姿英發的軍人，常為眾人矚目的焦點。霎時間盛家屯因出了一名傑出的軍人，而名聲大噪。這時最高興的莫過於父親。長久以來為了栽培大哥成器成才，全家瀕臨挨餓的邊緣，也曾引起旁人的訕笑，但絲毫沒有動搖父親對大哥的信心。終於，大哥風光的回來了，他把薪餉全部拿回家，大哥總算沒有辜負家人尤其是父親的期許，讓父親長時間身心上的辛苦，換得甜美的果實。

大哥知道全家人為了栽培他，吃了不少苦頭。他敬佩父親對教育有高瞻遠矚的認識，所謂讀書才有知識，有知識才有力量。他學成回家後，負起養家的重擔，盡力改善家裡的的惡劣的經濟環境。其中他無法彌補的虧欠，是二哥、三哥為了他而喪失繼續求學的機會，如今他們也長大成人，娶了媳婦成了家，大哥也只能在能力之內，為他們做一些事。如二哥三哥想到外面見見世面，大哥就把二哥介紹到郭松齡的北大營裝甲車隊，學習機械修理技術，並任瀋陽陸軍汽車隊隊長；三哥也到北大營學習。四哥和我年紀小，大哥把我們帶到奉天，供我們讀書。我和四哥就讀瀋陽第一師範附屬小學，後來大姐也來和我們一起讀書。我和四哥都住校，只有假日才到大哥家。大哥常像嚴父似的對我們說：『要想將來有出息，就要勤讀書，還得下苦功才行。』他常常檢查我們的作業，確實督導我們的學業。」[1]盛家世世代代以種地為生，以盛世才為開端，紛紛變身為城裡的讀書人。長官招婿，昭示著盛世才未來的前途光明。果然，盛世才新婚不久，大帥張作霖就派給他一項外交軍閥的特殊任務。

「民國十年（一九二一）底，梁士飴組閣，得到張作霖的支援，卻遭到吳佩孚的強烈反對，張、吳兩派人馬暗自較勁。張作霖遂派大哥到四川、湖北等地聯絡劉湘、孫傳芳一起起兵反對吳佩孚。」[2]

此時，盛世才加入東北軍不到兩年，官職亦不過是一個下級軍官，在千軍萬馬叢中，張作霖選中盛世才，說明盛世才已在軍中有一定知名度。盛世才在其《牧邊瑣憶》中，頗為自得的記述了他不辱使命的西南之行，並夾帶著對人事的評論。

「在臨去四川前，由張漢卿旅長帶我進帥府，晉謁張雨帥（張作霖字雨亭），請示機宜，當時在張雨帥臥房見面的，張雨帥坐在一張大床上，到床前我向雨帥行禮後，雨帥即命我坐下；當時床前僅有一把椅子，我看了看張漢卿公，於是雨帥說：教他站著，你坐下！我不得已坐下了。雨帥說：『你是郭茂辰的學生？我說：『是的。』然後雨帥說：『你這次去的任務是很重大的，所有應該對你說的話，你們旅長已經和你說過了。不過路程遙遠，沿途不好走時，不要勉強，如不好走，你就回來，不要冒險前去。』張雨帥最後的幾句話，真是猶如家人父子一樣的親切，乃使人雖冒險亦必須前去。」[3]

繼而，盛世才對張作霖作了一番評價：「張雨帥面目清秀，對人親切，是北方人而南相，身材短小而精悍；惜乎他的思想跟不上時代，假使有學識的話，則其一生事業當更為輝煌。古人說，人之一生，蓋棺定論，由日本軍閥定要在皇姑屯把他炸死一事看來，可以充分證明，他乃是一個保衛東北國土和主權完整的民族英雄。」

盛世才「抵達宜昌時，前往晉謁孫馨帥（孫傳芳字馨遠）。孫對待我甚親切，有禮貌……隨後我到重慶，與劉湘晤面後，彼此相談甚為融洽。我在重慶住月餘，待雙方商談各事，大致成功。」

然而，在盛世才離開重慶前往宜昌途中，時局突變，奉軍敗退出關。「使我感到奇怪的是，乃是四川張代

---

1 盛世驥《蔣介石的封疆大吏——我家大哥盛世才》，萬卷樓圖書有限公司，二〇〇〇年八月，第十三—十四頁。

2 同一注第十四頁。

3 盛世才《牧邊瑣憶》，《五十年政海風雲》，春秋雜誌社，一九六七年四月，第五十四頁。

表不知去向。孫總司令有病不見客。」盛堅持要見孫傳芳。「他問我：『有什麼事，請說！』我當時看情形不對，乃說此次奉軍不幸打了敗仗，但是東北乃進可戰，退可守的地方，而直軍只能追到山海關為止。方今天下大勢，乃正是各方面群雄逐鹿中原的時候，以馨帥的學養、名望，將來亦是逐鹿中原之一人。東北地大物博，兵強馬壯，凡有意逐鹿中原之人，將來借重東北的地方尚多。談到此處，我看孫馨帥已把古板而冷酷的面孔，一變而為和顏悅色了，他問：『你是什麼學校畢業的？』……他說：『你是文武雙全之才。』我負責保險把你平安送到上海。」[1]

「大哥這次西南之行，順利完成了任務，雖然遊說未果，但大哥的膽識、口才讓張作霖留下好印象。回東北後大哥繼任東三省鎮威上將軍衛隊團的連長及公署少校、中校參謀；也參加郭松齡在奉天北大營領導，彭昭賢和彭筱秋籌辦的軍官教育班內受訓；還入東北講武堂附設教導隊軍官第一期，成績極為優異，東北當局一致認為大哥是不可多得的人才。」[2]

「當時張作霖銳意整軍，需要儲備人才為他效力，於是選派少壯軍人出國留學，大哥即由郭松齡推薦，在張作霖的認同下，於民國十三年（一九二四）被報送至日本陸軍大學中國學生隊第四期，鑽研軍事方面的學問，大哥留日期間所有的費用均由東北當局供給。」[3]

這一年，孫中山聯合蘇聯共同創建的廣州黃埔軍校剛剛成立，由日本振武學校畢業的蔣介石擔任校長。就軍校資歷而言，盛世才是可以倪視黃埔軍校群雄的。

「這是大哥第二次到日本留學，上次是名文科生，這次是武科生；上次學政治經濟，這次學軍事教育；上次是自費，這次是公費。身分不同、科目不同、待遇也不同，然而大哥學習的心態卻是相同：努力、有功、積極。」[4]盛世才人生旅途中的華麗轉身正在進行中。

結婚三年的妻子邱毓芳亦隨之獲得留日深造的機會。「此時大嫂也隨夫到東京，並就讀東京日本女子大學學

---

1 盛世才《牧邊瑣憶》，《五十年政海風雲》，春秋雜誌社，一九六七年四月，第五十五—五十六頁。
2 盛世驥《蔣介石的封疆大吏——我家大哥盛世才》，萬卷樓圖書有限公司，二〇〇〇年八月，第十六頁。
3 同二注第十六—十七頁。
4 盛世驥《蔣介石的封疆大吏——我家大哥盛世才》，萬卷樓圖書有限公司，二〇〇〇年八月，第十七頁。

教育。」[1]

舉兵反奉

盛世才在東京讀書期間，常與義父母書信往來，起筆以父母大人相稱。其時，郭松齡正在策劃一項驚天動地的大事。這件大事最終功敗垂成，郭松齡夫婦付出了生命代價，由此亦影響了盛世才的前途。

一九二五年十月初，郭松齡作為奉軍的代表去日本觀操。日本參謀本部一位重要職員去拜訪他，問他到日本是否還有代表張作霖與日本簽訂密約的任務。郭松齡才知道張作霖擬以「落實二十一條」為條件，商由日方供給奉軍軍火，進攻馮玉祥的國民軍。此事激起郭松齡的強烈義憤，郭便將此事告訴了當時同在日本觀操的國民軍代表韓複榘。郭對韓表示：「國家危殆到今日這個地步，張作霖還為個人權力，出賣國家。他的這種幹法，我無論如何是不能苟同的。我是國家的軍人，不是某一個私人的走狗，張作霖若真打國民軍，我就打他。」並請韓複榘向馮玉祥轉達自己的合作意向。

郭松齡向以知行合一著稱。十一月二十日，郭松齡以軍團長張學良的名義，下令出關參戰部隊撤退到灤州。十一月二十一日，郭在灤州車站召開軍事會議，約有百人參加，郭的夫人韓淑秀亦出席會議。郭痛陳國內戰爭給人民帶來的災難，並說：「在老帥面前專與我們作對的是楊宇霆……現在叫我們為他們收復地盤，為他們賣命我是不幹的……我已拿定主意，此次絕不參加國內戰爭。」郭立下抱死的決心說：「我這樣行動等於造反，將來成功自然無問題，倘不幸失敗，我唯有一死而已。」夫人韓淑秀應聲道：「軍長若死，我也不活！」

作為下級軍官，郭寄嶠有幸參加了反奉動員會議，並於晚年回憶道：

> 會場在一座孤樓上，樓上有一個大約二十餘坪左右容量的大廳，廳中央，擺了一個多張桌子拼成的會議長條桌，廳中央後，有一個小房間，郭軍長夫婦此刻已在房間休息。不數分鐘，郭軍長夫婦從房間走

1 同上注同頁。

出，坐在會議桌中央，正在我所坐的位置對面，所有參加會議的約二十餘人，均靠牆肅立，鴉雀無聲，郭軍長御下甚嚴，人皆敬而畏之，此時有日本士官學校畢業的軍官看起來有些不大自然，因我瞭解，在東北高級軍人中，中國陸大，與日本陸大及日本士官畢業的人們，傳說似有相當意見，此次事變，聞也導因如此。

郭軍長夫婦入席後，表情非常嚴肅淒涼，郭軍長略說數語後，即宣告他的決心，這一串話，完全照作戰計畫命令格式述說，概要如左：（一）決心——以開發東三省為目的，回師東北；（二）理由——說明他在日本參加秋操時，如何發現楊雨霆勾結日本，出賣東北利益，已達到他們在政治上的私欲……故準備回師東北，肅清賣國求榮的反動分子；（三）戰鬥序列——，東北軍番號，改為東北國民軍……郭軍長講到直奉戰爭傷亡撫恤，多為羈絆，而楊某等人還要窮兵黷武時，極為激昂，隨即痛哭失聲，不能遏止，遂退入小房間休息。郭夫人個人留在會議上，說了很多不恰當的話，其說話語氣極為悲慘，似已預示了難以成功和極為悲慘的未來。余聽之深感奇異。[1]

軍官們面面相覷，在國與家、恩與叛的糾結中獲得了暫時的統一。可以肯定，盛世才亦參加了會議，只是目前沒有找到他當時所想所感的文字材料。

十一月二十三日，七萬勁旅掉轉方向，浩浩蕩蕩向奉天進發，一場血戰拉開帷幕。十一月末，已至農曆小雪時節，郭軍衣衫單薄，仍冒風雪入關，一路勢如破竹。十一月二十八日，郭軍攻佔山海關。

十一月三十日，郭松齡將司令部移駐山海關，將部隊更名為「東北國民軍」，官兵一律佩帶「不擾民、真愛民、誓死救國」的綠色標誌。郭松齡不再盜用張學良的名義，以東北國民軍總司令的名義發表通電，電告全國，隨即率部隊出關。

郭松齡舉兵反奉通電，得到國內各界的聲援：

十一月二十五日，馮玉祥通電討張。同日，廣州召開國民大會，聲援郭軍反奉行動。

---

1 林泉：《郭寄嶠先生訪問記錄》，近代中國出版社，一九九三年十二月，第二一一－二一四頁。

十一月二十九日，李大釗代表中國共產黨和國民黨左派，發表打倒軍閥的聯合宣言。

十二月一日，中國共產黨和中國共產主義青年團聯合發表《告全國同胞書》，重申打倒軍閥、統一國家的政治主張。[1]

十二月十三日，郭軍前鋒抵達溝幫子，右路軍馬忠誠旅抵達營口對岸。十二月十四日，郭松齡發表《痛告東三省父老書》，矛頭直指張作霖。

這個通電，先宣佈張作霖的四大罪狀：摧殘教育；壓制輿論；招兵害農；用人不公。遂即發佈自己治奉的十大方針：（一）實行省自治，發揚民氣；（二）保護勞工，節制資本，以消赤化隱患；（三）免除苛稅，以紓民困；（四）練兵採精兵主義，務求淘汰匪兵，以除民害，而輕負擔；（五）整頓金融，以維民業；（六）增加教育經費，實行強迫教育；（七）用人以人為本，不拘黨派親疏之見；（八）開發地利，振興實業；（九）整頓交通，以利商旅；（十）肅清匪患，整頓員警。[2]

聯繫到盛世才的學歷、閱歷、經歷，以及與郭松齡的特殊關係，很難說上述十大治奉主張中沒有盛的建言，尤其在政治、經濟部分，這是盛的長項。若再聯繫盛世才一九三三年「四一二」政變後的治疆方略，亦可覓其關聯。

郭松齡屯兵距瀋陽六十里的白旗堡，遇到兩個棘手的難題：一是對日外交，是賣國還是愛國？二是身分認同，起義軍是張家軍，還是國民革命軍？郭松齡理智與情感上陷入兩難，在千鈞一髮之際割不斷忠君的江湖義氣，決定休兵三日，坐等張作霖自動下臺。張作霖三管齊下：一面與日本勾搭成奸，一面從吉林調來援軍，並派飛機在前線灑下傳單：「吃張家，穿張家，跟著郭鬼子造反真是冤家」「老張家人不打老張家」，以動搖將士軍心。郭松齡叛的不徹底，張作霖下野不甘心，最終在臨門一腳之際，讓老奸巨猾的軍閥張作霖反敗為勝。

一九二五年十二月二十五日上午十時，被俘的郭松齡夫婦被押到離老達房五里許的臨時刑場。十三年前的同一天，韓淑秀刀下救夫，如今夫婦二人一同走上刑場。臨刑前，郭松齡面不改色，對東三省人民留下遺言：

1 徐徹、徐悅《張作霖》，中國文史出版社，二〇一二年一月，第二三一頁。
2 同一注，第二三二頁。

「吾倡大義，出賊不濟，死固分也；後有同志，請視此血道而來」！夫人韓淑秀也從容不迫地說：「夫為國死，吾為夫死，吾夫婦可以無憾矣，望汝輩各擇死所！」當執行官下達開槍命令時，韓淑秀滿懷深情地看著郭松齡說：「茂宸，我要你放心地看著我先走，來吧，先打死我。」

斯時，郭松齡四十二歲，韓淑秀三十五歲。

郭氏夫婦被害後，張作霖命令將郭氏夫婦的屍體運回奉天，在小河沿體育場曝屍三日示眾，並將遺體拍成照片各處張貼，傳示東三省各市、各縣，懲一儆百。當時小河沿圍觀群眾數以千計。

小河沿，正是四年前郭松齡夫婦為義子義女盛世才與邱毓芳舉辦婚禮的地方。大喜至大悲，不過四個春秋。

郭松齡反張作霖失敗後，張作霖下令通緝盛世才。「這次政變大哥也參與其事，在發動政變前，郭松齡曾到日本與大哥密商；政變一發生，大哥便奉命祕密回國，也打了幾場勝仗。哪知道因郭松齡顧念長官之情，一時之仁，不但壞了大事，也送了自己的性命。當政變失敗後，情勢已失，到處是日本鬼子，搜捕極為嚴密，甚至到了滴水不漏的地步，這是因為張作霖下令對此次政變相關人員，務必斬草除根，一個也別想逃走。大哥當然是通緝的要犯之一，只要他在東北一天，隨時會變成張作霖的囊中之物，下場之淒慘，由郭松齡處可見一斑，所以逃離東北是唯一的出路，就在千鈞一髮中，他佯裝火車工人，在火車頭添煤，逃過搜捕，通過檢查，安全回到日本。」[1]

「當張作霖得知大哥溜回日本，氣憤難平，立即要求日本陸軍大學開除大哥的學籍，並取消他的公費和保人資格。大哥的日本老師，為了留住這位好學生，便展開遊說工作，讓孫傳芳同意為大哥作保。後來孫傳芳撤保，由馮玉祥接替。馮玉祥因受郭松齡的氣節所感，基於愛屋及烏的心理，幫助大哥一段時間，最後由南京政府的蔣介石接替支助大哥，直至畢業為止。」[2]

郭氏夫婦死後，因父母、弟弟和繼子逃難在外，遺體由親友代為裝棺，暫厝於小東門外珠林寺。「九一八」事變後，其家屬才把郭氏夫婦安葬在家鄉附近。一九四八年，由其繼子郭鴻志移葬於瀋陽東陵區七間房墓地。

---

1 盛世驥《蔣介石的封疆大吏——我家大哥盛世才》，萬卷樓圖書有限公司，二〇〇〇年八月，第二十頁。
2 同一注同頁。

郭松齡夫婦是為了反對封建軍閥，反對日本帝國主義而犧牲的，受到全國人民的同情。「全國人民無論知與不知，莫不為公扼腕」。北京、日本等處，均召開盛大追悼會，以表示哀悼。抗日戰爭爆發後，馮玉祥在泰山為郭松齡立祠，尊崇郭松齡為抗日愛國將領。[1]

郭松齡的顧問李堅白評價郭夫人說：「韓夫人淑秀女士，與公同籍，北京燕京大學畢業。為人勤儉木訥，沉毅多智。歸公後布衣蔬食，不喜繁華，掃除炊膳皆親任之，事舅姑尤謹。在奉天先後創辦貧兒學校、同澤女中、女青年會等，頗有聲於社會。國民軍出關之役，任機要秘書，運籌帷幄，極著功績。而竟與公同時遇害。實吾國女界之大不幸。」[2]用現在的話形容，韓淑秀是上得了廳堂，下得了廚房的女士，然而，如今誰具有她劫法場救夫、上戰場助陣、下刑場凌然的豪氣呢？

郭松齡夫婦之死，免不了有說三道四之人。一位署名「農民」者作了一幅對聯：論權論勢論名論利，張家哪點負你；不忠不孝不仁不義，爾夫妻占得完全。[3]這是一種狹隘的見識，奴才的心理，心中只有家而沒有國，只知效忠個人，不知忠於國家。只認軍閥，不知國家，此乃當時社會的通病。七七事變後，全民抗戰興起，舉國上下一致抗日圖存，國家觀念方深入民心，這是中國社會走向現代文明國家的標誌。

張學良與郭松齡

在東北軍中，張學良與郭松齡有著特殊的關係。二人相識於東北講武堂，郭是教官，張是學生。郭學識淵博，文武兼通，律己甚嚴，注重身教。使張學良由衷敬佩和信任，既「尊之為師」，又「引以為友」。[4]

張學良雖為軍閥之子，但他有愛國熱情，有正義感，有進取心，在思想、道德品質上，與其綠林出生的父親截然不同，很有培養前途。郭常對學員訓話：「當今世界軍事日新月異，武器也隨之改進，東北地處兩大強鄰之

1 徐徹、徐悅《張作霖》，中國文史出版社，二〇一二年一月第二六〇頁。
2 同一注第二六六頁。
3 徐徹、徐悅《張作霖》，中國文史出版社，二〇一二年一月第二六二頁。
4 李堅白：《東北國民軍總司令郭松齡事略》，《遼寧文史資料》第一六輯，遼寧人民出版社，一九八六年，第十五頁。

間，時時都在窺視我們。執干戈、衛社稷是軍人的職責。」他經常向張學良宣傳「練精兵，禦外侮」的愛國思想，希望通過張學良來實現自己改造東北的願望。

郭松齡治軍嚴格，克己奉公。他一有空。則手不釋卷，認真學習。而一般奉軍舊軍官以文盲半文盲居多，平時以狂嫖濫賭、酒肉征逐為豪舉，不看書，不學習，與郭松齡形成強烈反差。這些舊軍官看不慣郭松齡特立獨行的風格，加上郭身高挺直，面生連鬢鬍鬚，酷似西洋人，背地裡稱他為「郭鬼子」。[1]

張學良對郭松齡放手任用，信而不疑；郭松齡對張學良恭順服從，衷心擁戴。二人既是師生，又是朋友，甚至結為兄弟。郭松齡與張學良白天同一間房辦公，晚上同一個房睡覺。張學良經常說的一句話：我就是郭茂辰，郭茂辰就是我。對於二人關係，張作霖說過一句粗話：小六子（張學良乳名）對郭鬼子（郭松齡綽號），除了老婆不給他睡外，你什麼都可以給他。[2]

在張作霖眾多子女中，惟小六子張學良聰明過人，勤苦好學，且學什麼，會什麼。張學良武能駕駛飛機，操弄各種武器，文則會英語，又是舞場、情場高手。張學良欲望太盛，目標過多，往往成於勤，誤於嬉。郭松齡則嚴於律己，目標專一，字跡工整有法度。張學良也寫的一手好字，但過於炫耀花哨。字若其人也。

郭松齡與張學良時有矛盾衝突。從個性上講，張學良有大公子哥的習性，貪玩，喜好新奇刺激，愛找女人。而郭松齡則嚴謹有餘，個性偏狹，不能容物，性又急躁，兩人在個性上反差極大。郭松齡見張學良一天到晚抱著線裝書看，氣不打一處來，有一天找準機會將那些四書五經類的舊書一把火燒了，還教訓說：「讀這些書有什麼用？」張學良也很生氣，將郭的書籍扔到院子裡。兩人又跳又吵，最後抱頭大哭一場，又言歸於好。儘管兩人有矛盾，但互相需要，誰也離不開誰。[3]

張作霖與張學良雖為父子，但分屬於兩個時代的人。一個發跡於草莽，未受過正規教育，一個生於大帥府，受過完整系統教育，具有新思想。因此，在思想與政治主張上，老張與郭松齡遠，小張與郭松齡近。因此，郭在反奉時將他們區別對待：驅老張扶小張。這是郭松齡政治幼稚病的表現。因為張學良、包括他自己在內，都難與

1 張繼學《張作霖幕府與幕僚》，浙江文藝出版社，二〇一一年一月，第二二八頁。
2 同一注同頁。
3 徐徹、徐悅《張作霖》，中國文史出版社，二〇一二年一月第二二八—二二九頁。

舊時代、舊思想一刀兩斷，更何況還有一層父子關係呢。

張作霖自知新派人物與他有貳心，郭松齡手掌奉軍重兵時，老張便處處防範限制他，而小張則時時安撫爭取他；郭松齡之死，張氏父子反應亦截然不同，老張幸災樂禍，聞死大喜，小張聞死心驚，黯然傷神。

郭松齡舉起反奉義旗，張作霖當眾破口大罵：「郭鬼子這個鱉羔子，到瀋陽來，扛個行李捲，有兩個茶碗還有一個沒把的，小六子說他是人才，能吃苦耐勞，我一次就給他兩千塊大洋，給他安家……」。[1]中國幾千年的傳統文化影響著張作霖，如「忠臣不事二主」，遑論反叛。在張眼裡，郭松齡是忘恩負義之人，喪盡了良心（以忠劃線），反叛為大逆不道，應該千刀萬剮，方解心頭之恨。在其頭腦中，國家概念是模糊的，忠逆概念是具體的。

郭松齡被捕時，王永清曾電告張學良。張學良得知高金山受命押解郭氏夫婦，擬電令高金山將郭押解到軍團部，想救郭松齡一命，送他出國留學。但電未發出，即接高金山電話，告張已將郭處決。張學良得到郭松齡被處死的消息後，痛惜地說：「如郭不走，決不致死。」

一九二六年，張學良給饒漢祥的信中說：「良與茂宸共事七年，誼同骨肉，其去冬舉事魯莽……良事前不能察防，事敗不能援手。回憶前塵，曷極方事之殷，良惟自愧。」

郭松齡反奉兵敗之後，張作霖只付給日軍鉅款，對於火線口中約定則用搪塞之術敷衍，概不承認日本特權。他或明或暗地告訴日本人說：「我是東北人，東北是我的家鄉，祖宗父母的墳墓所在地。我不能出賣東北，以免後代罵我張作霖是賣國賊。我什麼也不怕，我這個臭皮囊早就不打算要了！」[2]

張作霖周旋於兩大強鄰之間，尤其對日本侵佔東北抱有戒心。一九二一年十二月五日，張作霖曾接見美國哥倫比亞大學教授孟祿博士。他說：「我張作霖沒有別的能耐，但替國家守護這點土地，還敢自信。日本人費莫大力氣，要求二十一條，你問他在東北省得到什麼了？他連一條也未實行得了啊。不是我吹，你們實地考察。」[3]

失去耐心的日本軍人遂起了殺心，以除掉張作霖作為搶佔東北的先機。一九二八年六月四日晨五時許，張作

---

1 張繼學《張作霖幕府與幕僚》，浙江文藝出版社，二〇一一年一月，第七三頁。

2 羅靖寰：《我所知道的張作霖的對日外交》，《天津文史資料選輯》，第二輯，天津人出版社，一九七九年，第三一頁。

3 吳相湘：《孟祿博士與張作霖、閻錫山的談話》，臺灣《傳記文學》，第三四卷，第二期，第五四頁。

霖的專列途徑皇姑屯車站三洞橋時，日軍引爆事先埋下的烈性炸藥，張所乘坐的車廂被炸得粉碎，於當日九時不幸身亡，年僅五十四歲。

盛世才多年後類比張作霖，說他是愛國主義者，標榜自己不但守土有功，而且機智敏捷，多次避過史達林的暗殺，最終全身而退。

張作霖臨終之際，留下遺言，令張學良繼承大位，統率奉軍，主政東北。張學良含淚接印，於六月二十日發表《就任奉天軍務督辦通電》，公佈五條施政綱領：

（一）罷兵言和，反對內戰；（二）睦鄰政策，友好外交；（三）精兵主義，兵農實邊；（四）開源節流，政治改革；（五）尊重民意，取諸公決。

張學良提出的五項政治主張，與郭松齡十項政策對比，可發現有許多相似之處：一是軍事，二是政治，三是外交，四是經濟，五是順應民意，只不過郭的施政綱領更具體一些而已。

日本欲征服支那，必先征服滿蒙，征服亞洲，必先征服支那的國家戰略，並不會因為一人之死而改變。張作霖死後，千斤重擔壓在公子哥張學良肩上，令其不堪重負。後來，隨著東北政局一步步演變，特別是九・一八事變後，張學良優柔寡斷，痛失東北，遭舉國痛罵。

患難追思良將，亡國更念謀臣。從「九・一八」事變到「西安事變」，從大陸到臺灣，從中年到老年，張學良對郭松齡的懷念從未中斷過。每當張學良遇到難辦的事，就感歎說：「有茂宸在，哪用我為這份難？」

一九八一年，「九一八」事變五十周年之際，張學良到臺北榮總醫院探視郭松齡原部下齊世英，回顧往事，二人扼腕長歎，一致認為：「若是郭松齡反奉成功，中國歷史將改寫，可能就沒有民國二十年的『九一八』事變」。六十多年後，張學良仍然說：「我最敬重郭松齡，我前半生的事業完全靠他」。[1]

郭松齡身雖死，但其魂魄終生纏繞著張學良，揮之不去。後來，張學良發動西安事變，捉蔣與放蔣，敢作敢

[1] 張繼學《張作霖幕府與幕僚》，浙江文藝出版社，二〇一一年一月，第二八一頁。

當，與郭松齡反對內戰，反奉抗日，視死如歸，異曲同工。

政治是殘酷的，你不殺他，他就殺你；但政治又是現實的，你殺了好人，反證你不是好人；你殺了能人，自毀你的事業。

欲哭無淚

一九二六年一月四日，郭松齡的追思會在日本東京舉行。「郭松齡之死，在知識份子中，無論識與不識，莫不同聲嗟歎，大家一致認為這不只是他個人的失敗，實在是東三省人民與國家的不幸。民國十五年（一九二六）一月四日，大哥在東京神田區中華留日青年會，為郭松齡將軍舉行過一次隆重的追悼會。參加追悼會的有中國留日學生，華僑以及日本人，約千餘人。」[1]其時，距郭松齡夫婦英勇就義已過了數月，盛世才在日本留學生中漸有影響力。

關於郭松齡的惜敗，軍事顧問李堅白有一番評論：

郭公松齡，以八載之艱苦經營，憤張氏之無道，乘彼自蘇皖敗退之際，孤軍揮戈，奮力一擊。一月之間，連下榆關、連山、錦州、新民、白旗堡、興隆店諸名城要隘，距瀋陽僅六十里，而卒至全軍覆沒，以身殉國。天下惜之，莫不欲究其失敗之由。其中，機車缺乏，騎兵過少，接濟斷絕，兵士凍餒，雖為郭公致敗之因，舉不足為郭公困。最感痛苦者，則為李景林之背約，與日人之助賊。惟李景林背約以搖於後，日人袒張以助於前，以致軍心不振，進退失據，故公不免耳。

《張作霖》一書的作者徐徹續議說：郭松齡是一位正統的、正派的、正直的軍事家，但他不是政治家，也不是戰略家。他缺乏政治家的胸襟，也缺乏戰略家的眼光。在雲譎波詭的政治的、軍事的、外交的複雜鬥爭中，他

1 盛世驥《蔣介石的封疆大吏——我家大哥盛世才》，萬卷樓圖書有限公司，二〇〇〇年八月，第二十頁。

顯得捉襟見肘，力不從心。因此，他的失敗應該是意料之中的，即「故公不免耳」。[1]

郭松齡之死，改寫了盛世才的命運。他對義父之惜敗，是刻骨銘心的。盛世驥說，「大哥與郭松齡情同父子，對郭松齡的死，他悲憤莫名，矢志向郭松齡改革反日的遺志邁進，這在日後建設新疆的政策中，可見端倪。」[2]

郭松齡死後，盛世才私吞郭松齡存款一事，一直為同學、同鄉們所詬病。

郭松齡反奉失敗身亡，張作霖一氣之下，取消了盛世才公費留學的資格。沒有了經費來源，可盛世才在日本的生活依舊過得很奢華。住著花園洋房，雇著女傭。同學都十分奇怪，盛世才哪來的錢財？

原來一九二五年九月，郭松齡到日本觀看日軍秋操大演習時，攜帶了一筆款子，準備在日本住一段時期研究軍事。不料直奉之戰爆發，張學良緊急將郭調回。臨走前，郭松齡將這筆錢交給最為信任的盛世才保管，現在盛世才花的就是這筆錢。

天底下沒有不透風的牆，盛世才存有郭松齡鉅款的消息被同學何成璞得知。郭松齡被殺後，家產被沒收，父母生活極其困苦，而盛世才卻把郭的鉅款占為己有，這令何成璞氣憤不已。於是何成璞聯絡李上林等在日本的同學來到盛世才家中。憤怒的同學圍住盛世才，你一言我一語，指責盛世才忘恩負義。逼盛世才把錢給郭松齡的父母寄去，盛世才羞愧難當，只好將剩下的六千元錢寄給了郭松齡父母。[3]

據說此事傳至張學良耳中，令張學良所不齒。張學良一生最敬佩郭松齡，對當年參加反奉的郭松齡部下也一概不予追究，可為何唯獨對這位郭松齡的義女婿不理不睬呢？原因大概只有一個，那就是張學良對盛世才妄圖獨吞郭的鉅款難以釋懷吧！

貧賤能移志，逢財起貪心。小洞不補，洞大叫苦。失德求利，得當下之利，失未來之名。

郭松齡反奉功敗垂成，盛世才從中汲取了哪些教訓？郭松齡之失敗，至少給了義婿盛世才一個警示：搞政治，只有政治理想和主張不行，關鍵要有自己的軍隊和組織，才能把政治主張落在實處。有時候，政爭是你死我活的鬥爭，要心狠手辣，不得有婦人之仁。

1 徐徹、徐悅《張作霖》，中國文史出版社，二〇一二年一月第二六四頁。
2 盛世驥《蔣介石的封疆大吏——我家大哥盛世才》，萬卷樓圖書有限公司，二〇〇〇年八月，第二一一頁。
3 《遼沈晚報》二〇一〇年六月二十三日。

盛世才不願混跡於他人門下，虛度光陰，果敢選擇遠赴新疆發展，寄人籬下，臥薪嚐膽，潛蓄勢力，當時機來臨，即反戈一擊，與義父當年返奉潛伏極為相似。不過，他對自己的政治對手或軍事強敵，無論是公開的，潛在的，或是想像的，都毫不留情給予痛擊。與郭松齡相比，盛世才經歷了更多的失敗，也從失敗中吸取了或正或負的經驗教訓，他比郭更現實、更理智，亦更無情。他信奉先下手為強，後下手遭殃的古訓，對敵人只有豹子的兇猛，無絲毫農夫之憐憫之心。因為，單槍匹馬闖西域的他，一旦因心慈手軟而失利，其個人、家族將死無葬身之地。這一點兒，連他的親兄弟也不否認。

第三章
東北軍：長城西移

一個人運氣來了，連城牆都擋不住！盛氏在南京供職時，不過是一個上校科長的地位，到新疆不幾年，居然一躍而登上了上將邊防督辦的寶座，這雖是人謀，亦是天意！盛當時心中念念不忘的，就是他手中缺乏嫡系的部隊，現在幾乎出乎他的意料之外，驀地由東北開來一支家鄉子弟兵，叫他怎麼不喜出望外！

——彭昭賢

一九三二年蔣氏轉型

一九三二年，新疆哈密地區發生動亂，給了盛世才帶兵的機會。因作戰計畫周密，戰術靈活，剿撫並用，省軍反敗為勝，盛世才由東路軍參謀長擢拔為總指揮。

此時的蔣介石正在做什麼呢？一九三一年十二月十五日，蔣介石在「內憂」（粵方壓迫）和「外患」（九一八事變）的逼迫下，辭去國民政府主席、行政院長、陸海空軍總司令各職，第二次下野。二十二日，他出席完象徵黨內團結統一的四屆一中全會開幕式後，即離開南京回奉化家鄉。[1]災難往往在事業高潮中到來，否極禍來，這是蔣始料未及的，因此對他是個相當沉重的打擊。

回到奉化老家，蔣介石痛定思痛，刮骨療傷，總結敗因，在日記中寫道：

[1] 汪朝光主編《蔣介石的人際網路關係》，社科文獻出版社，二〇一一年六月，第二〇六—二〇七頁。

今次革命失敗，是由於余不能自主，始誤於老者，對俄、對左皆不能貫徹本人主張，一意遷就，以誤大局，再誤於本黨之歷史。黨內胡漢民、孫科，一意遷就，乃至於不可收拾。而本人無幹部、無組織、無情報……而對於反動智識階級之不注意，教育仍操於發動者之手……。（十二月二十二日）

儘管蔣介石已經下野，但財權、軍權仍牢牢控制在蔣手中。當年孫中山辭去中華民國臨時大總統，讓位於袁世凱，其中一個原因就是既無財權，又無軍權。孫科內閣自一九三二年元旦成立後不到十天，因同樣原因而難以運轉，孫科被迫電請蔣介石出山。二十二日，蔣介石說服汪精衛同赴南京，蔣汪合作局面正式形成。[1]汪精衛出任行政院長，主導國民政府內閣運作，處理邊疆事務。在與金樹仁、盛世才打交道時，留下許多珍貴文獻。

蔣介石一生中經歷過三次下野，分別在「軍政」（一九二七）、「訓政」（一九三一）和「憲政」（一九四九）階段。蔣介石三次下野，看似是政治上的失敗，但他都能痛思前非，痛改前過，以退為進，化危為機，最終反敗為勝，以更強勢的姿態重回政治舞臺。愈挫愈勇，百折不回，這是蔣介石個人品質上的可貴之處。

中國社科院近代史研究所金以林在其所寫的《蔣介石的一九三二年》一文中，披露了蔣介石選幹部、建組織、抓情報、重教育的秘聞。蔣在日記中寫道：「此後欲成功，非重起爐灶，根本解決，不足以言革命成功也。」（一月八日）

革命目標確立之後，幹部就是決定的因素。在蔣介石當年的日記中，朱紹良、羅家倫、陳立夫等已筆下有名，他們後來在國民政府收復新疆中立下了汗馬功勞。一九三三年前後，朱紹良被派往西北，擔任甘肅省主席，羅家倫出任中央大學校長、中央駐新疆監察使，陳立夫建立ＣＣ系（軍事委員會統計調查局）。此外，蔣介石還成立了以黃埔學生為核心、絕對效忠於蔣介石的祕密組織——三民主義力行社。力行社下設特務處，由戴笠負責。在知識界層面上，蔣介石延攬了一大批知識份子、社會賢達及各方面專家學者參加政府工作，如清華大學代校長翁文灝[2]、

1　汪朝光《國民黨高層的派系政治——蔣介石「最高領袖地位是如何確立的」》，社會科學文獻出版社，二〇〇九年。

2　翁文灝（一八八九—一九七一），字詠霓，浙江鄞縣人。清末留學比利時，專攻地質學，獲理學博士學位，於一九一二年回國，是當代傑出的地質學家。任過多年北京大學地質學教授、清華大學代理校長等職。一九三二年，翁文灝先生為國民政府所延攬，

武漢大學校長王世杰[1]、南開大學教授何廉、清華大學教授蔣廷黻[2]等紛紛加入國民政府。

蔣介石是軍人出生，從一九二四年出任黃埔軍校校長至一九三二年任軍事委員會委員長，八年間，他的主要精力大都用於軍事指揮。在打天下時，他更多的關注點是軍隊建設，依靠軍權完成統一，並以此贏得黨權，來鞏固他作為孫中山繼承人的合法性。他沒有太多精力和時間來關注政權建設，對東北、新疆的認識，亦是一知半解。他事後亦意識到這方面的不足。

蔣介石在日記中寫道：「失敗為外交與教育之大意，而對於該兩方人才亦毫不接近搜羅，而對於國內之策劃，與國外之交際，亦無專人貢獻，此為招惹之大者也。此後對於外交、教育與財政人才，應十分收攬，而對於策劃之士亦應注意。以後當於每星期研究一次或二次，一面可以交換智識，一面可以選拔人才，而且得以聯絡感情也。」（三月二十日）[3]

蔣介石信奉王陽明學說，知行合一是其座右銘，知而能行，知不足而能補過，是他成功的密碼。一九三二年四月開始，蔣介石有計劃、有系統地召見了一大批學界精英，虛心向他們求教，惡補政治、經濟、外交、歷史、國際法、教育等知識的盲點與不足。牽線人是時任教育部次長的錢昌照[4]。錢昌照說：「他是軍人，慣於縱

擔任國防設計委員會（即資源委員會的前身）秘書長，後又歷任國民政府行政院秘書長、行政院副院長、院長等職。一九四九年春，翁文灝先生脫離蔣介石集團，初居香港，後移居法國巴黎。一九五一年經毛澤東、周恩來的邀請回國，曾任中國人民政協第二屆、第三屆全國委員會委員，中國國民黨革命委員會中央委員、常務委員等職。

1 王世杰（一八九一年三月十日—一九八一年四月二十一），字雪艇，湖北省崇陽人。早年就讀於湖北優級師範理化專科學校，一九一一年肄業於天津北洋大學（今天津大學）採礦冶金科，後留學英、法，一九一七年獲英國倫敦大學政治經濟學士，一九二〇年獲法國巴黎大學法學研究所法學博士。回國後歷任武漢大學校長、教育部長、軍事委員會參事室主任兼政治部指導員、國民黨中央宣傳部長、外交部長，赴蘇簽定「中蘇友好條約」。赴台後，出歷任「總統府秘書長」、「行政院政務委員」、「中央研究院」院長、「總統府資政」、國民黨第七至十二屆中央評議委員。一九八一年四月二十一日病逝臺北榮民醫院，終年九十一歲。

2 蔣廷黻（一八九五年十二月七日—一九六五年十月九日），湖南寶慶人，一九一一年赴美求學，獲哥倫比亞大學博士學位。一九二三年回國後歷任南開大學第一任歷史系主任、清華大學任歷史系主任。一九三五年受到蔣介石的賞識，棄學從政，任國民黨行政院政務處長，一九四五年被任命為中國駐聯合國常任代表，一九六一年任臺灣駐美「大使」兼「駐聯合國代表」；被譽為國民黨官員中「最知外交的人」；一九六五年十月九日在紐約去世，享年七十歲。

3 汪朝光主編《蔣介石的人際網路關係》，社會科學文獻出版社，二〇一一年六月，第二〇三—二三一頁。

4 錢昌照（一八九九年—一九八八年），江蘇常熟人。一九一九年赴英就讀於倫敦政治經濟學院，一九二二年進牛津大學深造。一

橫捭闔，拉攏吞併各方軍閥，有時甚至用大筆金錢收買。但知識份子不容易用錢收買……」。

在蔣介石日記中，密集地記錄了他求知若渴、主動訪賢補課的系列安排：

> 五月十三日，聽中外人士土地制度。
> 五月十四日，聽統計學與土地學。
> 五月二十四日，聽國際經濟與中國之關係。
> 六月二日，錢乙黎（昌照）談俄國五年計劃。
> 六月十七日，翁文灝講中國煤鐵礦業之品質，東三省幾占百分之六十以上，而全國鐵礦，為倭寇所有權，約占百分之八十二以上，驚駭莫名，東北煤鐵如此豐富，倭寇安得不欲強佔，中正夢之今日始醒，甚恨研究之晚。
> 翁文灝講完東北，又說西北。
> 六月十九日，翁文灝講東北與西北農產地之分量。據其以氣候與雨量而論，則西北只可移百萬之民為屯墾防邊之用，絕非如世人所理想者可容八九千萬之移民也。翁實有學有識之人，不可多得也。

有時候，蔣介石一天要聽取幾個專題的講座：

> 七月二十一日，胡如鱗來談大國財政問題；上午，鯁生來談東省法律問題，朱世明亦可造人才。
> 七月三十一日，研究共黨土地制。
> 八月九日，聽楊端六幣制。
> 十月十—十一日，劉秉鱗分別講經濟學、蘇俄設計經濟計畫。

九二八年後，歷任國民政府外交部秘書、國民政府秘書、教育部常務次長、國防設計委員會副秘書長。建國後，歷任政務院財政經濟委員會委員兼計畫局副局長，中國政協全國委員會財經組副組長，中國全國人大常委會法制委員會委員，香港特別行政區基本法起草委員會委員，中華詩詞學會會長。一九八八年十月十四日五時四十分在北京逝世，終年九十歲。

十二月二日，與胡適之談教育方針與制度。

在政治建設方面，蔣介石不僅聽取了中國傳統治國之道，還廣泛吸收國外經驗，其中既有英、美、法、意、德等發達國家的制度建設，同時還包括俄國、土耳其等國的治國經驗。廣泛吸納瞭解之後，他在日記中寫下自己的見解。

八月四日，余於政府，則仿美國總統制，於立法，則仿德國經濟會之三院制，於選舉，則地區與職業制並重，於中央與地方許可權關係則效法法國制。而司法與審計及預算制，則另加研究。

八月五日，聽講俄、意制度……革命計畫以不平等條約為第一對象，以國內腐化分子為第二對象，各反動派為第三對象。故革命憲法，以經濟、教育、外交三大要素為基礎……必為使政權容易集中，以對抗外患，則不能不用總統制，以為應時制宜之計。

蔣介石堅持總統制，被反對派詮釋為獨裁政治，加以反對。

十二月二日，聽李維國講德國復興史。而在三－五月，他的日記中記載「看《俾斯麥傳》」多達十處。該書是他兩個月來著力精讀的一本書。

俾斯麥一八六二年就任普魯士首相後，主張以武力統一德意志，公開宣稱：「德意志的未來不在於普魯士的自由主義，而在於強權」，「只有通過鐵和血才能達到目的」，並稱：「國家權力問題，歸根結底，要用刺刀來解決。」[1]

一八七〇年，俾斯麥在普法戰爭中擊敗史上宿敵法蘭西，成功將一個原本四分五裂的普魯士統一為歐洲新生的強國——德意志。俾斯麥的經歷正是蔣介石此時所面臨的困境，也是他最渴望達到的目標。「看《俾斯麥傳》，深有慨也，故批曰：病弱之國，惟鐵與血、危與死四字乃能解決一切也。尤以利用危機以求成功為政治家

1 《思考與回憶——俾斯麥回憶錄》第三卷，楊德友等譯，三聯書店，二〇〇六，第二五〇頁。

唯一特能也。」（四月二十日）

蔣介石甚至還想效法俾斯麥，預期十年，於「中華民國三十一年中秋節恢復東三省、解放朝鮮、收回臺灣、琉球」。在九一八事變一周年之際，他在日記中寫道：一、對日；二、剿匪；三、整軍；四、組織；五、訪賢；六、修身；七、教育，以此七者，為雪恥立國之本，須臾不忘，勉為人子，但願上帝佑吾中華民國三十一年（一九四二）以前，在中正手中報復國仇。」

東三省、朝鮮、臺灣、琉球四位一體，相互拱衛，環環相扣。日本實施大陸政策，先奪琉球，繼取臺灣，復登朝鮮，再占東北。中國則要反其道而行之。然而，奪琉球，復臺灣，需要強大的海空軍力量，此乃中國弱項。因此，戰勝日本必須發展外交，借助外力。

由上可見，蔣介石讀書習史，不是讀閒書，亦非泛議歷史，而是學以致用，既是取經，亦是規劃，更是立志。一九四二年太平洋戰爭爆發，美國借助海空優勢，日本則先失海權，再失陸權，敗局尤定。蔣介石一九三二年提出的政治目標，僅僅推遲了三年，即以一九四五年八月十五日日本天皇宣佈無條件投降而獲實現。

一九三二年，蔣介石先後閱讀了一大批聖賢之書，並自我要求「每日早晨必看古書一篇」，從中國古代典籍中吸取治國經驗。據日記載，他所讀的書有：《孟子》、《貞觀政要》、《明夷待訪錄》、《明儒學案》、《白沙學案》等。在重讀《中庸》後，他寫下心得：「看至以人治人攻而止一節，不禁自悔忠恕之不立也。又看至無聲無臭一節，又歎平時之不能靜敬也。國人近講哲學，專尚歐西之書，而將我國固有優美之哲學，置之不講，此今世文人之所以為民族千古罪人也，痛哉」。（十二月二十七日）

蔣介石在日記中列出的對日、剿匪、整軍、組織、訪賢、修身、教育等七件大事，可以說是修齊治平完整的表述。《禮記・大學》云：古之欲明明德於天下者，先治其國；欲治其國者，先齊其家；欲齊其家者，先修其身；欲修其身者，先正其心；欲正其心者，先誠其意，先致其知，致知在格物。此乃儒家經典總結出的古今政治家成功的圭臬：治心方能治己；治己方能治人；治人方能齊家；齊家方能治國平天下。故不治則亂，善治止亂，大治而天下平。

作為大國領袖，尤其是作為弱國領導人，若沒有修齊治平的功夫，沒有內聖外王的功力，如何在內憂外患中帶領國家自立、自尊、自強？

蔣介石修身、齊家、訪賢、重視教育的內在功夫，是有豐厚回報的，這是他用槍桿子在戰場上所得不到的。蔣介石個人「聲譽漸漸好起來，說他好學、接近學者、啟用文人執政等等」，[1]由此使蔣介石在黨聲、政聲、軍聲方面獲得好評，從而鞏固了政治地位。胡適在國民黨五全大會召開前就曾公開表示：「蔣先生成為全國公認的領袖，是一個事實，因為更沒有別人能和他競爭這領袖的位置。」[2]作為獨立學者，胡適的觀察和評價具有代表性。一九三六年「西安事變」發生，國內一片討張擁蔣之聲，事出絕非偶然。

是年春天發生的一件事，不應被史家忽視。三月十二日，是蔣介石復職的第一個總理忌日，這天一早七時他即到陵墓謁陵。他在當天日記中感歎道：「中央委員惟余一人，參謁者僅陵園管理者十餘人，總理忌辰零落至此，感歎難勝，今年如此，未知明年如何耶。」[3]縱觀蔣介石一生，孫中山先生是其精神支柱，三民主義是其建國、強國目標，始終不渝。

一九三二年，是蔣介石從軍事領袖向政治領袖轉型的關鍵一年。蔣介石所作的反省與轉型，貴在提升了內聖次第，彌補了智識缺陷，開闊了國際視野，提高了治國能力，使他與一般國內軍閥拉開了距離，這也是他能獲得公信力，領導全國軍民抗日、主導大國外交，主宰中國大歷史十七年的內在原因。蔣介石治國能力的提升以及在國民黨內領袖地位的確立，才生髮出他與盛世才鬥法、較量、訓誡、施壓、拉攏，最終不費一槍一彈將新疆收回中央政府的後事。

「九・一八」臂連新疆

盛世才哪一年達到新疆？據其自己說：「我乃一面準備去新疆，一面即向參謀本部請長假，攜眷於民國十八年（一九二九）六月間離開南京。當我正和魯代表準備動身時，蘇俄和東北有了戰爭，西伯利亞鐵路不通，我乃等了一年多。」

---

1 《錢昌照回憶錄》，中國文史出版社，一九九八，第三五頁。
2 黃仁宇：《從大歷史的角度讀蔣介石日記》，臺北，時報文化出版企業有限公司，一九九四，第一五九頁。
3 汪朝光主編《蔣介石的人際網路關係》，社會科學文獻出版社，二〇一一年六月，第二五四－二五五頁。

盛世才在北平、東北滯留期間，曾特意拜訪張學良，欲謀東北講武堂教育長之職，為張學良一口回絕。回東北軍無門，盛世才不再心猿意馬。「直等到十九年（一九三〇）雙十節，我才攜眷和魯代表坐西伯利亞鐵路火車，經蘇俄到新疆塔城，然後由塔城坐汽車到達迪化。」[1]

盛世才到迪化不足一年，「九・一八」事變爆發。「九・一八」事變的直接惡果，中國不但痛失三千里富饒的大好河山，而且失去華北戰略屏障，華北安全受到日本威脅。

「九・一八」事變的間接結果，造成了兩支軍事力量西行——一支是在關內作戰的二十萬東北軍勁旅，後授命開赴陝西剿共，為「西安事變」埋下伏筆；另一支是留在吉林、黑龍江抵抗日軍、保衛家園的東北抗日義勇軍。義勇軍與日寇拼死作戰，因彈盡糧絕，退入蘇聯國境，遂被蘇軍繳械，經國民政府同意並出資，一部由土西鐵路遣送新疆。

東北抗日義勇軍借道蘇聯西伯利亞，西遷新疆入境，由新疆省政府妥為安置，即蔣介石主導的國民政府與蘇聯政府達成的外交協定。東北既失，誰來保衛新疆？國民政府安排東北義勇軍西遷，是有戰略考量的。蔣介石善於化危為機，「九・一八」事變，給了國民政府派兵入疆的機會。

作為國民政府任命的邊防督辦兼省主席金樹仁，無論樂意不樂意，國難當頭，抗日大勢壓倒一切，他不得不執行中央的決定。

一九三三年初，金樹仁一方面調派省政府秘書長魯效祖出任塔城行政長，全權處理東北軍義勇軍殘部入境塔城後遷移安置事項，一方面向中央申請安置費。

二月六日，金樹仁電告塔城黎海如行政長及新疆駐中亞五國領事：頃奉南京行政院電令，蘇炳文部民四千餘人，退至俄境鄂木斯克，擬送新疆就地安插到府，當即派魯委員效祖前往塔城辦理接收，一面請電中央特撥鉅款接濟以資給養在案。[2]

二月二十六日，魯效祖以塔城行政長名義電報金樹仁：蘇部共二千七百餘人，係正式軍隊，首批五百人二十

1 盛世才《牧邊瑣憶》，《五十年政海風雲》第五六頁。
2 湯永才主編《東北抗日義勇軍在新疆》，新疆人民出版社，一九九一年八月，第一六一頁。

五日晚抵塔，紀律甚嚴。[1]

三月一日又電金樹仁：鄭旅長同第二批四百七十六人二十八日晚到塔，遵電慰問，並在辦事處約各官長聚餐，均極感謝。[2]

魯效祖三月三日再電金樹仁，告知鄭潤成旅長率部已起程赴迪。同日，金樹仁電告沿途各縣長，做好東北軍沿途接待工作：每到縣城每人發羊肉半斤，每官長發羊肉二斤，旅團長再加數斤，仰查酌辦理勿誤。

東北義勇軍進疆人數究竟有多少？弄清楚這一問題，金樹仁出走，盛世才篡權，盛馬大戰諸迷，將迎刃而解。「黑龍江抗日救國軍第二旅於一九三二年十二月四日從滿洲裡退入蘇聯境內，一九三三年三月八日到達新疆中蘇邊界的塔城，行程數千里，歷時三月餘。三月二十日，救國軍首批部隊到達迪化。二十七日二旅三千五百人陸續到達。」[3]二十日到達迪化的部隊為二五六六人，二十七日又到達九三六人，共計三千五百人，由旅長鄭潤成率領。此時，距「四一二政變」不過二十天時間。

繼而，四月份陸續有六支部隊、總計一萬二千人開進迪化。它們分別是：一、吉林自衛軍哈玉良部，二千五百人；二、吉林自衛軍楊耀鈞部，二千五百人；三、吉林自衛軍劉萬奎部，二千人；四、吉林自衛軍李溥霖部，五百人；五、吉林自衛軍陳忠岱部，一千五百人；六、吉林自衛軍吳義成部，三千人。

盛世才認定東北義勇軍到疆的人數約為一萬五千人。（一）步兵第十五旅（原黑龍江民眾救國軍步兵第二旅）；（二）第二十旅（原吉林自衛軍第六旅）；（三）獨立步兵第二十團（原吉林自衛軍第四混成旅）；（四）步兵第六旅（原吉林救國軍衛隊旅）。按國軍的編制，每旅通常為三千五百－五千人，由上述的番號，可知退抵新疆的東北義勇軍，最多也不過一萬五千人左右。[4]

---

1 同上注第一六六頁。
2 同上注第一六九頁。
3 趙廷《趙劍鋒新疆見聞錄》，江蘇人民出版社，二〇一三年六月，第十七頁。
4 盛世才《牧邊瑣憶》第八四頁。

東北軍官趙劍鋒[1]握有一手資料。一九三三年春節過後，經中蘇兩國政府商定，進入蘇聯境內的中國軍人分三條線路回國。托木斯克－莫斯科－馬賽－上海；符拉迪沃斯托克－天津；西伯利亞－新疆。據統計，從一九三二年十二月起到一九四一年，抗日義勇軍（含黑龍江抗日救國軍、吉林抗日自衛軍、偽滿起義部隊、抗聯）共有十九批共二六四四六人退入蘇聯境內，其中二四八九四人進入新疆。[2]

無論是彭昭賢說的七萬五千人，或是盛世才說的一萬五千人，還是趙劍鋒統計的二萬五千人，在新疆政治糜爛，南疆分裂勢力猖獗，東疆馬仲英作亂，加之英俄兩大國覬覦，一支成建制的、剽悍的、富有作戰經驗的東北軍到達新疆意味著什麼？

肯定地說，正是他們，遽然改變了新疆的政治均勢。斯時，得東北軍者，得新疆也。

狹失人心

新任塔城行政長魯效祖胸懷博大，是明白世勢之人。經過實地觀察，魯效祖開始打東北軍的主意，他在三月四日電報中向金樹仁建議：查已到蘇部官兵均極優良，完全知識份子尤多，外間先前懷疑恐係騙子一屬，完全錯誤。鄭旅長人皆精旅忠純，軍紀極佳，對我待遇異常感激，帥座錄用定效命以報之，表示將來到省善為駕馭編練定位模範軍，天助新疆良堪慰賀。

魯效祖樂觀之預期，並不被上峰金樹仁認同。就像幾年前引進盛世才，魯認為人才難得，金認為養虎遺患。

三月二十八日，鄭潤成、蘇炳文等將領抵迪後，即給國民政府主席林森發電報：

> 我軍五百人為一批，共分五批，陸續安抵迪化省城，沿途蒙派專員及軍隊護送，到處受歡迎，我官兵亦皆能恪守紀律，服從命令，所經之處秋毫無犯，情感動人。抵省後即持函晉謁，金主席謙德和光，殷勤

---

1 趙劍鋒（一八九八－一九九二），生於黑龍江呼蘭縣。一九一九年從軍，歷任黑龍江騎兵大隊長等職。一九三三年隨東北義勇軍進疆。曾任督署副長官、新疆軍官學校教育長、西北行轅中將高參等職。

2 趙廷《趙劍鋒新疆見聞錄》，江蘇人民出版社，二〇一三年六月，第十四頁。

相接，推食解衣無微不至，並接濟款項置備服裝，凡軍用物品一經請求無不概許，愛日陽春有生僅見，全眾感激至於涕零。

迎接東北軍入疆安置，金樹仁做得盡力是真，東北軍官兵感激涕零亦是真，但如何將兩個真合二為一呢？在關鍵一步上，金樹仁遲疑不決。

斯時，馬仲英部正包圍迪化。二十九日黎明，馬仲英部襲擊省城西大橋，佔據紅山嘴。繼而馬仲英又裹脅西關維、回族等千餘人，從三面圍城，形勢十分危急。[3]

鑒於軍情吃緊，在給林森主席發電的次日，鄭潤成即快郵代電，請金樹仁撥發武器，以應對馬匪襲城，固守城池。

督辦鈞鑒：

竊旅長抗日轉戰經年，嗣因彈盡援絕，奉國府令取道新疆回平（北平），蒙我督辦簡派專員歡迎招待，全體感激至於涕零。至此正值回匪囂張，擾及省垣，炮聲震耳，民意沸騰，想我督辦英姿天賦，民命關心，未必不疾首痛心，思有以撻伐而剷除之。我屬軍人，以服從守土為天職，新省同屬版圖，值此千鈞一髮之際，稍有血氣，自不能袖手作壁上觀，愈思有以報至新父老。現第一、二批隊伍已悉數到達，統計可以作戰者，約八百餘人，第一先決問題為軍械，擬懇我督辦鈞裁。立撥鋼槍若干支「一三式」、「郭爾德」機槍若干挺，以資援應而救目前危局。查省城為全疆安危所繫，職意以固守城池為第一要義，若省城稍有不穩，勢必全體動搖。如槍支暫時不便，懇將職部在最短時間，調至城內，到必要時可以各盡微勞，至分擔守城。若稍有因循，一旦發現敵情，誠恐千餘無槍群眾陷於孤立，無所措手，恐亦非我督辦愛護職部之初意也。從現勢測觀，匪之企圖，集中全力，擾亂省城，不達目的，暫不能止。時機迫切，勢不容緩，懇我督辦恩予採納，極力進行，以保危局，則全新幸甚。職部幸甚迫切陳詞，語多無狀，不勝屏營待

3 《新疆文史資料選輯》第五輯，一九八〇年四月第十一頁。

命之至。肅以敬叩。

崇安伏希

垂鑒

旅長 鄭潤成 稟陳印

三月二十九[1]

鄭潤成欲守國家之土，欲解省垣之圍，欲報新疆人民之恩，向金樹仁提出兩項要求：高要求，發放武器，參與護城保衛戰；低要求，從城外退入城內，保全手無寸鐵的將士性命。

三月三十日，金樹仁覆信答曰：

救國軍鄭旅長鑒：

三月二十九日代電誦悉。查貴部由東北轉戰，由轉戰至俄復至新，功勞具備，忠忱毅力，為國生色，乃複以新省土匪為患，宜先穩固省城為根本之圖，足征識力、且為協擊土匪，不勝欣感。來函所謂最短時間調至城內，必要時可盡微勞之處，亦自與相機酌辦。至請撥「一三式」、「郭爾德」機槍等件，此間並無此項機槍，新疆軍械散佈各縣，刻正收集提解，如有成數便可分配，以便借重。惟軍事貴在統一，如有分歧，窒礙難行，名實所關，尤鉅高明。如貴旅長當必計及於此，望將如何辦法祥以告我，我非帶私人之感，實地方之幸也。

臨電企盼，順頌

台祺

新疆省政府兼督辦金樹仁三月三十日印[2]

1 湯永才主編《東北抗日義勇軍在新疆》，新疆人民出版社，一九九一年八月，第一八二—一八三頁。

2 湯永才主編《東北抗日義勇軍在新疆》，新疆人民出版社，一九九一年八月，第一八三—一八四頁。

金樹仁對東北軍不甚信任，溢於言表。金氏雖任新疆督辦，卻是拔貢出生，尤擅長文牘，遇事優柔寡斷。加之金天生多疑，視野、心胸狹小，既不信任鄭，又置東北軍安危於不顧，使他坐失利用督辦合法身分爭取東北軍歸順的良機。

盛家總動員

四月一日，馬部從倉房溝向省城進軍，並有槍七百餘支，大炮兩門，機關槍三架，日夜槍聲不絕。四日午後，馬部在妖魔山架炮向省城轟擊。[1]這無不對城外無械官兵造成威脅。

天山有奇峰，鎖在冰雪中。尋常看不見，伺機露猙獰。在新疆省軍中，盛世才是一隻披著羊皮暫棲於羊群中的狼。狼最善發現時機，捕捉時機，甚至創造時機。一旦時機有利，狼將露出猙獰的本性。

這邊金樹仁還在咬文嚼字掉書袋時，盛世才早已暗度陳倉。「在新疆的盛世才獲悉了這個消息之後，馬上便找我（彭氏自稱，以下同）商議大計，我那時以中央大員的身分，雖然不便對他作過度露骨的獻議，還是向盛氏暗示說道：『聽說從俄國西伯利亞撤退回來的東北義勇軍，在七萬多人數（實為二．四萬人）中，有百分之九十是東北老鄉。他們此來，雖然高喊著假道新疆回國的口號，但我相信若在你的善為運用之下，他們是可能留在新疆的。盛世才原是聰明絕頂雄心萬丈的人物，對於我所暗示他『善自運用』這句話，馬上心領神會，立即準備用全副精神來接待這批老鄉，和儘量的爭取那些士兵的好感。為了接待這批回國軍人，盛氏在事先特意的成立了一個『新疆各界歡迎東北歸國團籌備處』，派出他的弟弟擔任這個籌備處的主任。分別地先替歸國士兵準備營房，給隨軍平民準備宿舍，並全力發動新疆各界人民捐贈慰勞物品，幹得非常起勁，有聲有色。』」[2]

在爭取東北軍支援過程中，不但盛世才之弟參與其中，其夫人亦暗中助力。「實際有報導說，盛世才之妻邱毓芳（東北軍閥郭松齡屬下一位頗受信賴的部屬之女，本人受過教育，工於心計）曾於政變前數日與東北救國聯

1 《新疆文史資料選輯》第五輯，一九八〇年四月，第十一頁。
2 彭昭賢《政海沉浮話當年》，《五十年政海風雲》，第四一頁。

軍領導人磋商，爭取他們支持他的丈夫出頭反對金樹仁。」[1]

在盛氏援意下，老婆、兄弟一起上陣，可謂盛家總動員了。

四月六日，金樹仁發現盛世才有縱亂嫌疑，遂將東路剿匪總指揮委派第三路指揮楊正中接管。一舉奪了盛的兵權。「當時軍事處長問金曰：『現在東北義勇軍已陸續到省，應否發槍保衛地方？』金曰：『東北西北都是國家領土，值此西北多難，忽來如許軍隊，當然要用。』軍事處長即應之曰：『既然如此，盛與東北軍有同鄉關係，不能令其閒散。』於是金又傳盛面為訓諭，盛亦當面誓言絕無二心，絕對服從命令，忠於職守。遂令盛世才仍復原職。」[2]金樹仁項羽般的仁慈，拱手送給盛世才取而代之的機會。

而正是在這撤職複職並不加管束期間，盛世才乘機行動，籠絡東北軍官兵。金樹仁輕信了盛世才的信誓旦旦，不但將軍權復還，而且「東北軍一部發給槍支，九日，盛世才帶隊出發，分駐迪化近郊水磨溝、古牧地、三道壩等處。」[3]

盛世才名正言順地成了東北軍官兵的長官，在地緣文化上，盛與他們同生於黑山白水之間，異域見老鄉，兩眼淚汪汪，更何況在家園盡失、有家難回之時。在軍事目標上，他們最能達成一致共識：要打敗日本帝國主義的走狗——馬仲英。另外，盛世才作為郭松齡的義子，軍事才能和政治見識更勝金樹仁一籌，在盛進政爭中，東北軍官兵選擇了盛世才。

時隔三十餘年後，移居日本的彭昭賢還感歎不已。「天地間的事說起來真正是奇妙得很，就在盛世才就任新疆邊防督辦不久，東北義勇軍馬占山、蘇炳文、李杜、王德林等部，都紛紛由俄國西伯利亞繞道撤退到了新疆，無形中給盛世才增加了一批子弟兵，所以才使盛氏在新疆的基礎，臻於鞏固的地位。彭昭賢先生給我講述這段往事時，曾非常感慨地說：『一個人運氣來了，連城牆都擋不住！盛氏在南京供職時，不過是一個上校科長的地位，到新疆不幾年，居然一躍而登上了上將邊防督辦的寶座，這雖是人謀，亦是天意！』盛當時心中念念不忘的，就是他手中缺乏嫡系的部隊，現在幾乎出乎他的意料之外，驀地由東北開來一支家鄉子弟兵，叫他怎麼不喜

1 A.D.W.福布斯：《新疆軍閥與穆斯林：民國新疆政治史》。
2 《新疆文史資料選輯》第五輯，一九八〇年四月，第十一－十二頁。
3 《新疆文史資料選輯》第五輯，一九八〇年四月，第十二頁。

出望外！」[1]彭昭賢時任中央駐新疆特派員，此人正是當年盛世才赴疆的引薦人。

其實，事態發展過程遠比彭昭賢所言的驚心動魄，並非一開始東北軍的天平就向盛世才傾斜。古今凡成大事者，均離不開天時、地利、人和三者配合。「九・一八」事變，造成東北義勇軍西行，此為天時；東北義勇軍西行並駐留新疆，督辦金樹仁占盡了地利；盛世才所擁有的不過是人和：盛世才在不長的時間裡打消了金督辦的戒心，又在平息吐哈紛亂中手握部分兵權，遂在剿匪中屢屢獲勝，博得常勝將軍稱號，積累了軍聲和民意。東北軍抵新後，盛世才一家利用老鄉關係，主動出擊，逐漸將天時、地利扭轉到對自己有利的方面。三者缺一，便無盛世才在新疆政壇上的迅速崛起。所謂成事在天，謀事在人矣。

也許，久曆官場的金樹仁也明白，若盛世才忠誠他，東北軍官兵將為他所用；一旦盛謀反，後果不堪亦不忍設想。對此賭注，他仍抱著一絲僥倖心理。

螳螂捕蟬，黃雀在後。不料，另一場更大的政變陰謀，正是他身邊幕僚暗結盛世才發動的。

東北軍與「四・一二」政變

密謀反金樹仁的幕僚叫陶明樾。陶明樾（一八七九－一九三三）字菊緣，漢族，浙江紹興人，以候補縣知事資格分派新疆，先後被任命為烏蘇、哈密、溫宿、疏附、莎車、迪化縣知事、縣長。一九二八年夏，楊增新被殺，金樹仁上臺，陶明樾即調任省公署政務廳科長，作為金樹仁核心幕僚。一九三二－一九三三年，陶明樾時任迪化縣縣長。[2]

陶明樾是迪化官場上八面玲瓏的人物。要推翻金樹仁政權，需文武之道，組建同盟軍。在文的方面，陰謀險詐、足智多謀的張馨入選；在武的方面，有盛世才、李笑天、陳中結盟。還有歸化軍（白俄）團長巴平古特，也與陶明樾等一拍即合。在新疆，只有掌握軍隊，才能在政治上有所作為。盛世才雖然握有東路軍兵權，但畢竟非

1 彭昭賢《政海沉浮話當年》，《五十年政海風雲》，第四十頁。
2 《烏魯木齊縣誌》新疆人民出版社，二〇〇〇年六月，第八七一頁。

一手訓練出來，關鍵時刻能否反戈一擊，尚無把握，而且部隊又駐紮在城外。與之相比，巴平古特掌控的歸化軍心齊、戰鬥力強，又駐紮在城內，唯一不足是人數較少。[1]

一九三三年四月十二日下午二時，歸化軍三百人率先嘩變，攻打省政府。是時，督署衛隊營、騎兵第一師，大部分抽調在外，留營人數不多，故無法抵禦。當省政府二堂失守，金樹仁來不及攜帶印信，倉皇逃脫，軍事處長金樹信、團長崔肇基被俘，省府督署重要官員紛紛越牆逃走。

當晚，歸化軍團長巴平古特，在旅部召集各廳、處、團長的緊急會議，巴在會上聲述：「此次發生政變，實屬迫不得已。金督辦實無治新能力。眼見春耕失時，人民皆將餓死，我軍為救護人民計，不得不取此手段。」[2]

金樹仁逃離督署後，急調楊正中聯合城防孟、梁兩團長反攻。金在西城上親自督戰一晝夜，西北城均已到手。歸化軍只有兩個連，勢單力孤，眼看頂不住，都收拾好自己的東西，準備裝車棄城逃跑。此時，盛世才聽聞政變，急調部隊趕回迪化，駐紮在迪化東門外。按兵不動，隔岸觀火。

緊急時刻，張馨、陳德立求救於盛世才，以軍事委員會委員長許之。盛允之。但手下兩團兵，都和盛無深切關係，要他們起兵反金，尚無把握。於是，複以軍事委員會委員長為餌，向來新的東北義勇軍求助（蘇炳文部下，由鄭潤成率領）。但鄭回絕：我們不久居新疆，不能介入新疆爭端。盛乃求其次，轉向鄭借一團兵力，事成即還。此時，鄭潤成有兵無械，盛稱武器由他準備。

盛、鄭二位將領達成協議後，盛世才返回東門外駐地，先召集兩團軍官開會，遂扣留於會議室內；院外，即命兩團士兵整隊架槍，士兵不明就裡，軍械即被蜂擁而上的東北軍奪取。東北軍官兵登上城牆，向外喊話，西路軍看到城牆上換了漢族軍人，都說是自家人，不戰而退。金樹仁調不動盛世才，又聞盛已與東北軍聯合，知大勢已去，遂退往塔城。[3]

關於盛世才掌控軍隊的細節，還有另一種說法。歸化軍將金樹仁趕走後，盛世才以替金主席報仇為名，召集所有連長以上的官佐集合開會，凡是被點名到另一間房子集合者，一一被解除武裝並扣押。當時憲兵營長楊樹堂

---

1 崔保新《新疆一九一二》，社會科學文獻出版社，二〇一二年十一月。
2 《新疆文史資料選輯》第五輯，一九八〇年四月，第十二頁。
3 郎道衡：我所知道的新疆王，《新疆文史資料選輯》第二期，一九七九年八月，第三頁。

和富權表示不服從命令，不繳械投降，盛世才遂邀以吃飯為名予以逮捕。清洗了省軍原軍官後，盛世才宣佈軍校學生以營長升團長，連長升營長，排長升連長，旋將部隊帶向一炮成功山，準備對金作戰了。[1]

趙劍鋒是東北義勇軍第一批到達迪化的軍官之一，他有幸成為「四一二政變」前後的見證人之一。二〇一三年，其子趙廷實錄了他的口述史料：「陳中、李笑天等出面請鄭潤成派義勇軍參戰，援助歸化軍。鄭潤成毅然派孫慶麟團一千七百餘人參戰。陳中等打開軍械庫，給孫團發了槍支彈藥。」[2]

東北義勇軍學兵連的谷夢林參與了「四一二」政變的軍事對抗。「四月十三日晨戰鬥激烈，炮聲隆隆，城內巷戰，城牆上攻防，爭奪軍械局，雙方傷亡慘重。楊正中發現數千東北軍參加戰鬥，遂退出戰場，護送金樹仁倉皇逃往塔城。十四日晨，我教育班學兵連奉命出城，中午十四時對督辦公署實行戒嚴，保住了督辦公署的珍貴的文物、檔案、財產、大量庫存金銀及各種重要物品。」[3]

無論哪種說法，東北義勇軍作為戰略後備隊參加倒金戰鬥是事實，他們在關鍵時刻舉兵襄助「四一二」政變，支持和配合盛世才起兵亦是事實。反過來想，如果沒有東北義勇軍作為歸化軍後應，盛世才又指揮不動東路軍部下，那「四一二」政變的結局將會改寫，輸掉的一方就會失去身家性命，一敗塗地。

一九三三年四月十四日（四・一二政變後二日），劉文龍、鄭潤成與臨時維持會委員會全體委員參加聯席會議，討論軍權歸屬，鄭潤成不願擔任軍職，推薦盛世才擔任，最後表決「公推盛總指揮為邊防督辦，總握軍權」，盛得到了歸化軍及東北軍的極力擁護。

分析「四一二」政變的原因，金樹仁先失於政治，後失去了軍心、民心，使執政根基動搖。至於軍事敗因，除繼而遭致軍事失敗。除省軍兵力分散，省垣城內空虛，又有野心家盛世才與抵新的東北義勇軍聯合等外部因素外，與金氏治軍無方，軍紀鬆弛，亦有關係，各地軍官有令不行，有禁不止，陽奉陰違。從金氏的一份電文中即可窺視：

1 張大軍《新疆風暴七十年》，第三一六八—三一六九頁。
2 趙廷《趙劍鋒新疆見聞錄》，江蘇人民出版社，二〇一三年六月，第二四頁。
3 湯永才主編《東北抗日義勇軍在新疆》，新疆人民出版社，一九九一年八月，第二四頁。

一九三三年三月八日，金樹仁致電伊犁。

伊犁張屯墾使：五日二電撥入境部民已庚電複，知省中槍支缺乏，新疆軍官只知吃空，私存槍支，換槍支，新槍到手不交舊槍，哈密尤甚，真堪浩歎。現在哈密及吐鄯存槍不下七八千支，已令提取不日到省，再行運發。

主席兼督辦金樹仁三印

槍枝管理混亂無序，幾乎可以裝備兩個旅的武器散失民間，難怪吐哈暴亂頻發蔓延，剿撫無功呢！

「四一二」政變發生後，金樹仁退往塔城，到達綏來（瑪納斯）時正遇上東北義勇軍開往迪化之一部。義勇軍官兵目睹了金樹仁軍隊的尊榮：「四一二」政變，被趕下臺的金樹仁的潰軍和我們相遇。「這些潰軍全在五十歲上下，是一群『鬍子兵』，還有不少未成年的『娃娃兵』。有的騎馬，有的騎驢，有的騎駱駝，有的還馱著妻小。不少鬍子兵還留著髮辮。」[1]這樣浪蕩邋遢、訓練無素的軍隊，能不吃敗仗，丟政權嗎？

四月十五日，第二批吉林救國軍由劉斌帶領到達綏來。金樹仁喜出望外，「金與陳品修、李作祥兩指揮計議，發給東北軍槍五百支，子彈四萬發，並機關槍與大炮，商其與歸化軍作戰。但劉斌在領到槍支後表示不願意陷入內戰漩渦。」[2]劉斌的機變，一定有隱情，至少迪化方面有人通風報信，讓他瞭解大局。總之，金樹仁賠了夫人又折兵，無計可施。

曾任過國民政府廣西、安徽、浙江三省省主席的黃紹弘總結說：「民國二十二年（一九三三）春，東北軍蘇炳文、李杜、王德林等部，由蘇聯轉入新疆，因不滿金樹仁之所為，乃聯合歸化軍，驅逐金樹仁，而推舉盛世才（原為金氏參謀長兼總指揮）為邊防督辦，劉文龍（原教育廳長）為主席，即所謂『四一二』政變是也。」[3]

黃寥寥數語，將新疆政變的因果關係交待得十分明瞭。然而，斯時各種政治勢力（包括新疆、南京、東北）在爭奪新疆軍政領導權中，拉幫結派，討價還價，明爭暗鬥，以致大開殺戒，大興冤獄，其內情複雜曲折一言難

1　趙亞新：《苦難的歷程》、《東北義勇軍在新疆》，新疆人民出版社，一九九一年八月，第四一頁。
2　湯永才主編《東北義勇軍在新疆》，新疆人民出版社，一九九一年八月，第三一頁。
3　黃紹弘著《五十回憶》上冊，風雲出版社印行，第二八三頁。

盡矣！

盛督辦展露崢嶸

「四一二」政變的直接後果，就是造成了新疆軍隊的分裂。雖說新疆的革新派與歸化軍、東北軍聯手，奪取了軍權，但軍隊並不在督辦盛世才的完全控制之下，伊犁屯墾史張培元部擁兵自重，東北義勇軍又自成體系，野心勃勃的馬仲英正虎視眈眈新疆的最高權位，更何況南京國民政府亦對新疆另有打算。外患內憂，五龍爭霸。此乃民國二十一年來從未出現過的局面。

在群雄並起複雜多變的局勢中，要麼勢起造英雄，要麼勢頹滅豪傑。新疆的王冠不會從天而降，剛好落在赴疆僅三年、剛滿四十歲的青年軍官盛世才頭上。每一步都要靠自己謀劃爭取，每一步都面臨著生死考驗。

盛世才疑心重，警惕性超常。在獲得邊防督辦大位後，感到位置不鞏固，因此不到督辦公署辦公，仍在其東郊外的司令部坐陣，施展手段籠絡軍隊，首先抓住戰鬥力較強的歸化軍。盛世才最看重的還是東北義勇軍。[1]

四月十八日，盛世才在郊外接見新到迪化的東北義勇軍軍官，發表鼓舞人心的講話：「『你們出於民族大義和愛國熱忱，奮起抗日，於國有功。歡迎你們歸來。目前新疆時局不靖，戰亂頻仍，希望你們留下來，和我一同安定新疆，共建新疆。』他要求被接見者填寫個人履歷表，量才使用。」[2]

當東北義勇軍源源不斷開赴迪化之際，正是馬仲英率部圖謀省垣之時。

一九三三年五月十九日，馬仲英由甘肅第二次入新，佔領了哈密、巴里坤。五月底攻佔了木壘、奇台，奇台城防司令張祖安和師長黎海如消極抵抗，被俘後即投降了馬仲英。馬仲英在奇台獲得了前白俄將軍阿年闊夫部封存的槍支彈藥，實力陡增，揚言要一舉拿下迪化。省軍厭戰，將軍畏死，拱手交出武器資敵，這可能就是「四一二」政變的後遺症之一。盛世才深知一場惡戰在所難免，遂加緊軍事準備。

1 趙廷《趙劍鋒新疆見聞錄》，江蘇人民出版社，二〇一三年六月，第二五頁。
2 同一注第二六頁。

六月十日，中央新疆宣慰使黃慕松乘機抵迪，盛世才與黃在機場匆匆一見，即帶兵開赴前線。盛派出精明幹練之人照顧黃慕松的起居、生活和工作，暗中監視黃與省方人士間的活動，將來訪者姓名、時間及其談話內容登記在案，密報在外備戰的盛世才。

臨行前，盛世才盡遣東北軍人為其守城。迪化城防司令為東北義勇軍參謀長楊耀鈞、臨時督辦為東北義勇軍中將軍長劉斌、副官趙劍鋒、秘書長李傑，幾乎均是東北軍人，組成臨時督辦行營。

再從開赴前線部隊的來源和省籍看：

一、第一路指揮鄭潤成，官兵一千四百名；（東北軍軍官，死於新疆）
二、第二路指揮柴秀玲，官兵九百名；
三、第三路指揮巴平古特，官兵一千名；
四、第四路指揮劉萬全，官兵五百名；（綠林好漢，劉快腿，戰死）
四、第五路指揮張毓秀，官兵七百五十名；
五、第六路指揮哈玉良，官兵七百名；（東北軍軍官，死於新疆）
六、炮兵指揮楊炳森，官兵三百名；（東北軍軍官，死於新疆）
七、奮勇隊長白玉，官兵四百名；
八、機關槍隊長王丕綱，官兵二百六十名。
九、另鋼甲車隊、大行李、輜重、衛生隊。無線電臺等，約三百名。[1]
上述共計六千五百餘名，其中東北軍至少在二千九百－三千人之間。

滋泥泉之戰，盛世才大獲全勝。擊斃馬部二千餘人，俘虜二千五百餘人。此役獲勝原因有三：一是英勇善戰的東北正規軍參戰人數過半，戰鬥力大增；二是政治動員奏效，參戰軍人士氣高昂，同仇敵愾；三是六月飛雪，馬軍凍餓難耐，猶由天助。

滋泥泉之戰有兩個細節，一是劉萬奎率領的綠林軍，均是百步穿楊的神射手，重挫了馬仲英騎兵的銳氣。二

1 盛世才《牧邊瑣憶》第七五頁。

是副官趙劍鋒，在盛世才指揮部受襲時，抱起一挺機關槍擊退偷襲之敵，化險為夷。

盛世才在外作戰期間，密切關注著省垣政治動向，通過眼線掌握黃慕松與省府官員互動內情。滋泥泉之戰大捷傳至迪化，盛世才聲威大震。盛世才憑藉此聲威，以及對軍隊的支持和對省城的控制，於六月二十六日在督辦公署將陶明樾、李笑天、陳中三人槍斃，定為謀反罪。給新疆老官僚及國民黨接收大員們一個下馬威。「六・二六政變」史稱二次政變，盛世才獨佔了政變，從此，盛世才獨攬了軍政大權，挫敗了南京國民政府接管新疆的圖謀。

「省政府臨時維持會成立於「四・一二」之夜，首推劉文龍、鄭潤成、朱瑞墀、李桀、屠文沛、陳繼善、李溶、宮碧澄、白毓秀、陶明樾、趙得壽、陳中、陳得立、魯倫、李笑天、格米理肯、巴平古特（以上二人歸化俄籍代表）、克氣格、裘子亨、董光錞、賀德元及余二十二人為委員，公推劉為臨時主席，新政權當即成立，公佈安民告示，人心為之一定。嗣又陸續增加盛世才、閻毓善、張培元、張馨、張明遠、楊學淵、張得善，聶滋爾（哈密王）、胡賽音、滿素爾、阿不杜哈買提、賈母提恩弟克（以上五人維族代表）、吳鈞庭、德木丁車德恩（以上二人哈薩克代表）、趙國梁、馬鴻祥、藍彥壽、馬國駿（以上四人回族代表）、巴彥、阿寶（以上二人哈薩克代表）、通寶、廣祿（以上二人錫伯族代表）各委員，使各民族皆有參政之權，除劉已任臨時主席外，並公推盛世才任臨時邊防督辦，實行軍民分治。」[1]

四月十九日，新疆省政府臨時省主席劉文龍具名呈中央執行委員會書……謹將新疆維持委員會委員姓名履歷表列於後，伏祈鑒核：

一、劉文龍，湖南，六十三歲，廩生，教育廳長；
二、盛世才，遼寧，四十九歲，日本陸軍大學畢業，剿匪總指揮；
三、鄭潤成，北平，四十一歲，保定軍官學校畢業，東北救國軍第二旅旅長；
三、朱瑞墀，浙江，七十一歲，廩生，財政廳長；
四、李桀，廣東，五十九歲，拔貢，民政廳長；

1 楊鐮主編（西域探險考察大系・吳藹宸著《邊城蒙難記》新疆人民出版社，第六七頁。

五、閻毓善，甘肅，六十二歲，舉人，建設廳長；
六、陳繼善，甘肅，五十九歲，舉人，外交部特派員；
七、屠文沛，安徽，六十一歲，高等法院院長；
八、陶明樾，安徽，四十九歲，拔貢，迪化縣長改任秘書長
九、吳藹宸，福建，四十二歲，北京大學畢業，省府礦物高等顧問；
十、李溶，新疆，六十一歲，舉人，迪化區行政長；
十一、陳中，安徽，二十五歲，黃埔軍校三期畢業，總司令部參謀處長
十二、宮碧澄，新疆，三十三歲，北平師範大學，中央黨務特派員；
十三、陳德立，浙江，三十九歲，北平法政俄文學院畢業，省府外交秘書；
十四、趙德壽，新疆，四十二歲，北平法政俄文學院畢業，省府外交秘書；
十五、魯倫，甘肅，二十九歲，上海復旦大學畢業，天山日報社社長；
十六、李笑天，遼寧，二十九歲，日本陸軍飛行學校畢業，航空學校校長；
十七、格米理肯，新疆，三十八歲，俄國法律學校畢業，歸化族，汽車局長；
十八、巴平古特，新疆，俄國炮兵專門學校畢業，歸化軍隊長；
十九、裘大亨，浙江，四十一歲北平法政俄文學院畢業，前吐魯番縣長；
二十、張得善，甘肅，六十七歲，舉人，通志館館長；
二一、張明遠，雲南，四十六歲，雲南陸軍小學畢業，前阿山都統；
二二、滿素爾，新疆，三十五歲，商人，喀什纏商代表；
二三、胡賽音，新疆，五十一歲，吉祥泳經理；
二四、阿不都哈買提，新疆，五十三歲，掌教，吐魯番纏商代表；
二五、買木提斯弟克，新疆四十六歲，和田纏商代表；
二六、巴彥，新疆，五十一歲，營長，哈族代表；
二七、通寶，新疆四十二歲，省銀行秘書長；

二八、克氣格，丹麥，四十歲，迪化郵務政，滿族代表；
二九、達木丁車德恩，新疆，四十八歲，哈密回部雙親王，蒙族代表；
三〇、聶滋爾，新疆，三十六歲，哈密王哈密回部雙親王，纏族代表；
三一、藍彥壽，新疆，三十八歲，師範畢業，前吐沙雅縣長；
三二、馬鴻祥，新疆，三十歲，俄文法政學校畢業，省府科員；
三三、于鎮國，新疆，三十二歲，俄文法政學校畢業，財政廳科員；
三四、董光錞，天津，四十八歲，商務會長；
三五、賀德元，山西，四十二歲，商務會副會長。

因甘新郵路受阻，這份文件並未親送南京，而是由陳中帶往莫斯科郵寄南京，轉了一大圈，四月十九日簽發，南京國民政府於是年七月十一日方收到，時隔八十一天，此時，名單上的有些人已成了刀下鬼，或投入監獄，是謂二次政變也。[1]

與第一份名單相比，剔除了白毓秀、張馨、楊學淵、吳鈞庭、趙國梁、馬國駿、張培元。不破不立，吐故納新。正因為剷除了金樹仁時代以甘肅幫、老官僚為基礎的官僚階層，才使一代新人脫穎而出。僅從年齡、學歷看，這份名單若與內地任何省份政府班子相比，恐怕只會加分，不會遜色。單從這份政府委員大名單觀察，不僅體現了邊疆與內地的緊密聯繫，幹部的年輕化、知識化、專業化，政變確給新疆政壇帶來了新人選、新綱領，亦不免令人怦然心動。

省政府委員大名單，是新疆未來政治的晴雨錶。在盛世才強化權力的過程中，榜中俊傑命運多舛：白毓秀、陳中、李笑天、朱瑞墀、鄭潤成、巴平古特（蘇軍撤回蘇聯，將原白俄將軍巴平古特逮捕押走，槍斃於塔城郊外。）[2]等死於非命。反映了改朝換代時政治的殘酷血腥。

劉文龍、馬國俊被拘，克氣格回國，吳藹宸出走，李棨病逝，還有一批人被換掉，反映了改朝換代政治轉型

1 張大軍《新疆風暴七十年》，第三二二四－三二二七頁。
2 趙廷《趙劍鋒新疆見聞錄》，江蘇人民出版社，二〇一三年六月，第三八頁。

期的血腥與殘酷。可謂天之涯，海之角，名單半零落，今朝坐上賓，明日黃泉客……

盛世才發動二次政變，改變了新疆行政治理結構，構建了以個人威權為特徵的軍人政體，由此影響了新疆社會的發展方向，亦為建盛家軍、開邱家店鋪平了道路。

瀚海血花

宮廷內爭血跡未幹，馬仲英已佔領達阪城戰略要衝，居高臨下虎視迪化城。

一九三三年九月，馬世明將盛世才委派駐守南山的暫編第六師師長馬德祥擊殺後，率部出達阪城企圖再攻迪化。盛世才派城防司令楊耀鈞為剿匪總指揮，兵分三路，進剿馬世明。劉萬奎旅擔任正面主攻，左翼是混成騎兵旅第一團呂惠賢團長，右翼是歸化軍兩個騎兵團。三路軍分進至水西溝滙合。旋即，馬世明伏擊劉萬奎部，劉部署反擊，將馬部擊潰。在遭遇戰中，呂惠賢團長戰死沙場。

十月十二日，盛世才集合步騎炮緇各兵種約二萬之眾，在三屯碑誓師要為劉萬奎復仇後，出兵達阪城迎戰馬仲英部。盛世才將司令部設在達阪城垣內，晚間召開旅團長會議，決定翌日拂曉發起攻擊。爭奪戰打響後，大炮與槍聲響徹山谷，震耳欲聾。馬仲英憑險據守，居高臨下，彈如雨注，省軍傷亡很大。雙方膠著之中，突接盛世才撤退命令，馬仲英軍有百餘騎兵乘機從山峽內衝出，於是正面撤退的步兵，被衝擊混亂，四散而逃，潰不成軍。[1]

達阪城之戰，相持二日一夜，全軍敗北，十七日退入迪化。

高聳的迪化城牆是省垣的最後一道防線。（莫里循攝於一九一〇年）

1 金國珍：盛馬交戰劉快腿之死《烏魯木齊文史資料》第一輯，新疆青年出版社，一九八二年五月，第三九頁。

達阪城之役陣亡統計如下：

> 省軍軍官一百餘人；歸化軍五百餘人；甘肅籍士兵（省軍主要成分）五百餘人；東北軍官兵一千餘人。損失山炮五門、鋼甲車一輛，機關槍十餘挺，快搶一千數百支。[1]

在省軍與馬仲英的交戰中，東北義勇軍參戰人數最多，陣亡人數亦居首。達阪城攻堅戰失利，是盛世才一生為數不多的敗績之一，卻另有隱情。兵無常勝，但盛世才卻將一般軍事常識政治化。

十二月十日，盛世才開始清洗東北軍將領。「諉罪於鄭潤成、楊耀鈞等人並一舉剪除之，拔掉了眼中釘，這是盛世才篡奪東北軍領導權的第一步。」[2]

鄭潤成因兵敗被殺，只是可以公開的藉口。鄭潤成罹難，前因早已埋下。「四一二政變」後臨時維持委員會第一次會議上，劉文龍被推舉為省政府臨時主席，鄭潤成任軍事委員會委員長，以鄭代盛的意圖顯而易見。這引起盛世才及手下軍官的不滿。適有楊樹棠、袁耀宗兩團長提出異議，反對一個在新疆既無勞績、有無實力的鄭潤成爬上了軍事最高首領的寶座。盛世才野心勃勃，不願屈居人下，他與鄭潤成是東北同鄉，但無任何深交，今竟爬在自己頭上，將來能否相處，大成問題。於是與楊、袁等人策劃，提出了新疆督辦不宜改制的方案。主張在省黨部院內另行開會，由楊、袁在房頂上安設了機關槍等武器，監視會場。[3]鄭潤成明哲保身，知趣退出；盛世才虛情假意，先辭後任，演足了禪讓戲文。殺身之禍，由此發端。

盛世才殺戮東北軍高級將領須有幾個條件：一是他坐上了軍事首長最高位，擁有生殺奪予之權；二是捕捉到殺戮的藉口和證據。盛世才借戰敗究責關押鄭潤成等人，實另有隱情。

「我們返回省城後，才從側面得悉盛世才這次撤退而遭到失敗的原因，是馬仲英在省軍進抵達阪城時，祕

1 蔡錦松《盛世才在新疆》，第一二八－一二九頁。
2 李砥平文《東北義勇軍在新疆》，新疆人民出版社，一九九一年八月，第三五－三六頁。
3 劉應麟：新疆「四一二政變」中的一些問題，《新疆文史資料選輯》第十一輯，一九八二年六月，第七十－七一頁。

密派人給東北軍的鄭潤成、郭應奎、尹占斌等旅長傳送密信四封，送信人被省軍哨兵捕獲，解送盛世才。盛閱信後，唯恐東北軍鄭潤成等旅長與馬勾通，釀成內應外合，於是突然命令撤退。」由此觀之，盛督軍征戰達阪城，非戰敗，而是無心而戰，主動敗退，以防後院起火，避免遭遇金樹仁被逐的下場。

盛世才返回省城後，即以宴請東北軍將領為名，將鄭潤成、郭應奎、尹占斌三個旅長，與蘇國參謀長等十餘將領，關押於督署特別監獄內，翌年即祕密殺害。[1]

飛鳥盡，良弓藏；狡兔絕，走狗烹。這出忘恩負義的悲喜劇，不知在自然界與人類社會上輪番上演了多少世紀。

一九三四年一月十二日，馬仲英突襲迪化，將迪化城團團圍住。「在省政府院內關押有四十餘名金政權時期的縣長、行政長等舊官吏，盛令將這些人轉押到迪化縣監獄，趙劍鋒怕這些人在戰事緊張時被下令槍殺，故而未及時執行。次日盛世才問及此事，趙答『尚未執行』，盛大發雷霆。後來這些人轉至迪化監獄後終遭殺害。」[2]

昔日東北戰場上的死敵，今日新疆疆場上的盟友，舊恨未消，又新仇複生，這種互相利用的「盟約」究竟有何基礎？又能持續多久？

二 劉將軍祭

劉萬奎是東北義勇軍中值得一書的人物。在六月滋泥泉大戰中，「劉快腿最告奮勇，前線僅十餘人，竟能繳對方槍械三百餘支。」[3]

盛世才得此猛龍襄助，豈有不勝之理？

劉萬奎，綽號劉快腿，生於吉林省寧安縣一個山村獵戶家中，不識文斷字。幼時隨家父在長白山中打獵，捕擊鷹、兔、狐、狼，百發百中，彈無虛發。因對山中溝渠小徑，瞭若指掌，翻山越嶺，如行平地，故得「快

---

1 金國珍：盛馬交戰劉快腿之死《烏魯木齊文史資料》第一輯，新疆青年出版社，一九八二年五月，第四十頁。
2 同一注第三八頁。
3 吳藹宸《邊城蒙難記》，新疆人民出版社，二〇一〇年四月，第九六—九七頁。

腿」綽號。

因環境與經歷關係，劉養成直爽、強悍、大膽、好勝的性格，且行俠仗義，喜散樂施，懲治貪官汙吏，分發浮財於手下，故得手下兄弟擁戴和用命自古美人慕英雄。劉娶有五個老婆，大老婆綽號紅蝴蝶，是一個有名的雙槍手，三老婆更精於騎射。其乾兒子吳富海（綽號大虎），勇猛過人。最盛時期，劉的黨羽多達萬人，乃吉林省綠林中首屈一指的人物。

「九・一八」事變後，劉快腿投到吉林抗日軍李杜部下，出任旅長，同日寇作戰。劉擊日寇，採遊擊方式，東擊西截，晝伏夜襲，神出鬼沒，使日軍遭受很大傷亡。劉一度詐降日軍，騙得物資、軍械、款項後，又複攻擊日軍。遂遭日寇重兵圍剿，最後率三千餘殘部退入蘇聯轉道新疆。

盛世才任督辦後，特別看重劉快腿的部隊，除經濟上補貼外，建制亦不打亂，仍以舊編配給軍械、服裝、薪餉。「據當時督署副長官趙劍鋒談：『盛世才在每次聽到劉快腿來見時，都要親自出來迎接，走時又親自送至大堂外，待如上賓。』盛稱：『劉快腿當過土匪，講義氣，性情爽直，強悍，善奉承，對他只能安撫鼓勵，不能壓制，才能利用他，為我效力。』因此，盛世才用兵攻達阪城與滋泥泉時，都是劉快腿的步兵旅充當先頭部隊，尤其是在阜康滋泥泉攻堅戰中，劉快腿身先士卒，率部奮勇攻擊。」[1]

從劉快腿身上，多少能見到馬仲英的影子。梟雄馬仲英遭遇豪傑劉快腿，兩強相鬥必有一己。

果然，在七月初南山進剿戰役中，劉快腿奮勇當先，追擊潰敵，不幸身中數彈，當即陣亡，時年不過四旬。一代豪傑劉萬奎沒有戰死於保家衛國的反侵略戰場，而倒在距家鄉萬里之遙的內爭沙場，實在令人歎息！

南山戰事結束後，盛世才為劉快腿舉行了盛大追悼會，轟動全城。各機關單位、學校、商會等，都送了挽聯，還糊紮了不少的紙人、紙馬、金銀山，並用彩綢糊了一個丈餘高的「開路大人」，足下裝有車輪，拉著在前面開路。送葬隊伍每人手舉燃香，浩浩蕩蕩將劉快腿靈柩安葬在當時的旗奉直東義園。

如此隆重的追悼大會和送葬儀式，使劉的部下深為感動，一致表示：「誓死為盛督辦效力」。

時任新疆省政府委員的吳藹宸如實記錄了劉萬奎的死因與葬禮。

---

1 金國珍：盛馬交戰劉快腿之死《烏魯木齊文史資料》第一輯，新疆青年出版社，一九八二年五月，第四二頁。

回憶七月二日，裘子亭縣長邀約同在水磨溝溫泉作竟日之遊，劉挈其三位夫人同往，意氣豪放余勇待賈，有滅此朝食之慨。向同仁試其槍法，麪雀於數百步外，屢試不爽，神技令人拍案嘆服。九日，最告奮勇之吉林自衛軍劉快腿司令腹部中彈，返城數小時即行逝世，省城失此猛將，頗受打擊。十六日，公葬，轟動全城，商店紛紛設香致祭，五位夫人麻衣素車以隨，為狀至戚。

劉快腿死後，其夫人變節之快，又令吳藹宸咋舌。

二十三日，四位夫人連袂出嫁。四星期之間，人事變化有如此者！聞新夫皆東北軍人，不知尚許文君憶故夫否？

吳藹宸禁不住戲詠道：一杯之土未幹，四位夫人何去！[1]

說起劉萬奎的身世，不禁使人聯想起東北王張作霖，二人均起家於綠林。所不同的是，張作霖媚日反被日軍炸死，劉萬奎奮起抗擊日軍，殺死日軍數千，最後戰死西陲，安葬於天山腳下。

一將成名萬骨枯。東北義勇軍戮戰新疆，有多少像劉快腿這般的傑出人物，悲壯地慘死沙場。亦有人說，劉快腿之死，是盛世才的一箭雙雕之計，是其奪取東北義勇軍控制權得天獨厚的契機。[2]

如果說劉快腿屬綠林好漢，江湖俠客，那麼劉斌則是智勇雙全、訓練有素的職業軍人。「劉斌原籍遼寧鐵嶺縣，從陸軍小學入伍到畢業於保定軍官學校，學歷完整。他曾是馬占山部著名將領，來新疆前任東北救國軍第五軍軍長兼左翼總指揮。

「四・一二」政變時，劉斌隨二千名吉林自衛軍與金樹仁在瑪納斯邂逅，金讓他們組成「討逆軍」。劉斌與吉林自衛軍幾位將領商議，將計就計，從金氏手中騙得大量武器。劉斌即乘上繳獲的裝甲車到省城向新政府報捷，臨時代督辦盛世才聞訊很高興，對義勇軍將領給予嘉勉，並委任劉斌為臨時督辦公署中將參謀長。

一九三六年六月間，盛世才親自指揮省軍迎擊馬仲英部，由劉斌代理督辦職務坐鎮迪化。當年秋，盛世才又派劉斌、盛世驥等到吐魯番與馬仲英談判。據說，盛世才之所以敢重用劉斌，是因為劉斌未帶部隊來新疆，他是

1 吳藹宸《邊城蒙難記》，新疆人民出版社，二〇一〇年四月，第九六—九七頁。
2 全國珍：盛馬交戰劉快腿之死《烏魯木齊文史資料》第一輯，新疆青年出版社，一九八二年五月，第四四頁。

個光杆司令。

一九三三年末，馬仲英與伊犁屯墾史張培元聯手從東西兩方夾擊盛世才。張培元令楊正中率一個師從西路向省城進攻，並佔領了精河、烏蘇，向瑪納斯進軍，在危機關頭，盛世才即派劉斌為西路軍司令，帶一千餘名東北義勇軍迎戰楊正中部。雙方在呼圖壁三道河子遭遇，劉斌用騎兵迂回戰術，不到一天工夫就一舉擊潰楊正中軍，並率部乘勝追擊，向伊犁挺進。劉斌指揮的三道河戰役，是使盛世才轉危為安三大戰役之一（即滋泥泉戰役、迪化戰役、三道河戰役），而三道河戰役尤為關鍵，如果戰敗，楊正中部將直逼省城，馬仲英、張培元兩軍將合圍迪化。這種局面一旦出現，即使蘇聯紅軍入境參戰，也無助於盛世才了。

一九三四年一月初，劉斌率部到達綏定。盛世才任命劉斌為伊犁屯墾史兼警備司令。著手整編張培元的部隊，恢復地方秩序。

是年六月間，盛世才又將劉斌派往前線，任喀什警備司令，追擊馬仲英殘部，坐鎮喀什。由於劉斌在平定南北疆中功勳卓著，在第二次全省民眾代表大會上，大會頒給劉斌金質獎章一枚。省府規定凡獲金質獎章的，可保送一名家屬到蘇聯留學。劉斌讓其愛人關嶽銘到蘇聯留學。關隨劉斌到喀什後，即創辦了喀什第一個女子學校，即喀什區立女子學校，附有職業班。

據趙新亞回憶，一九三七年，約在抗戰爆發前，盛世才電調劉斌回迪化。當時我也在喀什，任疏勒郵政局長。斯時我已斷定劉斌回省是凶多吉少，因為東北軍將領只剩劉斌一人了。果然，劉斌任阿山金礦局總辦不久，即以陰謀建立「漢回國」的罪名被盛世才捕殺。東北抗日義勇軍將領中除了李溥霖作了盛世才的忠實走狗外，無一倖免。（寫於一九八八年二月十五日，包頭）[1]

若將二位劉將軍相比，劉快腿戰死沙場，雖死猶榮；而劉斌死於陰謀之下，嗚呼冤哉！

殺戮功臣，否定前朝，非盛世才獨創，乃一切獨裁者所為。究其目的，不外是震懾軍心，樹立個人威權；無非是戕官奪兵，更換人馬，控制兵權。從實用主義言之，盛世才是勝利一方；從道義言之，盛世才贏得勝利，亦

[1] 趙新亞：我所知道的劉斌將軍，湯永才主編《東北抗日義勇軍在新疆》，新疆人民出版社，一九九一年八月，第九六—一〇四頁。

種下了累世惡名。

「從一九三三年初東北義勇軍陸續進疆，到一九三四年十二月整編，共兩年時間。原想繞道西伯利亞進入新疆後積蓄力量重整旗鼓，迅速開赴華北前線，打回東北老家去，但事與願違，不料我們卻成了盛世才登上新疆督辦寶座的奠基石。」[1]

盛世才是踏著東北義勇軍士兵的血跡，踩著義勇軍將軍的頭顱，摘得新疆王桂冠的。正是東北義勇軍將士的血肉之軀，築起了盛世才統轄西域的拜將台。

清洗與整編

在處理與東北軍的關係上，盛世才至少面臨三道難題：一是如何利用這支軍隊，抗擊來犯之敵，保住督辦之位；二是如何防止這支軍隊陰謀推翻或竊取督辦之位；三是如何將這支軍隊完全改造成看家護院的盛家軍。

東北抗日義勇軍大體上由正規軍（含警政人員）、綠林軍、農民武裝、青年學生四部分人員組成。其中正規軍和綠林軍各占四分之一，農民占一半，青年學生占百分之五。[2]這支義勇軍中的正規軍，受過正式的軍事訓練，歷經百戰，戰鬥力最強，但不可避免沾染上東北軍固有的家族主義、地域主義、任人唯親的山頭主義。盛世才要改造這支軍隊，須建立國家觀念，樹立個人威信，削平山頭，打掉宗派。

在東北正規軍軍官中，有洋派與土派之分。洋派是指那些留過洋、得過洋軍事文憑的將領。土派是指那些在國內軍事院校畢業的將領。好在盛世才有雙向經歷，能通吃兩方，消弭土洋派之間的分歧。東北正規軍人文化高，國家觀念強，訓練有素，最難駕馭。盛世才的控制策略是：從軍官下手，殺一批，關一批，用一批，恩威並施，打亂體系，分化瓦解，分散各地，籠絡下層士兵為我所用。

綠林軍，曾呼嘯山林，通常稱為「鬍子」。在民族危亡關頭，他們基於民族大義，走出山林，奮起抗戰，好

1 李砥平文，湯永才主編，《東北義勇軍在新疆》，新疆人民出版社，一九九一年八月，第三五—三六頁。
2 趙廷《趙劍鋒新疆見聞錄》，江蘇人民出版社，二〇一三年六月，第四頁。

似水泊梁山那些替天行道的好漢們。他們中間江湖義氣盛行，拉幫結派，並不好駕馭。盛世才以江湖義氣加良馬、美女、金錢籠絡之。

東北軍中的農民武裝，有一定的自發性，如大刀會、紅槍會、山林隊、遊擊隊，在日軍侵略面前，風起雲湧，聲勢浩大，為正規軍所收編。農民當兵皆因失掉了土地和家園，當兵不過為了一碗飯。

同為農家子弟的盛世才頗有心得地寫道：「誰都知道，當時由俄境退抵新疆的義軍，他們都是剛從日寇的鐵蹄下逃出的，烽火餘生，驚魂初定，既深深瞭解東北老家暫時無法回去了，複親眼看到新疆的軍隊待遇非常優厚，所有薪餉、給養、及菜金等均按月發給，絕無積欠，因此，他們每個人都願意留新服務，而不願再跋涉長途轉往內地。」[1]通過經濟手段，盛世才留住了絕大部分有家不能回靠扛槍吃糧的東北士兵。

青年學生除東北三省學生外，華北各大專院校也有部分學生奔赴東北參加抗戰。吉林軍、黑龍江軍中有學兵連、學生軍。學生兵猶如一張白紙，國家觀念勝於地域觀念，他們相信主義，與軍閥沒有瓜葛，亦沒有農民武裝的江湖習氣，最為盛世才看重，亦最易為盛世才所利用。這部分人大部分送至軍校學習，逐漸成為新疆軍隊的骨幹。[2]盛世才在新疆實行的六大政策九項措施，就足以鼓起學生兵理想的風帆。

新疆陸軍學校待遇良好。據當時軍校學生回憶「軍校學生的待遇是每月菜金二十元，每天麵粉一市斤半，羊肉三兩，由學生推選伙食委員管理。麵粉吃不完，可以變賣成錢用來改善伙食。服裝、被褥、醫療、理髮等全部免費，每月還發生活費。」[3]

安定思家眷，萬裡結良緣，乃世間常情。但「新疆回、漢不通婚，婚姻更為困難，守貞待聘之閨秀，雖降格以求，亦多不可得，故遇有內地來新服官之人，苟年非甚老，即有托媒說親者，家中有無家眷，則在不問之列，蓋明知一自遠戍新疆即不易言旋也。」[4]

---

1 盛世才《牧邊瑣憶》，《五十年政海風雲》第八五頁。
2 同一注第十一－十三頁。
3 湯永才主編《東北義勇軍在新疆》，李國卿文：一九三三至一九四二新疆的弟弟回憶，新疆人民出版社，一九九一年八月，第五五頁。
4 吳藹宸《邊城蒙難記》，新疆人民出版社，二〇一〇年四月，第一〇一頁。

東北軍軍官九死一生，轉戰萬里，稍事安穩，始考慮婚姻大事。據吳藹宸觀察，「近來東北軍官不甘孤棲之苦，遂紛紛大辦喜事，前後不下上百起。民宅門口貼有『新人上轎大吉』或『新人下轎大吉』者，觸目皆是，大有將邊疆待字之閨秀一網打盡之勢！西北女子乃競相率嫁與相隔萬里之東北軍人，誠為始料所不及，迷信家又將目為姻緣莫非前定矣。值茲軍事吃緊之際，而軍官皆孜孜自營家室，昔人云：『異哉夫子有三軍之懼，而有桑中之喜』。又曰：『婦女在軍中，兵氣恐不揚。』殆不適用於今日！」

民國以來，中國戰亂頻仍，軍人始終處於強勢。閨中閨秀爭嫁軍人，亦不鮮見。東北軍官在迪化迎娶閨秀，說明他們除負有救國的使命，今又肩荷保家的責任，他們已視新疆為家園，這亦為盛世才所樂見。新疆女子爭嫁東北軍人，因為他們既是從天而降的救星，是亂世中的一頂保護傘，亦是家族未來發展的靠山。從一個側面說明，新疆人心思安，迪化民心思定。誰能幫助他們實現安定的期盼呢？萬目睽睽於盛世才。

漢族在新疆是少數民族，人數少，意味著兵員亦缺。楊增新時代，主要依靠回軍（維族、回族），可就地招募。但過度依賴回軍，又有尾大不掉之憂。如雲南回民馬福興，原效忠於楊增新，外放喀什提督後，即擁兵自重，擅自擴軍，又與外國私簽協議，幸被楊增新設計誅殺。

金樹仁擴軍的兵員，一方面來自歸化軍（以俄羅斯族為主），一方面從甘肅輸入壯丁。歸化軍大多是職業軍人，文化素質高，作戰強悍，但本為異國民族，落難新疆，文化殊異，缺乏忠誠度，極難掌控，一旦失和，便成為顛覆政權的反叛力量。「四一二」政變中，金樹仁已品嘗到了苦果。

中央政府安排東北義勇軍西來新疆，既增加了漢族青壯年比重，又解決了盛世才募兵難題，可將金樹仁的雙槍兵統統裁汰，可謂一舉兩得。

與新疆相比，東北地區經濟發達，軍人擁有國家觀念和專業知識，他們又成為新疆幹部的新來源，以他們中佼佼者替代新疆腐朽的舊官僚，可刷新新疆吏治，開創政治新氣象。

一九三四年九月二十六日，蔣介石致電盛世才：現在新疆人口四百餘萬，漢族僅占五%，總數不過二十餘萬，而漢族官員大抵衰朽無能，積習甚深，足以召他族人反感，你尤應參透此中病根……保障新疆領土安全。

一九三四年夏秋，新疆政局穩定下來，盛世才第二次整編軍隊。盛世才整軍並未按蔣介石的旨意，而是在蘇聯顧問直接督導之下進行：一是減少軍隊總人數，由原二・七萬人，壓縮至一・二萬人；二是取消旅建制，全疆編為十個正規團；三是將義勇軍改為省軍，分散至全疆各地，總人數約有三千五百人。

以東北義勇軍為主體改編的部隊有：

一、騎兵第八團，駐鄯善，團長張鳳儀；

二、騎兵第十二團，駐吐魯番，團長孫慶麟；

三、騎兵第二十團，駐古城子（奇台）；

四、騎兵第三八團，駐喀什，團長劉斌；

五、騎兵第四十團，駐喀什，團長陸春生；

六、騎兵第十六團，駐鎮西（巴里坤），團長牛振漢（省軍）；

七、騎兵第十團。

而炮兵大隊、戰車大隊、工兵通信兵大隊三個大隊長，均出自義勇軍；守護迪化的教導團一千人，亦以東北軍為主，團長柳正欣。

一大批義勇軍中下級軍官晉級，有的由上校擢升中將，中校擢升少將。[1]

由此觀察，新組建的新疆省軍，依然以原東北義勇軍為主，特別是技術兵種，軍官亦主要出自東北軍。東北軍的近代化、正規化，帶動了新疆軍隊的近代化、正規化。

通過整軍，盛世才達到了三個目的：一是清除異己，將原金樹仁手下魏鎮國旅（雙槍兵）解散；二是統一軍隊部署，撤銷旅的番號，將東北義勇軍據為己有，成為盛的工具；三是籠絡人心，培植私黨，控制兵權。將掌兵權的東北籍團長多升為少將。

盛世才整編軍隊，不僅僅是政治和軍事需要，亦事關經濟與建設問題。

新疆經濟落後，近代工業幾近空白，工業日用品大多依賴蘇聯與內地，因交通不便，輸入量有限。新疆財政難以平衡，長期靠印刷鈔票維持運轉，通貨膨脹一年勝於一年。金樹仁上臺，一改楊增新弱兵政策，擴軍購械，軍隊數量猛增數倍，超發紙幣，令通脹火上澆油。

---

1 趙廷《趙劍鋒新疆見聞錄》，江蘇人民出版社，二〇一三年六月，第四〇—四一頁。

盛世才在中國公學與日本明治大學所習的均是政治經濟學，深諳價值規律與政治的關係。盛世才整編軍隊，裁減官兵數量，既可減少印鈔，啟穩物價，又可減輕民賦，贏得民心。歸化軍揮戈反金，非政治分歧，起因是金樹仁欠薪不發，且忙於戰爭，疏於農時。戰爭造成物價騰貴，加之欠薪不補，軍人受害，家屬遭殃，怨恨遂起。新疆雖工業品缺乏，但農產品如糧、肉無虞，若無動亂，民生基本有保障。一年之計在於春。新疆氣候寒冷，年種一季，一旦耽誤農時，糧棉無收，人民只能餓凍待斃。因為無論從南疆、內地、蘇聯運輸糧食，都不現實，僅轉運費即是天價。前車之鑒，後事之師。盛世才不得不察。

根據政治經濟學原理，政治、軍事屬上層建築，農工商發展是經濟基礎，只有經濟發展，基礎穩固，才能養兵安民，鞏固政權。發展經濟，改良社會，需要人才。東北義勇軍畢竟來自當時中國近代化程度較高的東三省，各行各業，人才濟濟。

「當時，新疆的政權剛從愚昧無知的金樹仁手中掙脫出來，盛世才急需一批有知識、有能力的人才來改造舊衙門。盛世才在整編時，把一批適宜於行政工作的官兵抽調出來，分配適當工作，醫生、稅務工作者、商貿人員都再重操舊業，充實了各種機構。把一些青年人集中到新疆軍官學校、警官學校、財政學校、航空學校接受訓練。東北義勇軍官兵遍佈全疆。他們在振興新疆經濟，發展生產建設，保衛祖國邊防，支援全國的抗日戰爭立下汗馬功勞，這些事蹟將永載史冊。」[1]

人才大本營

盛世才初來新疆時，因學歷高，資歷深，反遭金氏兄弟冷落，軍階不升反降，由南京政府參謀本部的上校參謀，降為新疆督辦公署中校參謀。盛世才似無怨言，「遂向金樹仁請求赴軍校任軍事教官之職，金樹仁昏聵，不知其中底蘊，以為軍校教官一職更為閒散，遂慨允其請，並委以軍校戰術總教官之職。」[2]此乃金樹仁所犯的第

1　李砥平文，湯永才主編《東北義勇軍在新疆》，新疆人民出版社，一九九一年八月，第三四－三五頁。
2　張大軍《新疆風暴七十年》，第三一六八頁。

一個致命錯誤。

盛世才深知軍官學校的重要。當年盛世才義父郭松齡能聚集七萬兵馬反奉，就因為他掌控了各級軍校。蔣介石以黃埔軍校學生為骨幹組成北伐軍，一路所向披靡。國民黨後來控制新疆，也從改組新疆軍官學校入手。

新疆軍校早期的名稱是「新疆陸軍初級軍官學校」，初建於金樹仁執政時期的一九二九年十月。第一期招生一〇八人。盛世才教的就是這批學生。盛世才在國內及日本受過高等軍事教育，在東北打過仗，剿過匪，又參加了北伐戰爭，且兼有政治、經濟、社會科學等方面的豐富知識，在新疆屬鳳毛麟角的傑出人才。一到軍校，就受到學生追捧。

「軍官學校中所有課程，原以戰術一項最易使人感覺興趣而發人猛省，若教授者平日對此項課程學有心得，且得有教授方法，最能博得學生之信心。盛氏畢業於日本陸大，對於此項課程研之有素，自感勝任裕如，又以日本之教授方法傳授，容易使學生之興趣增高。盛又以社會科學及時事研究，引誘學生以政治興趣，一般學生咸認盛氏非僅係一軍事家，且係一位政治家，不僅寄予學術之希望，且咸寄以事業之希望。盛亦於直接間接，暗示將來願大家團結，精神一致，共謀發展。」[1]

一九三一年五月，馬仲英率部入侵哈密一帶，金樹仁感到軍事嚴重，遂宣佈畢業。九十一名學生全部發配到東疆參戰部隊中擔任見習軍官。二期又招一五〇人，於一九三一年十月開學，接受盛世才等軍事教官的訓練。後來盛世才出任東疆剿匪總指揮，學生和教官又結合在一起，成為盛世才掌握軍隊的嫡系力量。[2]

這批學生雖為數不多，卻是新疆首批受過近代正規軍事教育的人才，亦是盛世才發跡新疆之譜牒。現代軍隊以軍校為靈魂，軍校既是政治思想發源地，亦是軍事幹部來源地，誰控制了軍校，誰就能控制軍隊；誰控制了軍隊，誰就能掌控政權。

不久，新疆戰事頻頻爆發，省軍在圍剿中節節失利，吐魯番被叛軍佔領，首府迪化被圍。無奈之下，金樹仁將部分兵權交予盛世才。盛世才即啟用陸軍軍官學校學生為中下級軍官，率隊出征，連連告捷，被民眾視為常勝

1 同上注第三一六八－三一六九頁。
2 朱春圃：新疆軍校沿革，《烏魯木齊文史資料》第八輯，一九八四年十月，第一〇五－一〇六頁。

將軍。由此奠定民意基礎。

在與東北軍將領爭奪軍隊控制權中，其軍校學生曾發揮了關鍵作用。盛世才論功行賞，將軍校學生以營長生團長，連長升營長，排長升連長，將部隊納入麾下。

由此觀之，陸軍軍官學校的學生正是盛世才崛起軍中的骨幹，亦是他打勝仗的誓死效命者，更是他趕走金樹仁，問鼎督辦之位的支持力量。

盛世才出任新疆臨時督辦後，即著手重建新疆軍校，重建新疆軍校，定名為「新疆陸軍軍官學校」，去掉了「初級」二字。並以東北義勇軍軍官為主，成立軍官教導團，作為軍校師資來源。六月開始招生，經過考試、體檢，選拔二一五名學生入學，其中步科七十六人，騎兵科七十人，炮科六十九人，不僅規模顯著擴大，軍事亦分科培訓。

盛世才自任校長，其下設教育長，主持軍校日常工作。教育長下設有總隊長，總隊長下有步、騎、炮三個大隊長。教育長、顧問和總隊長都是少將，大隊長和各大隊教官都是上校，均為東北義勇軍軍官。東北軍軍官趙劍鋒曾任教育長一年有餘，一九三六年即由盛世才連襟汪鴻藻接任。[1]

盛世才很重視軍校學生的政治素質培育，以「艱苦耐勞，親愛精誠」八字為校訓。從第四期開始，每當學生在開學典禮和畢業典禮上，都須誦讀以下誓詞：

忠實擁護政府，服從長官命令。
奪取軍事技術，達成軍人使命。
研究社會科學，武裝自己頭腦。
確立艱苦耐勞，練成反帝新軍。
遵守親愛精誠，團結一致救國。
執行六大政策，鞏固抗日後方。

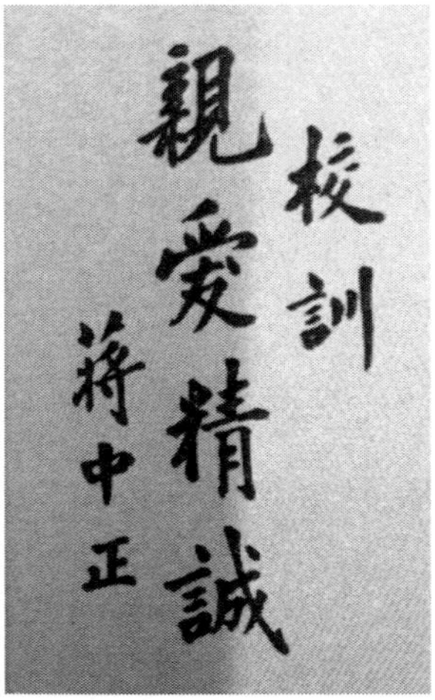

蔣介石手書之新疆陸軍軍官學校校訓之一

1 朱春圃：新疆軍校沿革，《烏魯木齊文史資料》第八輯，一九八四年十月，第一〇七頁。

爭取抗戰勝利，完成三大任務。
如有違背誓言，願受嚴厲制裁。

軍校的政治課程有：《新經濟學大綱》、《政治經濟學》、《社會科學》、《新哲學講義》、《六大政策教程》、《政府目前主要任務》以及《新疆民眾反帝聯合會章程》等，都是聘請有一定理論水準和具有進步愛國思想的人員，擔任講師。俞秀松、杜重遠都到軍校講過政治課。[1]

至一九三五年冬季，軍校學員已達六百－七百人，大多為原東北軍中的青年軍官和從東北來新的青年人，文化程度多為初中畢業。一九三七年春，馬虎山、麻木提在南疆作亂，盛世才緊急召集軍校第三期學生訓示：「南疆軍事吃緊，經過省府幾次會議討論決定調派你們到南疆剿匪，希望你們奮勇作戰，為保障新疆永久為中國領土努力奮鬥！」當場任命軍校教育長汪鴻藻為支隊長，將三期各科學生和軍士教導隊的全體學兵，改編為「遊擊第五支隊」，三天後即開赴南疆。經過庫車、沙雅、輪台、拜城、托克蘇等五縣和庫車飛機場的戰役，很快取得了決定性勝利。是年底，凱旋歸迪。

一九三八年，在第三次全疆各族人民代表大會上，向立功官兵頒發金質和銀質獎章，還附帶給年老退伍者發了獎勵金，最多的一千五百元，最少的一千元。[2]

值得一提的是，「自一九三四年起，學校秉承盛世才的旨意，由市上收容了一批年齡十二－十六歲的各族孤兒和生活貧困超齡失學兒童，約百人左右，編為學生隊。他們以學文化為主，兼學一些簡單的軍事動作。學生的一切費用全由校方免費供應，每月還發三元零用錢。因而引起社會上人們的羨慕，每年總有一些無人撫養的孩子，或者家境貧困的孩子請求入學。學生們經過三四年的學習，一般可達到初中或接近初中水準。每年軍校招生時，優先從學生隊中選考一批，成為正式學員。」[3]

無疑，此項善舉，不僅有利於贏取社會民心，顯示今朝與前朝性質不同，而且這些孤苦伶仃的孩子，會視盛

1 朱春圃：新疆軍校沿革，《烏魯木齊文史資料》第八輯，一九八四年十月，第一〇八－一一二頁。
2 朱春圃：新疆軍校沿革，《烏魯木齊文史資料》第八輯，一九八四年十月，第一一一頁。
3 同一注一〇九頁。

世才為再生父母，執勤時會效忠，戰場上會用命。

「從一九二九年金樹仁開辦軍校，直到一九四四年為止，新疆軍官學校先後招生八期，培養出來的學生達一九九二人之多。」[1]

盛世才在軍隊中大力提拔軍校學生。畢業生李國卿、范傳文、劉健、蔣德裕等都擔任了團級或師級職務。原先盛世才任戰術教官時培養的學生馬德山、梁啟文等跟隨盛世才東征西討，立下汗馬功勞。大隊長中有些人後來擔任了行政區警備司令等職務，有些畢業生後來擔任了都署八大處處長，擔任中下級軍官者更多。[2]是謂盛世才在軍中的業緣。

「東北火鍋」店

湖南出生的宋希濂是黃埔軍校一期的學生，稱蔣介石為校長，因作戰英勇、忠心無二，一直為蔣介石所倚重。他晚年反思說：「蔣介石的用人標準第一是親戚，第二是同鄉，第三是學生。而他真正給以軍權的主要還是親戚和同鄉。」[3]

也許，正因為蔣介石用人觀的狹窄，共產黨、國內民主人士、西方輿論方稱國民黨統治的中華民國為「蔣家王朝」，這與其高舉的天下為公的大旗多少有些相左。國民黨所以敗亡大陸，假公濟私，裙帶關係盛行，人才缺乏，是主要原因之一。

其實，以血緣、地緣、業緣三緣為主的政治網絡，是封建社會的餘孽，亦是中國近代軍政首腦組織路線的通病。北洋政府如此，南京政府如此，東北軍閥張作霖如此，新疆軍閥盛世才亦難越窠臼。

先說血緣。中國封建宗法社會歷史悠久，血緣關係是人際間最親密的一種關係。中國農村的通婚圈大多不超過二十公里，親戚套親戚較為普遍。所謂「打虎還須親兄弟，上陣莫過父子兵」，即是最直接的詮釋。

1 同上注第一一五頁。
2 趙廷《趙劍鋒新疆見聞錄》，江蘇人民出版社，二〇一三年六月，第四三—四四頁。
3 宋希濂《鷹犬將軍—宋希濂自述》，中國文史出版社。

次說地緣。生產力低下的農業社會，將人們牢牢束縛在土地上。由此形成了年輕人故土難離，老年者葉落歸根的地緣文化。長期生活在共同環境下，操相近的方言，風俗習慣相同，彼此間知己知彼，有一種熟悉感、親切感，這種地緣文化關係，構成社會關係的第二圈。

再說業緣。業緣是在人們的社會活動中形成的各種關係的總和，如師生、同學、同事、結拜兄弟較廣泛的社會關係。

大體而言，血緣關係最親，但數量少，地域窄；地緣關係次之；業緣關係範圍最闊，人數較多，地域亦廣。因此，要想幹一番大事，關鍵還在業緣關係。宰相肚裡能撐船，賢不分親疏，地不分南北，人不分貴賤，跳出三緣，方能構築政治大格局。

民國軍政領袖中盛行家族主義、地域主義、任人唯親，具有濃厚的封建性、宗派性、排他性和落後性。所以往往成也三緣，敗也三緣。要把握三緣之間的平衡，就需要玩權術。張作霖胸無點墨，但卻是權術高手，他成名後，也學識字，練習書法，聽師爺講古書、古訓，修煉內功。他送部下的手跡「智深須有忍，將勇貴能謀」，就是他深諳權術的寫照。

「盛世才最崇拜袁世凱的權謀，說輕信仁義道德才是傻瓜，送禮行賄是今日進取第一上策。」[1]長期追隨袁世凱的唐在禮評價說：「袁世凱這人有極大的統治欲望，同時喜歡運用權術，又極考究選擇手段，而且過去的確嘗著不少甜頭。因此，當他為了達到自己的要求和目的的時候，就會斷然下手，實際不知不覺玩弄手段到了不擇手段的境界，他這種做法持之既久，與他接近的人就不免人人自危，只好看在金錢、勢力的面上去侍奉他，實則對他的感情越來越淡，對他的厲害越來越怕。在這樣的環境中，後來他自然就走上一條一意孤行的絕路，直至身死名裂為止。」[2]袁世凱可作觀察盛世才的一面史鏡。

一九三五年，盛世才的父母、三弟、叔伯等多人，與盛世才的岳丈邱宗浚及妻妾、汪鴻藻夫婦、兒女，還有郎道衡的妻子等，結伴西行，一起乘新綏公司的汽車，從歸綏市（今呼和浩特）啟程，來到迪化。

---

1 趙廷《趙劍鋒新疆見聞錄》，江蘇人民出版社，二〇一三年六月，第一五二頁。

2 張繼學《張作霖幕府與幕僚》，浙江文藝出版社，二〇一一年一月，第七頁。

這批盛家兄弟、邱家親戚，一到新疆，均被掌握生殺大權的盛督辦委以要職：

【姻親】

岳父：邱宗浚，伊犁屯墾史，民政廳長；

內弟：邱毓熊，都署政訓少將處長；

連襟：汪鴻藻，都署中將參謀長，陸軍軍官學校教育長；

連襟：柳正欣，一二八師中將師長；

連襟：張希良，曾任師長；

表親：湯執權，暫編第三師少將師長；

表親：龔丕烈，喀什行政長；

表親：丁維芬，和田行政長；

邱宗浚義子：李溥霖，吉林自衛軍旅長，新疆建設廳廳長，審判委員會委員長，國民政府行政院參事，後去臺灣，客死巴西。

【血親】

二弟：都署特務團團長；

三弟：都署少將副官長，汽車局局長；

四弟：盛世騏，機械化旅旅長；

五弟：盛世驥，軍校政訓處少將處長，第一師範校長；

妹夫：彭吉元，財政廳長，農林部次長；

妹夫弟：阿山金礦局長，阿山行政長；

族弟：盛世華，迪化第一中學代理校長；

族弟：盛世傑，第一師範訓導主任；

族叔：盛玉屏，財政監察委員會副委員長；
屯親：盛寶廉，警務處副處長；
屯親：盧相生，公務員消費合作社副經理；
妻子：邱毓芳：婦女委員會委員長，迪化女子中學校長[1]。

以上有名有姓、身居顯位者，邱家九位，盛家十二位，共二十一位。問題的癥結在於，盛、邱家族成員都是在盛世才發跡後首赴新疆，人地生疏，寸功未立，有何德、何能居於高位？又經何程序一步邁入公務員系列？

一九二九年前後，盛世才憑藉日本陸大畢業、參加北伐戰爭之功，欲謀取少將軍銜，尚未如願。而他的這些兄弟連襟同鄉門，未經一陣，毫無戰功，卻能憑裙帶關係輕易獲得中將、少將、上校軍銜。一人得道，雞犬升天。獎罰不明、不公，行政之弊。

金樹仁時期，新疆軍人的收入是不高的，而且不時欠薪不發。據金樹仁說：「連長每月發省票二百兩，營長四百兩，旅長二千兩，師長三千兩，還有公費，但因紙幣跌價，加過好幾回了。」[2]

一九三四年末，盛世才整軍後制定了各級軍政人員的月薪標準：上將四萬兩，中將二萬兩，少將一萬兩，上校五千兩，中校二五〇〇兩，少校一二五〇兩，上尉六二五兩，軍階低一級，薪資減一半，依次類推。[3]按同等物價水準，盛世才分別將上尉、少校的薪資提高了三倍，少將薪資提高五倍，中將薪資提高了近七倍。軍人也是人，要養活一家老小，在一定意義上說，薪資即是軍心。

身居高位，自然享有高收入。盛、邱家族成員職務至少都在上校以上，他們的薪資來自哪裡？只能出在老百姓身上，或向蘇聯借債，更有甚者，還可憑藉絕對權力，敲詐勒索，甚至謀財害命。

曾任中央社駐新記者、新疆日報社副社長的李帆群，揭露了盛世才假公濟私的虛偽性。「盛世才實行『六大

1 趙廷《趙劍鋒新疆見聞錄》，江蘇人民出版社，二〇一三年六月，第一四五－一四七頁。
2 《金樹仁在江寧地方法院的供詞》蘭州文史資料選輯，蘭州大學出版社，二〇〇四年一月，，第八二頁。
3 趙廷《趙劍鋒新疆見聞錄》，江蘇人民出版社，二〇一三年六月，第四二－四三頁。

政策』。標榜『清廉』，凡貪汙五十元新幣的就處以死刑，因而新疆公教人員貪汙枉法的的確很少。可是盛世才家族及其『皇親國戚』卻不受『清廉』的限制，可以任意搜刮。邱宗浚做過『新疆逆產委員會』的負責人，在新疆的十多年，關押的地方民族資本家、大地主、大商人的財產，大部分都由『逆產委員會』沒收。盛世才的父親（不知其名）在新疆沒有正式職務，一直住在占地百餘畝的南花園裡。這個花園是維吾爾族大商人胡賽因的財產，裡面有花園和精緻的洋房。」[1]

盛世才亦心知肚明，單憑血緣關係治不好新疆，便從流落內地的東北同鄉中招賢納士，先發放交通費，並許以官職。

「他認為這些人比較可靠。大家認為到新疆後不但有官做，且有到蘇聯鍍金的機會，乃同意去新疆。經盛世才批准，領了路費即分兩路進疆。」

「這些人原是盛世才的鄉黨。一九二五年前後，開原縣留日學生有十多人。盛因郭失敗被殺，故敵視張，在日本為反對張學良的御用組織——遼寧省留日學生同澤俱樂部，盛組織了開原留日學生同鄉會，被推為會長。一因盛世才有眷屬（邱毓芳的日本女子大學學習），在日本租了一處闊綽房子，做飯、開會都方便，又因盛世才開口馬克思，閉口恩格斯，正和大家求進步的願望相合，所以那時星期日常到他家聚會，以會的名義，油印過小冊子，揭露同澤俱樂部每月給電車票若干拉夫入其組織的醜惡手法，來瓦解同澤俱樂部。」[2]

「我們於一九三四年六月前後到達烏魯木齊。共有徐伯達、王乃中、程東白、康明遠、王延齡、郭喜良、郎道衡、宋念慈、何耿光、崔果政十人。」盛世才引進的這十位同學、同鄉，被新疆人稱為十大博士，名噪一時。他們在新省政府中擔任各種要職：

新設立政治監察總管理局，王延齡任政治科長；程東白任國際科長，後調迪化地方法院院長；郎道衡任民事科長，後調省立師範學校校長；並分別任命徐伯達新疆省銀行行長、郭喜良任督署運輸處處長、王

1 文思主編《我所知道的盛世才》，中國文史出版社，二〇〇三年一月，第二一二—二一三頁。

2 郎道衡：我所知道的新疆王，《新疆文史資料選輯》第二期，一九七九年八月，第二頁。

乃中任迪化市政籌備處處長、康明遠任新設交通處處長、宋念慈任新設政訓處處長、何耿光任俄文法專（後改為新疆學院）校長兼反帝會秘書長，崔果政為中學校長。

地緣＋業緣，是盛世才統禦術的第二層網路。

李帆群曾用其帶有主觀色彩的妙筆，為盛氏「皇親國戚」畫了一幅素描。

「盛世才的政權主要控制在他的家族與『皇親國戚』手裡。新疆邊防督辦的秘書長邱宗浚是盛世才的岳父。他是一個陰狠而詭計多端的老頭子，是盛的智囊首腦，擔任過伊犁屯墾史，後來雙腿癱瘓不能行走。新疆民政廳長李溥霖是邱宗浚的乾兒子，也是盛世才的親信，還兼任專門處理所謂『陰謀暴動案』的新疆審判委員會的委員長，歷次的陰謀暴動案他多半都親自參與製造與審訊，是一個十分奸詐狠毒的人物，其罪惡之深甚至超過李英奇（盛世才的儈子手）。新疆邊防督辦公署參謀長汪鴻藻是盛世才的連襟，其妻邱毓英是邱毓芳之姊。汪鴻藻在盛的歷次重大政治事件中多擔任出面奔走的角色，有時也作為盛的私人代表。盛世才的妻弟邱毓熊是許多冤案的直接製造者與參與者。他在蘇聯留過學，懂俄文，做過駐蘇聯齋桑的領事，年輕瀟灑，精明活躍，是盛世才政權中交際最廣而善於談吐的人物，經常自己開著汽車四處奔跑。他的職務雖然是新疆軍校的政治部主任，實際上卻是盛世才與外界聯繫的『外交官』。新疆財政廳長彭吉元是盛世才的姐夫，肥頭大臉，體態臃腫。他在盛世才面前的地位很像孔祥熙之於蔣介石。他對盛世才唯唯聽命，絕對服從，對於盛交付的命令都是不折不扣地執行。盛世才的二弟盛世英，是新疆公路局局長，在政治上作用不大。而五弟盛世驥卻是盛世才的一個主要幫兇，這是一個帶有幾分流氓氣息的人物，不學無術而又自作聰明，在新疆政治舞臺上是一名像京戲中畫著白鼻子的角色。」[1]

李帆群的貶抑過於情緒化了，也許，這位坐過共產黨監獄的新疆省黨部書記長，是為了洗刷自己，保護自己。但其所言有據，事實不虛。

依靠陸軍軍官學校的門生，盛世才組建了盛家軍，以此為依託，又開設盛家屯、邱家店，由此形成以血緣＋地緣＋業緣三位一體的封建色彩濃厚的政權。

---

[1] 文思主編《我所知道的盛世才》，中國文史出版社，二〇〇三年一月，第二一一—二一二頁。

軍隊統一是新疆統一的前提。這項普世原則，適用於楊增新、金樹仁，同樣適用於適用盛世才。盛世才為達此目的，使用政治、特務、暴力、經濟甚至流氓手段，最終掌控了以東北軍人為主體的新疆省軍。新疆軍隊的統一，既是新疆政治統一和穩定的前提，亦是盛世才持續統治新疆近十二年的基礎。

第四章

馬仲英：二雄爭霸

今天的史學家認為，早在一九三〇年，馬福祥引薦馬仲英給蔣介石，實際上是在為南京政府統一新疆而揀選人物。特別是到了「九一八事變」之後，南京國民政府也認識到了西北的重要性，開發西北的呼聲日益高漲，因此，南京政府急於加強對新疆的控制。蔣介石為了和當時新疆的實際統治者盛世才進行新疆控制權鬥爭，而馬仲英正是其與馬福祥在有意無意之間放入新疆的一枚棋子。

——王正儒

一九三〇年代初，馬仲英二次進疆，是新疆民國史上不能回避的大事件。無論從邏輯順序，還是因果關係分析，馬仲英都是改變新疆歷史進程之人物。因為，若沒有馬仲英氣勢如虹的進犯哈密，圍困迪化，金樹仁難釋兵權於盛世才，盛世才鮮有展示才華、積蓄聲望的機會。繼而，正是有了盛馬之間你死我活的爭鬥，才給了南京國民政府攫取新疆控制權的契機，黃慕松赴疆宣慰、羅文榦調停，均以化解盛馬紛爭為藉口。可惜事與願違，不但馬仲英在戰場上敗得一塌糊塗，而且黃慕松、羅文榦在政治上也鎩羽而歸。其內因原委為何？

馬仲英造反

關於馬仲英的記載，大體上有兩類文獻：一是當事人回憶，具體而生動，屬管窺之見；二是學界研究，死板而謹慎，程式化較濃。二者可交相應用，以取長補短。

騎白馬的馬仲英將軍

馬仲英（約一九一二年－約一九三七年），甘肅臨夏人，回族軍閥。以其生卒年份擴展聯想，他生於民國元年，死於中國全面抗戰之年，均屬重要歷史節點。馬仲英雖僅有短短二十五歲的生命，但其在西北民國史上，既寫下了濃墨重彩的一筆，同時亦留下諸多疑惑，待後人解析。

馬仲英之父馬寶，雖為西北軍閥中下級軍官，但是青海省主席馬麒的堂兄弟，家世顯赫。因此，馬仲英與馬麒之子馬步芳、馬步青二雄，亦以叔伯兄弟相稱。

一九二八年春，馮玉祥[1]的勢力滲入西北，國民軍在甘肅河州開鬧問斬，消除馬家勢力，馬麒手下的營長馬寶身首異處。其時，馬仲英年僅十六歲，正就讀於青海陸軍軍校。聞父死訊後，馬仲英與身邊好友揭竿而起，反抗馮玉祥，偷襲一國民軍運輸隊，繳獲大批武器，組建起自己的武裝。

「馬仲英起事之初，並非有很遠大的理想，激怒他的是，國民軍對甘肅回軍的鎮壓，對家鄉百姓的橫徵暴斂，以及殺父之仇。他提出『官逼民反』和不殺回，不殺漢，只殺國民軍的辦事員的口號。自號『黑虎吸馮軍』，自稱司令，因年少，人稱『尕司令』。」[2]

「馬部亦沒有明確的政治方向，所有發號施令，悉取決於左右的幾個阿訇。正因為政治方向不明，軍隊被宗教勢力利用，接連發生了湟源、民勤等地屠城的慘禍，激化了民族矛盾，造成極壞影響。馬仲英在進攻寧夏失

1 馮玉祥（一八八二年十一月六日－一九四八年九月一日），譜名基善，表字煥章。原籍安徽省巢縣（今巢湖市）夏閣鎮竹柯村，生於直隸保定府（今河北省保定市）。中華民國北京政府陸軍上將，國民革命軍陸軍一級上將軍銜，亦是蔣介石的結拜兄弟。抗日戰爭爆發後，任第三、第六戰區司令長官、第三戰區督導長官、國防最高委員會委員、軍政部部長、軍政部陸海空軍撫恤委員會委員長等職。一九四八年七月應中共中央邀請，參加中國人民政治協商會議籌備工作。在蘇聯駐美大使潘友新的幫助下，八月從紐約乘蘇聯客輪「勝利」號啟程回國，九月一日該輪在黑海在向奧德薩港（今屬烏克蘭）行進途中因輪船失火，於一九四八年九月一日與女兒馮曉達一起遇難，享年六十六歲。

2 王希隆：馬仲英赴蘇及其下落，《民國時期的新疆學術研討會論文集》，二〇一三年九月，第一〇三頁。

利、退往綏遠途中，部屬嘩變，遂成光杆司令。」[1]

一九二九年，馬仲英兩次與著名將領吉鴻昌[2]作戰之後，殘兵被馬鴻逵[3]收編，馬仲英獨身去了北平，由馬福祥[4]引薦給如日中天的蔣介石。晉謁蔣介石後，蔣推薦他去中央軍校學習。此間他還加入了中國社會主義青年團，並以作戰參謀的身分參加了中原大戰。

「今天的史學家認為，早在一九三〇年，馬福祥引薦馬仲英給蔣介石，實際上是在為南京政府統一新疆而揀選人物。特別是到了「九一八事變」之後，南京國民政府也認識到了西北的重要性，開發西北的呼聲日益高漲，因此，南京政府急於加強對新疆的控制。蔣介石為了和當時新疆的實際統治者盛世才進行新疆控制權鬥爭，而馬仲英正是其與馬福祥在有意無意之間放入新疆的一枚棋子。」[5]

觀其前半生，馬仲英是一個野心很大，但政治方向不明，面對強敵毫不畏懼、愈挫愈勇的鬥牛士。

「尕司令」犯疆

馬仲英所以與新疆發生關係，有一個引薦人即哈密的堯樂博士[6]。話說一九三一年，馬仲英兵敗甘青，逃往

---

1 同上注同頁。

2 吉鴻昌（一八九五—一九三四），字世五，河南省扶溝人。一九一三年入馮玉祥部，從士兵遞升至軍長，驍勇善戰。一九三二年加入中國共產黨，一九三四年參與組織中國人民反法西斯大同盟，被推為主任委員。十一月九日，在天津法租界遭軍統特務暗殺受傷，遭工部局逮捕。十一月二十四日，經蔣介石下令，吉鴻昌被殺害於北平陸軍監獄，時年三十九歲。

3 馬鴻賓（一八八四—一九六〇），回族政治家。字子寅。甘肅河州人，馬福祥的侄子。曾擔任寧夏新軍司令。一九三〇年後，歷任甘涼肅邊防司令、甘肅省主席。曾與日寇大戰於綏遠西部。一九四六年任西北行政長官公署副長官。一九四九年，率部在寧夏中衛起義。歷任寧夏省副主席、甘肅省第一副省長、西北軍政委員會副主席、國防委員會委員等職。

4 馬福祥（一八七六—一九三二），回族軍事家、政治家。字雲亭。甘肅河州人。清光緒二十六年（一九〇〇），奉調入京，抗擊八國聯軍，後因護衛慈禧太后到西安，升任提督。辛亥革命後，歷任寧夏護軍使、綏遠都統。國民時歷任國民政府委員、青島市市長、安徽省省長、蒙藏委員會委員長。撰有《蒙疆紀要》、《朔方道志》等。一九三二年病逝，享年五十七歲。

5 王正儒《馬福祥》，人民出版社，二〇一二年七月第二八七頁。

6 堯樂博士（一八八九—一九七一），哈密地方軍閥。漢名景福，維吾爾人。曾任哈密王府衛隊長。在一九三一年哈密衣民起義中竊取首領地位。一九三六年被盛世才驅逐，投靠青海軍閥馬步芳。任國民政府顧問、軍事委員會參議。一九四四年十月出任哈密

與新疆接壤的窮鄉僻壤安西地區，休養生息。是時，金樹仁在哈密強行推動改土歸流政策，引發民變，省軍派勁旅圍剿。哈密王府首領堯樂博士東行借兵，邀馬仲英西行復仇，馬仲英部正窮困難支，二人一拍即合。三十七年後，堯樂博士在回憶錄中，細述他們第一次見面及對馬的印象。

「民國二十年六月初，我才走到河西第一大城——肅州，當地駐軍是騎兵第三六師，師長是大名鼎鼎的馬仲英。」

堯樂博士先簡捷交代馬仲英發跡、蔣介石染指西北概況。「二十年春，今總統蔣公以（因堯樂博士後去了臺灣，其對蔣介石的稱呼和觀點無不帶有國民黨的色彩）革命軍總司令身分，視察東北、華北各地，當時蔣公抵達綏遠，駐綏西屯墾史兼警備司令王靖國，乃將馬仲英進擾綏西一事首先呈報。蔣公一面矚令王靖國查報馬仲英成軍經過，一面直接下令馬仲英，定期召見。屆時馬仲英果然遵令來謁使西北人士大出意外，於是蔣公正式發佈馬仲英為騎兵第三六師師長，指定甘肅酒泉為其防區。溯自馬仲英一怒離家，由十六、十四歲的兩兄弟招兵買馬，建立『回教青年軍』，他曾縱橫甘青寧綏四省，到處引起動盪不安，迭經四省大軍組織聯軍圍堵追剿，並不曾傷損他的一根毫毛，雖汁蔣公一紙電令，馬仲英便單騎晉謁，俯首聽命，由蔣公一語，而解四省之難。他恰在民國二十年五月抵達酒泉，正是小堡民變發難之期。」

堯樂博士評論說：「酒泉、哈密兩地毗連，馬仲英當然會注意小堡事件。他肯如此用心，倒不是害怕哈密事變影響酒泉，他的著眼點，在於他有否機會插手其間，倘若他能在此一事件中占一席之地，那麼，這就是他向西北新疆發展的原始本錢，說不定他能夤緣（攀附向上）達成他當年的豪語，做一個全國版圖最大的新疆省主席。基於此，他用心良苦，派出大批哨探，深入哈密境內。」[1]

堯樂博士與馬仲英第一次見面，是堯樂博士應邀赴宴。「馬仲英這個人目光如電，精神抖擻，一臉孔的精明強幹，是有點兒卓犖不凡的氣概。方進門，一眼瞥見長餐桌兩旁，坐滿了戎服輝煌、正襟危坐的高級軍官，看見馬仲英和我，一致起立，舉手行禮。我有幸見到了馬仲傑、馬赫英、馬福元、馬全明、馬世祿等回軍名將，反正

地區專員兼保安司令。曾參加新疆和平起義。一九五一年潛逃臺灣，死於臺灣。

[1] 張大軍《新疆風暴七十年》，臺灣蘭溪出版社，一九八一年，第二七五一頁。

都是姓馬的，三六師之稱為馬家軍，果然名副其實。」

「一番交談，馬仲英提出將率軍開赴新疆，先把維胞組織起來，訓練好了，再與金樹仁對抗。想來想去，我沒有拒絕馬仲英興師援哈的理由，我提醒馬仲英一聲：『假使貴部入新，金樹仁亦求借外援，事情不是更難辦了嗎？』馬仲英回答我時，簡直是氣壯如山——我將以迅雷不及掩耳之勢，三個月內打垮金樹仁，叫他根本就沒有求借外援的時間。」

馬仲英雖氣壯山河，但其兵馬裝備卻不盡人意。「馬仲英遂將殘餘人馬，編為三個縱隊，總計戰鬥兵員不過四百餘人，連同百姓婦女計算，至多不過五百人。槍支除雜槍九十餘枝外，其他裝備一無所有。糧草在安西啟程時，每人僅配炒麵數斤聊備急需，其他可謂一無長物。」

雜槍，瘦馬，兵力不及一團，但馬仲英部作戰之兇猛，則令省軍毛骨悚然。「馬仲英率參謀長吳英琦等眾，窺察省軍陣地，遂決定次日進襲，以二百餘殘槍疲兵，攻擊武裝齊備約二千左右的省軍，人力、火力，懸殊極巨，如可能獲勝實出意外。馬預製紅白旗十數面，於夜半時，身先率眾，持旗插向面對省軍陣地之山崗上，親督騎兵衝向省軍陣地，步兵徒手，鼓噪助威，號聲起處，官兵同時催馬飛衝……將至全軍敗北時，馬知此為存亡關頭，勝敗在此一舉，遂身先士卒，力攖其威，並諭官兵，如有畏縮不前者就地論死，馬之射術素著，省軍張團長旋中彈負傷，機槍稍憩，即為馬之隨從白福貴（年方十三歲），赤手奪來，此時，馬之步騎兵蜂擁而上，省軍鬥志已泄，遂舉白旗投降馬軍。半日之時，馬以二百殘兵，俘虜省軍千人，繳獲槍枝馬匹糧草，不可勝計。起初，亂民見馬部人疲馬瘦，凋亂不堪，僅送羊數隻，後即任何物品概不供給，假此戰不利，亂民準備消滅馬部並徼其武器。西窯泉一戰，馬部既以長矛換成鋼槍，將省軍去其老弱，重新編制，開赴鎮西城。」[2]

馬仲英進疆作戰之勇敢頑強，由此可見一斑。在與省軍作戰中，馬仲英瞭解了省軍的弱點，人雖眾，械亦良，但意志薄弱，軍紀渙散，戰鬥力不佳，非其對手。但他忽視了一個人，此人正被金樹仁閒置冷凍，為對付馬仲英，他將虎嘯東疆。這個人就是馬仲英的剋星——盛世才。

[2] 張大軍《新疆風暴七十年》第二七六一—二七六二頁。

斯文・赫定採訪筆錄

盛、馬爭霸新疆時，斯文・赫定作為南京中央政府西北交通考察團的領隊之一，正在為改善新疆與內地的交通作野外實勘。他有幸成為盛馬大戰的親歷者、旁觀者、記錄者。

斯文・赫定是以探險家而聞名中外的。其實，赫定不單單是一個探險家，亦是一個歷史的記錄者、文化的維護者和現實的建設者。他教會新疆人乃至中國人許多寶貴的東西。諸如，什麼是探險和探險精神？什麼是文物？文物有何價值，歷史有何價值？他揭秘了古樓蘭的祕密，他的羅布泊飄移說，迄今仍是我們研究新疆生態保護的珍貴資料。我們甚至可以從他的經歷中（一八九〇－一九三五年長達四十五年，幾乎經歷了建省到抗戰前夕所有年份），不僅可以看到外國列強侵佔新疆的行徑，可以看到馬仲英的驍勇善戰，體察新疆統治者盛世才的為人處事，感受蘇聯紅軍在新疆的影響力。斯文・赫定便是那時新疆歷史的一部分。

正如斯文・赫定寫過蔣介石傳一樣，他也寫過馬仲英（書名為《大馬逃亡記》）。這是同時代人記述馬仲英較詳細的一本書。遺憾的是，斯文・赫定本人並沒有見到馬仲英，不然他的書會更精彩。

也有文獻記載說，一九三四年，曾發現樓蘭古城的瑞典探險家斯文・赫定最後一次中國探險，在哈密城外的戈壁灘上，遇到逃亡中的馬仲英。馬仲英說：「我到南疆去招五十萬兵，兩年內征服全中國，然後再花三年時間征服蘇聯，最後，把我們的邊界推到土耳其，我要建立一個大伊斯蘭國家。」赫定為馬仲英的年輕和傳奇所激動，回國後寫下《大馬的逃亡》（英文：Big Horse's Flight. The Trail of War in Central Asia.）一書，並為馬仲英留下一生中僅存的兩張照片。

而斯文・赫定在他的《大馬逃亡記》中肯定地說：「我本人從未見過馬仲英將軍。但是，我們的兩名技工蘇德布和希爾卻被迫和馬發生了密切的接觸。比爾格爾・博林一九三二年在肅州見過他。他說他長得相當漂亮，瘦高個子，儀錶堂堂，聰明、幹練、敏銳，性格爽朗和幽默。但還說，他給人一種不拘小節和不懂禮貌的印象。他吃喝適度，博林款待他的時候，他只吃了一些乾麵包和果脯，恐意外地吃到豬油。因為他嚴格地恪守著伊斯蘭教的戒律。」[1]

「他個人的膽識異乎尋常。他無所畏懼，似乎沒有什麼能夠難倒他的軍事任務。每當攻打一個城市，他一般總是那第一個出現在城牆上的人。但是，他也極其殘忍，對拒不投降的城市，他會把全體居民斬盡殺絕，絕不手軟。

「在古城子陣亡的他的弟弟（馬仲傑，排行老二，人稱『二司令』）既有風趣，又有教養。他和一般士兵一樣，隨身帶著一支來福槍，並且常和他的戰士一起踢足球。他對待部屬非常嚴厲。他能夠在集合好的隊伍面前，用他自己的那支來福槍，槍斃那些犯了過失或是虐待了老百姓的士兵。」[2]

鑒於馬仲英部驍勇善戰，新疆省政府臨時主席劉文龍、臨時邊防督辦盛世才亦試圖與馬仲英談判，底線是南北疆分治，省政府管轄北疆，南疆交由馬仲英治理。與斯文・赫定間接採訪馬仲英相比，吳藹宸作為新疆省政府的談判代表，確確實實見到了馬仲英。他後來著文寫道：

> 既抵司令部，通報後，惟迎面忽來衛隊數人搜檢同人身上，同人則高舉兩手，任其檢查完畢，然後延入馬師長辦公室。余先行，同人則魚貫而入，時馬方由長形沙發起迎，第一句話便是：「哪一位是吳先生？」余應曰：「就是我。」於是請大家就長公事桌坐下。馬態度溫和，面目挺秀，自稱革命青年、聲震西北之馬仲英年齡二十三歲也。經同人投函說明來意，馬親自批閱，約明日再細談。

這是吳藹宸見到馬仲英的第一印象：禮貌、溫和、挺秀、年輕、識文斷字。

次日，「晚八時馬仲英約往談話，馬頗健談，語多弦外之音，目光全注在余身上。余也只得挺身與之周旋……談話曆三四小時，至夜分始行辭出，同人皆覺疲倦不堪，屢打欠身，而此革命青年之馬仲英，精神猶複健旺，毫無倦容也！」[3]

1 〔瑞典〕斯文・赫定《馬仲英逃亡記》，寧夏人民出版社，一九八七年二月，第一八－一九頁。
2 同一注第十九－二十頁。
3 吳藹宸：盛世才與馬仲英和談親歷記《新疆文史資料》五輯，新疆人民出版社，一九八〇年四月，第一五六－一六六頁。

第二次談話的印象是：口齒伶俐，思細敏捷，精力健旺。除談判外，馬仲英還組織閱兵，舉行餞行宴會，「自有其一番用意」。第三印象是：威望高，身邊謀臣人才濟濟。

盛馬談判失敗的原因是多方面的。就馬仲英方面說，野心太大，過於自信，要價籌碼自然就高。斯文・赫定說，馬的性格另一個突出的特點，是他無止境的野心。他在和他的顧問們的談話中，既然毫不害羞地提出一個和德國、俄國、土耳其聯盟，征服全世界的計畫。當然，在計畫中的那個舞會裡，各大國都得跟著他的笛聲旋轉。

斯文・赫定評論：「如果他有足夠堅強的意志和耐心，等他自己接受了現代戰爭藝術的澈底訓練的話，他憑藉自己的才幹和決心，是會登上統治中國的權力最高峰的。但是，由於他缺少這種自我克制的因素，就連新疆，也沒有能夠吞食下去。他不像左宗棠那樣機敏、聰明。」[1]

不要說比左宗棠，就是與盛世才相比，馬仲英也多所不及。二人共同點：都有野心，勇敢、機敏、心狠手辣，但馬仲英學歷不及，國際視野不及，知識結構不及，由此造成了他世界觀、政治目標和建設方向上的缺陷。他盲目自大，既不瞭解他的政治對手，亦不瞭解自己，一味的憑勇敢、衝衝殺殺，最終難成大事。他想建立一座人類歷史上從未有過的大廈，但由於基礎如沙丘，遂成泡影。畢竟宗教戒律替代不了人生修煉，他的勇敢、堅定、簡單和生活自律，來自他所信奉的宗教，殊不知宗教也在調整和改革之中，以適應現代社會發展的需要。

「在一九三四年元旦，他幾乎在這場比賽中獲勝。如果盛世才沒有向俄國購買飛機、裝甲車、機槍、彈藥和卡車，甚至雇傭那個國家的軍隊的話，他是會取得勝利的。他的可憐的武器庫，根本不能和俄國的裝備相提並論。而俄國的訓練，對於他不倫不類的軍隊來說，也是望塵莫及的。」[2]

這是一個具有國際眼光的探險家、作家、歷史學家，當時對馬仲英所作的觀察與評論。實踐證明，他的結論是對的。也許是資料有限和保密的關係，他忽略了使用俄式裝備並直接與馬仲英交戰的軍隊，這支軍隊的主

1 〔瑞典〕斯文・赫定《馬仲英逃亡記》，寧夏人民出版社，一九八七年二月，第十九頁。
2 〔瑞典〕斯文・赫定《馬仲英逃亡記》，寧夏人民出版社，一九八七年二月，第二十頁。

力，已不再是他所熟悉的楊增新、金樹仁時代的「雙槍兵」，而是身經百戰、轉戰萬里的東北抗日義勇軍。人，軍人，畢竟是決定勝負的主要因素。

在這場絞殺戰中，無論馬仲英勝或負，具有作家情懷的斯文・赫定博士，都認為馬仲英是寫作的好對象。「我曾經對在肅州時很瞭解他的一位德國傳教士莫里茨神父說：『馬如果有時間又有興趣的話，能夠寫出一部多麼浪漫的自傳啊！』『他寫不出自己的自傳的』，神父答道，『因為他如果據實寫的話就要寫出令人髮指的殘暴和獸性的情景，而引起整個人類對他的譴責。』」[1]同樣喜歡殺戮的盛世才後來亦陷此尷尬：寫自傳，真或假？這是個關乎蓋棺定論的大問題。盛世才沒有死在戰場上，亦逃過了史達林的清洗，他倒是有時間從容地寫出自己的自傳，但由於真事隱，假語存，更招致當事人的憤怒和後人的審判。

不需要任何人做任何提示，斯文・赫定已從馬仲英的不義與殘暴中，看到了宿命，亦看到了死亡。「他像聖經裡約翰福音中所說到的，在第四枚圖章破碎後出現的騎著那匹灰白色馬的人。『我看，並注視著一匹灰白色的馬；騎在它身上的人，名字就叫『死亡』，而地獄就跟在他的後面。他們被授以用劍和飢餓和死亡以及地上的獸類來殺戮世界上四分之一的權力。」

「二月十八日。昨天夜裡的氣溫是零下一度。城裡（吐魯番）充滿著各種謠言。據說，馬仲英將軍準備在達阪城再待上三個星期。他把軍隊分散在山裡以防止飛機轟炸。他很想能和塔城的蘇聯領事館接上頭。人們還認為，他想派凱末爾・卡雅阿凡迪乘坐他在烏魯木齊外面繳獲的兩架飛機中的一架到莫斯科去。但是，凱末爾不喜歡坐飛機，所以這個計畫就落空了。這位凱末爾是從伊斯坦布爾來的一位土耳其軍官。他在甘肅給馬仲英當了幾年的軍事顧問。」[2]由此看來，不僅是盛世才在積極尋求蘇聯的支援，馬仲英及其幕僚，也在千方百計與蘇聯取得聯繫。在一場勢均力敵的較量中，蘇聯支持誰，誰就是勝者。盛、馬在於時間賽跑，但馬仲英的快馬，跑不贏盛世才的飛機。

「我們聽說，馬仲英本人大膽、魯莽，對於死毫不畏懼。他總是置身於炮火連天的前線陣地，並且以蔑視的

---

1 〔瑞典〕斯文・赫定《馬仲英逃亡記》，寧夏人民出版社，一九八七年二月，第二十頁。
2 同一注第六六頁。

態度，把自己暴露在飛機炸彈之下。他的性格複雜而令人迷惑不解。他既有天真、爽直、願意幫助人、富有同情心的一面，也有野蠻、殘忍的一面。有的時候，他把他攻佔的地方的全體居民殺得一個不剩。如果惹惱了他，他會用自己的手槍槍殺一個犯了過失的軍官或士兵。據說，他有一天就這樣地槍殺了一名沒有按時開飯的廚師。他坦率到了輕率的程度，會把自己的計畫告訴任何願意聽的人。但是，除了他自己之外，誰也不知道他真得想幹什麼。」[1]

在對敵鬥爭中，大膽無疑是優點，但魯莽則可能丟到性命。在內部管理中，坦率會得到部下的擁戴，但輕率又會使內部離心離德。馬仲英的性格如同鐘擺，總是在兩極間來回擺動，由於他找不到中心點，他的追隨者們亦難以適從，或聚或散，就會成為一種常態。歷史是公平的，只能給人一次或兩次機會，一旦失去，再不光顧。歷史曾經是給過馬仲英機會的，失之在己，不能怨天。

「現在，他除了庫車以外，已經丟失了一切。但是，他現在依然保持著他的勇氣，他的無法遏制的樂觀主義，他個人的膽識和鋼鐵般的意志。他嘲笑著那些想要抓住他的敵人們所做的拼死努力。他，帶著可以和帖木兒相比擬的自信，登上了那個衙門的大院子的一邊，用旗子裝飾起來的講壇，用毫無顫抖的聲音，發表了一篇演說。這演說聽得那伊犁軍的一千名左右逃兵毛骨悚然。他的四周，被緊緊地擠在一起的、飢餓的、衣服破爛骯髒的人包圍著。埃弗和喬格告訴我，馬仲英講的實在太好了：

歡迎你們，同胞們，朋友們，士兵們！歡迎你們到我的軍隊來！我們要在一起打垮那些依然敢於阻止我們勝利前進的北軍和我們所有的敵人。你們在北軍領導人的手下，除了飢餓、痛苦和奴役之外，什麼也得不到。你們也許聽說過甘肅的尕司令吧？我就是尕司令！把這些地方所有的民族和種族聯合成一個偉大領地的是我。我要在你們的支持和幫助下，為整個人民的幸福和繁榮而工作。我保證給你們自由、康樂，使你們一切都綽綽有餘。我們將在一起，把這個地區組織起來，使它成為一個偉大的、強有力的、富有聲

1 〔瑞典〕斯文·赫定《馬仲英逃亡記》，寧夏人民出版社，一九八七年二月，第六六頁。

威的地方。[1]

馬仲英讀書不多，未受過規範的教育，但他確是天才的演說家，除了勇敢之外，這也是他能當尕司令的過人之處。據說，盛世才見到生人、大人物、大場面時，有些結巴，他沒有馬仲英的自信。但正是成就他的自信亦害了他，他為大大咧咧付出了無數代價。盛世才有時看似怯懦，實際上是一種經過計算的謹慎。凡事預則立，不預則廢，驕者必敗，慎者成功。

「三月十六日，星期五。夜裡依然有霜凍。這次氣溫降到零下二度。庫爾勒市場的一條街道上，懸掛著一塊紅布。這是維吾爾人表示歡迎的標誌。這是這裡的人們的時間和財力，所能建立起來的唯一『牌樓』或『凱旋門』。在門上也掛著同樣的一條紅布。所以，這種致敬的標誌，採用的是血和布爾什維克的顏色。事實上，這亦是漢人表示喜慶的顏色。」[2]維吾爾人為什麼要掛紅布，他們在歡迎誰？斯文・赫定與蘇聯將軍的對話中，似乎在說明民心所向。

「沃爾金將軍說道，到處都在憎惡和咒罵馬將軍。他把新疆變成了一片荒漠。但是，他勇敢而精力充沛，並且什麼也幹得出來。飛機也好，人數眾多的敵人也好，他什麼也不怕。但是，現在新疆開始了一個新的時期，我們要在這裡建立起秩序、和平和安全來。盛世才將軍就要組織政府，把一切都重新整頓好。」[3]切不可忽視蘇聯將軍這段談話中透露出的資訊：一是馬仲英不得人心，受到人民和蘇方的唾棄；二是「我們」要在新疆建立新秩序，不容其他政治勢力；三是選定盛世才為代理人，來完成重建目標。新蘇邊界長達數千里，新疆既是中國的後門，亦是蘇聯的後門，後門安定、安全，蘇聯才能集中力量對德國，中國才能不受干擾的抵抗日本，安定有序的新疆，符合中蘇兩國的國家利益。

馬仲英逃亡南疆後，斯文・赫定開始關注受到蘇聯鼎立扶持的政壇新秀盛世才。他問沃爾：「『您認為盛督辦會怎樣接待我們呢？』『將軍十分殷勤地說：他是一個受過教育的人，他在日本受的軍事教育，他和馬仲英相

1 〔瑞典〕斯文・赫定《馬仲英逃亡記》，寧夏人民出版社，一九八七年二月，第二五四—二五五頁。
2 同一注第一九六頁。
3 〔瑞典〕斯文・赫定《馬仲英逃亡記》，寧夏人民出版社，一九八七年二月，第一九七頁。

反。馬仲英固然是一位勇敢、精力充沛的人，但是為人卻殘忍、兇暴。』」[1]沃爾金認為盛馬二人不一樣，一個受過正規教育，一個沒有，這也是蘇聯政府選擇代理人的基本標準。

斯文・赫定是一位出色的作家，以未親眼見到馬仲英並直接與他交談而抱憾終身遺。但他從不放過任何一個見過馬仲英的人，或任何一個可瞭解馬仲英的機會。他的考察隊的兩位司機喬格與埃弗被馬仲英劫持，他們曾載著馬仲英逃往在南疆的路上，他們之間有親密接觸，也有坦誠的對話。

「如果能夠聽到馬仲英和埃弗在汽車駕駛室裡的談話的話，那簡直是再有趣也沒有的事情了。我們聽到漢人、東幹人和維吾爾人都同樣地說，馬仲英計畫非常宏大。他的野心雖然沒有到和成吉思汗比高低的程度，但是，至少也達到了要和帖木兒不相上下的程度。瘸子帖木兒統治了整個西亞細亞，在他臨死的時候，剛剛開始了對中國永樂皇帝的一次遠征。他的間諜和代理人遍及了整個南疆，並且通過敦煌達到了肅州。他在我們時代的繼承者馬仲英，首先要征服整個新疆和甘肅，然後再把直到黑海和伊朗邊界的整個俄國土耳其斯坦合併到他的王國裡。他自己是個回教徒，而他的目標是把中亞細亞的整個突厥世界置於他的王權之下。他要像德黑蘭的利紮夏是伊朗的國王一樣，成為都蘭（指烏拉阿勒泰語族的人）的蘇丹。」[2]斯文・赫定是著名歷史學家，他不但會使用幾國文字，而且熟知歐洲史、亞洲史，因此他能將馬仲英放在大的歷史背景下，與成吉思汗、帖木兒等偉大的征服者作比較。他的國際眼光是那個時代的中國人所不具備的。

斯文・赫定像一位敬業的記者，向屬下埃弗窮追不捨發問：

「『他是怎樣對待他這位顯赫乘客的。』他簡單而謙虛地回答道：『我一會兒也不讓他平靜下來。我給他唱可笑的中國歌子，他笑得氣都喘不過來了。』

『他是怎樣一個人啊？是一個古板生硬的人呢，還是一個沒有架子，而有風趣的人？』」

「『他是一個非常有魅力的人。我們簡直像兩個同學似的，我們分手的時候，他說他一輩子沒有這麼

1 同上注第二一三頁。
2 〔瑞典〕斯文・赫定《馬仲英逃亡記》，寧夏人民出版社，一九八七年二月，第二四五頁。

開心過。我也真地一些依依不捨。』

『你當時不怕他把你槍斃了，以便消滅兩個目擊他弱點的危險人嗎？』

『是的，我幾乎一直在想那是我們最後一次開車了。但是，他對人非常親切。他答應在他一旦佔領整個新疆以後，要滿足我們所提出的一切要求。我感到這樣一個正派、大方的傢伙，不可能做任何傷害我們的事的，何況我們又幫助他逃脫了北軍的追捕呢。但是，每當我回想起整個過程，又感到只有上帝的無限慈悲，才使我們得以保住生命。』

『關於我們的勘察隊，他問了些什麼沒有？』『他認為修建一條穿過戈壁到達新疆和新疆內部的汽車路是很明智和必要的。他知道我們的頭頭曾經幾次到新疆和西藏旅行過，而為沒有能夠見到他感到遺憾。他不能理解的一件事是，我們的頭頭已經是近七十的人了，怎們能夠經受得了像我們這樣艱苦的旅程。』」[1]英雄既相斥，又相惜，或相恨見晚，或終身抱憾。對於斯文・赫定和馬仲英，他們是沒有厲害衝突的名人，他們各懷相惜、抱憾之情，亦屬世間常情吧。

「埃弗得到的印象是，馬仲英並沒有把這次敗仗當作一回事。他認為只要南疆還在他手裡，從準噶利亞和吐魯番盆地撤退出來沒有多大關係。」

「他對埃弗說：『北軍如果沒有俄羅斯人幫助的話，絕不會把我趕出烏魯木齊、達阪城和吐魯番的。要我的部隊頂住扔炸彈像下雨似飛機、裝甲車和強大的炮隊是不容易的。但是，我的部隊會在庫車重新聚集起來的，而如果對方在那裡也過於強大的話，就往阿克蘇和喀什去，在整個天山南路，在葉爾羌，和田直至若羌一帶徵集擁護者。儘管要費一些時間，但是，我會佔領整個新疆的。』」[2]從不言敗，東山再起，符合馬仲英的性格。

二十歲剛出頭的埃弗和年近古稀的斯文・赫定共同認為：「熟悉馬仲英的過去的人，知道他到那時為止，總

---

1 〔瑞典〕斯文・赫定《馬仲英逃亡記》，寧夏人民出版社，一九八七年二月，第二四六—二四七頁。
2 同一注第二五〇頁。

是絕處逢生，認為他和往常一樣，是絕不會叫人把他抓住的。他會消蹤斂跡，化了妝隱匿起來，等待下一次時機的到來。只要他活著而且有行動自由，中亞細亞就安定不下來。」[1]馬仲英這次過於樂觀了。他第一次進疆時，與不得人心的金樹仁政權發生戰爭，屬於國內戰爭。況且，他沒有失去根據地哈密，因此可以順利退回河西。第二次進疆則不同，他已經捲入國際戰爭，哈密大本營已失，他進入了毫無政治與民眾基礎的南疆，他無法站穩腳跟。他的命運已握在蘇聯手中，他將成為史達林平衡新疆政治的一枚棋子，取捨將由史達林決定。

從羅布泊返回烏魯木齊後，斯文・赫定依然沒有忘記馬仲英。「烏魯木齊的蘇聯總領事G・A・阿普列索夫告訴我們，他接到喀什的同事的一封來信說馬帶著殘兵狰桀地逃到喀什，最後和一二〇名部下，經過伊爾克什塔木逃到了俄國。他和他的部下在那裡被抓起來，解除了武裝並且被帶到塔什干。」[2]

「沒有人比我更清楚地知道，我所從事的這個事業是一場狂妄的，幾乎是瘋狂的冒險。他是一場我在其中不僅要用他人的生命，而且要用自己的聲譽來冒險的賭博。因為，如果這個任務失敗了，我們就不得不沿著我們來的時候所走的那條路回去。我們即使保住了生命，也會使我遭到不能在中國立足的一次挫折和澈底垮臺。隨著我們路上的陰影越來越重，我彷彿聽到了，假若我失敗的話，在我回到海岸的時候，等待著我的嘲笑聲。」[3]

一九三四年元旦，不僅對於寫下這段感言的斯文・赫定博士，對於馬仲英、盛世才及其追隨者，何嘗不是如此！新疆是亂世絕地，要麼絕處逢生，要麼葬身沙海，二者必居其一。作為野心勃勃的一代梟雄，馬仲英、盛世才，恐怕誰都不願意一退千里，去聽大海或颱風的嘲笑吧！

「關於馬仲英的最後消息是，一九三六年初，他到達了莫斯科。如果俄國人對於維持新疆的和平感興趣的話，他在紅旗的保護下，所享受的款待，就可能持續相當長的時間。」[4]

---

1 〔瑞典〕斯文・赫定《馬仲英逃亡記》，寧夏人民出版社，一九八七年二月，第二四五—二四六頁。
2 同一注第二六三頁。
3 〔瑞典〕斯文・赫定《馬仲英逃亡記》，寧夏人民出版社，一九八七年二月，第二二二頁。
4 同一注第二六九頁。

盛馬生死大戰

盛世才與馬仲英的爭霸，看似是軍事上的，實則涉及政治、人心諸多方面。盛世才能使出多套方略應對馬仲英單純的軍事手段，與他的學歷、經歷、見識、視野有極大的關係。

一九六六年，盛世才在《牧邊瑣憶》中再述他當年大戰馬仲英的經過和方略。歸納起來有五點。

方略一：知己知彼，百戰不殆

「我在民國十九年（一九三〇）去新疆之前，馬仲英已經在新疆擾亂了一段時期，他的部隊雖是烏合之眾，卻很勇敢善戰，當年的新疆督辦金樹仁被他弄得焦頭爛額。惟其如此，金氏才派的秘書長魯效祖到南京來延聘我去新疆佐助他剿辦馬逆。我到迪化後，第一步先將新疆全省的兵要地理和馬仲英各部的戰法，作一番澈底的研究，以備一旦率軍進剿時，才不致臨時周章，勞而無功。」[1]

盛世才到新疆後，先吃金樹仁的閉門羹，再坐金督辦的冷板凳，繼而出任新疆軍校戰術總教官，使他有時間、有機會研究馬仲英其人、其軍、其法。正應了兵法要訣——知己知彼，方能百戰百勝。

方略二：三分軍事，七分政治

「新疆人口約四百萬人，回維兩族占全人口百分之七十強，而漢族乃屬少數民族。因此應講求政治策略。其犖犖大者有四：第一，新疆省政府必須強調對待各民族一律平等；第二，准許人民信教自由；第三，宣告省軍剿匪，乃為各民族平亂，使各族人民能過太平生活。故軍隊紀律必須嚴明，秋毫無犯。且應尊重各民族之風俗習慣，以爭取人民對省軍的信仰。相反的，由於馬部回軍，軍紀不良，尤其不尊重各民族風俗習慣，如亂入民宅，對婦女實行非禮，其結果必遭受各民族，尤其是回、維兩族的厭惡；第四，省政府必須強調新疆乃各民族的

[1] 盛世才《牧邊瑣憶》，《五十年政海風雲》，春秋雜誌社，民國五十六年四月，第五七頁。

新疆，而其領土是中國的一省。」[1]

三分軍事，七分政治，此乃國民革命軍北伐戰爭之經驗，靠這一策略，北伐軍不但贏得民眾和輿論支持，而且將士用命，屢創以少勝多的戰績。政治不但能解決為什麼打仗、為誰打仗的的大是大非問題，明確提出為民打仗、為民平亂的政治目標，使之師出有名，並以此處理好軍官與士兵、政府與民眾的關係。盛世才參加過北伐戰爭，深諳其理，故能應運於新疆。此點為馬仲英所不及。

方略三：討馬檄文與政治動員

省軍為什麼要圍剿馬仲英呢？盛世才給馬仲英貼上了反動的政治標籤。「圍困哈密匪軍的背景，乃是日本法西斯軍閥，為了容易滅亡整個中國起見，遂策動並指使甘肅回族馬仲英，到新疆建立回教國。其企圖是以回教國的力量，遮斷中國西北國際交通線，俾使日本法西斯軍閥併吞中國。」[2]

馬仲英第二次犯疆之時，正值「九・一八事變」發生，中國痛失三千里大好河山，全國人民同仇敵愾，對日寇恨之入骨。盛世才將馬仲英與日寇對號入座，並聯繫新疆實際，無非是進行政治總動員，宣佈馬仲英是新疆各族人民的敵人。

方略四：窮追猛打，連續作戰

民國二十一年春，馬仲英捲土重來，第二次犯疆。「於是，金督辦乃任命我為東路軍剿匪總指揮。當時我擬定的戰略戰術計畫是：一、挑選精銳騎兵入山，跟蹤追剿；二、不要後方聯絡，攜帶無線電一台，以利通信；三、以駱駝隊帶足二月份或三月份的人馬給養及彈藥以利跟蹤追擊；四、待人馬給養和彈藥用完，即整隊回哈密休息一星期，再準備二月份或三月份的人馬給養及彈藥再進山追剿。開始時匪軍見著漢人即殺，並將漢人住的房子燒掉；迨匪軍看見剿匪省軍，不但不殺回維族人，並不進入維族人的村莊、住宅；同時，省軍規定對回維族

1 盛世才《牧邊瑣憶》，《五十年政海風雲》，春秋雜誌社，民國五十六年四月，第五八頁。
2 盛世才《牧邊瑣憶》，《五十年政海風雲》，春秋雜誌社，民國五十六年四月，第五八頁。

人，是『人犯家不犯』的辦法，如兒子當匪並不連累父母和妻子。因而省軍所到之處，均受到當地回維族人的歡迎，於是匪軍亦不殺漢人，亦不燒漢人住宅。省軍自進剿後，大小戰役共三十五六次之多。因將士用命，從未打過一次敗仗。最後維回匪無路可走，乃向蒙古、甘肅邊界逃竄，離開新疆省境。馬匪主力已潰，星夜回師，遂解鄯善、吐魯番之圍。於是在一星期內，吐鄯兩縣維族人士均紛紛由山上回家，各安生產，共交出鋼槍一千枝。」[1]

政苛猛於虎，逼民為匪；仁政民自安，化匪為民。這就是金樹仁時期為何剿匪愈剿愈多的原因。盛世才曾在東北軍任下級軍官時，就有過剿匪經歷。林海雪原，地形遼闊複雜，與新疆頗有相似之處。可以說，以往的經驗幫了他，軍事學和政治經濟學亦幫了他。

方略五：外交蘇聯，險中求勝

新疆「四・一二」政變、「六・二六」二次政變後，盛世才徹底得罪了南京國民政府，馬仲英捲土重來，盛世才不得已之下公開投靠蘇聯。

「四月革命後，新疆省政府即派外交署長陳德立，和航空隊附姚雄代表新疆省政府，赴蘇俄表示親善友好之意。當時史達林除表示歡迎陳、姚兩代表赴蘇俄，並準備派阿波列索夫為全權代表，兼駐迪化總領事。總領事與我見面時說：『第一，史達林問候督辦；第二，新疆需要蘇聯何項援助，蘇聯當盡力援助；第三，馬仲英係新疆的敵人，亦係蘇聯的敵人，因為馬仲英是日本帝國主義的走狗，而日本企圖利用他，在新疆建立回教國，使新疆脫離中國，作為日本的附庸國。』」[2]此時，盛世才與蘇聯雖不是朋友，但他們找到了共同的敵人和共同的利益，盛世才的政治牌奏效了。

一九三四年元月，正當年關臨近、冰天雪地之際，馬仲英突然率部包圍了迪化。「當時阿總領事對我說，他已將馬匪包圍迪化情形，報告莫斯科，史達林來電，要他問盛督辦，新疆需要蘇聯何種援助？請督辦不客氣地說

1 盛世才《牧邊瑣憶》，《五十年政海風雲》，春秋雜誌社，民國五十六年四月，第六五—六六頁。
2 同一注第八一頁。

出來。當時我說，現在感到兵力不足，擬在阿山、塔城兩地招募五千名歸化軍，在阿勒泰成軍。因為歸化人過去都當過兵，稍一組訓，即可使用。但史達林另有考慮，理由有四：一則恐圍城日久，內部有變化（以過去歷史而言，指東北軍和歸化軍靠不住），倘迪化一旦陷落，則必增加蘇聯援助的困難；二則因為馬仲英正在積極準備大量雲梯，作攻城之用，在阿山裝備歸化軍，恐緩不濟急；三則因為再增加五千名歸化軍，則恐歸化軍的數量，在督辦的軍隊中占的比例過大，恐有尾大不掉之虞；四則歸化人，即過去的白黨，他們對紅軍素有惡感，如被壞人鼓動，則因為他們仇視蘇聯，恐怕有令人想不到的意外危險，因為蘇聯政府亦不願精良武器，裝備仇視紅黨，即仇視蘇聯的人。因此史達林請督辦諒解，待將馬仲英之亂平定後，則蘇聯紅軍立即回國，絕不留住新疆。」[1]

當蘇聯駐迪總領事問盛世才有何意見時，精於計算的盛督辦可能大為吃驚，感到史達林謀略卓犖不凡，遠勝於己。「我有三點意見，請你轉達史達林先生：第一，我很感謝蘇聯以紅軍幫助新疆平亂；第二，我很欽佩史達林和瓦羅希洛夫決定事情的迅速、正確和有遠見；第三，我很欽佩史達林對新疆實際情況如此瞭若指掌。」

史達林處事不但果斷，亦不失遠見，摸透了中國政府與盛世才的心理，即出兵平亂，又不給國際輿論以話柄。史達林對新疆問題瞭若指掌，關鍵是其在新疆有一個情報網，這一點兒使盛世才不寒而慄。

張培元絕命天山

一九三四年，在決定誰主沉浮新疆時，張培元可算三足鼎立之一足。如果說，馬仲英屬外來勢力，盛世才代表新生改革派，那麼張培元則歸屬於金樹仁的舊官僚派。張培元獨霸伊犁，擁兵自重，本有崛起新疆政壇的機會，但卻一敗塗地。在盛馬二雄相爭格局中，張原本為可以決定勝負的關鍵籌碼，但他的婦人之見，小人計算，袖手旁觀，卻像個三角關係中的「小三兒」，不僅毀了自己，也葬送了馬仲英，更打亂了南京國民政府的如意算盤。

張培元究竟是什麼類型的人？在一場看似勢均力敵的交鋒中，張培元與馬仲英合力夾擊盛世才，一場眼看到

---

1 盛世才《牧邊瑣憶》，《五十年政海風雲》，春秋雜誌社，民國五十六年四月，第八二頁。

手的勝利，為什麼會遭致慘敗？為什麼他敗於盛世才之手，又托妻於盛世才？其意何為？

張培元自殺之前的三年內，我曾在他手下當過繪圖員、譯電員，還做過短期秘書和隨軍參謀。[1]「我」即王恩溶，對張培元知之深也。

張培元，字子亨，一八九四年生於甘肅桂德縣（或青海貴德）河陰鎮城東村。父張升，貢生出身，不幸早夭。子亨少孤，母守節撫之，終生懼母、孝母。張培元與盛世才年齡相仿，前者出生書香門第，後者出生農家，但張未得父教誨，受母影響甚大，是為缺憾。

張培元先就讀於貴德河陰高等學堂，複入甘肅師範學校。因學費無著落，在西寧樂家灣一次賽馬會，少年張培元看上西寧辦事大臣兒子的良駒，遂上前套近乎，提出借騎一試，上馬後直奔蘭州賣偷馬，騙得甘肅師範學校的入學費。張氏常言，青年人不取老實，老實乃無用之別名，要取他調皮搗蛋，不調皮者不能做事。此話在一定場合一定條件下對特定人，有一定道理，但終非大道。

張培元師範畢業後，看到教育救國無望，毅然棄文從戎，考取甘肅軍事教導團，尋覓一條快速上升的捷徑。楊增新時任甘肅總督學，創辦甘肅近代教育，張可算楊的門生之一。軍校畢業後，張按例在蘭州軍營中任下級軍官。許因家庭影響，張培元畢竟與那些武夫不同，他不僅生的一表人才，且寫得一手好字，書法婀娜飄灑，又擅京戲，唱得一口好皮黃。張氏生性嗜賭，推麻常戰通宵。是故，常與達官貴人交結，出沒於戲院商圈，廝混生活。有人戲曰：一手好字，兩口皮黃，三會麻將，四季衣裳，一應俱全。遊龍戲鳳之間，開銷日劇，張便雇員開辦商棧，圖謀厚利，結果事與願違，負債累累。

民國初年冬，張培元在蘭州被債主逼急，便縱身落入即將封凍的黃河，竟嚇得債主落荒而逃。一會兒，擱在冰層間的張培元爬出，無顏金城，便西出陽關，徑直投奔恩師楊增新去了。

張培元到迪化時，新疆政局初定，楊採取弱兵之策，軍人無大用。楊留張於迪化，委之為新疆軍務處科員。張應卯之餘，多與迪化商人鬼混一處。迪化鉅賈與官僚勾結甚密，不惜交際費，極逢迎賄賂之能事。張頗有小才，為政客高看一眼，遊刃官商其間，賺些蠅頭小利。張終想發橫財，一夜暴富，乃故伎重演，設一騙局，無貨

[1] 王恩溶：張培元事略，《新疆文史資料》第二輯，新疆人民出版社，一九七九年八月第一六八－一七九頁。

虛沽，卷得商人貨款逃離新疆。債主告發於政府，政府即下令通緝。[1]入關年餘，不義之財被張培元揮霍既盡，仍不得志，遂托甘肅某要人致書楊增新，自己亦立誓痛改前非，戴罪立功。楊增新不咎既往，委派子亨為阿山地區吉木乃騎兵獨立連長。

畢竟張培元有完整的學歷，見多識廣，又能說會道，擅長交際，機敏善變，有過人之處。脫離省垣花天酒地，在帶兵中倒也顯出幾分不俗的手段。

民國六年之秋（一九一七），時逢蘇聯十月革命前夕，帝俄白黨潰敗，聚於中俄邊境，時常犯界騷擾。白俄軍入境者千餘人，張僅有騎兵一連，眾寡懸殊，無力驅逐。張培元採取中國古代戰法，廣設疑兵，令士兵增灶，廣支氈房，在戰壕前沿排列石堆，石戴軍帽，虛張聲勢，疑惑白軍，不敢冒險。張培元主動出擊，命當地商人郭永隆冒充新疆烏魯木齊專員桂芬，深入白俄軍營與之談判，援引國際公法，軟硬兼施，勸其退兵。白俄軍見吉木乃戒備森嚴，引兵遠去。

楊增新深諳道家精髓，善用權謀，以柔克剛，以無為之道治理新疆，得知張培元用三寸不爛之舌巧勝強敵，不戰而屈人之兵，大為欣賞。不久，即升張培元為團長。連長升團長，在軍界上是少有的。自此，張培元博得巧善用兵之名，在軍中脫穎而出，始握兵權。[2]

一九二八年七月七日，楊增新在迪化俄文法政學校畢業典禮上被刺身亡。其時，張培元是什麼角色呢？「樊耀南直入三堂，欲傳金廳長來府，手顫不能書，令左右代筆。時張培元任軍務科長，勸金勿往，急調軍隊將督署包圍。」一九三三年，時任新疆省政府委員吳藹宸這般記述。[3]「金聞訊急召甘肅籍軍官會議（金為甘肅人），時張培元任軍務科長，勸金勿往，金即告杜旅長之子鎮國曰：『督軍與汝父皆慘死，此仇不可不報』，鎮國乃身先士卒奮勇圍攻督署。」這是民國三十三年曾任新疆民政廳長鄧翔海的記述。[4]其他的記述大同小異。

就大同而言，張培元時任軍務科長，當帶兵的杜旅長被殺後，雖無調兵的軍權，卻有調遣衛隊的職權。張

1　王恩溶：張培元事略，《新疆文史資料》第二輯，新疆人民出版社，一九七九年八月第一六九—一七〇頁。
2　王恩溶：張培元事略，《新疆文史資料》第二輯，新疆人民出版社，一九七九年八月第一七〇—一七一頁。
3　吳藹宸《邊城蒙難記》，新疆人民出版社。
4　張大軍《新疆風暴七十年》第二六四〇頁。

與金同屬新疆政界甘肅集團成員，張聞訊後鎮定自若，主張調兵誅殺。總之，「七七事變」中，張培元平亂有功，且擁戴金樹仁出任督辦，後論功行賞，一躍而升任旅長兼新疆政府軍事處處長，手握軍權。次年，調任伊犁鎮守使，為富甲一方的諸侯。可以說，張培元是新疆「七七事變」的最大受益者。

張培元本具花花公子之性，手握大權後，財源滾滾，生活變得更加驕淫奢侈。張生的方面大耳，耳幾垂肩，有貴人相，說媒者趨之若鶩。原配李氏，死於伊犁，續娶徐氏，乃新疆津幫富商徐建臣之妹。

其母中年後嗜鴉片，徹夜吞雲吐霧，張之妻妾徹夜侍奉。一日徐氏倦極，坐而瞌睡，張命就寢，其母怒罵不許，並令長跪面壁。徐氏羞憤難當，服毒而死。

張生性好色，垂涎美貌女子，妻妾既死，子亨又娶三妻胡氏，迪化人，美貌得寵。子亨初攻馬仲英，仲英遁，聞哈密李文煥之女貌美有才，且知文煥為哈密舊家，仗勢娶之。婚禮之盛，哈密人猶能道之：「毛瑟槍，鉄排蓋，不追賊，要太太，張將軍呀心難猜，臨陣收妻太不該」。張聞之大笑。[1]新疆軍隊官且如此，兵又如何？國民政府依靠這樣的軍閥豈能成事？「至於早年之尋花問柳，更無論矣！子亨之失敗，於吃喝玩樂中已見之。」[2]

一九三一年初，和加尼牙孜起而反金，內策哈密暴動，外聯馬仲英入新，圍住哈密新舊兩城。金樹仁調軍幾度圍剿，皆不敵馬仲英之兵。夏至，情況危殆，金樹仁急調張培元任東路剿匪總司令，啟用盛世才為參謀長，率馬、步軍隊及白俄歸化軍共兩萬多人，迎擊馬仲英。

一直賦閑的盛世才此時有了用武之地，亦與張培元有了交集。可以想像，盛世才剛剛出道，還沒有摸到兵權，面對省軍中的元老、當下的上級，未來攀登向上的階梯，會故伎重演，謙虛、恭敬、聽話、賣力，極力要給張留下好印象。由於盛世才主導制定軍事計畫，調整了戰術，加之兵馬強壯，常吃敗仗的省軍方旗開得勝。不但解救圍困半年的哈密城，擊斃馬仲英之弟馬仲傑，而且令馬仲英落荒東竄。張培元本應率部追擊，窮追猛打，以絕後患，但張打起自己的小算盤，按兵不動。

在哈密期間，張培元住在堯樂博士私宅內。堯樂博士當時很得回王寵信，又精通漢語，統攬回王王府一切事

1 王恩溶：張培元事略，《新疆文史資料》第二輯，新疆人民出版社，一九七九年八月，第一六九頁。
2 同一注同頁。

務。權力大，剝削多，家私豐裕，宅內擺設精美考究。其私宅即是張與哈密小妾李文煥的行宮。張培元回省城時，將堯樂博士宅內家私及貴重用品統統運走。私產被奪，仇恨頓生，堯樂博士遂聯絡馬仲英，共同反對省方。

金樹仁猜忌張培元，即將其調回伊犁駐防，另派塔城都統黎海如任東路總司令。張培元乃絕頂聰明之人，深知金樹仁用意。

張培元由哈回迪後，久住省城，不言回伊。據說，金曾當面許諾，平定哈密事變後，願以軍權相讓。時任軍務廳長的金樹信（金的五弟）大為不滿，言不能將軍權交付外人。金樹仁自此食言，再不提前諾。張久居候信無果，最後由金的親信向張示意，久居恐不利，張始敗興回伊。[1]金、張二人借「七七事變」分贓而上臺，各得其所，再次分贓未果，遂各懷鬼胎，結下樑子。君子和而不同，小人同而不和，是矣！

擊敗馬仲英部，張培元顏上有光，盛世才初獲名氣。與新疆省軍其他將領相比，張培元與盛世才屬於科班出身，受過正規軍校教育。但二人段位不一樣：盛世才初級軍校就讀著名的雲南講武堂韶關分校，高級軍校就讀日本陸軍大學，而張培元所讀的不過是三流的地方軍校；其次二人經歷不一樣：一個屬東北軍勁旅，剿過匪，在中原大戰和反奉戰爭中打過硬仗，更參加了著名的北伐戰爭，而民初至今，由於楊增新採取休兵偃武之策，新疆軍隊幾乎沒有打過什麼仗。張培元雖為軍中主帥，卻過著養尊處優的日子，更無身經百戰的經歷。若論文采，盛世才則甘拜下風，張培元一筆好字，兩口皮黃，常博得官場一片喝彩，而盛世才則不善此道，是一個古板嚴肅的軍人。再論女色，張培元乃好色之徒，大戰之中，強取民女，不以為恥，反以為榮。盛世才禁欲如清教徒，師法義父郭松齡，不近女色。在生活上，盛世才看不起張培元，內心亦不喜歡其不男不女的做派。其腐朽糜亂的生活，正是他來日革命整軍的對象。由此可見，若要文鬥，張培元不戰而勝；要論武戰，張培元焉有不敗之理？張培元敗在盛世才手下，又托孤於盛世才，說明他高看盛世才一眼，早就明白盛世才將來定是西域一霸，自己未必是對手。想雖這麼想，但心中也有稱霸新疆的野心，結果一戰定存亡。

一九三三年「四一二政變」，歸化軍起兵反金，盛世才擁兵不救，並自稱督辦，取而代之，金樹仁急來抱佛

[1] 潘祖煥：金樹仁登臺和哈密事變的前因後果，《新疆文史資料選輯》第五輯，新疆人民出版社，一九八〇年四月，第三十—三一頁。

腳，急調張培元解迪化之圍，早有貳心的張培元卻坐觀不救。張培元不願動刀兵的原因可能很複雜：一是不願救楊增新大業的敗家子金樹仁；二是覬覦新疆督辦的大位，最好不戰而獲；三是不願和悍將盛世才輕開戰端，彼此交惡。且聞盛世才捷足先登，自稱督辦，而國民政府又不予認可，自己以省政府委員、伊犁屯墾使兼新編第八師師長之尊，得到國民政府大員暗示後，遂動刀兵之念。

是時，屯戍伊犁的張培元兵強馬壯。嫡系部為原第五師步兵、騎兵、炮兵等舊部共約六千餘人；同時收編由蘇聯回國的東北抗日自衛軍邢占清師長所部，計一千五百餘人；楊正中部七百餘人；歸化軍徐煥章部亦投靠其麾下，精兵逾萬人。配有輜重軍需用運輸車三百餘輛。此外，加上控制區內精河、烏蘇、塔城等地的地方部隊，總人數超過盛世才和馬仲英軍事實力。[1]

但細細分析，張培元人數雖眾，武器精良，卻是一個雜色大拼盤。除六千弟兵外，其他各部各自獨立，互不買帳。楊正中部懷有異心；歸化軍面和心不合；尤其是新到的東北義勇軍，戰鬥力最強，最難駕馭，是最大異數。張培元向利己害公，軍隊政治目標不明，官兵不知為何打仗？為誰打仗？他一會兒討伐馬仲英，一會兒聯合馬仲英；一會兒擁護金樹仁，一會兒反對金樹仁，全從私利出發，利益盤算。金樹仁早已失掉民心，馬仲英又被定義為日本帝國主義的走狗，為虎作倀，官兵誰肯用命。張培元率軍聯馬伐盛，理不直，氣不壯，師出無名。

據說，國民政府外交部長羅文幹給其出謀劃策：一聯馬反盛；二勸降歸化軍；三羅織盛、馬軍中人才；四軍人要愛祖國，護土戍邊。第一條是策略，需要二三條戰術保障。歸化軍能不能為張所用？盛馬軍中人才會不會歸順張，是策略成敗的關鍵。第四條是國家觀念，軍人政治使命，最為關鍵。統帥愛女人勝過愛國家，士兵心中焉有國家觀念。

張培元籠絡歸化軍的手段，是給歸化軍在伊犁的家屬（大部分在伊犁）發救濟費，施小恩小惠。盛世才「曉諭歸化軍：『你們往日和我們一同打共同的敵人馬仲英，現在，張培元認賊作父，與馬合作，他想把你們作為仇人的禮物，你們還有活路嗎？何去何從，由你們決定。』結果，歸化軍決定效忠盛督辦，投盛不投張。」

張培元以楊正中為前敵總指揮，而楊正中又以東北義勇軍兩個團為先鋒團，犯了兵家大忌：庸將弗使，疑兵

---

1 谷夢麟、陳方伯，《東北抗日義勇軍在新疆》，中國：新疆人民出版社，一九九六年。

勿用。

一九三四年元旦，劉斌率領的省軍抵達烏拉烏蘇宿營，二日晨前進至三道河子與楊正中先頭部隊相遇，省方東北義勇軍孫慶麟團與伊犁方東北義勇軍劉鎮藩團相互喊話說：「東北人不打東北人！」，並相約對空射擊。「九・一八事變」之後，「在東北軍中就流傳著一首歌《中國人不打中國人》：

中國人不打中國人，
我們別給日本當開路先鋒，
我們要為民族解放而鬥爭。
倭寇屠殺了我東北父老又進關來蹂躪我四萬萬同胞。
聽吧！爹媽兄弟在老家哭叫，英勇的抗日戰士遍地怒吼。
我們不要自煎自熬，教敵人笑哈哈袖手取巧。
兄弟們，中國人不打中國人，
攜起手來，打回老家去！[1]

中國人不打中國人與東北人不打東北人，異曲同心，更能喚起痛失家園者的共鳴。張培元是伊犁土皇帝，楊正中是金樹仁手下悍將，心中本無國家觀念，加之塞外資訊閉塞，他們哪裡知道東北軍的心理，更不知東北軍的約定：「兄弟們，中國人不打中國人，攜起手來，打回老家去！」東北軍不願做張培元的傀儡，向一起奮戰在白山黑水之間、轉輾萬里的兄弟們開槍。劉鎮藩團一千餘人臨陣倒戈，頓時使戰場形勢發生逆轉。

當省軍張繼祖團衝至安集海時，楊正中見前軍已全線崩潰，率輕騎三四十人逃往烏蘇，會同其所屬一部分騎兵逃回精河，終抵伊寧市。所有車馬二百餘輛以及軍用物資，全被省軍俘獲。東北義勇軍陣前倒戈，是楊正中兵敗主因。而兩股義勇軍合兵一處，又增添大量輜重，更是如虎添翼。

---

[1] 王海晨、胡玉海《張學良全傳》，人民出版社，二〇一一年三月，第五七三頁。

楊正中本金樹仁舊部，平時為人蠻橫，心狠手辣。潰途中正遇赴迪化調停伊新矛盾的邢占清師長，將一腔怨氣發洩在其身上，用馬將邢師長活活拖死，棄屍途中。嗚呼！抗日名將邢占清未死於日寇之手，未了打回老家去之願，卻死在兇殘的小人之手，焉能瞑目！楊正中逃往南疆途中，把部下官兵直豫魯籍者，一起用槍打死，暴戾如獸。金樹仁重用僅有匹夫之勇的屠夫為將，焉能不敗！再說，張培元對於東北義勇軍，不但不能利用，反而促其靠攏盛世才，敗在心胸狹窄、謀略不足也。

話分兩頭說。當楊正中率主力東下迪化，造成伊犁駐防空虛。斯時，盛世才已與蘇聯達成協議，史達林決定調兵援盛。一月五日，蘇聯紅軍騎兵團二千餘人著中國軍服，從霍爾果斯入境，謊稱歸化軍。蘇聯紅軍武器精良，擁有飛機、坦克、汽車，機動性強，一路攻克伊寧、綏定諸城，包圍惠遠城。

張培元無險可守，且主力已東進，所剩兩連和手槍隊，兵力不足一營，缺乏重武器。六日上午十時，蘇聯一架偵察機出現在惠遠城上空，全城處於慌亂之中。張培元自知孤城難守，帶親信數十人棄城而走，連夜從夏合古道逃遁南疆。

七日晨，在途中一民宅中過夜的張培元，閉門思過，萬念俱灰，羞憤難抑之下，伏案草就遺書：「一誤於羅部長，再誤於楊正中……。」「河山破碎，地方糜爛，奉職無收，再無面目見地方父老……。」隨後開槍自盡。是日，蘇聯紅軍炮擊惠遠北門，以裝甲車、步騎炮混合進攻，惠遠失守。[1]

張培元死時，年僅四十歲，與盛世才同庚，正是男兒做春秋大夢之時。他向昔日的部下、今日的對手託付：「三妻胡氏請晉庸兄妥予安置，以免有失官場體面。」臨死托妻於政敵，是清醒，還是糊塗？殊不知盛世才之毒蠍心腸比其還要狠出十倍。

張培元太相信國民政府了，不料想國民政府內部派別林立，主張各異，爭權奪利，爾虞我詐，金玉其外，敗絮其中，並沒有他想像的那麼統一、強大，誠信守約。他被汪兆銘利用和出賣了。至於楊正中，更是個紙上談兵的馬謖，常敗將軍，先誤金樹仁，再誤張培元。用人不當，全域崩潰，甚至連揮淚斬馬謖、整軍再戰的機會都沒有。

---

[1] 黃建華：〈國民政府從盛世才手中謀取新疆的兩次策劃及失敗的原因探析〉，《喀什師範學院學報》，二〇〇二年第一期。

張培元雖為官場上的老官僚，但在政治上尚有稚嫩之處。為國民政府出死力，卻無憑據，不但丟了性命，最終連出師之名亦喪失殆盡，身敗名裂。時有詩感曰：「舉足稱雄西半天，軍覆棄城一瞬間，烏江麻紮同命運，留下新史爭雄篇。」[1]

張培元既缺乏馬仲英的勇敢果斷，衝鋒陷陣，敢作敢當；他又沒有盛世才眼光闊遠，多謀善斷，心狠手辣；張培元心大才疏，善投機取巧，缺乏政見，加之生活上糜爛頹廢，因此，只配做二流角色，枉做南京國民政府陰謀的殉葬者。

一九三四年二月六日，盛世才向全國和中央發表《新疆省政府宣言》：

> 馬仲英違犯停止軍事行動之規約，並欲自外生成，脫離中華民國，自立回教國家。……與伊犁張師長培元潛教密約，假借中央名義捏造印信，以張培元為北疆總司令，自稱南疆總司令，明目張膽，勾心鬥角。張培元先扣留汽車，破壞交通，與馬仲英首尾呼應……。

一九三四年九月二十六日，蔣介石在《致盛世才督辦妥慎處理新疆事務電》中，亦將政府的陰謀和責任推得一乾二淨：

> 所謂以汪院長名義發致張培元之豔電，若非此次彭廳長帶呈油印電文，中央在任何方面均未命及，日前汪院長來牯，當示以此電，甚為詫異，回京後立即澈底追查，忠密電碼雖屬張羅特約專用之本，然遍檢當時外部致俄使館各電原底，均無此稿，並約羅部長面加究詰，亦根本否認，有捏造院令冒名發電情事。惟張培元曾致羅江電，有事機緊急，不能不矯造中央命令以行之語，則豔電由張偽造，張已自承，而豔電內容如何措詞，即羅亦未深知。蓋邊防督辦及該電所列南北疆總司令各職，均為軍事長官，其任免皆應由軍委會呈請，非行政院所能決議，且豔電中有呈由國民政府公佈字樣，而實際國府始終並無此令。凡茲種

1 谷夢麟、陳方伯《東北抗日義勇軍在新疆》，新疆人民出版社，一九九六。

種，其確出假託，更可一目了然。[1]

張培元生前常言，青年人要不取老實，老實乃無用之別名。殊不知，比他調皮搗蛋者，不但大有人在，而且高高在上。騙子被騙子所騙，雖死焉能瞑目矣！

敗因與下落

歷史上，魏、吳、蜀三國爭霸，自命不凡的吳國都督周瑜感歎曰：既生瑜，何生亮？瑜亮難容之典故由此家喻戶曉。二十世紀三〇年代的新疆，馬仲英與盛世才也遇到同樣問題：既生馬，何生盛？馬仲英遇到盛世才已屬不幸，適逢東北義勇軍退守新疆，算他晦氣，更有蘇聯出兵助陣，飛機大炮狂轟濫炸，簡直倒楣透頂。這屬於外部條件。

就馬、盛自身素質而言，盛的勝算較大。

理由一：在道義上，盛占盡上風，馬居於下風。盛以抗日為大旗，保衛新疆領土為名，冠冕堂皇，大義凜然；馬打著宗教旗幟，令人生畏。所謂得道多助，失道寡助。

理由二：在軍力上，先有歸化軍發難，繼由東北軍入疆參戰，再由蘇聯紅軍出動，這些受過嚴格軍事訓練和戰爭考驗的正規軍隊，自是馬仲英亡命之徒的剋星。

理由三：後勤保障上，馬仲英遠離根據地作戰，兵員、武器、糧秣補給不上，難以持久作戰。而省軍背靠根據地，加之蘇聯大力支持，後勁有保障。

理由四：在外交上，馬仲英亦曾聯絡蘇聯，以獲得支持，但蘇聯選擇了信仰馬列、懂得外交、善於機變的盛世才。馬仲英雖獲南京國民政府暗中許諾，但開出的只是空頭支票，而蘇聯的支援則是真槍實彈。

理由五：在民心上，盛世才佔據了制高點，打出六大政策，贏得了民心。而馬仲英以復仇斂財為目的，宗教

---

1 黃建華：〈國民政府從盛世才手中謀取新疆的兩次策劃及失敗的原因探析〉，《喀什師範學院學報》，二〇〇二年第一期。

意識濃厚，自然會引起非教民族的恐慌和反抗，蘇聯是無神論國家，自然要反宗教和種族仇殺。

理由六：在縱橫聯合上，省軍、歸化軍、東北軍、蘇聯紅軍，有一致的敵人，有共同的利益，故能團結抗敵。而馬仲英與張培元，軍隊雖眾，但無統一的政治目標，心懷鬼胎，各打權力的小算盤，有約不行，見死不救，故坐失良機，被盛世才各個擊破。

一九三四年七月，馬仲英兵敗喀什，在其身邊共產黨員影響下，帶領二八〇餘人逃往蘇聯，受到蘇聯當局庇護。盛世才曾請求蘇聯處決馬仲英，但馬仲英作為史達林手中制約盛世才的棋子，利用價值猶存，故受到蘇方的培養。馬彥良[1]是馬仲英在蘇聯生活情況的重要見證人之一。

「一九三四年七月十日，馬仲英話別舊部，帶蔡雪村等隨員二八〇餘人，經伊克什坦邊卡出國，抵蘇境後被解除隨帶的武器，到安集延乘火車赴莫斯科。蘇聯政府派一邊防司令接待，安置在離首都七八公里的別墅居住。隨即安排參觀工廠和學校，隨員被分配到陸軍、空軍學校學習。嗣後，蘇聯派梅斯科夫為其顧問，另派四個軍事教官給馬仲英講授政治、軍事、文化、外語等課程。當時，蘇聯人皆以『哥尼拉』（將軍）稱呼他。」[2]

蘇聯政府所以重視馬仲英，並作為重點培養對象，除身邊共產黨員的幕僚引見外，更與他在新疆和田一帶駐有一．五萬軍力有關，這支軍隊隨時可將新疆政局攪個天翻地覆。聯共洗腦有方，馭將有術。蘇聯控制了馬仲英，就間接控制了這支軍隊。

「一九三五年八月，馬彥良一行到達莫斯科，與馬仲英住在一起。當時，馬仲英正在莫斯科學習德文、法文、俄文、日文等。在歡迎馬彥良一行的宴會上，蘇聯一邊防司令致辭說：『我們認為馬仲英是一個少數民族的青年，是一朵鮮花，因此我們把他移植到很好的花園裡成長。』」[3]

這是實話。馬仲英在新疆的角逐中所以敗北，很大程度上是其沒有受過正規教育，或者說，他曾是一朵田野裡野蠻瘋長的野花，沒有經過園丁的栽培，終難登大雅之堂。蘇聯從教育入手，改變其思想意識，提升其文化水

1 馬彥良（一九〇四—一九八七），回族，長期跟隨馬仲英轉戰各地。馬仲英赴蘇時，他擔任三六師騎兵旅旅長。馬於一九三五年八月赴蘇，在莫斯科與馬仲英共同生活了近兩年時間，是馬仲英赴蘇後的重要見證人。

2 王希隆：馬仲英赴蘇及其下落，《民國時期的新疆學術研討會論文集》，二〇一三年九月，第九五—九六頁。

3 同上注，第九六—九七頁。

準，增長其現代軍事知識，冀將來堪當大用。

「當一九三五年冬季紅軍西路軍進入河西走廊時，蘇聯派專家十多人與馬仲英等組成了一個聯合參謀處，專門研究中國西北的地形、國民黨在西北的軍事力量、迎接西路軍進入新疆等問題。該參謀處連續工作了三個多月。當時，在河西圍攻紅軍的主要是青海馬步芳的軍隊，馬仲英與馬步芳是堂兄弟，並曾同在青海駐軍中任職，瞭解青海軍隊的內部情況，又曾率軍轉戰武威、張掖、酒泉、敦煌、哈密等地，熟悉河西地理。」[1]史達林很有長遠眼光，很會識人，也頗會用人。

馬仲英在蘇聯受訓期間，史達林曾讓駐迪化總領事阿布列索夫商議盛世才，是否讓馬仲英回國，聯合青海、甘肅回軍抵抗日本的侵略，為盛世才一口拒絕。

一九三八年八月，盛世才祕密訪問蘇聯，受到史達林接見，在彼此談話中，雖多次談到馬仲英與三六師，但對於馬仲英的下落，蘇方始終諱莫如深。

「史達林和伏羅希洛夫等同志均認為，新疆少數民族的牲畜都被馬仲英搶走了……」。「督辦說，他與蘇聯顧問平息了第一次馬仲英的暴亂。阿布列索夫身邊聚集了一小撮壞人……必然會對自身（督辦）帶來巨大的損害。」

「莫洛托夫同志說，阿布列索夫已隨三六師之後離開了新疆，他未必能夠很快回來，也許這一走便不再回來了。」暗示已經被處決了。「伏羅希洛夫問，三六師是否還有什麼東西留在新疆。督辦答，什麼也沒有。伏羅希洛夫又問：督辦是否對該師的離去感到遺憾。」

「史達林同志問督辦對馬將軍有何看法，督辦對馬將軍的評價好壞參半。」[2]

一九三七年四月，盛世才派駐喀什的師長麻木提反叛，同時，日本在華北頻頻挑戰，不斷製造事端。蘇聯決定出手了，將暫棲一旁的冷子三六師啟用。蘇聯政府決定，在蘇聯受訓的三六師將領馬彥良、喇守禮、馬世傑、楊福興等四人返回新疆，整頓三六師，協同盛世才剿滅麻木提，蘇聯將為三六師提供軍事裝備。據馬彥良回

1 王希隆：馬仲英赴蘇及其下落，《民國時期的新疆學術研討會論文集》，二〇一三年九月，第九七頁。
2 沈志華編譯《俄國解密檔案：新疆問題》，新疆人民出版社，二〇一三年一月，第八二－八五頁。

憶，馬仲英同意蘇聯的提議。馬彥良等人離開莫斯科時，馬仲英親自送他們到車站。[1]

不料，久居蘇聯的馬仲英已控制不了三六師代師長馬虎山，馬虎山不但不與盛世才合作，反而聯合麻木提，共同反對盛世才。蘇聯方面希望統治新疆的是一個親蘇的政治勢力，使新疆保持穩定，防止日本勢力進入新疆，阻止英國勢力在新疆坐大。而麻木提的政治理想是在新疆建立獨立的伊斯蘭政府，為達其目的，他不擇手段，甚至派人潛入日本謀求支持。馬虎山暗中亦與英國勾結，購買軍火，擴充實力。這自然不符合蘇聯的利益。盛世才再次請求蘇聯出兵。在蘇聯軍隊飛機大炮凌厲攻勢下，馬虎山戰敗，一部分投降官兵被蘇軍處決，一部分整編後開赴抗日前線，馬虎山逃亡印度，三六師隨之解體。馬仲英失去軍隊支持，不僅使蘇方疑竇叢生，而且利用價值亦大大降低。

三六師覆滅，為馬仲英的命運埋下伏筆。「馬仲英一生創業被馬虎山一腳踢光，他背叛了馬仲英，斷送的三六師全體官兵，斷送了馬仲英的前途。」[2]關於馬仲英在蘇聯的下落，史界一般流傳四種說法：（一）在蘇聯學習駕駛飛機時，失事而死；（二）參加西班牙戰爭陣亡；（三）在蘇聯衛國戰爭中獻身；（四）死於蘇聯大清洗之中。

據蘭州大學王希隆教授考證，正當三六師瓦解，馬仲英失勢之際，蘇聯國內開始進行擴大化的肅反運動，這一運動持續近兩年，大批無辜者被戴上帝國主義特務、託派分子的帽子後被處決。盛世才在其中推波助瀾，借機消除潛在競爭對手，他不但誣蘇聯住迪化總領事阿布列索夫為託派，而且向蘇方提供馬仲英勾結日本帝國主義的材料。於是，馬仲英由蘇聯重點培養的對象變為重點審查的對象，被監押在農場中，失去了自由，隨後被處決。這個時間應該在一九三七年下半年。[3]

史達林是國際棋局的操盤手，盛世才與馬仲英這對新疆民國中期的生死冤家，都不過是史達林手中的黑白子。他們的成功與失敗，光榮與恥辱，生存與死亡，在很大程度都操控於史達林之手。無論他們承認也罷，否認

1 王希隆：馬仲英赴蘇及其下落，《民國時期的新疆學術研討會論文集》，二〇一三年九月，第九七頁。
2 王希隆：馬仲英赴蘇及其下落，《民國時期的新疆學術研討會論文集》，二〇一三年九月，第一〇二頁。
3 同一注，第一〇四頁。

也罷，靠攏也罷，擺脫也罷，幕後操縱者始終是史達林。比較研究盛世才與馬仲英，繼而研究他們與史達林的關係，不但有利於看清盛世才與馬仲英的真實面目，而且可以看清鐵幕後的黑幕，木偶戲後臺提線者的操弄。

第五章 時代風：革命伉儷

余平時研究人生哲學及社會問題，彼深信人生若無美滿姻緣，一切皆無意義，社會無安樂之家庭，則民族根本無從進步，為革命事業者，如不注意社會之改造，必非真正之革命，則革命必不能澈底。家庭為社會之基礎，故改造中國之社會，應先改造中國之家庭，余與宋女士討論中國革命問題，對於此點實有同一之信心。余二人此次結婚，倘能於舊社會有若何之影響，新社會有若何之貢獻，實所大願。

——蔣中正

棄文從戎

蔣介石出身於普通鹽商之家，祖籍浙江奉化鎮，地位不太高，財富也不是很多，在當時也只是中等收入家庭。蔣介石自費到日本讀書，十四歲娶毛氏，年輕時的路相對平坦。

盛世才出生在東北遼寧的農民家庭中。有人將其劃入地主，但實際上盛世才家境貧寒，要靠賣地和他人接濟維持學業，求學之路坎坎坷坷。中國社會笑貧不笑娼，盛家貧困到被親家看不起，連長子盛世才娶到家的老婆都跑了。

就年齡講，蔣介石生於一八八七年，盛世才生於一八九三年，相差不過六歲。他們都受到了晚清政治變法、廢除科舉的影響。蔣年齡稍長，又生於經濟發達、領風氣之先的江浙，有幸參加了辛亥革命，成為辛亥革命和國民黨新秀之一。而至民國元年，盛方由風氣滯後的關東到上海中國公學讀書，與孫中山和國民黨無親無故。國民黨內講論資排輩，就革命經歷和人脈關係而言，蔣有資歷和機會爭做全國領袖，盛則是無名鼠輩，遷升出頭之日長路漫漫。盛世才後來選擇從國民黨控制不了的邊疆地區崛起，算是特例。

社會大變革年代，舊制度被打破，新秩序待建立，最有利於青年脫穎而出。在千千萬萬革命青年中，蔣、盛之所以能崛起，關鍵有三點：一是有文化，受過中國傳統的私塾教育；二是有實力，建立起自己嫡系軍隊；三是有眼界，留學海外。此乃他們的共同之處。

中國的私塾教育包括兩個主要部分，一是學會做人，立德為上，其次才是讀書識字，濟世安邦。私塾教育主要誦讀四書五經等儒家經典，東西南北相同，但真正影響個人一生的則是地域文化，以及導師的眼界、志向和學問。在這方面，蔣介石占盡地利，從小受名師訓導指引，而盛世才的老師不過是識幾個字眼界狹窄的教書匠罷了。

蔣介石研習國學的主要經歷如下：

一八九二—九三年，年齡六—七，私塾學校，任介眉老師，《三字經》、《百家姓》。

一八九四年，年齡八，私塾學校，蔣謹藩老師，《大學》、《中庸》。

一八九五年，年齡九，私塾學校，任介眉老師，《論語》、《孟子》。

一八九五—九八年，年齡九—十二，私塾學校，蔣謹藩老師，《禮記》、《孝經》、《春秋》、《左傳》、《詩經》。

一八九九年，年齡十三，私塾學校，姚宗元老師，《尚書》，校址今斑竹鄉

一九〇〇年，年齡十四，私塾學校，毛鳳美老師，《易經》，校址今岩頭鄉榆林村

一九〇一年，年齡十五，私塾學校，竺景崧老師，《左傳》、《策論》，校址畸山下村。

一九〇二年，年齡十六，私塾學校，毛思誠老師，《左傳》、《綱鑒》，校址今岩頭村。

一九〇三—〇四年，年齡十七—十八，鳳麓學堂，校長周枕棋老師，數理化等，校址奉化縣城。

一九〇五年，年齡十九，箭金學堂，顧清廉老師，《說文解字》、《曾文正公集》，校址寧波文昌街。

一九〇六年，年齡二十，龍津學堂，監學毛思誠老師，日語等，校址奉化縣城。[1]

蔣介石的國學拾階而上，眾師接力，循序漸進，根基紮實，學業全面，這是盛世才望而難及的。由於蔣盛二人國學基礎教育的底色和深淺不同，使他們後來在文化和道德上分道揚鑣，蔣成為維護中國傳統文化的衛道士，盛世才則鄙視儒家經典，視其為腐朽之物。

辛亥革命是一群留學海外的秀才推動的革命。但革命的成功卻要借助槍桿子，從而導致了革命成果被實力雄厚的北洋軍閥竊取。孫中山認識到，只有打倒軍閥，才能建立民國，而打倒軍閥，必須建立革命的武裝。而在國民黨內，政治家、教育家、文學家和實業家不乏其人，真正缺乏的是軍事家，這給蔣介石崛起提供了契機。盛世才在新疆迅速竄起，亦出於同理。

蔣介石與盛世才一樣，先後兩次赴日本留學，而且都是先文後武。一九〇六年四月，蔣介石在他母親的支持下，第一次東渡，踏上了日本國土。但蔣介石是受他在箭金學堂時的老師顧清廉的啟發，去日本學習陸軍的。然而，當時的清政府為了防止革命思潮在軍內滋生蔓延，以維護統治，特與日本政府簽訂條約，不准普通留日中國學生學習陸軍，只准清政府陸軍部的保送生在日本學習陸軍。蔣介石是自費去日本留學的，而非清政府陸軍部的保送生，自然不能進入日本的軍事學校。於是，蔣介石只得進入東京清華學校，繼續學習日文。同年冬，蔣介石的妹妹瑞蓮出閣。蔣母電召蔣介石立即回國。這樣，蔣介石在日本學習了半年多就返回奉化。

一九〇六年，正是清政府實行新政時期。富國強兵，保全滿清皇帝萬世基業，是新政的主要目的。這年，清政府設在直隸府保定的一所軍官學校——北洋通國陸軍速成學堂，第一次在全國公開招生。招生簡章規定，在全國各省各考選四十名學生入校肄業。蔣介石所在浙江省的四十個名額中，二十六個名額已被浙江武備學堂和弁目學堂的保送生占去，僅剩下十四個公開招考名額。當時報名應考的有千餘人，百里取一，入校幾率很低。幸運的是，沒有任何背景的蔣介石考取了，但因年齡不足二十周歲，考官不予通過，在蔣介石的一再請求下，遂被正式錄取。這是蔣介石走向社會的關鍵一步，百裡挑一的機會讓他捕捉到了。

---

1 師永剛、張凡編著《蔣介石》（一八八七—一九七五）（上），華文出版社，二〇一一年八月，第九十頁。

這年夏季，蔣介石離開偏僻的山村奉化溪口，來到京畿重地保定，此地距北京不過百餘公里。北洋通國陸軍學堂所在地，原是一座擁有千畝廟產、殿宇百間的關帝廟，後被政府改為兵營，意在借助武聖人神力庇佑。一九〇〇年義和團事件，八國聯軍進軍北京途中焚毀了關帝廟。後由袁世凱籌資擴建，軍校依然選址在關帝廟，總占地面積擴充至一千五百餘畝。校舍建築格局仿日本士官學校，分校本部、分校（包括小教場）、大操場和靶場四部分。校本部居中心，按照中國傳統院落的佈局分為東、中、西三路：東、西兩路是教室與學生宿舍，對稱佈局，各有十排青磚瓦舍，每兩排組成一個獨立的院落，每個院落住約一連學生。中路南部是軍校的辦公區，高大的尚武堂是全校的中心，坐北朝南，氣勢宏偉。北部是一個大的庭院。校本部四面建有高大的圍牆，牆外有護城河環護，大門在南側，有石獅把門，門樓面闊三間，高大雄偉，門楣上懸掛李鴻章手書的「陸軍軍官學校」六字橫匾，隔河還有照壁相對。

諳熟歷史的人都知道，凡在直隸擔任總督者因其位高權重，身繫朝廷安危，最有可能成為歷史的罪人或功臣。曾國藩如此，李鴻章如此，袁世凱與馮國璋亦如此。一九〇二年，直隸總督兼北洋大臣袁世凱在保定東關外創練新軍，成立北洋行營將弁學堂，由馮國璋任校長。後又改名為北洋陸軍速成武備學堂、北洋通國陸軍學堂、陸軍隨營學堂、陸軍大學堂等，均為保定陸軍軍官學校前身。這些曾經叱吒風雲的人物，不僅是軍校的旗幟，學員的驕傲和榜樣，他們的精神無不滲透於軍校的生活之中。

保定陸軍軍官學校作為近代中國第一所正規化的軍事學府，先後培養的軍事人才多不勝數，畢業生中成為將軍的有名有姓的畢業生就有一千八百多人。一九一二年民國改元後，由於軍閥之間混戰不斷，保定陸軍軍官學校於一九二三年停辦。於是，保定落，黃埔起。軍校之間有著繼承關係。國民黨黃埔軍校的教官中，畢業於保定軍校的足有五六十人，因此說「保定系」培養了「黃埔系」，言不為過。

蔣介石先考入保定軍官學校，又考入日本士官學校為中國留學生辦的預科振武學校，畢業後，被分配到日本炮兵部隊見習。雖說蔣介石受的軍事教育屬初高中水準，但從理論到實踐，資歷完整。蔣介石曾創辦過《軍聲》雜誌，由此可見其對軍事的專注和癡迷。

先當日本軍校的學生，再當日本兵，蔣介石深知日本軍人與中國軍人的差異，更瞭解中日兩國綜合國力的差距。這種經歷，使蔣介石在對日方針上，採取了不為眾人理解的策略——寧可隱忍而不輕開戰端，抓緊時間培植國力；忍無可忍之時，才動員全民持久抗戰，毫無妥協可言；在外交上，則聯美抗日，將中日單獨對抗演變成世界大戰。

盛世才第一次留學日本是一九一七年，比蔣介石晚了十一年。他在日本明治大學讀政治經濟學專業。但一九一九年的巴黎和會，公然出賣戰勝國中國的利益於日本，日本臭名昭著的二十一條，大大刺激了盛世才的神經。他毅然棄文從戎，先考入雲南講武堂韶州軍校，後加入東北軍，獲得實戰經驗，再赴日本陸軍大學深造。盛世才軍事教育學曆高於蔣介石，政治經濟學的知識亦較蔣寬泛，但他唯缺少展示才能的舞臺。假若其義父郭松齡反奉成功，盛世才最有可能在東北軍中崛起，其人生就不會像以後那樣歷盡坎坷了。在日本陸大後半期，他得到蔣介石資助，畢業後，盛以幕僚身分參加了北伐戰爭，為他日後在新疆領軍作戰積累了實戰經驗。

就個人特質而言，蔣、盛二人性格都很倔強，都能忍辱負重，都有領袖氣質，具有不達目的誓不甘休的堅韌意志。蔣介石從小就有反抗壓迫的心理，自尊心極強。用他自己的話說，叫作「頑劣益甚」，就是非常頑皮、淘氣。一些老人曾經回憶，說蔣介石小的時候如何不聽母親的話，如何頂撞老師，別人要打他手板的時候，還沒有扣上，他就哭開了，邊哭還邊在地上打滾。過節的時候，孩子排隊等長輩發給糖果，他偏偏不排隊，去加塞兒，孩子們把他擠出去後，他就跑到外面去弄了一身泥，再來加塞，大家看他髒兮兮的只好讓他。這些老人的回憶可能有點兒演義成分，但太過頑劣不服管教的個性，蔣介石自己也是承認的。[1]

趙鐵鳴原是盛世才知根知底的中學同學，又一起在奉天、天津、北平、南京患過難，他應招至新疆，先後兩次被盛囚禁。這使他怒火中燒，毫無顧忌地揭露盛年輕時的那些溴事。因怒而生仇，難免感情用事，故對其言要做邏輯分析。趙曾「分析盛世才云：一、年幼時即好勇鬥狠，同村兒童常遭其毒手；二、天資很低，入學多求人情，考試必帶小抄；三、家境貧寒，其父本是賭徒，故其遺傳上賭博性很強；四、幼時即好騙取人家的東西，或調換人家的東西，不拘手段以圖謀弄到手為止；五、志大才疏，領袖欲極強；六、他當連長時，在海龍縣山城鎮剿匪，曾搶過老百姓七匹騾子、八匹好馬，送回家裡，經人告發，因他義父郭松齡的庇護而了事。」[2]

1　楊奎松《民國人物過眼錄》，廣東人民出版社，二〇〇九年一月，第三九二頁。
2　趙廷《趙劍鋒新疆見聞錄》，江蘇人民出版社，二〇一三年六月，第一五一—一五二頁。

盛世才有領袖欲，也有領袖範兒。說盛天資很低恐不合事實，一是盛世才讀了那麼些年書，如果天資低下，成績不佳，就不會得到家裡和友人資助，早就輟學了。至於入學求人情，是因為盛家社會地位低，在等級分明人情濃鬱的中國社會，農家子弟為讀書求人也是不得已的，不算丟人現眼。至於考試必帶小抄，不能等同於考試作弊，亦可以視作盛重視考試，考前認真做足準備。

愛國青年

在中華民族綿延不絕的大歷史中，岳武穆精誠報國典故深入人心。民間判斷一個人忠奸、善惡，亦以此為最高道德標準。從蔣、盛的成長史看，年輕時都是民族愛國主義者。

蔣介石就讀保定軍校時，以嫉惡如仇、敢於反抗權威而出名。他曾激憤反擊日本教官的事件令後人津津樂道。軍校所聘請的一名日本軍醫教官，在給學生上生理衛生課時，竟將中國人比作細菌微生物，他指著桌子上放著的一塊泥土說：「這塊泥土裡有四億多細菌，就好比你們中國有四億多人口一樣！」如此輕蔑的態度，激起了蔣介石的極大憤慨，他衝上講臺，旋即將泥土分成八塊，對著那個日本教官吼道：「這每一塊泥土中有五千萬個細菌，也等於你們日本五千萬人一樣嗎？」蔣介石的當眾反擊令日本教官大窘，他氣得面紅耳赤，咆哮地指著蔣介石說他是革命黨。課後，他向總辦趙理泰告狀，要求嚴厲處分蔣介石。也許趙理泰從心眼裡喜歡這個愛國的學生，敷衍了事將蔣介石叫去「訓誡」一番。

一九〇七年冬，清朝陸軍部決定保送四十名保定軍校學生赴日本留學，原限定從軍校日文班學生中考選，而蔣介石恰恰不是日文班學生，無資格報考。關鍵時刻，蔣介石的韌勁再次發揮了作用，他寫報告給總辦趙理泰，特別說明他前次去日本留學時學過日文，要求准予報考。也許那次當堂頂撞日本教官風波留給他的影響太深，他特准蔣介石參加考試。在優中拔萃中，蔣介石被錄取了，從而實現他那去日本學習軍事的夙願。這是蔣介石人生最重要的一步。蔣介石性格裡有一股不達目的誓不休的狠勁，情場如此，政治如此，戰場亦一樣。這是他事業成功的密碼。

一九一九年，盛世才在日本明治大學讀政治經濟學。「在東京的時候，東京的留學生為反對日本佔領山東權益，廢除二十一條，開過幾次會，決定回國以示抗議。當時有些中國留日意志薄弱的學生，寧願讀死書而不願輟學，苟延於日本的淫威之下。盛世才非常的氣氛，手持一根大棒，凡逢到不願回國的學生，便毫不客氣地吃他一棒，因為當時他是被舉為督隊官。雖然當時他是一個文學生，顯然已有赳赳武夫的氣概了。」[1]不回國，就是不愛國，就吃我盛世才一棒，可算是盛世才的愛國之舉吧！

據盛的同學宋念慈回憶，上海五卅慘案發生後，我和中華同學會的許多同學，堅持罷課退學，後來轉入東京早稻田大學讀書，與同鄉郎道衡、何語竹等編印《春風》、《血潮》等小冊，專門宣傳反日，散發留日學生。適郭松齡反奉張事敗，隨軍參戰的盛世才、齊世英返日，我以開原留日同鄉會總務身分，邀盛世才餐敘，藉表歡迎，自此相識，他與我相約組織東北青年社，以期多多結納同志，備他日改革建設東北之需。適當時日本要求北京政府，撤銷大沽炮臺，下最後通牒，限期答覆，留日東北學生正因日本關東軍援助張作霖，致郭松齡失敗，失去改革東北機會而痛恨，經中國國民黨駐東京支部之號召，開大會於神田中華青年會，當場決議成立「東北留日學生返國宣傳討張排日團」，當場簽名參加者六十餘人，隔兩日自東京乘火車出發，當夜抵神戶搭輪船返天津。盛世才為表示鼓勵贊佩同鄉返國宣傳之壯舉，特致贈每人零用錢日金三十元，這一點證明當時他還是很熱心愛國激昂慷慨的。[2]留學日本，非媚日親日，而不顧個人學籍和安危，抗日反日，慷慨解囊，誰能說青年盛世才不是愛國主義者？

一九〇七年，對於蔣介石、宋美齡顯得非同尋常。這一年，二十歲的蔣介石赴日留學，十歲的宋美齡與姐姐宋慶齡一道赴美留學。同為留學，一個向東，一個向西，南轅北轍；一個學軍事，感知日本文化，一個學哲學，受美國文化薰陶。

清末民初，為什麼有那麼多青年前往國外留學？主要原因是中國在世界各國競爭中，受盡欺侮，失去了前行方向。在一定意義上說，留學美、歐、日的青年學生們，就是要學習強國的技法和找回中國富強的方向。

十一年後，東北青年盛世才將步其後塵，赴日尋找中國強盛之道。

1　張大軍《新疆風暴七十年》，第三一五六頁。
2　宋念慈《我所認識的盛世才》。

毓芳相伴一生

蔣介石的婚姻由亂到治，最終走上信教循規之路。盛世才的婚姻又如何呢？他一生中有幾個女人？他背後的女人對他有何影響？史家尚未做過詳研。

誰是盛世才的元配夫人呢？盛世驥揭開了這個謎。

一九一六年，盛世才考入日本明治大學。去日本前夕，大哥奉了父母之命，完成了終身大事，元配是胡氏。在大哥到日本期間，大嫂在家替代了大哥，服侍公婆，照顧我們，也下田幹粗活。每到晚間，我們小孩全窩在炕上，等著大嫂講故事唱小曲，等我們一個個睡去，大嫂為我們蓋好被子後，又去幫母親紡紗，我們全家都喜歡大嫂。至今，我依然不能忘懷兒時的這一幕。[1]

盛世才的弟妹們懷念大嫂，盛世才未必將這個女人放在心上，因為父母之命，媒妁之言，缺少婚姻自主，沒有戀愛過程，感情基礎脆弱。就盛世才父母而言，婚姻要講生存實際，「大嫂在家替代了大哥，服侍公婆，照顧我們，也下田幹粗活，晚上還要紡紗」。由此分析，胡氏是一個身體健壯、大腳、勤勞、能幹、性格隨和的女人。

盛世才的元配婚姻，還沒有等到他事業小成，也沒有給他機會經營，就解體了。既然父母作主，婚姻的操持權在父母而不在子女。

然而這段婚姻很快就結束了，只因為大嫂的老爸好賭，以為大哥常年不在家，沒什麼指望。為了貪得另一筆聘金，由不得她反對，硬是把她嫁予他人。大嫂不得已，最後哭著嫁人，遠在日本的大哥也沒法子，只得任由這段婚姻就這樣草草結束了。[2]

這段婚姻至少反映出幾個問題：一是在東北農村婚姻不受法律約束，全憑父母作主；二是盛家無權無勢，任

---

1 盛世驥《蔣介石的封疆大吏——我家大哥盛世才》，萬卷樓圖書有限公司，二〇〇〇年八月，第八—九頁。

2 盛世驥《蔣介石的封疆大吏——我家大哥盛世才》，萬卷樓圖書有限公司，二〇〇〇年八月，第九頁。

由刁民欺負，甚至連兒媳都無力庇護。東北鄉下人講面子，兒媳被人家擄走，簡直是一個男人的奇恥大辱，令他在鄉下鄰里中抬不起頭來。盛世才乃要強之人，這件事只能令他更加發憤圖強。至於盛世才回國後毅然從軍，是否受這件事刺激有關，雖未見記載，但多少會有些影響吧。

盛世才在韶關軍校畢業後，投奔東北軍旅長郭松齡麾下。以往文縐縐的盛世才，已轉變為雄赳赳的軍人了。盛世才與郭松齡關係特殊，既是部屬，又是學生。加之盛在軍營中文武雙全，深得郭賞識。經郭松齡夫人穿針引線，瀋陽第一女子師範學院學生邱毓芳，與盛世才喜結良緣。

一九二一年，盛世才二十八歲，邱毓芳十八歲，二人相差十歲，自由戀愛，二人關係亦妻亦妹，亦夫亦兄。有趣的是，郭松齡與夫人相差十歲，蔣介石與宋美齡相差十歲，這樣的婚姻反而穩定。

盛世才與邱毓芳聯姻，對其仕途影響重大。這段婚姻，既攀緣於瀋陽世家邱家，又認長官郭松齡夫婦為義父母，親上加親。盛世才半生苦讀，此時終於尋得靠山，躋身貴胄之列。盛世才在東北軍受到重用，大都與此有關。民初的中國社會，城鄉差異巨大，階級等級分明，對此差距，鄉下人特別敏感。「邱家在東北是顯赫之家，我們盛家只不過是鄉下農戶，而大嫂並沒有感染上大戶人家的驕縱氣息，瞧不起我們家人及親戚，反倒很照顧我們。」[1]這是邱毓芳為人處世樸實的一面。盛家通過婚姻攀上官宦人家，由農村人轉變為城裡人。

盛世才孤身奮鬥半生，總算覓得滿意的嬌妻，有了溫暖的小家，他此時的心情更加志滿意得。

新婚三年後，邱毓芳與盛世才一同留學日本，因有官費資助，加之義父母的關照，經濟寬裕，在東京租住洋房，細心的邱毓芳可以從生活上照應同學、同鄉，從此介入盛世才的事業，成為不可或缺的角色。

據盛世才在日本留學的同學宋念慈回憶：我在家鄉微聞東北當局有抓拿討張排日留學生之說，乃即離開東北再赴東京，自此以後，我成了盛家的常客，因為盛太太邱毓芳女士，在女子大學讀書，以及後來死於非命的盛世騏等的英日文根柢稍差，我可以從旁協助一些，所以每週有兩三次，是在他們家用晚餐的。同時因為盛氏夫婦，對我招待殷勤，形同手足弟兄，故彼此之間，毫無隔膜，偶爾談及思想問題，彼此亦多有同感。因為奉直戰後，我的家庭經濟情況惡劣，他在一年之間，每月還補助我日金拾元，可見當時他對我是很親密而又慷慨的。他

1 盛世驥《蔣介石的封疆大吏——我家大哥盛世才》，萬卷樓圖書有限公司，二〇〇〇年八月，第十六頁。

不僅對我一人如此，甚至對其他小同鄉也同樣拉攏親近，記得有一次在代代木閱兵典禮後，他還親自把昭和御賜的威士忌酒送給我們喝。[1]

一九二六年，盛世才從日本學成回國，攜邱毓芳一道赴南京為國民政府效命，一同度過了文化隔膜、受冷落、受排擠的歲月。繼而，參與丈夫應聘新疆省政府的決定，並在北京住了一年多，等待中東、土西鐵路恢復交通。

一九三〇年末，盛世才夫婦一道經西伯利亞遠赴新疆，抵達具有濃鬱異域風情的迪化。頭幾天，大哥大嫂走在街頭土路上，認識一下這個日後生活的環境，放眼望去，馬車、騾車、人力車穿梭其間，偶爾有一輛汽車駛過，塵土立刻飛揚滿天。沿途要飯的乞丐成群，此外居然也有不少人公開在街旁對著煙燈吸食鴉片，吞雲吐霧，看看那些人有的形銷骨立，有的面容慘白。最令人震懾的是，軍人赫然也在吸毒的行列裡，看到這種情形，大哥不住地搖頭歎息。[2]

盛世才夫婦在新疆的事業從教育起步。一個出任新疆陸軍軍官學校戰術總教官，一個在迪化女中任職。教育是百年大計，大哥夫婦全力投入此項工作中，大嫂邱毓芳也在迪化女子中學任訓導主任。大哥大嫂熱心參與教育工作後，大大提升新疆地區學生的素質，使得學校充滿朝氣。[3]

邱毓芳在盛世才事業中的獨特作用，不是在戰場廝殺，亦不是在政壇暗鬥，而是在安排婚姻大事，安撫籠絡人心方面。

中國軍閥用人之道，血緣親於地緣，地緣親於業緣。盛世才亦不能例外。為了培養親兄弟，盛世才早早就安排四弟盛世騏、五弟盛世驥赴日本留學。

大哥離開南京後，我靠庚子賠款獎學金和大哥同學張元夫的資助，到日本讀東亞預備學校，後來讀研術學館初中部高中部，準備第一高等學校考試，因沒考上改讀師範。那時，四哥盛世騏也從日本東京士官

---

1 宋念慈《我所認識的盛世才》。
2 盛世驥《蔣介石的封疆大吏——我家大哥盛世才》，萬卷樓圖書有限公司，二〇〇〇年八月，第三三—三四頁。
3 同上注第三七頁。

學校騎兵科畢業，在南京陸軍騎兵學校任教官一職。我畢業後在北平教起日文，以維持生計。[1]

盛世才在新疆出任邊防督辦後，其家人陸續來疆發展，事業由盛世才考慮，婚姻由邱毓芳安排。

一九三四年夏天，四哥與四嫂陳秀英在迪化水磨溝舉行婚禮。四嫂是大嫂邱毓芳的學生，這樁婚事是她撮合的。四嫂與四哥相差八、九歲，原本陳家不願高攀，經過一年多才答應這門婚事。[2]

兩年後的夏天，盛家又迎來了另一門更顯赫的婚事，盛世才的妹妹盛世同嫁給了新疆反帝會秘書長俞秀松。

那時（一九三五年）來新疆的妹妹盛世同，正值豆蔻年華，學業尚未完成，大哥於是聘請俞秀松擔任她和姪女的家庭教師。當大哥因欣賞俞秀松的人品學識，提議把妹妹盛世同嫁給他時，我們全家都震驚無比。這個提議首先遭來妹妹強烈反彈，全家也極力反對，尤其是母親。我們老太太以年齡相差過大，反對這樁婚事。[3]

在盛家中，可能唯一贊同並支持盛世同與俞秀松婚姻的就是邱毓芳。原因有三：一是邱毓芳是知道俞秀松的政治背景與真實身分的；二是邱與盛世才相差十歲，並不認為年齡是婚姻的障礙；三是她最有條件說服盛家尤其是母親同意這樁婚事。這種先政治後戀愛的婚姻，同蔣介石與宋美齡的婚姻到有幾分相似。

1 盛世騏《蔣介石的封疆大吏——我家大哥盛世才》，萬卷樓圖書有限公司，二〇〇〇年八月，第三一頁。
2 同一注第一五七頁。
3 盛世騏《蔣介石的封疆大吏——我家大哥盛世才》，萬卷樓圖書有限公司，二〇〇〇年八月，第一三六頁。

盛世騏與盛世驥一文一武在日本留學時合影

一九三〇年代的新疆，維漢之間不通婚，漢族人數量有限，有女之家奇貨可居，不是嫁給官宦為妻妾，就是嫁往內地。邱毓芳是新疆女子學院院長，新疆有知識的新女性都在她的門下，於是，她熱衷於為學生介紹軍政兩界的青年才俊，通過婚姻，籠絡人心，間接支持丈夫的事業。

「盛世才的妻子邱毓芳統治了新疆的婦女，當時許多『叛逆家屬』和公教人員都被迫到女子學院去讀書，女子學院中已婚學生比例在全國各大學中恐怕算是最高的。邱毓芳幾乎把這些學生當作她的私產，她可以任意把她們派到邊遠偏僻的地方去教書，可以根據她的意圖來主持某些人的婚姻，她往往挑選最喜歡的女學生嫁給盛世才親信的幹部，甚至指示某些人來監視她們的丈夫。」[1]這種評論恐怕有失公允。尤其是安排所謂「叛逆家屬」在女子學院讀書教書，給以生存的出路，應該說多少減輕了盛世才的罪過；至於發展成人在職教育，畢業分配至邊遠地區任教，這既是邊疆的需要，亦是教育崇高的使命與責任。

盛世才是陰陽兩面人。宋念慈成為盛世才的階下囚數年後，又蒙盛世才釋放，請他到家裡吃飯：

本來在東京求學時，我是他家的常客，盛夫人邱毓芳（芝馥）女士待客又非常熱誠，她知道我喜食油炸小魚，那天的一道好菜，仍是油炸小魚，主人坐在我的對面，邱校長就坐在右側，頻頻勸菜說「這是你愛吃的」，盛世才又連連地說：「你能吃，多吃一碗（大米飯）。」事實上真有好幾年沒吃大米飯了。加上盛氏伉儷的殷勤讓客，使我面對這位掌生殺大權的人，邊吃邊想我的苦難遭遇。這桌上所擺的菜肴，雖然也有些是東北家鄉常見的食品，但以我當時的身分地位來說，真是夢想不到的。我當時對於平素自奉儉約的盛督辦夫婦，表示了衷心的感激。[2]

另一位在盛世才身邊工作過的公務員回憶道：

1 文思主編《我所知道的盛世才》，中國文史出版社，二〇〇三年一月，第二一二頁。
2 宋念慈《我所認識的盛世才》。

從外表上看來，盛世才待人接物十分誠懇，毫無一點長官架子，平時對他的部屬也表示很關心，很愛護。他的部屬有什麼困難，寫一封「督辦親啟」的信給他，他一定可以看到，也設法替你解決困難。比方你要結婚了，你寫一個報告給他，他或許會叫他的副官送一二套衣料或被單等東西給你。在新疆，一個最下級的公務員，如司書、錄事、辦事員等人，都時常會寫「督辦親啟」的信給盛世才，向盛世才報告一切。盛世才曾經下過幾次嚴厲的命令，如果有人阻誤或拆閱他的「親啟」的信，將受到嚴厲的處分。所以盛世才每天可以收到很多「親啟」的信，這些信都是他自己拆閱，有些重要的事情他要親自寫覆信。[1]

盛世才與民眾直接溝通方式，接近於今天的信訪。這種方式，一方面在群眾中建立了親民的形象，另一方面直接掌握了社會動態，對任何軍政官員都有一種震懾力，因為誰也不知道誰給督辦寫了信，信中寫了什麼，盛督辦掌握了什麼，將採取什麼行動。

除盛世才外，邱毓芳是唯一能拆閱和回復「督辦親啟」來信的人。

「聽說盛世才從一九四一年起就沒有用過私人秘書，一切來往的密電碼都由他自己或他的妻子邱毓芳翻譯，一般的信件則批復副官處理。所以，新疆雖然年年不斷地逮捕人、屠殺人，一般未曾進過監獄的人，對盛世才仍然有絕對的信任。都認為：『督辦不會冤枉人的，是那些被捕的人對不起督辦。』由此可見，盛世才懷柔部屬的手段是如何的高明。」[2]

一陰一陽謂之道。盛世才剛毅，令部下生畏，邱毓芳溫柔，令下屬溫暖。

「盛世才對於他的部屬的家庭生活，也表示十分關切的樣子。聽說他有時候也會偶然跑到你家裡去拜訪你，帶給你的愛人或小孩一點小禮物。那些新派縣長或擔任要職的人員，臨行前盛都會作個別談話，或留在家中吃頓便飯，為你送行。所以許多人都肯為盛世才赴湯蹈火而不辭。」[3]

1　文思主編《我所知道的盛世才》，中國文史出版社，二〇〇三年一月，第一九八頁。
2　文思主編《我所知道的盛世才》，中國文史出版社，二〇〇三年一月，同頁。
3　宋念慈《我所認識的盛世才》。

在創辦新疆女子學院、新疆婦聯會，推動新疆婦女移風易俗，動員新疆婦女支援抗戰前線，寫信勞軍，捐獻物資等諸多方面，邱毓芳做了很多開拓性的工作。

就盛世才夫婦的政治關係而言，倒是體現了新疆婦女政治地位的提高，開創了邊疆一代新風。因為，在邱毓芳之前，從沒有哪個夫人如此拋頭露面，公開參政議政的。對於邱毓芳的政治傾向和角色，盛世才亦不避諱，他在寫給王明的政治信中充分體現了這一點，他在結尾中寫道：

……以我個人和邱毓芳的名義給您和您的夫人菲薄的禮品，僅以表達我和邱毓芳以及所有在新疆工作的信仰共產主義的同志們對您的敬意。

希望您和您的夫人笑納。

我這封信寫得很潦草，有失恭敬。然而，這是我親筆寫的信。

祝您和您的夫人健康。

馬克思主義、列寧主義和史達林主義的信徒。

盛世才

一九三六年三月十五日

邱毓芳問您好。

隨函寄上我的照片。

在寫給共產黨領袖王明的效忠信中，左一個邱毓芳，右一個邱毓芳，可見邱毓芳在盛世才政治生活中、心目中佔有相當位置。

邱毓芳的人生有兩次最輝煌的際遇，一次是在莫斯科受到史達林的宴請，另一次是在迪化迎接宋美齡到訪。

一九三八年八月，邱毓芳陪同盛世才祕密訪蘇。據前蘇聯檔案記載：

當莫洛托夫同志得知督辦是攜家屬一起來蘇的，便問督辦：如果我們請你們全家參加宴會，您意願如何？接到這樣的邀請，督辦甚至有些不知所措。他說，自己的妻子將會感到非常的幸福，因為她曾多次表示希望能夠見到世界無產者的偉大領袖史達林同志和蘇聯政府官員們，只是督辦阻止了她並不允許她打聽這方面的情況，畢竟領袖並不是她想見就見得著的。

史達林等蘇聯領導人以家宴的方式宴請盛世才一家，足以證明史達林對新疆的重視，對盛世才的器重。這種禮遇方式，超出了盛世才夫婦的預期，使他們誠惶誠恐。回國前，史達林又送出重禮，邱毓芳得到一隻鑲鑽鉑金手鐲。

一九四二年，用蘇聯人的眼光看，盛世才背叛了史達林，標誌是蔣介石夫人宋美齡訪問迪化。是年八月二十九日，宋美齡代夫西行，前往迪化看望盛世才夫婦，高調宣誓新疆回歸國家。因是第一夫人宋美齡到訪，邱毓芳作為主人，在迎接宋美齡訪迪中，出盡了風頭。

八月三十日《新疆日報》頭題的新聞標題是「全疆人民偉大領袖盛督辦兼主席偕夫人——全疆婦女領導者邱委員長亦親自蒞場歡迎遠途而來的貴客。」

接待宋美齡的禮儀是被盛世才夫婦精心安排過的。

……下機後蔣夫人首先和偉大領袖及夫人握手寒暄，並接受在場群眾的熱烈歡迎，及婦協和女校代表之獻花，賓主盡歡，盛極一時。繼而由偉大領袖及夫人陪同蔣夫人及全體來賓在機前留影，然後由盛夫人及盛小姐克文陪同蔣夫人合攝一影，作為兩大婦女領袖首次會面之紀念。

在軍樂與歡呼聲中，由盛夫人陪同蔣夫人合乘第一車，車經督辦公署門前，夾道兩旁早已列齊婦女歡迎隊伍，女校大中小全體教員和學生懷著熱烈的心情，帶著企望的微笑，在靜候她們最敬愛的蔣夫人！蔣夫人當即由盛夫人陪同下車，與歡迎代表相見，並接受代表之獻花，寒暄已畢，仍由盛夫人陪同登車，在夾道者的熱烈歡呼中，遊龍一般的汽車先後馳入督辦公署。

宋美齡抵達迪化的第二天，專門去邱毓芳任校長的新疆女子學院參觀。這給了邱毓芳莫大的面子，亦提高了女子學院的聲譽。

盛世才夫婦亦曾邀請國民黨元老陳立夫訪問新疆女子學院：盛世才對我極為優遇，別人到了新疆不能自由行動，但我例外，我可以隨意到處參觀，到處演講。盛的太太辦了一所師範學校，也請我去講演，這是別人從來沒有的事。

據陳立夫觀察盛世才夫婦的關係，此人能力頗強，但失敗在不信任任何人，最後連一個親信都沒有，因為中央派去的人，他既不放心，身邊的老部下也不信任，充其量也只有相信他自己的太太一人而已。

在盛世才執政期間，邱毓芳被尊稱為「全疆人民偉大領袖盛督辦兼主席偕夫人——全疆婦女領導者邱委員長」，亦是高處不勝寒者。邱毓芳在新疆的謝幕，是那篇刊登在一九四四年九月三十日的《新疆日報》上的《給新疆婦女同胞的一封信》，全文約一千一百餘字：

全疆婦女同胞們：

十幾年前，新疆本是一個黑暗落後的省份，我們婦女的生活，不如牛馬。自從四月革命以來，由於政治的修改以及各宗族姊妹們的不懈努力，我們新疆婦女已逐漸脫離了黑暗落後的生活，走上了光明的大道。回顧近十年間，由於各宗族姊妹們的努力奮鬥，已經取得了相當的成果，本省婦女生活已逐漸改善，入學的和參加社會生產的姊妹們也一天天多起來，家庭環境和社會風習，也都由於女性知識和地位的提高而受到良好的影響；對於建設新疆融入國家民族，爭取抗戰建國的勝利，各宗族姊妹們更能根據國父遺教和總裁訓示，出力出錢，做出許多光輝的成績，毓芳得追隨各宗族姊妹之後，共同努力於振興國家民族的偉大事業，自感十分欣幸，同時對於各宗族姊妹們艱苦卓絕的精神和自強不息的毅力，更覺欽佩不已；可惜毓芳才淺力微，對於各宗族姊妹們的事業亦未能有多大的貢獻，實在是萬分抱歉的。現在我國抗戰已進入最後關頭，勝利曙光已在眼前，後方的建國工作更成了刻不容緩的急務，因而我們後方婦女的責任，也就更加沉重起來。在邊疆緊急的時機之際，毓芳本來應該而且衷心熱望和我所敬愛的各宗族姊妹們繼續共同努力，加緊擴大婦運，以求有裨於建國大業；則以毓芳年來多病，身體病弱，對於各種工作，往往力不從心，常此以往，深恐對已對人，都無裨益。現在，出於萬不得已，只好遵照執行醫生之囑呈准政府，辭去職務轉地作長期的休養，而念及我各宗族姊妹十年來，融洽之情，同工之誼，一旦分開，實覺有無限的惆悵。當此離開的時候，毓芳謹將個人幾點小小意見，貢獻在各族姊妹之前，不敢說是作為體己從公的參考，權當友情的紀念而已：

第一，希望各宗族姊妹們仍一貫的精神澈底信仰並實行三民主義擁護中國國民黨，擁護蔣總裁，為三民主義在中國的實現奮鬥到底。

第二、對自己應保持好的品德，堅守勤苦耐勞的作風，努力工作，加緊學習，做母親的要做一個國家民族所需要的「良母」，做妻子的要做一個國家民族所需要的「賢妻」。做女兒的要做一個國家民族所需要的新時代的新女性。

第三、對於家庭社會應起模範和影響作用；以四維八德為原則，積極提倡救國運動，並以己身作則，守持禮教，培養新社會的新風氣。要知道我們婦女的行為和社會風氣極有關係，過去我們婦女所以沒有社會地位，甚至遭人輕視，主要的原因，也就在於沒有地位明白這個道理。我們婦女要轉移風氣，建立新社會，提高本身地位，仍然要從修身作起。

第四，對於國家我們要繼續貢獻一切，增強抗戰力量爭取最後勝利。要達到這個目的，首先必須厲行節約和參加生產，今後大家應該澈底實行節約，避免一切不必要的消耗，節衣縮食，貢獻國家，同時應該站在生產的最前線，為民族流血汗，為國家增富源，澈底革除過去婦女好吃懶作的惡習，方不愧為大時代中的典型女性，才能有益於抗戰建國。

行將別去，不勝依依，謹祝各宗族姊妹身體健康，精神快樂！

邱毓芳謹啟

假如我們單純閱信，不知邱毓芳是誰，不陷入後世對盛世才惡評的語境、恩怨和情緒之中，會有何印象呢？應該說，這封信是有政治高度的，有現代民族國家和男女平權觀念的，是符合中國傳統文化道德的，內容是健康向上的，對新疆的婦女同胞是充滿感情的，對新疆婦女的期許是從大處著眼的，執筆人的態度是平等謙恭的。至於擁護領袖、因病請辭、離職休養等虛詞，乃政客之慣技，非邱毓芳之發明，當以寬容心待之。

話說回來，即使用今天的眼光看，這依然是一封好信，信中提出的目標今天中國的婦女仍未完成，今後仍需

已無實職的盛世才與邱毓芳與小女盛克文在南京合影

努力奮鬥。據說，此信由盛家大女兒盛克勤執筆，邱毓芳授意修訂完成。盛克勤是盛世才夫婦唯一從南京帶來的小女孩，時在新疆女子學院文科學習，有藝術天才，善於演戲和寫作，後到美國留學，定居美國。這封信表明，盛、邱兩家受益於教育，亦重視子女教育，同時不遺餘力地發展邊疆公共教育，其心其功是應當肯定的。

農家子弟盛世才缺少浪漫的細胞，亦未留下什麼愛情箴言，他往往在就事論事中，吐露自己對婚姻的看法：

> 有一次，盛世才又約我和龔復到督辦公署他的住處去，十一點鐘到他家吃便飯。這次盛世才和我們談話更是輕鬆，毫無拘束，從個人的切身問題談到青年人的婚姻問題。盛世才說：「新疆女子許多人不肯嫁給內地來的人，並不是說內地來的人不好。其實有二個原因：第一內地來的人多有妻室，而騙人說尚未結婚；第二內地來的人，三年五年後又得回內地去，而女子不忍離別爹娘到遙遠的內地去。」[1]

盛世才這段話表明了他對婚姻的態度：不能欺騙女性，反對重婚。盛世才與邱毓芳的婚姻，雖經歷了政治與戰爭驚濤駭浪的考驗，卻穩如磐石，從一九二一年至一九七〇年，無論順境逆境，臺上臺下，五十年間都相偕相伴，沒有傳出什麼緋聞。

有意味的是，「大哥大嫂在臺灣的日子，寧靜而不被打擾，夫婦兩人還聽天主教的道理。」[2]很難相信，一個共產主義的信徒，一個無神論者，一個視中國儒釋道傳統文化為朽物的軍事強人，晚年竟以宗教為皈依，仰天主為神明。

---

1 文思主編《我所知道的盛世才》，中國文史出版社，二〇〇三年一月，第一九八頁（口述人魏中天曾在新疆省政府任職，一九四三年春天由重慶到新疆）。

2 盛世驥《蔣介石的封疆大吏——我家大哥盛世才》，萬卷樓圖書有限公司，二〇〇〇年八月，第二〇八頁。

北金不溶南水

蔣介石、郭松齡有功於民國，有恩於盛世才，都是史實。盛世才是承認蔣恩並想報答的。民國十六年（一九二七）初秋，大哥自日本陸軍大學畢業歸國。大哥之所以會來南京政府，主要是為了回報蔣介石幫助他完成學業的恩情。因為「盛世才」不過是無名小卒，蔣介石本來可以不理他，現在居然肯助他一臂之力，完成學業。大哥抱持著這樣感恩的心情來到南京，希望提供所學，報效國家。[1]

盛世驥只說了直接的一面，間接的一面是，郭松齡是東北軍一代名將。盛世才做了郭的義子，就不再是無名鼠輩。郭松齡聯合馮玉祥，起兵反奉，打出國民革命軍的旗幟。蔣介石知道盛世才，興許從馮玉祥始。為打倒北洋軍閥張作霖，一度是他們共同的革命目標。蔣介石與馮玉祥甚至同結金蘭。郭松齡兵敗身亡後，馮玉祥接濟義子盛世才續讀日本陸軍大學，繼而由蔣介石續助，自有其因果關係。郭松齡死後，盛世才依然受到義父英靈的護佑。

再說蔣介石領導的北伐革命已取得成功，作為中國的新權威，他代表國家，代表正義，手中握有無限的資源，有志青年效力南京政府，許是最好的選擇。

盛世才很快在國民革命軍中找到了自己的位置。

那時正值國民革命軍北伐期間，大哥進入南京政府後，先在賀耀祖部任參謀，後調任革命軍總司令部上校參謀，並兼中央軍校附設軍官團歐洲戰史教官。民國十七年任北伐軍總司令行營參謀處作戰科長。北伐成功後，同年十一月調參謀本部第一廳第三科上校科長。[2]

中國人有很強的地域觀念。地方軍閥割據一方，暗通列強，阻撓國家統一，為虎作倀；民眾只知督軍，不知總統，即是地緣關係的真實寫照。國民黨從南方起家。在革命黨時期，華興會（湖南人）、中興會（廣東

1 盛世驥《蔣介石的封疆大吏——我家大哥盛世才》，萬卷樓圖書有限公司，二〇〇〇年八月，第二六頁。
2 盛世驥《蔣介石的封疆大吏——我家大哥盛世才》，萬卷樓圖書有限公司，二〇〇〇年八月，第二三頁。

人）、光復會（江浙人），就難容一爐，三方爭來打去。到國民黨時，廣東成為革命策源地，第一次中國全國代表大會上，北方人代表比例低，且長期都是副職。北方人難融入南方國民黨系統中，既有地緣問題，亦有文化問題。[1]

在南京國民政府供職的盛世才，自然會遇到地域文化和人際關係的障礙。也許他做過努力，但最終北金不溶於南水。盛世才不止一次地對他的同學好友講過他在南京的經歷，痛斥「南人」的虛偽奸詐：

> 他曾向我表示，在參謀本部工作時，同仁彼此很少談工作，多數時間都是以風花雪月為題材，對於他這位日本陸大出身的人，尤其有些敬而遠之的跡象，他對這些同僚的舉措言行，早已有些懷疑。某日，他聽說翌日是廳長劉光將軍的生日，於是他向同僚們詢問，明天要不要去表示祝賀一番，大家個個都搖頭，表示不屑得去。他心裡很覺得懷疑。第二天他獨自帶些禮物去了，及至登堂一看，幾乎全體的同僚都到齊了，唯獨缺他自己一人！原來他以為自己可獨佔鰲頭，不曾想險些被人給甩掉了！他由天性配合著經驗，使他了悟到了社會人心的險巇。他說：「你不要太相信別人的話！」這件事引發了他的猜忌本性，也促成了他日後對人對事，永遠不忘偽裝詭詐的作風。他在新疆十二年間，表面上和藹謙恭親切，但在背後卻從各方搜集不利於某人的資料，就宛如一個劊子手，經常端詳他友人的脖子，應從那裡開刀一樣。令我記憶最深刻的一段談話，也最足以表示他的真正性格。

盛世才只看到了南方文化的負面，由此得出結論，要鬥垮「南人」，就要比他們更偽詐，更狠毒。

盛世驥晚年在臺北，仍對南北文化相斥記憶猶新，甚至耿耿於懷：

> 大哥在南京期間，我在南京就讀五三公學，由大哥供給一切生活費。當時，我僅是一名學生，也同樣感受到由地域觀念，而帶來的強烈排斥感，當時班上的南方人叫我「北方傖子」，我則叫他們「南方蠻

---

1 汪朝光主編《蔣介石的人際網路關係》，社會科學文獻出版社，第二五八—二五九頁。

子」，由於班上只有我一個北方人，常受欺負，所幸，我的塊頭比他們高大，占了形體上的優勢，打起架來絕不吃虧。如果不是大哥要我來南京讀書，我絕不會到南方來的。[1]

盛世驥在相對單純的學校尚且如此，在利慾薰心的官場，拉幫結派，明爭暗鬥，爾虞我詐，司空見慣，盛世才格格難入其流。盛世才研修過政治經濟學，這給他帶來一定的觀察和分析能力，他從自己有功不賞、獎罰不明中，看清了南京國民政府的內幕運作模式。他發現政府內部的關係網絡相當複雜，君臣際分乍看分明，層次清楚；然而這上上下下，裡裡外外的關係，交織錯綜，任何人都不可能抽離而獨立。人人都有關係，每個人也可以無限延伸各種關係，這些關係維繫每一個人的定位。同學關係、同鄉關係、黨派關係，各種關係牽制著整個政府的人事安排。因此搞好關係，建立關係，成了政府人員的當務之急。

盛世才是一個來自東北的孤客，在以南方人為主的南京政府中，既少同鄉，又非黃埔，亦不是國民黨員，顯得勢單力薄，孤獨無助。他也曾想依靠才能和勤勉，獲得擢拔，但少將軍階申請書，被冷冰冰退了回來。更讓盛世才痛恨的是：

北伐期間，大哥看到南京政府有一個怪現象，就是身為要員的官吏，一到星期假日，就往歌舞昇平的上海灘歡度假期，彷彿忘記身處戰亂非常時期的事實。[2]

他讀到恩師張季鸞抨擊南京政府的社評：「不廉不潔者為常行，而廉潔者反成異事」，大呼快哉！實際上，國民黨的貪腐之風、裙帶之風，在經過了艱苦卓絕的抗戰之後，亦未得到克服改正。一九四三年末，盛世才在離開南京十三年後，在陪都重慶，看到國民黨不僅病根未除，而且有愈演愈烈之勢。他與蔣介石多次博弈，多少與國民黨貪腐之風有關。

1 盛世驥《蔣介石的封疆大吏——我家大哥盛世才》，萬卷樓圖書有限公司，二〇〇〇年八月，第二四—二五頁。
2 盛世驥《蔣介石的封疆大吏——我家大哥盛世才》，萬卷樓圖書有限公司，二〇〇〇年八月，第二六頁。

寫給王明的信

供職於南京軍界的上校參謀盛世才拒不加入國民黨，因為他早年在思想上信仰馬克思主義，傾向共產黨，蘇俄社會主義是他心中的燈塔。在其回憶錄中，他對此直言不諱。也許是志不同道難和，他與蔣介石總是貌合神離。雖然他在寫給蔣介石的信中，恭恭敬敬稱蔣為校長，謙稱自己是蔣的學生，但這並非真心話，只是敷衍虛語而已。

一九三六年初春，他寫信給遠在莫斯科的中共代表王明。他認為國共兩黨勢不兩立，他的密信內容蔣永遠不會知道，在信中他與資助他完成學業的蔣介石、馮玉祥劃清政治界限，將心中對蔣介石的憤恨盡情地宣洩出來：

……我很想並希望獲得您和中國共產黨的指導。我說的完全是實話，沒有半點虛假。過去，蔣介石和馮玉祥利用和欺騙蘇聯，利用和欺騙中國共產黨，有誰能保證，我不是第二個蔣介石和馮玉祥。對於這個問題，我自己作以下五點回答：

第一點：無論是蔣介石或是馮玉祥，完全不掌握馬克思列寧主義和史達林主義，所以與蘇聯和共產黨友好，不是出於對共產主義的信仰，而是僅僅為了個人事業的成功利用蘇聯和共產黨。我卻正與此相反：從一開始就只是出於信仰，我實行親蘇親共政策，因此這種友好不具有任何利用和欺騙的性質。

第二點：蔣介石和馮玉祥已有政治地位，為了維護和提高自己的政治地位，他們便利用蘇聯和中國共產黨。我還在進入新疆之前和當督辦之前，已經信任並要求參加共產黨。只是當我擔任新疆邊防督辦之後，我面對局勢，利用自己的地位，公開親蘇、親共，我毫無維護自己地位的思想。

第三點：蔣介石和馮玉祥實行親蘇親共政策是由於他們沒有別的出路，所以當他們覺得沒有必要親蘇親共時，他們便會敵視蘇聯並殘暴地殺戮共產黨人。而關於我不能說沒有出路。正是由於親蘇與反帝，我招致了蔣介石、汪精衛和國民黨政府的敵視，假如我不信仰共產主義並拋棄同蘇聯友好與反帝的政策，那毫無疑問，便能同南京政府建立最親密的關係。此外，眾所周知，如想維護督辦的地位，最好的辦法是表示對南京政府的絕對服從，願意當蔣介石和汪精衛的直接的奴僕和間接當帝國主義的走狗。然而，我敢於不顧督辦的崗位，同蘇聯友好並反對南京政府，這是由於我信仰共產主義並反對南京政府的背叛行為。

第四點：蔣介石和汪精衛同蘇聯和共產黨友好是臨時性的並是短暫的。而我同蘇聯和共產黨的友好是自始至終不變的。我到新疆工作三年的時間證實，我實際上是完全站在反對帝國主義陣營的立場上的。

第五點：從蔣介石和馮玉祥所採取的政治立場看，他們是軍閥，從事殘暴血腥的事業，而我個人，從擔任督辦的職務起絕對是誠實的。近八、十年間，在中國高層的軍官和行政官員中和高層的地方官員中完全沒有如同我這樣大公無私的人。我之所以能成為這樣大公無私的人，是由於我信仰共產主義。

盛世才一面痛罵和否定蔣介石，一面自我標榜，又極盡肉麻地吹捧王明：

我早已想給您寫信，但總是沒有機會。現在王立祥（由蘇聯派赴新疆工作的聯共黨員）來莫斯科，我利用這個機會，給您寫這封信，以便向您敘述個人的歷史並向您問好。

同時給您寄去我近年寫的幾篇文章，請指正。我寫的這些文章稱不上著作，很粗糙，很少價值，但即便如此，我還是請求您給予指正。

然後我要給您寄何語竹先生（新疆盛世才「十大博士」之一，一九三七年被盛世才以「日本帝國主義走狗」罪名逮捕入獄，一九四五年三月隨軍委會「特審團」去重慶）寫的盛世才的傳記。我想，您從領導中國革命的觀點，必須知道我的傳記。

此外，我給您寄去我已經讀過的書目清單。

我這封信寫得很潦草，有失恭敬。然而，這是我親筆寫的信。

馬克思主義、列寧主義和史達林主義的信徒

盛世才

一九三六年三月十五日[1]

1 一九三六年三月十五日新疆邊防督辦盛世才給中國共產黨駐共產國際代表王明的信，藏莫斯科俄羅斯當代歷史文南保管與研究

盛世才要求加入共產黨，為什麼不寫信給毛澤東，卻要給王明寫信呢？

「王明是共產國際主席團和書記處的成員，又是共產國際的發言人，王明當時的地位要高過毛澤東，他的權威和影響也要高過毛澤東。」[1]

盛世才討好王明，親近共產黨，疏遠國民黨，是有其思想根源的。盛世驥在書中寫道：

盛世才在日本陸軍大學中，除了學習軍事高級指揮課程外，對他影響最大的就是馬克思《資本論》、社會主義和共產主義思想。「當時，知識份子談馬克思、論共產，蔚然風潮尤其在蘇聯提出『無產階級專政』『消除階級、解放人民』這樣聳動的口號之後，從莫斯科到東京，歐洲和美洲，世界各個角落，工廠裡、礦坑裡、貧陋的街巷裡；不分勞工、農人、知識份子，大家都熱烈地討論，從俄羅斯傳來救世的福音。那時在東

1 郭德宏編《王明年譜》，社會科學文獻出版社，二〇一四年三月，第三四九—三五〇頁。中心，全宗號四九五，目錄號七四，卷宗號二七八，第二三—三〇頁，轉引自《百年潮》二〇〇三年第一期，作者：李嘉谷譯，原題：《盛世才致函共產國際代表王明》。

王明在中共黨內地位崇高，一九三七年十二月延安。圖左至右為：張聞天、康生、周恩來、凱豐、王明、毛澤東、任弼時、張國燾

京有不少東北同鄉，他們常聚在一起研究馬克思主義，其中有的是聯共黨員，有的是參加共產黨的週邊組織，如何語竹、宋伯祥（宋念慈），王立士等都是聯共黨員（蘇聯共產黨），他們都是一群積極的革命分子。」[1]

這僅僅是問題的一面。盛世才無論寫給王明或蔣介石的信，表白有真有假，政治計算是真。他知道，要取得史達林和共產國際的信任，必須先過王明這一關，因為史達林信任王明，視其為中共的代理人。寫信之前，盛世才是認真做過功課的，深思熟慮之後，才下筆千言。可歎的是，王明後來在共產黨內並未得勢，盛世才也背叛了共產黨。

美齡使蔣「不糟」

男大當婚，婚姻是男子成人的象徵。蔣介石早年的婚姻亂象，與包辦婚姻不無關係。蔣父早夭，在母親含辛茹苦將其拉扯長大，十四歲即奉母之命成婚，娶鄰村毫無背景的十九歲姑娘毛福梅為妻。假若蔣介石不讀書、不習武、不留學，甘願做一名商人或村夫，也許他能與元配夫人毛氏廝守一生。偏偏蔣母望子成龍，不但送他讀現代新學，而且送他赴日本讀書。離開家鄉，擺脫家庭束縛，外面的現實世界將重新塑造蔣介石。蔣因教育而與時俱進，毛無教育而吃齋念佛，蔣毛婚姻解體只是早晚之事。

蔣介石一生中，與四個女人有正式婚約：

毛福梅，蔣毛婚姻時間為二十年（一九〇一—一九二一）

姚怡誠，蔣姚婚姻時間為十年（一九一一—一九二一）

陳潔如，蔣陳婚姻時間為六年（一九二一—一九二七）

1　盛世驥《蔣介石的封疆大吏——我家大哥盛世才》，萬卷樓圖書有限公司，二〇〇〇年八月，第十七—十八頁。

宋美齡，蔣宋婚姻時間為四十八年（一九二七—一九七五）[1]

蔣介石在革命中先後遇見姚、陳二人，均屬現代女性，應該說一個比一個漂亮、開放、有才華。直到他遇見了宋美齡，其婚姻才穩定下來。

一九二五年是個有趣的年代。這一年初，國民革命領袖孫中山逝世，留下「革命尚未成功，同志仍需努力」的遺言。這一年末，年輕有為、深受孫中山賞識的蔣介石送十五歲的兒子蔣經國赴蘇聯留學。此時，美女陳潔如還與他相伴，但初見宋美齡，禁不能自已，即展開熱烈追求。

蔣介石鍥而不捨的追求，到了一九二七年有了結果。一九二七年十二月一日，蔣介石與宋美齡正式在上海結婚，新郎實歲四十，新娘三十歲。這是一場張揚而莊嚴的婚禮。當日，蔣介石在上海發行量最大的報紙《申報》上刊登了兩則啟事，一是蔣宋聯姻，一是蔣介石的主婚聲明，聲明稱：「毛氏髮妻，早經仳離，姚陳二妾，本無契約。」言外之意，蔣宋聯姻，乃明媒正娶。中國傳統文化講名不正則言不順，言不順則事不成。

結婚典禮先按基督教方式在宋宅進行，證婚人是中華基督青年全陶協會總幹事余日章；隨後又在上海大華飯店舉行傳統婚禮，證婚人是國民政府大學院院長蔡元培。美、英、法、日本、挪威等十幾個國家的領事出席婚禮。這使得政治婚姻上又增添了外交色彩。[2]

在辛亥革命後的民國歷史上，沒有哪一個婚禮的影響力可與蔣介石與宋美齡相提並論。美國《時代》週刊如此評價這樁婚姻：「僅僅一個家族的觸鬚就分別伸向了中國偉大的首任大總統、今世的征服者、位高權重的財政部長以及中國先哲的七十五代孫。」

宋耀如將宋氏三姐妹送到美國留學，回國後分別嫁給了中國偉大的首任大總統孫中山、孔子的七十五代孫民國財政部長孔祥熙，以及率領北伐軍建都南京的蔣介石。他的教育投資獲得了空前絕後的回報。

蔣介石對這樁婚姻似乎志滿意得。他於一九二七年十二月一日在報上發表《我們的今日》一文。文章稱：

1 師永剛、張凡編著《蔣介石》（一八八七—一九七五），華文出版社，二〇一一年八月，第一五八頁。

2 師永剛、張凡編著《蔣介石》（一八八七—一九七五），華文出版社，二〇一一年八月，第三六頁。

「余平時研究人生哲學及社會問題，彼深信人生若無美滿姻緣，一切皆無意義，社會無安樂之家庭，則民族根本無從進步，為革命事業者，如不注意社會之改造，必非真正之革命，則革命必不能澈底。家庭為社會之基礎，故改造中國之社會，應先改造中國之家庭，余與宋女士討論中國革命問題，對於此點實有同一之信心。余二人此次結婚，倘能於舊社會有若何之影響，新社會有若何之貢獻，實所大願。」將個人婚姻家庭與社會改造、革命事業聯繫在一起，蔣宋婚姻的確不同凡響。

此時盛世才回到國內，在國民革命軍中效力。當時盛世才的老師、《大公報》主筆張季鸞撰文，直斥蔣介石將革命與個人婚姻硬扯在一起。亦有人說，蔣介石通過婚姻紐帶進入中國最有權勢的宋氏家族，這是一樁地地道道的政治婚姻。

此言差矣。一般人的婚姻也許與革命沒有多大關係，但民國第一家庭的婚姻，勢必對革命乃至國家產生難以估量的影響，尤其在國與家混淆不清的中國。

實際上，國家領袖的婚姻，政治家的婚姻，無不超出個人範疇，將或多或少對社會產生影響。婚姻對個人事業與國家的影響，與婚姻的品質有很大關係，婚姻品質差、契約短，影響則小，反之，影響甚大、甚長。

在明媒正娶宋美齡之前，蔣介石有過幾次不成功的婚姻。世人由此質疑蔣宋婚姻的動機，並對其前景作出種種主觀臆斷。然而，最終事實證明了一切，亦消除了一切猜疑。

宋美齡對蔣介石的正面影響，中外史家無不認可。細而言之，可以涵蓋了思想、政治、外交和宗教信仰四個層面。

在思想上，宋美齡拓寬了蔣的國際視野和現代知識。即使今天再看那張曾被登載於美國《時代》週刊封面的照片，美齡身披白色婚紗的時髦照，今日亦是無數待嫁閨秀夢寐以求的理想。新郎蔣介石也難得脫下軍裝罕見地穿上了西服。而服裝的西化，只是蔣介石思想西化的表像之一。

在政治上，鞏固了江浙財閥對蔣的支持。以當時宋美齡的學歷、眼光與家庭背景，自然不會嫁給無名鼠輩。北伐戰爭使蔣介石一舉成名，他成了繼承孫中山大統的明日之星。蔣宋婚姻使蔣介石與江浙財閥結成聯盟，更有一大批留學英美的精英人才輔佐著他。蔣宋婚姻的成敗，既屬於私人的，亦屬於公眾的、國家的。

在外交政策上，宋對蔣的影響顯而易見。蔣宋大婚，各種八卦預測和解讀亦不脛而走。有一高人一語雙關地稱蔣宋婚姻為「（蔣）中（正）（宋）美（齡）合作」。中國要擺脫積貧積弱的頹勢，走向現代國家，必須邁過日本帝國主義稱霸亞洲這個檻。中國要打敗日本，至少需要二個條件：一是結束國內軍閥混戰局面，實現軍政統一，改造為現代國家；二是聯手美、俄等強國抗日。蔣介石的外交方向，聯美是戰略，聯俄是策略。與世界老大之間的外交關係，對中國尤為重要。昔日如此，迄今依然如此。中美合作，中國當興，可以雙關語悟之。

宋美齡對蔣介石最長遠的影響在宗教方面。面對蔣介石的求婚，宋美齡和其家庭在倫理道德方面向追求者提出了先決條件，即要求蔣介石先行與所有妻妾解除婚約，皈依基督教，才可能進入婚姻殿堂。在他人眼裡玩世不恭的蔣介石，竟一一履約。將婚姻置於宗教約束之下，其義務就是自覺遵守清規戒律，看似不自由，實際上是上帝對他們一生的保護。

在宗教信仰上，美齡父母富有遠見，美齡個人循循善誘。在信教之路上，宋一直認為自己是上帝派來幫助蔣介石的天使。「我知道宇宙間有一種力量，它的偉大，決不是人們所能企及的，那就是上帝的力量。母親鼓勵委員長精神生活的任務，既由我擔負了起來，我也日漸和上帝接近了。」

「在蔣先生與我結婚以前，他曾答應我母親要查考《聖經》，後來他果然忠實踐守這諾言。這在我母親臨終之前，她帶領蔣先生正式歸主。後來他每天仍然自行查考《聖經》，想要明白《舊約》中複雜繁奧的真理。這是一件頗為煩難的工作，因為難得有幾則聖經歷史，是一個不在基督救環境中長大的人會欣賞的。當我看到他這樣在困難中努力查考的時候，我曉得我應該幫他，像我母親一向所做的一樣。」

西式教育與基督教信仰，使宋美齡在中國與眾不同。基督教究竟給她帶來什麼影響呢？宋美齡在自述中說：「我知道我母親的生活，與上帝非常接近，我認識我母親的偉大。我在幼年時，對於母親強迫我的宗教訓練，多少有些不肯受命，但我相信這種訓練，給我的影響很大……今天想起來，這種常上教堂的習慣，養成了我做事的恒心，這真是深可感謝的訓練。」

堅定的信仰將伴隨人的一生，到了黃昏暮年，「余與蔣公相守相勉，每日早晚總偕余並肩一起禱告、讀經、默思，現在獨對一幅笑容滿面之遺照，閉目靜禱，室內沉寂，耳際如聞謦欬，余感伊仍健在，並隨時在我身旁。」

美齡自信：「在知識上我相信基督的神性，我也相信耶穌到世上來救贖罪人；但這對我個人並無大關係雖然他是為我死也是為全世界的人死，這事要在我身上並無特殊意義，至於罪嘛，人人都是罪人，我決不會比一般人更壞啊！」宗教可以把好人變為善人，把壞人變為好人。

「我的機會很好，我與丈夫合作，就不難對國家有所貢獻了。我雖有這樣的抱負，但只賴自我，我實在還缺少一種精神上的定力。」

「於是我方始明瞭，我只要就丈夫的需要，盡辦說明他，就是為國家盡了最大的責任。我就把我所知道的精神園地，引導丈夫進去。」蔣介石皈依了基督教，漸漸成了虔誠的教徒，這究竟是女人的魅力還是上帝的力量，誰又能說得清楚？可以肯定的是，宗教信仰使蔣介石一次次渡過難關，修正自己。只要蔣介石與正能量不離不棄，合作到底，一定會反敗為勝。

美國飛虎隊將軍陳納德的夫人陳香梅，同為受西方教育的中國女人，她對宋美齡的觀察頗顯獨到：「宋美齡可說得天獨厚一輩子在物質生活上沒有缺陷，在精神生活上的得失我想只有她一人能夠回答。對年輕的一代而言，美齡女士的一切是如此遙遠而近乎神祕。但從歷史的角度來看，中國近代史的風雲人物沒有一位能和她一較雌雄，在國際政壇，在中國權力圈中她都扮演著重要角色，許多人都相信假如蔣介石沒有宋美齡的內助，他的成敗將另有不可預測的變數。」[1]從西安事變開始，簡單的真實將被反復證明。

宋美齡伴隨蔣介石共度了從中年到老年的所有時光，蔣宋婚姻變得超級穩定。蔣宋婚姻中，有政治，亦有愛情。蔣介石所以成為國民黨的領袖，成為二十世紀影響中國和世界的偉人之一，除了他自身的志向和追求外，在他身邊總有一種正能量牽引著，早期是孫中山，繼而是宋美齡。一個當今中國最傑出的女人用宗教的力量在改造蔣介石，並全心全意輔佐他，揚長避短，抑惡揚善。

一黨領袖、三軍統帥、有影響力的政治家會不會有愛情？新近公開的《蔣介石日記》回答了這一問題。一九三二年三月二日，蔣介石寫道：「孤身寂寞殊甚，極想愛妻飛回也。」翌日又寫：「實思愛妻，望其速回。」至於是年十一月三十日的內心道白「以夫妻和睦為人生第一之幸福也」，更像出自一個普通文人之手。蔣介石一生征戰軍閥、日寇，與共產黨對抗，表情嚴肅剛毅，很少流露感情，幾次落淚都因美齡而起，可見其人性的一面。

1 《宋美齡回憶錄》東方出版社，二〇一〇年十一月，封底。

正如宋慶齡所說過的兩句話：「如果沒有美齡，蔣會變得更糟。」「過去沒有愛情，現在有了。」正是一九三六年的西安事變，使蔣介石當著美齡的面流下眼淚，並向世人證明了愛情與政治息息相關。

奇女子代夫西征

自一九四二年初春開始，經過蔣經國西北調研，朱紹良五度天山穿針引線，盛世驥赴重慶探路受訓，羅家倫、翁文灝等國民黨大員熱絡往返，蔣盛之間電報更是頻繁往來，到了一九四二年八月，盛世才與蔣介石的關係，或曰新疆省政府與國民政府的關係，似乎到了瓜熟蒂落的階段。

蔣介石解決新疆問題的帷幕，自一九四二年八月十五日正式拉開。

> 十時由重慶九龍鋪起飛，公所乘機為美國運貨飛機，初入機時，陽光照射其悶熱如蒸籠，為從來未有之難堪。若不急飛，幾將昏倒，而夫人此時面色已呈青灰矣。幸即起飛，空氣轉涼，乃漸復原。[1]

蔣介石偕尚在病中的宋美齡，一同飛抵蘭州。

> 十六日，即電告在迪化的朱紹良並轉盛督辦世才曰：「中昨已抵蘭，約駐十日。迪化機場駐有外兵否？如逸兄能抽暇可飛蘭一敘。明日約有飛機飛迪也。」[2]

朱紹良、盛世才聯名複電，迪化機場沒有外兵。

十七日，蔣介石向蘭州各界發表著名的《開發西北的方針》的演講。[3]

同日，盛世才、朱紹良聯名呈蔣介石的信函，全面報告收復新疆的行動方案。摘要如下：

---

1 蔣介石一九四二年八月十五日日記，《蔣中正總統檔案事略稿本》，國史館，二〇一一年十二月，第五四—五五頁。

2 蔣介石一九四二年八月十六日日記）《蔣中正總統檔案事略稿本》，國史館，二〇十一月十二日，第五八—五九頁。

3 《總統蔣公思想言論總匯總目錄》卷十九演講「開發西北的方針」，中國國民黨中央委員會黨史委員會，民國七十三年十月，第一六九—一八一頁。

盛世才、朱紹良呈委座函（八月十七日）

一、蘇聯屢次鼓動阿山叛變使之脫離中國加入蘇聯。民國二十九年春蘇駐迪化總領事唆使維族暴動，企圖組織維吾爾斯坦共和國，三十年三月間盛旅長被刺和四月革命節帶有全疆性暴動案，在迪化總領事巴庫林、軍事顧問拉托夫、中共負責者徐傑（陳潭秋化名）領導，同時在和田蘇聯貿易公司經理夏非科夫、商務代表益瓦年克參加（徐潤所供）。馬仲英受日帝之命企圖組織回教國。沙比提大毛拉受英帝之命企圖在喀什組織東土耳其斯坦。

二、充實國防意見

……外交，現時保持現存關係，以免鋌而走險。同時歡迎美國在迪化設領事館，歡迎英美人力財力開發新疆，請中央交涉農具製造廠（飛機製造廠）。

政治（一）請派省政府秘書長、教育廳長、外交辦事處長和黨務人員，並請在迪化設立監察使署，喀什設監察副使；（二）喀什、莎車、阿克蘇、和田四區在南疆地處重要，為使蘇聯活動有所避忌起見，各該區行政長職務請中央派員接充；（三）請派大中學教員（數理化國文教員）

軍事（一）自星星峽至巴楚、莎車暗中增兵萬人；（二）北疆派機械化旅化裝輸入並壯丁五千人，在新訓練武裝；（三）在迪化設立空軍教導隊一隊，購飛機，聘美教官；（四）一旦有事遵命堅守迪化。

請中央派員來新參加歷次陰謀暴動案件審訊工作。

預防中共奪取新疆，中共打通國防路線之計畫為多年企圖。

新省民族以漢人為最少，雖宣稱五十萬，實不滿二十萬人，其他民族大部信仰伊斯蘭教，希望在今年雪前移來難民三、五萬人，來新須共移百萬以上方能有濟。

經濟，調整法幣與新幣比值。新疆礦產有鎢、銻、鎳、白金、水銀等礦。

朱紹良、盛世才聯名的電函即得到蔣介石批復：外交意見可照辦；設立監察使署意見可照辦；設立新印沿路護路部隊可照辦；輸送難民五千可照辦；籌設空軍計畫亦可進行籌備；收回飛機製造廠亦可準備提交交涉；機械化部隊無多，暫時不宜增派；派員參加審訊工作可照辦，但暫不公開為宜；移民意見可著手籌備，先設移民局，核定經費，預定十年內移足百萬人；新幣與內地匯款暫時以美金折合，並與法幣規定比率；以後增強新疆之實力與對外交涉之步驟：甲先設外交特派員，使蘇聯在新外交入於正軌，乙派四二A主力進駐安西玉門，丙肅清內部。[1]

蔣介石批閱盛、朱長電後，「又親筆函盛世才，接彼於十九日抵蘭。」[2]也就是說，盛世才要於十九日抵達蘭州，走完新疆主權歸順國民政府的最後儀式。

不料，風雲突變。十八日，盛世才函電呈蔣介石：

> 新疆情形複雜，容緩晉謁聆訓。手示敬悉。行旌平安抵蘭，至深欣慰。竊職急願親赴蘭垣晉謁，崇階面聆教誨，惟現在新疆情形仍甚複雜，為策萬全起見，擬懇逸民兄到蘭後代為請示，再行決定晉謁鈞座辦法。[3]

盛向蔣報告稱，昨日有蘇聯坦克、裝甲車、汽車等八輛，未經通知向迪化開行，已通知外交部駐新疆特派員向蘇方交涉請其撤回。[4]蘇聯覬覦新疆領土久矣，且駐有軍隊、飛行大隊，在關鍵部門派有顧問，情治機關單獨運作，盛世才無權過問。盛世才是多疑之人，派遣許多特務密切監視蘇方的動向，因此稍有風吹草動，盛世才即疑雲竇生。盛世才以目前新疆情形複雜為由，明確說暫難成行。

已經搭好舞臺，戲班子應約登臺唱戲，票已售出，觀眾已入場，戲班主卻爽約，遂令各方陷於尷尬。況且，軍國大事，豈能以兒戲待之。有史者推測說，盛世才託辭不來蘭州，是心懷鬼胎，害怕到他控制不了的地盤上，蔣介石扣留他。多疑者必多變。疑神疑鬼，臨機應變，這符合盛世才的性格。

盛世才托詞不抵蘭州晉見，這可令第八戰區長官朱紹良措手不及。十九日，他只好攜盛函獨自到蘭州見蔣

1 《在蔣介石身邊八年—侍從室高級幕僚唐縱日記》，群眾出版社，一九九一年八月，第三二三—三二四頁。
2 《翁文灝日記》，中華書局，二〇一〇年一月，第八〇〇—八〇二頁。
3 （蔣介石一九四二年八月十八日記）《蔣中正總統檔案事略稿本》，國史館，二〇一一年十二月，第六九頁。
4 吳忠信日記，一九四五年十月二十日，新疆檔案館。

介石。

蔣在當日日記中寫道，「逸民（注：朱紹良）由迪化來蘭，商議由余赴新或囑盛（世才）來甘，皆覺不妥，以迪化機場已有俄國之驅逐機駐在故也。最後決定由妻代余赴新傳達意旨，以壯盛膽，亦所以慰之也。」[1]這就是說，蔣盛見面原有一個方案：盛來蔣迎；既然盛不敢來，遂派生出第二方案：蔣去盛迎，此案因不合禮儀、風險太大即遭幕僚一致否定。蔣認為，新疆歸順乃黨國大事，值得冒風險。「但為其左右勸阻，認為新疆情況複雜，尚未完全瞭解，元首係負國家安危，不可冒此危險。」[2]

蘇德大戰正酣，美日公開宣戰，國際局勢向有利於中國的方向發展，收復新疆主權正當其時，蔣介石與宋美齡豈肯失去翹盼已久的機會。然而，盛不敢東來，蔣不能西去，僵局如何打破？於是又生出第三個折中方案，由蔣夫人代蔣去新疆安撫盛世才。這恐怕是破解新疆難題的最好方案。

早在西安事變中，宋美齡就表現出俠肝義膽的氣質，臨危不懼的勇氣，舌戰群儒的辯才，靈活機變的手段。美齡是聰穎之人，她知道收復新疆於國家的戰略意義，更知道此行非她莫屬，要麼前功盡棄，要麼化險為夷。上帝眷顧蔣介石，每當危難臨頭，總是女子出面護衛男子。化解西安事變危機如此，化解新疆危局亦如此。

然而，此時宋美齡正在病中。蔣介石在日記中寫道：十一時（上午）由棲雲山出發，夫人以患傷風故未同行。[3]昨夜公以夫人傷風更重甚憂。乃派機赴渝接醫生診治，幸本日中午漸愈，熱度亦退，公心始慰。[4]蔣介石所擔心者，夫人一旦病重，再無人能代行也。

一九四二年八月中下旬，蔣介石坐鎮西北，調兵遣將，全面部署收復新疆，排程十分緊湊繁忙。這在其日記中可窺一斑：

1 （蔣介石一九四二年八月十九日日記）《蔣中正總統檔案事略稿本》，國史館，二〇一一年十二月，第七五—七六頁。
2 李帆群：盛世才投靠國民黨的前前後後《新疆文史資料選輯》二二輯，新疆人民出版社，一九八七年七月，第八六—八七頁。
3 蔣介石一九四二年八月二十三日日記，《蔣中正總統檔案事略稿本》，國史館，二〇一一年十二月，第九九頁。
4 同上第一〇六—一〇七頁。

人事安排最為敏感，示諭審慎處理，不要讓盛世才疑惑。晚考慮對新疆黨務、政治之指示。[1]

電王部長世傑研擬對新疆宣傳之計畫曰：新疆應即籌辦新疆日報或派員接替其現有日報並速由中央通訊社著有成績之記者常駐新疆工作，整個對新疆宣傳之計畫，希即研擬呈報為要。[2]

電何應欽、余鵬飛等人曰：沿甘新公里蘭州自迪化一帶應多鑿水井與發展驛運及設置兵站，希即擬具整個計畫，分期分段實施為要。[3]

下午研究新疆金融與派人問題。

晚接見梁寒操談新疆黨務。[4]

上午會客十餘人。

急電重慶孔副院長祥熙曰：請電匯新疆盛督辦美金十萬元，指明中央在新疆人員隨時支付之用。

蔣介石先後調動了國府的行政院長、軍政部長、外交部長、宣傳部長、財政部長等，可謂興師動眾。隨即，蔣介石與夫人離開蘭州，向嘉峪關方向運動。

下午一時由蘭州飛抵西寧，下機閱兵訓話，乘車入城駐行政公署。[5]

上午蒞馬前主席閣臣（麟臺）前巡視一周，以示憑弔之意。下午夫人由蘭州飛抵青海，偕游青海塔爾寺大、小金瓦殿，賞銀十萬元。[6]

是年春季，馬家兄弟已奉命調離河西一帶，遷回青海中部柴達木盆地屯墾，中央軍全面接管河西走廊一帶防務。

二十八日的行程沒有公開，蔣介石攜夫人宋美齡蒞臨嘉峪關。宋美齡二十九日飛赴迪化的決定，在高度保密

1 蔣介石一九四二年八月二十二日日記，《蔣中正總統檔案事略稿本》，國史館，二〇一一年十二月，第八九頁。
2 蔣介石一九四二年八月二十三日日記，同上第九二—九三頁。
3 蔣介石一九四二年八月二十三日日記，同上第九七頁。
4 蔣介石一九四二年八月二十五日日記，同上第一〇六—一〇七頁。
5 蔣介石一九四二年八月二十六日日記，《蔣中正總統檔案事略稿本》，國史館，二〇一一年十二月，第一〇八—一〇九頁。
6 蔣介石一九四二年八月二十七日日記，同上，第一一一—一一三頁。

之中，蔣在日記中寫道：

十一時半由西寧起飛，下午二時半抵嘉峪關機場，進駐段莊。此為往日遊擊衙門，今則為任姓私產矣。[1]

上午手書致盛世才函，囑夫人親往攜交。函曰：千里咫尺，未克面晤為念。今日內子飛新，代中慰勞，聊表惓惓之意而已。余托內子面祥，不盡百一，諸為心照。[2]

中正心路解密

九月一日，已返抵酒泉的宋美齡致電蔣介石，告知平安歸來。蔣在日記中寫道：

夫人由迪化就肅州言旋。

電迪化盛督辦世才曰：內子今午回甘，轉達詳情，恍如面晤，欣慰之至。日間巡視各地，途中匆促，未克祥告，一俟回渝，再行奉達。承蒙嫂夫人盛情招待，內子特囑代謝。

又，夫人亦另電盛世才夫人申謝。

盛世才複電：奉悉夫人平安抵甘，深為遠懷。惟此次夫人蒞新，正愧招待不周，極感歉仄，奉電言謝，更覺惶悚。謹電奉復。[3]

蔣與盛在電報上稱兄道弟，虛與委蛇，卻將真實想法深藏心中或記於日記中，盛世才至死亦未看到。

1 蔣介石一九四二年八月二十八日日記，第一一四—一一五頁。
2 蔣介石一九四二年八月二十九日日記，第一一八頁。
3 蔣介石一九四二年九月一日日記，《蔣中正總統檔案事略稿本》，國史館，二〇一一年十二月，第一三三—一三四頁。

據實際考察新疆之報告，公引為應注意者：（一）盛多疑不絕，應預防萬一之變化；（二）迪化迂腐至此，實為意料所不及；（三）盛至新名義，不宜用軍銜；（四）交涉俄軍撤退，應預作準備；（五）河西駐軍之速進。[1]

盛蔣鬥法，盛世才才高八斗，蔣介石亦非等閒之人，相比之下，蔣手中的牌更多，考慮更為縝密。

中午由寧夏飛西安，駐常寧宮，由寒冷處忽到燥熱之地，公覺不適，夫人亦幾病矣。[2]

至九月五日，蔣介石與宋美齡私下還在談盛世才：

下午，與夫人談盛世才對新疆已無恐懼之心，公謂，據此一點，已收成效。吾待人一本誠意，至於結果如何，故所不計也。

是日晚，宋美齡為看醫生，獨飛成都。蔣緯國送行。

妻於二十六日平安抵美，此心略慰。並據醫者檢查，絕無癌病，此心更安。[3]宋美齡帶病西征，是可證也！更可敬矣！

蔣介石在反省錄中寫道：……本周巡視甘肅河西與寧夏，對於新疆與內蒙一般情況，均得明瞭，則將來決策時，較有把握矣。[4]

大國者，邊疆廣袤也。欲做大國領袖，必有疆域情懷，必補疆域知識，必履疆域責任。考察抗戰以來蔣介石

1 蔣介石一九四二年九月二日日記，同上，第一三九—一四〇頁。
2 蔣介石一九四二年九月三日日記，同上，第一四一頁。
3 蔣介石一九四二年十一月二十八日日記《蔣中正總統檔案事略稿本》，國史館，二〇一一年十二月，第六三九頁。
4 蔣介石一九四二年九月五日日記，《蔣中正總統檔案事略稿本》，國史館，二〇一一年十二月，第一四七頁。

的施政軌跡，正努力彌補邊疆知識之短板也。

日記是最私密的文字。在蔣介石日復一日幾不間斷的日記中，記錄國是，議論人非，記述家事，時常流露鮮為人知的情感。

先看國是日記。新疆在蔣介石心中重如泰山：

新疆是我們中華民國的領土，久已列為行省之一。新疆又是亞洲心臟部的戰略基地，只有完全隸屬於我中華民國主權之下，才有貢獻於亞洲與世界的和平與安全。我國民政府雖在這抗戰期間，全副力量都用到對日作戰，而對於我大西北領土主權行政的完整，仍盡力保持，決不許蘇俄肆行其侵略，也不容許中共打通其國際路線，與蘇俄打成一片，來改變整個亞洲的形式，構成世界和平的威脅。

維護亞洲與世界的和平與安全，是國民黨作為執政黨的大戰略；反蘇反共，阻止蘇俄通過新疆與中共打成一片，是國民黨的大方針；更是蔣介石的大策略。

國家在美齡心中又如何呢？她曾撰文借家論國：

無論商家與住室，若無家主與老闆娘時刻貫注全神，管理業務，則必不成其言……因之無論家與國，皆必須有主，而且必須全賴其主者自身之努力奮鬥，其他皆不可靠也。[1]

這是一則頗有意思的譬喻，中西思想混雜其中。在中國人的傳統意識中，家國一體，國是大家，家是小國，故國破而家亡；就西方思想而言，就是公民意識，國家是公民之國，一旦國家有難，應地不分畛域，人不分男女老幼，每個公民都有責任為之奮鬥。作為「家主」和「老闆娘」，更要做國人的楷模：我不下火海，誰人肯為國家赴湯蹈火？就現代國家而論，「老闆娘」這一比喻易生誤解，遭人詬病。

1 《蔣介石日記》一九四一年十一月三十日。

次讀新疆日記。新疆歸屬問題令蔣介石寢食難安。

一九四二年七月十一日，蔣介石接到盛世才的親筆信，他在日記中寫道：

本日中午，由朱（紹良）長官轉呈盛世才來書，敘述彼與俄國一切祕密交涉之經過，詳盡無疑。於是俄國在新疆全部陰謀全部暴露，而其一九四〇年十一月間迫盛簽訂之《新錫協定》，比之袁世凱簽訂二十一條為尤過之，此種舉動，昔日倭寇對東北張作霖所未能為之者，而俄竟為之，其狠毒可謂帝國主義之尤者矣！

日記將情緒推到最高潮後，突然筆鋒回轉，慶倖今日之勝利：

我國何不幸而至此——東受倭患，西遭俄毒，而英國在我西南百年來殺人不見血的陰謀（指控制西藏）早已根深蒂固。若不有此五年來之對倭血戰，則今日之新疆決不能使盛世才懺悔歸誠，於此可證明公理與正義，必能戰勝一切矣！

具體到一九四二年八月的蘭新之行，蔣介石在日記中紀錄了中蘇之間相互過招、針鋒相對的過程：

自三十年上半年起，蘇俄對新疆壓迫愈甚，盛世才受到切身的威脅。三十一年四月間，蘇俄在新疆的領事及特工人員共同製造政變，企圖推翻盛世才，來建立其蘇維埃傀儡政權。我在是年八月間，巡視西北陝甘寧青各省，並派蔣夫人同朱紹良將軍飛往新疆省會之迪化，慰勞當地軍民，乃與盛世才商決保全國家領土主權，與還政於中央問題。於是盛世才乃乘德俄戰爭正在激烈進行的時機，即接受中央命令，完全輸誠了。此時蘇俄聞訊，立派其外交次長趕赴迪化，要求盛世才履行其在一九三四年向蘇聯所作在新疆施行共產主義之諾言，並以此相要脅，未得結果，悵然而返。[1]

以此為背景，再看美齡代夫西征成果：派駐國府外交特派員與中央駐新疆監察使，建立國民黨新疆省黨部，派駐軍隊逼蘇聯撤軍，清除共產黨在新疆的實力，以孫中山的三民主義代替蘇聯的共產主義中央政府恢復對新疆行使主權，以保障邊疆安全，並非虛言。

是年末，蔣介石在一年總反省中，再次記述國民政府收復新疆之事：

新疆省主席盛世才於七月間公開反正，河西走廊馬步青軍隊亦完成撤回青海。於是，蘭州以西直達伊犁直徑達三千公里之領土（古代歐亞主要交通路線所經過之地區）全部收復，此為國民政府自成立以來最大之成功，其面積實倍於東三省也。此不僅領土收回而已，蓋新疆歸誠新疆以後，我抗戰之後方完全鞏固，日本更不能再消滅我政府之妄圖，而俄國與中共之態度亦大為轉變，不敢複為我抗戰之害，此非上帝賜予中華民族之恩澤決不至此也。[2]

當蔣介石把新疆回歸與上帝恩澤混為一談時，其的喜悅和成就感就可想而知了。考察抗戰以來的艱困經歷，蔣介石夫婦收復新疆的無限喜悅，是建立在巨大付出基礎之上的。美齡在炮火中奠定了第一夫人的崇高地位。一九三七年「七．七」盧溝橋事變爆發，日本開始全面發動侵華戰爭。是年十月十二日，在戰火硝煙之中，美齡到前沿陣地慰問參加淞滬抗戰的士兵，在車禍中受傷，折斷了幾根肋骨。一九四二年末，宋美齡訪美，其在戰場上勇往直前的事蹟，通過國際主流媒體迅即傳遍世界，頓時引起同盟國大眾的崇敬。

是日，中央社華盛頓合眾電：據白宮下午發表聲明稱，蔣夫人業已抵美，伊入醫院醫治五年前所受之舊傷，當中國軍隊在淞滬區域抵抗日軍之全力攻擊時，伊曾赴前線視察，當夫人所乘之汽車以高速度通過日方猛烈炮

1 蔣介石《蘇俄在中國》，臺灣中央文物供應社出版，一九五六年十二月，第一〇一－一〇二頁。
2 張大軍《新疆風暴七十年》，第四九一〇頁。

火籠罩下之區段時，車胎突然炸裂，車身翻轉，夫人猛跌於地，然在戰爭之五年半期間，夫人均不以其健康有損，妨礙所擔負之重要職責。蔣委員長對夫人所負之重大責任將影響健康一事，極為關切，而直至本月初，夫人始從其侍從醫生之勸告，來美就醫。夫人於傷癒之後，將在白宮為羅斯福及夫人之上賓[1]

一九三八年六月，傷未痊癒，蘭封縣遭日機轟炸，美齡再受輕傷。七月，美齡再赴湖北黃梅縣前線慰勞前方將士，又遭日機轟炸，再次多處受傷。是年九月，美齡在勞軍，她直接進入河南富重山前線戰壕。她說：「慰勞就該到火線上，與士卒同甘苦、共生死！」

美齡在向日機示威，在向日人挑戰，在為國人做榜樣。她的勇敢究竟來自哪裡？她曾說過：「上帝讓我活著，我不敢輕易去死。上帝讓我去死，我決不苟且地活著。」心中有上帝，危難關頭就不畏死。敬佩美齡的人，不一定相信上帝，但他們相信美齡。

蔣介石在日記裡感慨夫人：「協力謀國之盡誠，匹世無雙也。」[2]這一天正是南京淪陷一周年祭日。一年中，宋美齡所表現出的勇敢和堅毅，國人有目共睹，蔣介石大為驚訝。

在蔣介石日記全本未公開出版之前，尚不知在宋美齡赴迪三日間，蔣介石寫了什麼。但可以肯定的是，這是蔣介石最揪心、最悵然的日子。檢閱蔣介石日記心語，蔣介石夫婦情意纏綿力透紙背：

> 本日夫妻尤依依不捨，甚以明日將別為憂。惟妻此次赴美，余以關係中美合作、國際與太平洋集體安全等方案交付，敬祝吾妻之能達成使命也。[3]
>
> 晨五時醒後不能安眠，默禱吾妻此行平安與成功。九時送妻至九龍坡機場，同上機，送至新津大機場。十一時，送妻登機，見其機大，乘坐必平穩，此心稍安。別時妻不忍正目仰視，別後更覺黯然銷魂之

---

1 蔣介石日記一九四二年十一月三十日，《蔣中正總統檔案事略稿本》，國史館，二〇一一年十二月，第六三六—六三七頁。

2 《蔣介石日記》一九三八年十二月十三日。

3 蔣介石一九四二年十一月十七日日記，《蔣中正總統檔案事略稿本》，國史館，二〇一一年十二月，第五九五—五九六頁。

情景，心甚被悲愴。惟祝上帝賜予生育子女，以補吾妻平生之不足也。[1]

這兩則日記，寫於一九四二年十一月十七、十八兩日。聯繫到這年八月二十九、三十日的日記，將心比心，一個人生死離別的心境，歉疚、銷魂、悴忍、悲愴、默禱，將心比心，亦大體相同吧！

宋美齡飛走了。蔣介石悵然若失。

平時不覺夫妻愛情之深，一旦分別，始悟吾妻愛吾之篤，世無其比也。[2]

十二天後，蔣介石致電宋美齡：

電夫人曰：明日為我們結婚十五周年紀念，東西遠隔，此為一生最大之遙念，惟祝上帝特佑我夫妻二人身體健康，共同完成革命大業而已，臨書悵悵。[3]

不久，宋美齡人生最絢爛的華章，以二戰為背景，在美利堅合眾國的大舞臺上驚豔地上演了。宋美齡成為當年《時代》週刊的封面人物。

美國《生活》週刊的記者這樣寫道：「議員們全都被夫人的風采、嫵媚和才華吸引了、驚愕了、繚亂了，在議員們全場起立熱烈鼓掌達四分鐘之久」後，蔣夫人開始了演講。最後，她說：「個人之品德，於困厄中驗之，亦於成功中驗之。以言一國之精神，倍加真確。」[4]

現代大國之第一夫人，不應是花瓶，她是國家形象和民族精神的一種象徵。宋美齡風靡美利堅，亦鼓舞了深

1 蔣介石一九四二年十一月十八日日記，同上第五九八—六〇一頁。
2 蔣介石一九四二年十一月十九日日記，同上第六〇九—六一〇頁。
3 一九四二年十一月三十日日記《蔣中正總統檔案事略稿本》，國史館，二〇一一年十二月，第六四七頁。
4 師永剛、林博文《宋美齡畫傳》，作家出版社，二〇〇三年十月，第一〇一頁。

陷戰火中的國人鬥志，堅定了民眾戰勝日本法西斯的信心。

督辦筆下的蔣夫人

與美齡訪美時鋪天蓋地的報導相比，雖然美齡代夫西征的記錄少得可憐，但在盛世才的眼中，蔣夫人是歷史上少見的偉大女性。

盛世才對宋美齡的誇獎分兩個階段，一是宋美齡訪迪期間，側重於個人魅力與品質方面：

> 夫人為人端莊嚴肅，秀外慧中，學識優長，豪爽剛直，不只是富於熱情，而且遇事果決；不僅是使我內子對夫人異常欽佩崇仰，凡親夫人顏色，聽夫人演說者亦莫不稱讚夫人為女中之傑。[1]

二是宋美齡在美國國會演講之後，評價側重於外交才能和國際影響力方面。盛世才在一九四三年四月二日創刊的《新新疆》雜誌中寫道：

> 夫人此次赴美，能感動全美人士，到處受到熱烈歡迎，激勵十三州美人，對中國抗戰加以更大的支援，對日寇加以更大的打擊，實非偶然之倖致，乃係夫人聰明才智，熱情好爽的偉大人格感召之所致，乃係夫人長於演說天才，熟悉國際政情，通曉美人心理，及善於反映現實，適中美人欲所欲聽，聞所欣聞，並在其演說詞中，既能指示美人在反侵略過程中，應該確定方向，努力打擊侵略陣線敵人的重心，又能指示世界及反侵略人類，尤其是滿足美人所憧憬與期望的戰後世界和平遠景，並建立有效的世界和平機構。[2]

1 張大軍《新疆風暴七十年》，第四九〇八－四九〇九頁。
2 晉庸：四月革命的回顧與前瞻，載於一九四三年四月十二日《新新疆》，第二五－二六頁。

在解讀了蔣夫人在美受歡迎的原因後，盛世才拔高調門說：

> 夫人此次赴美成就之大，不僅對中國國家民族，有莫大貢獻與特殊功勳，而且對世界反侵略人類，尤其對美人亦有莫大貢獻。夫人所作的事業與成就，不只在中國歷史上，論婦女在國際政治舞臺，是空前的，就是在世界歷史上，論婦女在國際政治舞臺上作政治活動的事業，亦所罕見。[1]

盛世才一向心高氣傲，自命不凡，目下無人。對於新疆的老官僚們稱頌楊增新，他就公開反駁說，不能用雄才大略輕易評價一個人，言下之意，楊增新不配，他才是高人一籌的新疆「四月革命」的偉大領袖。然而，他偏偏對宋美齡口吐蓮花，不吝溢美之詞，且有理有據，實實在在，看來亦非虛情假意。

與蔣介石相比，宋美齡對共產黨的態度較為持中，她反對共產黨，亦幫助過共產黨。二〇〇四年，「宋美齡遺物從紐約運回臺北公展，其中有一份她用英文寫的《與鮑羅廷談話的回憶》。這也是他與蘇聯共產黨人交往的真實記錄。其中宋美齡有這樣一段話：『鮑羅廷說我們一定會再一次問：在地球上如何來實現共產主義的極樂世界？我們必須糾正人性的弱點，這些弱點是：一，易受欺騙；二，溫情主義，在錯誤時刻與錯誤事實爭論的溫情主義；三，冷漠；四，道德上及有形的怯懦；五，徒勞的自我縱欲；六，苦悶與不滿；尋求刺激的併發症；八，競爭性的殘忍；九，貪婪與好奇；十，妒忌；十一，歸屬感；十二，不安與焦慮；十三，需要他人表彰其每一項戰功；十四，優柔寡斷。以上是人類與生俱來的天性，在一切文明、開化及半開化的社會裡，由於種種環境養成，僅進度不同而已。這些弱點，甚至存在於世界最遠角落與叢林中食人和獵人的部落。』」[2]

宋美齡政治調門的分貝不一定比史達林、蔣介石、盛世才等政治人物高，她更關注人性和道德問題。政治的涵義不僅僅是權力鬥爭的勝負和歸屬，還包括戰爭中和戰後無法回避的人道主義和人性弱點問題。現在越來越多的人開始明白，共產主義的極樂世界不僅是所有制方式、物質極大滿足，而是人性的光輝、道德的遵守和精神的

1 同上注同頁。
2 竇應泰《宋美齡身後重大事件揭秘》，團結出版社，二〇〇八年五月，第四二頁。

提升。人類要克服弱點，就須脫胎換骨，澈底告別叢林法則，告別暴力革命。這也許就是百年宋美齡給百年近現代社會留下的最珍貴的文化遺產。

第六章　新疆王：作繭自縛

中央在新重要人員皆被其逮捕，並將其本身最親信之文武幹部皆一併逮捕，而其廚房與舊傭本家皆以受反動謀刺嫌疑逮捕雲。殊堪驚駭，此種荒謬案件層出不窮，除為其本人有神經病發狂之外，另無其他之想像可言。患得患失不明大義，有私無公，見利忘義之人，不可用也。

——蔣介石日記

六星政策

盛世才在腥風血雨中上臺，此時的新疆，政局板蕩，民族衝突，經濟凋疲，物價飛漲，民心浮動。如果不能解決民族問題、經濟問題，盛世才政府在新疆勢難立足。蘇聯紅軍可以在軍事上幫助盛世才趕走馬仲英，消滅張培元，但維持內政穩定還要靠盛世才自己。盛世才急需治疆的政治綱領、外交策略、民族和經濟政策等。「盛世才自『四・一二』政變後，由民國二十二年四月到二十三年四月，整整一年，其除遵循莫斯科路線在新疆排除異己，樹立權威外，其對內對外的政治招牌，亦其亟需樹立的，所以在八大宣言。」[1]

盛世才政府的六大政策，集中體現在二十三年（一九三四）即公佈的「四・一二」八大宣言中，這是盛世才

1　張大軍《新疆風暴七十年》，第三四七〇頁。

政府的施政總綱領：一、實行民族平等；二、保障信教自由；三、澄清吏治；四、改良司法；五、整理財政；六、實施農林救濟；七、擴充教育；八、推行自治政策。

前四項，屬於政治改革，將民族平等、信仰自由放在首位，旨在安撫人心，消弭民族之間猜疑的鴻溝。第八項，亦屬政治改革，是長遠目標。至於財政、救濟、教育，三者息息相關，都是前朝的弱項，弊端叢生，非改進不可。

為了落實八大宣言，盛世才政府先提出了反帝、和平、建設三大政策，以後又增加民族平等、清廉、親蘇三項，合為六大政策。

無論八大宣言，還是六大政策，都過於籠統、抽象，老百姓聽不懂，行政系統無法操作。於是，同年十一月，盛世才政府又提出九項新任務，以實代虛，使目標具體化：（一）澈底厲行清廉。（二）發展經濟和提高文化。（三）避免戰爭維持和平。（四）全省總動員努力春耕。（五）便利交通。（六）保持新疆永久為中國領土。（七）反帝反法西斯和永久維持中蘇親善政策。（八）建設新新疆。（九）絕對保護各族王公阿洪喇嘛的地位和權力。

不言而喻，盛世才政府提出的施政綱領，不但兼顧了國內外、各民族、各階層的利益，而且要下決心整治前朝遺留的社會弊端，發展新疆的經濟與文化，讓新疆告別戰爭，這自然會讓盛世才政府獲得各民族、各階層人民的擁護。

盛世才政府的治疆施政綱領從哪裡來？即誰幫他制定了上述政策？「這種政治綱領，據大衛．達林說是漢人統治者提出的例行聲明，是不對的。盛先提出的『八大宣言』是有用意的，雖然是他東抄西抄，除了抄馬克思、列寧、史達林等人的濫調外，尤後來的『六大政策』抄毛匪澤東的謬說，再加上自己的見解便成了施政綱領……」。[1]

對此，盛世才本人也直言不諱。「據盛世才說：也是一九三四年（民國二十三年）在新疆民眾反帝聯合會第一期反帝訓練班上講授政府目前主要任務課程時的講義，是在一個月的短促時間內，隨寫隨講，隨講隨寫而成

1 張大軍《新疆風暴七十年》，第三四七〇頁。

的。」[1]一個月寫成的講義，實在難免抄襲。

臺灣新疆問題學者張大軍最清楚盛世才政治綱領和經濟建設計畫的來源和出處。「盛政府為了建設與計畫配合，在計畫委員會中由俄人斯瓦尼孜的主持下草擬一個三年計畫，準備實施。實際上，他與二十三、四、五的三年時光中，初步的基礎，無論政治的、軍事的，和經濟的均獲得了成功的保證，俄人不僅將中英的勢力排除淨盡，而且在俄人卵翼下更引入了外力，這些外力包括聯共和中共黨徒以及一些俄國人，均為其努力建設新新疆。不論盛世才的目的何在，確已將新疆的歷史推進了一程。」[2]

盛世才的八大宣言、六大政策，還有一個可信的來源，就是其義父郭松齡一九二五年發佈的治奉十大方針。不妨將二者比較一番：（一）實行省自治，發揚民氣；（二）保護勞工，節制資本，以消赤化隱患；（三）免除苛稅，以紓民困；（四）練兵採精兵主義，務求淘汰匪兵，以除民害，而輕負擔；（五）整頓金融，以維民業；（六）增加教育經費，實行強迫教育；（七）用人以人為本，不拘黨派親疏之見；（八）開發地利，振興實業；（九）整頓交通，以利商旅；（十）肅清匪患，整頓員警。

從歷史傳承看，郭松齡未了夙願，義子世才要在新疆做實驗了。

盛世才在制定治疆政綱之時，已在新疆待滿四年，他深知，在地理上，新疆和蘇聯中亞地區唇齒相依，民族相近，經濟互補，而與內地遠隔千里，鞭長莫及。在外交上，如果不發展新蘇關係，或者說不實行對蘇友好政策，新疆面臨的一切難題，都無法解決。盛世才把爭取蘇聯的諒解與援助作為鞏固自己政權的主要措施之一，是十分明智的，也是必不可缺的。

吏治鬆弛，貪官汙吏橫行鄉裡，是新疆動亂的病根。因此，盛世才將澄清吏治，作為政治綱領重要任務。新疆省政府於民國二十三年冬又成立了特種刑事法庭，是專為頒佈《新疆省懲治官吏條例》而設的。貪汙條例之公佈懲治貪汙官吏條例有十二條如下：

1 同上注第三四八四頁。
2 張大軍《新疆風暴七十年》，第三五一七—三五一八頁。

第一條：凡本省官吏有貪贓行為者，皆以本條例處罰。
第二條：本條例稱官吏者皆措一切公務人員而言。
第三條：貪贓至五〇〇元以上者處死刑，或無期徒刑。
第四條：貪贓四〇〇元以上未滿五〇〇元者處十年以上十五年以下有期徒刑。
第五條：貪贓三〇〇元以上未滿四〇〇元者處五年以上十年以下有期徒刑。
第六條：貪贓一〇〇元以上未滿三〇〇元者處一年以上五年以下有期徒刑。
第七條：本條例無規定者依中華民國刑法處罰。
第八條：本省幣值制價額未確定之前，依省銀行規定限額折算。
第九條：凡控告官吏貪贓而無實據依中華民國刑法誣告之罪。
第十條：本條例並用於本省軍官軍佐。
第十一條：本條例如有未盡事宜，得由省政府委員會議修正之。
第十二條：本條例公佈之日起施行。

值得注意的是，該條例適用於軍官軍佐。治亂先治軍，歷史經驗使然。軍隊不治，社會難安。盛世才政府規定貪贓五〇〇元以上者即動員極刑，是亂世用重典的範例。貪贓腐敗是民國時期社會動亂的根由，民間痛恨至極，盛世才政府所定條例儘管十分嚴苛，後世非議者少。

與東部省份相比，新疆經濟落後，尤以交通為甚。因此，盛世才改變新疆交通的願望就顯得十分迫切。對此，他有一番弘論：

從前新疆政治的腐敗，經濟的不發達，文化的落後，和物價高低的不平衡是緣於交通的不便利。現在新疆經濟的枯滯，產業之不振，民生之困弊和軍隊集中之遲緩，是緣於交通之不便利。從前各民族間智識的簡單，感情的隔閡，是緣於交通之不便利。從前各行政區經濟發展不平衡的原因，是因為交通不便利。新疆的經濟的現階段仍然停滯在中世紀封建農業時代，是緣於交通之不便利。以往新疆的戰亂竟由民國二十年四月延長到民國二十三年八月，和不能迅速消滅帝國主義走狗的原因，是緣於交通之不便利。」談完交通不便利的原因後，盛世才提出：「惟有交通便利，才能發達國民經濟，提高文化和使物價平衡。惟有交通便利，才能迅速集中軍隊，便利軍事行動和防止帝國主義的勢力侵入新疆。惟有交通便利，才能縮小行旅的日期和繁榮商業。惟有交通便利，才能使各行政區的經濟共同向前發展。惟有交通便利，才能使各民族感情融洽，和建設新疆永久和平的基礎。惟有交通便利，才能保持新疆永久為中國的領土和達到開發西北恢復東北的目的。惟有交通便利，才能使落後的新疆變為中國先進的省份。」具體措施為：「一、改良原有的道路。二、擴充交通工具。三、使原有的道路和新辟道路均便於行駛汽車。四、迅速完成全省航空站和無線電臺。五、發達民有汽車和民有航空。六、完整交通機關以期交通便利。」[1]

應該說，盛世才眼界開闊，抓住了新疆落後的根本癥結，並闡述深刻完整。但發展交通是基礎設施建設，不僅要有強大的財力支撐，還要有本國較為完整的工業體系作保障，交通是基礎設施建設，投資週期很長，沒有中央的支持，僅靠新疆入不敷出的財力，是無力解決的。盛世才作為地方政府首腦，向中央提出這些建議，已算盡職盡責了。

在蘇聯大力支援下，或曰向蘇聯政府貸款，加快民生發展，給新疆帶來了暫時穩定局面，盛世才政府的民主主義經驗，值得認真總結。

在盛世才治疆時期，新疆的現代化建設是有成效的，主要表現在人和物兩個方面。

在人方面，一方面總人口增長，至一九四四年，新疆已達四〇一萬，人口增長是經濟、社會、文教綜合發展的結果；另一方面，新疆現代教育快速發展：一九一三年，新疆省五十九縣有小學十五所，在校學生七一六二名；中、師範、俄文法政學校各一所，在校學生三百名，到一九四二年，公立與會立學校增到二四六三所，在校學生達二七一〇〇〇人。一九三五——三六年還選派各民族留學生三百名到蘇聯中亞留學。

在物方面，建立了一批工礦企業，公路、航空、電訊、口岸等基礎設施得到穩定發展，新疆的近代化由此起

1 張大軍《新疆風暴七十年》，第三四九一—三四九二頁。

步。交通建設成績尤其顯著，一九三五年初開始修築迪伊（迪化－伊犁）、迪哈（迪化－哈密）公路，一九三七年中完成了東至星星峽，西至中蘇邊境霍爾果斯約二千公里國際交通線。一九三九年起，開始修築迪化至南疆阿克蘇、喀什、和田的公路，四年間完成了近一千六百公里。一九四二年底，新疆省擁有汽車一千一百多輛。一九三九年，開闢哈密至阿拉木圖的飛機國際航線，重慶與莫斯科實現了聯航。全省有電報局三十一處。在能源開採方面，一九四二年全省原油產量達十八萬噸。獨山子油礦由蘇聯方面主管開採。據一九四二年七月統計，月可出汽油三・三萬加侖，每年可供應汽油四十萬加侖。汽油是現代工業的血液，自產汽油有力地支援了抗戰和促進了地方經濟發展。

在社會建設方面，盛世才政府的成績也可圈可點。「提倡民族平等，首次在省廳級官員中任用少數民族任副職。提倡發展以民族為形式以六大政策為內容的文化教育。廢棄歷來對維吾爾等少數民族帶有侮辱性的稱謂。倡立反帝會、各族文化促進會，大力發展會立學校、公立學校、蒙哈師範、女子學校等。創辦了社會教育，增添了職業教育、技術教育、孤貧教育和幼稚教育以及各種訓練班、講習會，建立了新疆第一個高等學校新疆學院並任命共產黨人為院長。建立專門機構編譯委員會，用少數民族文字編輯出版教科書和其他書籍，無論哪族小學都能得到本族文字的教科書。在群眾集會上使用少數民族語言並翻譯講話。」[1]

陰陽兩面人

盛氏因家境貧寒，對其性格中種下了兩面性的因數。「天地間有很多事很奇怪，生在朱門酒肉臭家的孩子往往不知道上進的非常多，越是生活艱苦的家庭倒反而有立志讀書，奮鬥成功的人，盛氏就是後者。」[2]另一方面，貧困生活易滋生偏激、仇恨，易走極端。以盛父為例，盛父好賭，其目的無非是欲走捷徑，幻想一夜暴富。然而，無工不富，務農雖能滿足溫飽，但絕難發財致富。相比之下，讀書做官是改變命運和階層的大道，但

1 《新疆文史集》蔡錦松：「盛世才斷想」，新疆社會科學院歷史研究所內部資料二〇〇七年十月，第一五七頁。
2 張大軍《新疆風暴七十年》，第三一五五頁。

路漫漫而修遠兮，不僅門檻高，不確定性亦極大。在社會大變革、大動亂時期，從政、從軍、鬧革命，或許能出人頭地，但時刻面對死傷考驗，風險與收益不成正比。

貧困與致富，始終是盛世才繞不過的一個心結。盛當連長時，一方面治軍嚴格，作戰勇猛，曾被評為模範連長，一方面借助手中之權，將戰利品私吞，本為剿匪，自己亦淪為土匪。為掩飾錯誤，他還振振有詞地辯解道「東北遲早是日本人的，我們不貪也是白給日本」。土匪往往靠暴力致富，正如東北老百姓戲言，洋刀匣槍，黃金萬兩。貪欲與暴力是一對孿生姐妹。貪欲之門一開，再無回頭之路。有其父必有其子。這就不難理解盛世才家族在新疆的所作所為，以及盛世才天然的兩面性。

盛世才的兩面性還表現在其他階段。「大哥初來新疆最大的考驗，仍是官場上的欺生排擠，甚至遭到新疆當局惡意的冷落。他在南京時已經是上校參謀，到新疆後所發佈的新職是中校參謀。按理說，一般軍職從中原到邊區一定會升，大哥到邊塞，不升反降，這在官場是從沒有過的現象。」[1]「但是盛世才智謀深沉，他絕不怨天尤人，以其高人一等的學識襟懷，在迪化謙沖自抑，肆應周旋，使他獲得全參謀處同仁的好感，人人口角春風，於是金樹仁對他寄予信任，藩籬盡撤。」[2]若用《易經》乾卦第三爻「君子終日乾乾，夕惕若，厲無咎」測評，盛世才做到了。無咎，亦無憂。

盛世才曾與他的同學宋念慈說：「金樹仁原出楊增新部下，同僚多為甘省人，另外又有江浙派和兩湖派和在當地出生的天津幫、老滿人以及其他回維蒙哈等族，幫派很為複雜，因之彼此間頗多紛爭。我看透了官場中因利害關係而形成的互相勾結和彼此傾軋情形，所以經常保持警覺，極力裝傻，在被拉入牌局時，也盡可能保持輸錢，對於賭博吃喝吸鴉片煙等墮落行為，絕不表示厭惡反對，寧可被人認為同道，以避免鋒芒外露，引起懷疑。」二次做過盛世才監獄的宋評價說：「他這種偽裝和裝傻，竟使金氏兄弟認為他可靠，可任驅使，漸漸提升他的官階。」[3]

可謂乾卦第一爻——潛龍勿用，韜光養晦，戒急用忍是也！

---

1 盛世驥《蔣介石的封疆大吏——我家大哥盛世才》，萬卷樓圖書有限公司，二〇〇〇年八月，第三四—三五頁。
2 張大軍《新疆風暴七十年》，第三一六九頁。
3 宋念慈：《我所知道的盛世才》。

一九四三年八月十八日盛世才與羅家倫合影（右為淩鴻勳）

盛世才悖運時，可對新疆官僚極盡巴結，一旦得勢，卻對國民黨中央大員不理不睬。「羅家倫當時是監察使，但大哥不把他放在眼裡，時常冷落他，很多事不直接找他商量。」[1]反觀羅家倫，在國民黨內眾人追討盛世才時，他卻站出來替盛世才說好話。兩相比照，君子與小人的品質昭然若揭。

即使在盛世才同鄉、同學眼裡，盛世才亦是兩面人。「盛世才開始時勵精圖治，自奉儉約，他留我們吃飯都是家常便飯。他每天下午下班後，率領他的衛兵，在督辦公署前面柵院打籃球，過往行人扶柵欄觀看，他也不驅趕。有時在大街上散步，表示與舊官僚不大相同。」[2]

「盛世才更裝出一副禮賢下士，平易近人，聯繫群眾，事必躬親的樣子。他經常到都署各處辦公室指導工作，和幹部談心，隨時解決問題。親自給反帝訓練班、軍官學校、衛士隊等單位上課。親自接待來訪，常利用公餘和衛士打籃球。每次開運動會，最後他都要來個一百米賽跑（他發動一些廳處級領導參加比賽）。每年吐魯番葡萄熟的時候，他都會把送給他

1 盛世驥《蔣介石的封疆大吏——我家大哥盛世才》，萬卷樓圖書有限公司，二〇〇〇年八月，第一八九頁。

2 郎道衡：我所知道的新疆王，《新疆文史資料選輯》第二期，一九七九年八月，第七頁。

的葡萄分贈給幹部。」陳方伯回憶道：「有一次在西大樓開會，我以呼圖壁縣長的身分求見，盛讓我坐在他身邊，他拿起一個梨，削了梨皮遞給我，非教我吃不可。當時我真是受寵若驚。這類的事是很普通的。這怎能不教幹部對他肝膽塗地，誓死效忠於六大政策呢？所以在盛世才監獄裡，有的人即將上絞刑架了，還念念不忘地說，盛督辦是不會殺害我的。」[1]

一旦盛世才飛龍在天，就將「夕惕若，勵無咎」拋擲腦後，接踵而來的便是亢龍有悔。後來，「盛世才的血債多而且大，使他自己疑神疑鬼。他的衛士送批閱公文，都是走到樓梯口就得先喊報告，他聽見後，先坐在辦公室桌旁，打開抽屜，拿出手槍，然後才說：『進來！』這時衛士才敢進門，進室內把文件放好。放好後不能轉身，必須一步一退，退到門口，才轉身開門出去。這時盛世才放下手槍，批閱文件。」[2]「打籃球和逛大街他更不敢了。出門時，多半是到蘇領館，則乘汽車，前後都有衛士坐車跟著。他就這樣把自己監禁起來。」[3]

盛世才曾對趙鐵鳴說：「交朋友要交有利自己的，同學不能用，因為他知道你的根底不好辦事。」[4]盛世才在新疆自譽為偉大領袖，與史達林、羅斯福、邱吉爾、蔣介石、毛澤東並稱，或許新疆足不出戶、目不識丁者會相信，而在同學眼裡或心裡，則認為是演戲的小丑，總有一天被戳穿，對此，盛世才面對同學、同鄉也不免心虛，將他們關起來，反倒覺得安全。

盛世才的兩面性，從其善改名換姓上亦可體現一二。「當臺灣一度吃緊，大哥一家想移民美國，但因不能帶走整個家族，大哥、大嫂恐家人受共產黨迫害，紛紛幫家人改名，改名這件事是經過當時陳誠副總統批准的。」[5]孰不知，姓可改，性難改；名可換，骨不可換；天涯海角，罪責難逃。

盛世才統治新疆時，亦曾威逼其同學「十大博士」改名。「在盛世才辦公室，他說，不是我要押你們，是蘇

1 陳方伯：我捲入了盛世才的政治漩渦《新疆文史資料》第七輯，一九八一年一月，新疆人民出版社，第一一〇〇－一一一六頁。
2 郎道衡：我所知道的新疆王，《新疆文史資料選輯》第二期，一九七九年八月，第十六頁。
3 同二注第七頁。
4 趙廷《趙劍鋒新疆見聞錄》，江蘇人民出版社，二〇一三年六月，第一五二頁。
5 盛世驥《蔣介石的封疆大吏——我家大哥盛世才》，萬卷樓圖書有限公司，二〇〇〇年八月，第二〇七頁。

聯逼得我無可奈何。現在我的政策變了，要改信三民主義，如果你們能隨我入國民黨，我可以放你們，個個官復原職，但除郭、郎外，都得改名字。改好了名字盛就放了我們。改名字的原因是：他寫的六大教程提到他們陰謀暴動推翻他的政權，並暗示這些人並未被釋放。後來我二次入獄，聽說我們的名字仍在犯人名冊內，並未取消。可見盛世才早就訂下了再押我的計畫。」[1]騙局玩到如此地步，慣使兩面手段的盛世才自己都無法自圓其說了。

盛世才是個頗難評價的人物，此人思想、行事矛盾重重。盛世才是一個機會主義者、理想主義者和法西斯主義者的混合體。抗日戰爭爆發後，盛世才的立場與中國共產黨也有一些一致的地方。曾任中共駐新疆代表的陳潭秋[2]說，在相當一段時間裡，盛世才在政治問題上是以兩個中心的態度為標準，即國際問題看莫斯科，國內問題看延安。但盛世才一向以「新疆王」自居，唯我獨尊。他把新疆政府和共產黨、國民黨合稱為「中國三大政治集團」，又以國共兩黨以外的「第三領袖」自居，而且還狂妄地把自己與史達林、羅斯福、邱吉爾、蔣介石、毛澤東一起並稱為「世界反法西斯陣線六大領袖」。由於有蘇聯的支持，天高皇帝遠，盛世才對國民黨政府並不十分買帳，曾公開批評過蔣介石的「攘外必先安內」的政策。

中國近現代史一再證明，要統一中國，要做大國領袖，非得依靠一個擁有統一政綱、終極奮鬥目標和信仰的組織化政黨，依靠一個代表社會先進分子和各階層利益的政治團隊，豈是一個地方軍閥、政治野心家、陰謀家能、投機分子所能一手遮天的。

盛世才做過不止一件好事，但同時血債累累。一方面，雖然他一度向史達林要求新疆加入蘇聯，但仍不失一位愛國護疆主義者，在抗日戰爭最艱難的歲月裡，他能穩住新疆，使蘇聯援華物資緩緩不斷進入內地，並為新疆經濟、教育發展創造了穩定的環境，卻是歷史事實。另一方面，盛統治新疆十二年間，有十萬多人被羅織入

1 郎道衡：我所知道的新疆王，《新疆文史資料選輯》第二期，一九七九年八月第十三－十四頁。

2 陳潭秋（一八九六－一九四三），名澄，字雲先，號潭秋，湖北黃岡縣（今黃州區）陳策樓人。一九三九年任中共中央駐新疆代表和八路軍駐新疆辦事處負責人。一九四二年九月十七日被盛世才監禁，後遭殺害。

獄，其中五萬人慘遭殺害，尤其他用殘酷手段殺害了中共高級領導人陳潭秋、毛澤民[1]、林基路[2]等一批共產黨員，重罪當誅。

盛世才自蘇聯回來後，變本加厲地要擠走中共駐新疆代表鄧發[3]。鄧發在與新任中國駐疆代表陳潭秋交接工作時評價盛世才說：「盛世才是個變色龍，他在一九三七年和我們黨建立抗日民族統一戰線關係時，政治態度是『親蘇親共』，表示願與中國共產黨合作抗日；一九三八年秋，他祕密訪問了一趟蘇聯，回來以後，態度日益曖昧，陰晴不定，反復無常，有時兇相畢露，顯露了他的軍閥本質。盛世才，就其出身來說，是個野心軍閥；就其思想來說，是個土皇帝；就其行為來說，是個狼種豬。[4]」

一句話，盛世才是具有狼子野心的陰陽人。

美國駐迪化領事館

一九四一年四月十三日，由於蘇聯從本國利益出發，無視中國政府的強烈抗議，與日本簽訂了《日蘇中立條約》，並銳減了對華援助。此種背信棄義的做法，使中蘇邦交受到重創。與此同時，中美外交卻越走越近。從全域觀之，自一九四一年開始，一九二七年蔣宋婚姻時被外界所議論的「中（中正）美（美齡）合作」，

1 毛澤民（一八九六－一九四三），湖南湘潭韶山人，中國國家銀行第一任行長，國民經濟部部長。一九二二年十月加入中國共產黨。一九三八年二月，受黨中央派遣，化名周彬，與陳潭秋等同志到新疆做統一戰線工作，先後出任新疆省財政廳、民政廳廳長等職。一九四二年九月十七日，毛澤民被盛世才逮捕，一九四三年九月二十七日，被祕密殺害，時年四十七歲。

2 林基路，原名林為梁，一九一六年出生於廣東臺山縣。一九三八年二月，林基路受黨派遣到新疆工作，先後任新疆學院教務長、阿克蘇專區教育局長、庫車縣縣長、烏什縣縣長等職。一九四二年九月，被盛世才逮捕入獄。一九四三年九月二十七日，被祕密殺害，年僅二十七歲。

3 鄧發（一九〇六－一九四六）中國工人運動的著名領袖之一，廣東省雲浮縣（今廣東省雲浮市雲城區）人。一九二二年參加香港海員大罷工，一九二五年參加省港大罷工，同年十月加入中國共產黨。一九三七年九月回國，任中共駐新疆代表和八路軍駐新疆辦事處主任。一九三九年秋到延安，任中共中央黨校校長。一九四六年四月八日由重慶返回延安途中，因飛機失事，在山西興縣黑茶山遇難。徐淑雲、高啟榮《鄧發》，新疆人民出版社，二〇〇六年三月，第一二六－一二七頁。

4 參看《盛世才簡介》http://baike.baidu.com/view/63475.htm

已經結出絢麗的花朵。蔣介石親英美的外交政策，獲得了幾項重大成就。

一九四一年四月十六日，羅斯福宣佈立即給予中國援助：「已核准以若干現有之軍火轉讓中國，現已可供給中國，此外，政府將命令製造商定造新軍火，供給中國。」[1]是月二十五日，又向中國提供了五千萬美元平准基金借款。一九四二年三月，美軍中將史迪威出任盟軍中國戰區參謀長兼中緬印戰區美軍司令，同月，美國同意給予中國五億美元財政援助，六月，中美簽署抵抗侵略互助協定。[2]

美國不但在軍事上主動援華，還將美軍代表團派駐重慶，幫助國民黨訓練美式裝備的現代軍隊。在金融上，提供巨額美元貸款，以維持在中日戰爭中已瀕臨破產的經濟。在政治與外交上，美國率先取消了一八四〇年以來列強強加於中國的一系列不平等條約及領事裁判權等。英國亦隨之回應，並接受美國的提議，承認中國為世界四強之一。

一九四三年十一月，中英美在開羅舉行會議，蔣介石作為中方領袖出席會議，參與戰前戰略合作與戰後國際秩序安排。宋美齡更是活躍其中，美國總統羅斯福、英國首相邱吉爾給予他們極高的禮遇。中美英三國首腦加上宋美齡的合照，傳至國內，令正在遭受戰爭蹂躪的國人大有揚眉吐氣之感，「實為中外古今所未曾有之外交成功也。」

美國學者戴鴻超評價說：「蔣在抗戰時花費在外交上的心思，遠遠超過一般人想像：對付日本的策略是以空間換時間；對付英國的策略是挾印製英；對美外交則寄望未來；對蘇外交一無所獲。」「蔣為弱國領袖，卻有應對頭等強國之能。他瞭解日蘇之互懼、蘇聯兩面作戰之慮、英國保印之需及美國期望中國之殷，行合縱連橫之策，用遠交近攻之法，先後聯盟英蘇美，首先使中國立於不敗之地，再進而取得勝利。蔣的外交作為，實現了孫子兵法『知己知彼，百戰不殆』的原則，也反駁了『弱國無外交』的傳統觀念。」[3]這一評價是學術性的，理性

1 《美國宣佈立即增加對華援助》，《申報》一九四一年四月十七日，第二版。
2 以上詳見中國第二歷史檔案館編：《中華民國檔案史料彙編第五輯》第二編（外交），江蘇古籍出版社，一九九七年，第三三九～四三三頁。
3 戴鴻超（美國底特律大學政治學教授）蔣介石戰時外交：談判策略與內外互動《民國人物與民國政治》社會科學文獻出版社，二〇〇九年九月，第二〇七－二一一頁。

可證。

蔣介石以弱國領袖身分出任盟軍中國戰區總司令，參加盟國領袖高峰論壇，歷史給了他在大國博弈中為中國爭取利益的機會。斯時，中國最大的利益就是收回失地並保障領土安全。新疆則是大棋局中的一個活眼。

英國地理學家哈爾福德・麥金德（一八六一——一九四七）創立了陸權理論。他先提出樞紐地帶概念，又以此為基礎提出心臟地帶的概念。他將歐、亞、非三大陸統稱為「世界島」。他研究的結論是：誰統治中亞，誰就主宰大陸心臟；誰統治大陸心臟，誰就能主宰世界島；誰統治世界島，誰就能主宰全世界。中亞在國際間的戰略區位，猶如足球賽的中場。控制中場是制勝的關鍵。

麥金德的陸權理論，為大英帝國政治家所採用。不幸的是，它遭遇了前所未有的對手——沙俄帝國。英國自十七世紀入侵印度，逐步將整個印度變成其東方最大的殖民地。沙俄自十六世紀開始東進，七十年間完成西伯利亞之征服，旋以西伯利亞為基地，複向中亞染指。十九世紀初，英國開始向中亞滲透，主要方面是由印度向阿富汗、伊朗擴張，其戰略是警惕、防範俄國假道中亞進攻印度。十八世紀上半葉起，經過一個世紀的擴張，沙俄逐步控制了哈薩克草原的西部和中部。英、俄在中亞的擴張首先在一八三七－一八三八年的「赫拉特危機」[1]中發生撞車。沙俄用兵中亞的計畫並未停止，它的戰略目標由此向東轉，轉向烏茲別克浩罕汗國[2]和中國的新疆地區。經過三十多年的殖民戰爭，完成了對烏茲別克的布哈拉[3]、浩罕、希瓦[4]三汗國和土庫曼的征服。與此同

1 赫拉特，阿富汗西北部歷史名城，赫拉特省首府。位於喀布爾西約六〇〇公里處，赫裡河中游右岸。歷史上為中亞、南亞同西南亞各地區交通、貿易的樞紐，戰略地位重要。

2 浩罕汗國（一七一〇－一八七六）中亞地區伊斯蘭教國家。核心地區在包括浩罕、安集延、瑪律吉蘭、納曼乾等城的費爾幹納盆地。一八七六年初俄國吞併浩罕。

3 布哈拉汗國（一五〇〇－一九二〇）中亞地區伊斯蘭教國家，又稱布哈拉埃米爾國。一九世紀初，其疆域主要包括澤拉夫尚和卡什卡河流域。一八六八年汗國淪為俄國附庸。一九二〇年九月，當地人民和蘇俄紅軍推翻曼格特王朝，建立布哈拉蘇維埃人民共和國，布哈拉汗國滅亡。

4 希瓦汗國（一五一二－一九二〇）中亞地區伊斯蘭教國家。一五一二年花剌子模綠洲居民發動起義，擺脫波斯統治，建立獨立國家，即希瓦汗國。一八七三年，希瓦汗國被沙俄征服，成為附庸國。一九二〇年蘇俄紅軍侵入希瓦汗國，推翻阿布德・阿拉汗的統治，希瓦汗國滅亡。

時，英國殖民勢力也積極北上，征服喀什米爾，建查漠——喀什米爾邦[1]，吞併旁遮普[2]，把他們的統治推進到開伯爾山口[3]。一八九一年俄軍進入帕米爾，開始與英軍直接對峙。新疆從此處於最有侵略野心的英、俄兩大殖民勢力的夾擊之下。[4]

兩強相夾，中國獨弱。利用外交手段，遠交近攻，獲取國家利益，是蔣介石護佑新疆的策略之一。說白了，就是引進美國因素以制俄，改變英國勢衰後蘇聯在中亞一國獨大的局面，尋求大國關係的再平衡。

就新疆而言，雖然盛世才已輸誠中央，國民政府已主導了新疆的軍事與外交，但新疆孤懸塞外，中央鞭長莫及的交通劣勢並沒有絲毫改變，中蘇之間強弱懸殊的國力亦顯而易見，只要這兩個方面的優劣沒有根本扭轉，新疆危在旦夕矣！

因此，國民黨西進新疆後，美國有可能隨之而來。儘管在反法西戰爭中，美蘇並肩作戰，但基於地緣政治和國家利益的考量，再加上意識形態的天然鴻溝，蘇聯對美國始終深具戒心。[5]對蘇聯而言，這樣的擔心並非多餘，由於新疆礦藏豐富，地處歐亞樞紐，戰略地位極為重要。

一九四二年十月二十六日，美國國務院遠東事務局的莊萊德（Drumright）在備忘錄中寫到，儘管美國目前在新疆沒有僑民和財產，但由於中亞面臨軸心國的威脅，美國應考慮派員在那裡觀察軸心國的動向，並考察中亞的地理、交通、政治、軍事以及經濟。[6]同月，美國戰略情報局派海軍中校梅樂斯（Miles）為駐華代表，梅樂

---

1 查漠和克什米爾，南亞次大陸西北部，面積約一九萬平方公里，人口五九八萬（一九八一），七七%居民信伊斯蘭教，二〇%信印度教，還有少數錫克教與佛教徒。

2 旁遮普是巴基斯坦工、衣業最發達的地區。面積二〇•五萬平方公里，是巴基斯坦第二大的區域。人口八六•〇八萬（二〇〇五），九九%為穆斯林，主要為遜尼派，其他宗教有基督教、印度教、錫克教。主要民族旁遮普人、色萊基人。

3 開伯爾山口為連接阿富汗與巴基斯坦的重要山口，自古及今為南亞與中亞的重要商貿線，具有重要的軍事戰略地位。

4 唐立久、崔保新《掀起你的蓋頭來—發現新疆》，新疆人民出版社。二〇〇九.第五—一〇頁

5 轉引自邵瑋楠動盪之源：新疆三區革命的國際背景，《西域研究》二〇一三年第三期David Wang, Under the Soviet Shadow:the Yining Incident: Ethnic Conflicts and International Rivalry in Xinjiang, 1944-1949, p. 66.

6 轉引自邵瑋楠文，《西域研究》二〇一三年第三期Memorandum by Mr. Everett F. Drumright of the Division of Far Eastern Affairs, October 26, Foreign Relations of the United States Diplomatic Papers（以下簡稱Frus），1942, China, U. S Government Printing Office, pp. 687-694。

斯則提出希望在拉薩、迪化設立工作站。[1]

蔣介石有意引虎入室，與熊相爭。美國人心領神會，放虎上天山。一九四三年四月十九日，美國駐華大使館二等秘書柯樂博（Clubb）就任美國駐迪化領事館首任領事，這標誌著美國對新疆的興趣轉化為行動。

宋希濂將軍一度出任中央陸軍軍官學校第九分校校長、新疆警備區司令，他與美國駐迪化領事館打過交道。在抗日戰爭以前，除了個別的美國旅行家到過新疆以外，全疆沒有一個美國僑民。但是到了一九四三年間，在新疆的省會迪化卻設立了美國領事館。其經過內幕是這樣的。

一九四二年六月，重慶國民政府與美國簽訂了一個《中美抵抗侵略互助協定》。這年下半年，美國將一批軍火運到德黑蘭，經過蘇聯境內的中亞細亞進入新疆，再運進內地。這批軍火是由一個美國少校率領一個車隊運來的，這是美國人第一次成批地到新疆和在新疆活動的開始。一九四三年（確切日期，我不清楚），美國駐重慶的大使高斯以蘇聯對新疆有領土野心，企圖把新疆變成為第二個外蒙古為藉口，要求在新疆省會設立美國領事館，以便「看住蘇聯」。這個要求對蔣介石反蘇反共的政策顯然是有利的，他自然滿口答應。於是，在沒有一個美國僑民的新疆，就設立起美國領事館來了。[2]

蔣介石引虎上天山，旨在效法李鴻章，以美制俄，防止新疆變成第二個外蒙古。

借力移子

盛世才輸誠中央政府後，史達林對這個聯共叛徒恨之入骨。為了搬掉盛世才這塊絆腳石，史達林不惜利用美國政府對蔣介石施加壓力。

一九四四年六月，史達林先後在會見美國駐蘇大使哈裡曼（Averell Harriman）及美國副總統華萊士（Henry wallance）時曾直言不諱地表示，將盛世才調離新疆是改善中蘇關係的積極措施。在中蘇外交談判中，蘇方曾多

1 《唐縱日記》，一九四二年十月二十九日，第三七六頁。

2 宋希濂《鷹犬將軍—宋希濂自述》，中國文史出版社，一九八六年七月。

次向重慶方面施壓，「新疆為中蘇邦交最大之阻礙。」

斯時，美蘇英中結成反法西斯同盟國，共同對付德意日軸心國。在歐洲戰場上，勝局已倒向同盟國一方。蘇聯已度過衛國戰爭的戰略防禦期，開始向德國法西斯發動反攻。美國提議，蘇聯答應，儘快結束對德作戰，以便騰出手來消滅中國的日本軍隊。但蘇聯不作賠本生意，它是索要高額回報的。

與國家關係相比，新蘇關係只是附屬品。中蘇政府直接展開外交談判，令盛世才處於十分尷尬的境地，儘管他驅逐蘇聯勢力，將新疆交付國民政府，為中國立下大功一件，但此「反叛」之舉令史達林不能容忍。除採用外交手段施壓外，蘇聯在新疆煽動民族情緒，組建和扶持反盛組織，派駐顧問，提供武器裝備，發動武裝暴動，行動步步升級。

美國駐迪化領事館即刻將情報呈報美國務院。同盟國領導者羅斯福立刻注意到新疆邊境叛亂由蘇俄在背後支持，惟恐中蘇邊境衝突再擴大，將引起中蘇之間的衝突而削弱同盟國之力量，遂派其副總統華萊士由阿拉斯加赴西伯利亞，再從中央亞細亞到迪化，其於三十三年六月十八日（一九四四年）到迪。[1]

美國副總統華萊士訪問新疆，這是前所未有之事，蔣介石派外交部長王世杰、外交部參事郭斌佳，專程到迪化迎接。盛世才自然盡地主之誼，招待備至，當晚即舉行盛大歡迎晚宴，國民政府監察使羅家倫，外交特派員吳澤湘，省黨部書記長黃如今，參謀長參汪鴻藻，以及美大使館參事艾其森、駐迪蘇俄總領事普希庚、美領事斯彌福、英領事刁樂茹等一百餘人出席。盛世才即席致辭，並連幹五杯，氣氛濃烈。次日，有民族節目表演，參觀農場、苗圃及各學校等項。[2]盛世才熱情洋溢的款待，並沒有撥動華萊士的惻隱之心。為了盟國大利益，必須移動盛世才這枚小棋子。

國民政府在外交上依靠和親善美國，並引進美國因素制衡蘇聯在新疆的影響力。不久後盛世才就發現，美國政治制度和美國政要，與蘇聯方面有很大不同。那些受美國的民主政治薰陶的精英們，並不喜歡他這個獨裁者。美國軍政要人訪迪，美國在迪化設立領事館，為盛世才瞭解世界上最富裕、最有影響力的民主國家打開了一

1 張大軍：《新疆風暴七十年》第五九九四頁。
2 張大軍《新疆風暴七十年》，第五九九四頁。

盛世才（右三）在迪化迎接美國副總統華萊士（左一）

扇窗，畢竟在此之前，盛世才的國際經驗僅限於日本和蘇聯。然而，正是美國的民主因素，對他在新疆為所欲為的獨裁統治構成挑戰。

美國副總統華萊士於二十日飛抵重慶，即向蔣介石轉達與史達林會晤的結論：「勸委員長改變對蘇關係，他指出盛世才乃中蘇和好的一項障礙。於是乃免除盛世才的新疆主席職務，任命他為中央政府的農林部長。」[1]大衛・大林的敘述丟掉了事件發展過程中的諸多細節。

也許華萊士是率直之人，也許是酒後失言，也許是美領事館中有盛世才安插的耳目，在華萊士抵達重慶之前，盛世才即已獲得將被撤換的訊息。虎落平陽被犬欺，這足以使盛世才驚恐不安。

從抗戰大局著想，蔣介石不能不重視盟國領袖的意見。早在一九四四年三月十二日的日記中，《本星期預定工作課目》便列有「新疆主席人選與準備」一條。國民黨軍方亦發出聲音：「軍令部意見仍應與蘇聯保持友誼，不可因小失大，應設法調整人事，盛世才須調離新省，另派他職。」蔣介石侍衛長唐縱在更早一些的日記中表示，「（軍令部）所見與我完全相同。」[2]

而在國府行政院內部，鑒於盛世才的因素已經影響中蘇國家關係的改善，也開始考慮將盛世才調離新疆的問題。一貫主張聯蘇的立法院長孫科對與蘇聯的武裝衝突頗為擔心，在四月四日的國民黨中常會上激動地說出「中國外交非親俄必亡國」的話語，力主立撤盛世才。邵力子也支持孫科的主張。儘管蔣介石對孫科在中常會上的「咆哮衝動」頗不以為然，但持孫科這樣的想法者在國民政府內並非少數。從唐縱日記的記載來看，軍政各方均有持相同看法者：「新疆事件發生後，黨內同志對盛世才頗有責難，孫哲生、邵力子二先生持論至為顯著。」[3]

1 大衛・大林《蘇俄與遠東》，潘崖譯，民國三十九年三月出版，第三五七頁。
2 唐縱日記一九四四年四月二十九日。
3 唐縱日記一九四四年四月十三日。

美國副總統華萊士有意無意間走漏的消息，行政院內部眼線的報告，令盛世才在疑懼焦慮中掙紮。

其實，盛世才應該明白，在美蘇英中合作的棋局中，他盛世才只不過是一個小卒子，需要時，令汝前進，擋道時，可以犧牲。遑論盛世才，與蔣介石發生激烈衝突的美國將軍史迪威，其命運亦不過如一小卒。

「八・一一」之夜

至一九四四年，國民黨已在新疆撒下天羅地網，在政治、軍事、外交、經濟、文化各個方面滲透並控制了新疆。盛世才日益成為孤家寡人，時時感受到收緊繩索束縛。

盛世才不甘就範，遂決定故伎重演——先下手為強。為了打壓國民黨勢力，並試探重慶方面的反應，是年四月十七日，他下令逮捕了新疆省政府秘書長劉效黎、教育廳長程東白等十餘人，羅織罪名是「受蘇聯和中共指使圖謀暴動」，然後屈打成招，將口供畫押呈報重慶國府。盛世才與國民黨高層的關係變得漸趨緊張。

所謂「四・一七陰謀暴動案」，只不過是盛世才在幾個月後炮製更大陰謀的前奏曲。

八月十一日這一天，省城迪化似乎一切正常。盛督辦繼續稱病不出，拒不出席美國駐迪總領事與羅家倫連袂主持的外交宴會。

是晚，美國駐迪領事斯密士（Horace Smith）宴請美籍地質學家地克拉喀（Prof.Clark），羅家倫主陪。克拉喀是戰時應徵軍人，授職中尉，駕駛一輛問世未久的吉甫車，奔馳於天山南路之流沙雪嶺道中，其精神令羅家倫贊佩。席間，克羅二人用英語作交談，議題是開闢新印公路，將美英軍械彈藥運進中國的計畫。因為克拉喀是學者，與羅家倫有說不完的話題，彼此縱談甚歡，於午夜十一點四十五分，羅家倫才依依不捨言辭。

美國領事館在迪化城外南梁坡。按常例，迪化城門晚十時即關閉。過了十點，入城者必須叫城，於驗明通行證後，戍卒方啟鑰匙。羅家倫乘車抵城下時，已過了午夜十二點，可是，一反常態，城門未閉。不僅如此，且見簇新之俄式汽車，屬督辯公署者，疾駛出城，羅家倫頓生疑竇。國民黨在疆人士，處此動盪時期，警覺性不期而高。

羅返回監察使署後，至一時半方就寢。尚未熟睡，即聞窗前有急促的敲擊聲，值夜者喊道，有緊急事件報告。這種擊窗方式，是羅家倫出任監察使以來從未經歷的。

余速起。役以急促聲音告我，『黃如今、林繼庸和許多由中央來的人員，都在夜裡被捕，關進監獄去了！』余追詢其消息來源，認為無誤，知變亂已起，遂立草短電，迅譯密碼，徑達元首。電文中判斷此舉為要脅。[1]是時已是次日凌晨三點。

十二日凌晨四時，羅家倫向重慶發出的第一份密電。

同日，盛世才連發兩電，也向蔣介石報告了同一案情，稱被捕者企圖在新疆暴動，建立社會主義政權，並已買通其身邊管理廚房的副官及廚師，準備毒殺；買通其身邊衛士，準備謀刺等。[2]

十二日上午十時半許，羅家倫拍發第二份電報給蔣介石：「罪屬虛構，顯係要脅，一民兄如能來，局勢尚可有挽回之餘地。」

羅家倫被特務們圍困在監察署，等於失去了行動自由，對於盛世才實現大逮捕的細節，自然沒有新聞記者李帆群知之更祥。

八月十一日夜，盛世才指使警務處長李英奇，出動黑色汽車至省黨部委員宿舍，以「督辦請你們召開緊急會議」為名，將黃如今、張志智、童世荃「請」到監獄，同時又逮捕了林繼庸（建設廳廳長）、林伯雅、周明（中訓分團大隊長）等人。當汽車到外交特派員公署「請」丁慰慈（蘇聯科長）時，丁感到可能是逮捕他，於是對特務們說：「我打電話問問督辦，是不是真找我去開會。」盛世才這時正坐在新大樓裡等待李英奇的彙報，當即答覆說：「你來吧！」[3]

盛世才竟敢直接到國民黨省黨部委員宿舍、外交特派員公署捕人，囂張氣焰直衝牛鬥。

中訓分團指導員余航，看到同夥被捕，一時氣憤，直接打電話給盛世才嚴詞責問為什麼將這些人逮捕，並說：「要抓也把我抓去。」盛世才不予答覆，旋即駛來一輛小汽車，將余航逮捕。迪化縣黨部書記長邱明誠，隨

1 《羅家倫文存》第二冊（天山逸史零篇），第九一五—九二四頁，民國六十五年國史館。

2 《在蔣介石身邊八年—侍從室高級幕僚唐縱日記》，一九四二年一九四四—〇八—二七，群眾出版社，一九九一年八月。一民為朱紹良之字。

3 李帆群：盛世才投靠國民黨的前前後後《新疆文史資料》二二輯，新疆人民出版社，一九八七年七月，第八五—一一九頁。

帶毛巾牙刷準備就捕，四處亂跑，旋即入獄。

盛世才還準備逮捕預七師師長李禹祥[1]，以打擊國民黨在新疆的武裝。當他打電話邀約李禹祥前去談話時，李禹祥早已有了準備，在電話裡答覆「有病」，避而不見，並且在老滿城加強了戒備。

由於盛世才暫時未敢動預七師師部及中央駐新疆監察署，使逃往兩地藏匿的國民黨人員，躲過一劫。盛世才又大肆逮捕一二八師師長柳正欣、暫三師師長湯執權、騎十一師師長吳熙志、騎一師師長崔穎春，以及省直機關負責人、各區專員和縣長、警務處特務等等，總計約有一千五百餘人。[2]

總之，盛世才將國民黨中央派來的、任命的、培訓的，以及投靠國民黨、親近國民黨的幹部幾乎一網打盡。若無精心策劃，認真準備，各個擊破，絕無此戰果。

國民黨人員入疆之前，盛世才肆意捕人，可謂司空見慣。然而，當偃旗息鼓一年多的大逮捕再起，造成迪化全市人心惶惶，風聲鶴唳。國民黨人自知盛世才控制嚴密，插翅難飛，人人自危，各自焚毀來往信件，整理行裝，隨身攜帶獄中用品，準備隨時入獄。一般民眾看到盛世才連這些中央派來的要員都敢逮捕，預示著盛世才將會與國民黨決裂，新疆的前途未卜，也可能發生一場戰爭，傳說紛紛，莫衷一是。「而國民黨在新疆，也從此威望掃地」。

話再說回羅家倫處。十二日下午約十六點（新疆時間晚於北京時間二小時），羅家倫在監察使署接見邊防督辦參謀長汪鴻藻。汪鴻藻出示了盛世才的信箚，告以一批國民黨人中的共產黨分子企圖陰謀暴動，推翻新疆政權，已予逮捕，並出示名單，且稱：此事有關監察部門，因此必須向監察署說明備案。盛世才對監察署欲擒故縱，體現了其在政治鬥爭中奸詐與老道，不愧為玩政治的高手。

瞭解到盛世才捕人事因及詳情後，羅家倫隨即向蔣介石發出第三封電報：

1 李禹祥（一九〇三－？），黃埔軍校一期畢業，湖南藍山人，號元瑞。長期從事軍校教育工作。抗戰爆發後任教導總隊第三旅副旅長，教導總隊改編為第四六師後擔任該師副旅長、旅長、副師長。一九四九年初入陸軍大學特別班第八期學習，在學期間隨校往臺灣。一九五二年退役。

2 李帆群：盛世才投靠國民黨的前前後後《新疆文史資料》二二輯，新疆人民出版社，一九八七年七月，第八五－一一九頁。

> 如一民兄能來尚祈從速，遲恐鄰邦活動成熟，更難挽回。[1]

鄰邦，顯指蘇聯。羅恐盛世才再效一九三四年之法，聯蘇驅馬，抗衡中央政府。一旦生米煮成熟飯，新疆危矣！

新疆監察使署的設立是蔣介石收復新疆政策的一招妙棋。由於監察使署直屬中央管轄，有自己獨立的電臺和直通最高領袖的奏事通道。儘管盛世才控制了大部分電臺，但百密必有一疏。盛世才瞞天過海之計由此失靈。從十二日晨起，連續幾日，國民黨在疆要員家屬齊聚監察使署門前，哭成一片，訴說員警的暴行，向羅家倫要人。羅家倫不露聲色，要大家做好入獄或犧牲的準備。[2]

八月十三日，蔣介石與駐新疆外交特派員吳澤湘面談新疆問題。吳報告說，在他看來，除盛世才五弟及其妹婿彭某以外，其他人皆有為其捕殺之可能云。

這說明羅家倫亦不安全。國民黨內不知內情者，說當時監察使羅家倫束手無措，軟弱無能。面對翻雲覆雨的梟雄，手無寸鐵的文官，拼的是膽量，憑的是智慧。大智若愚，外人只見其愚，而不察其智。

早已得到羅家倫（還有其他隱秘管道）密報的蔣介石，當然不會相信盛世才大規模逮捕國民黨要員的所謂藉口。蔣對盛之舉動大為驚駭。他在日記中寫道，「中央在新重要人員皆被其逮捕，並將其本身最親信之文武幹部皆一併逮捕，而其廚房與舊傭本家皆以受反動謀刺嫌疑逮捕云。殊堪驚駭，此種荒謬案件層出不窮，除為其本人有神經病發狂之外，另無其他之想像可言。」[3]此時，蔣介石擔心，在蘇俄壓力增強之下，盛世才可能又將重回舊路。國民政府其他要員也懷疑，盛世才如此近乎瘋狂的舉動，有可能意味著他將要倒向蘇聯。唐縱記載：「盛忽捕中央人員與柳師長，情況特異。陳布雷推測，盛世才是否準備向蘇聯叩頭。」[4]他們的判斷與羅家倫相同無二。

1 《羅家倫文存》第二冊（天山逸史零篇），第九一五—九二四頁，民國六十五年國史館。
2 張大軍《新疆風暴七十年》，第六〇〇〇頁。
3 蔣介石日記，一九四三年八月—一三，〇八—一四。
4 王建朗《晉陽學刊》，二〇一一年十一期，第九五—一〇五頁。

蔣介石及幕僚的推測是合理的，因為，盛世才驅逐國民黨在疆勢力，只有重新投靠蘇聯一條路可行。盛世才一面明修棧道，一面暗度陳倉，主動與蘇聯駐迪化總領館聯繫，並向史達林報告，稱被捕者是日本間諜和藍衣社成員。盛還表示悔過，希望重新與蘇聯建立「反帝」統一戰線。盛密派親信到蘇聯駐迪化總領事館，請求蘇聯出兵解決中央部隊，並許以阿山金礦、獨山子石油等為酬勞。盛世才不識時務，弗知此一時非彼一時也。昔日美英蘇中是對手，各有利益，今日是同盟軍，有共同利益。同盟國事大，各國事小，中蘇事大，新疆事小，精明過人的戰略家史達林自知輕重。史達林直接將盛世才的電報轉給蔣介石，使其原形畢露。

對於盛世才的叛國賣疆行為，蔣介石極為惱怒，他在日記中痛批盛世才，「患得患失不明大義，有私無公，見利忘義之人，不可用也。」大概是聯想到從前的張學良兵變，蔣甚至憤稱「東北之軍人多為害國害己之人也。」[1]

盛世才的再次背叛，使他要用後半生之代價來贖罪。

冰劍對風刀

羅家倫幾番五次電請朱紹良出山，以化解新疆危局。

在國民黨諸多大員將帥中，為什麼盛世才單單服膺朱紹良？時任第八戰區政治部少將主任秘書的周開慶在《西北剪影》一書中是這般評價長官朱紹良的：

軍旅之事，注重勇武，所以干城之選，重在「赳赳武夫」。但若坐鎮一方，大雅雍容，運籌帷幄，決勝千里；那便是大將之風，是智勇兼備的一種表現，絕非「赳赳武夫」所可企及。今天坐鎮西北的朱將軍，就正是這一種風度的人物。從他各級軍事學校受訓起，一直擔任各種任務，至今三十幾年，出生入死，可以說冒險犯難的次數，非常之多。然而無論如何艱危，他都能夠泰然處以靜定。拿最近幾年的事情

---

1 蔣介石日記，一九四四年八月十二日。

講，「八・一三」滬戰爆發以後，他在那裡指揮戰爭，敵人的飛機整天在他那指揮部周圍轟炸，他就從沒有到過地下室去一次。以他這種卓越精神感召，也鎮定了整個前線的官兵。二十九年（一九四〇）初，綏西敵軍大舉進犯，他於農曆元旦，衝冒風雪，輕車簡從，趕往前線指揮，前線官兵聞訊振奮，因而獲得那一次綏西的大捷。他用兵的長處，最注重「知己知彼」，無論敵人的一舉一動，都加以特別注意，從而下定判斷，乘隙攻虛，所以每戰必克。對於自己部隊的實力，將士的個性，都有深切的認識。使用起來，遂能如身之使臂，臂之使指。他對待部下，「威而不嚴，寬而不縱」，一般部屬，也樂於為他效死。這是他指揮軍事所向有功的原因。[1]

周開慶在同一本書中亦評價盛世才：

盛將軍精明強幹，事情無論大小，他都要親自料理。他長於軍事，並且很能寫作，很多重要文件，都是他親自起草的。以短短十年時間，能把複雜的新疆弄上軌道，他的經歷與努力，應是主要的原因。[2]

在周眼中，朱舉重若輕，抓大放小，盛舉輕若重，事必躬親，相形之下，盛遠不如朱。朱紹良乃蔣介石愛將，自然深知朱紹良之德才。於是，蔣介石緊急召見朱紹良。第八戰區司令長官駐錫地在蘭州。此時，恰逢朱紹良因腳疾在蘭州家中養病。蔣總裁急電召見，他不能不往。

十多年後，朱紹良對蔣介石緊急召見的細節仍記憶猶新：

蔣委員長電招我自蘭州飛抵重慶。委員長侍從武官電話通知即日下午在黃山官邸接見。時足疾復發，雖免能舉步，但恐不能登山，朱紹良女婿張宣澤即在電話裡據實報告。

1 周開慶《西北剪影》，臺灣商務印書館，一九六八，第三五頁。
2 同上第五三—五四頁。

蔣侍從武官說：

委員長已有指示，派委員坐轎下山相迎。於是朱先生乘汽車到山下，即乘佇候之委員長坐轎直至客室門前（後據侍從官人員說：「這是從來未有的特例」），委員長與朱先生檢討新疆內部因素及國際因素，商談達三四小時之久。最後朱先生表示：甘冒不測危機，親到迪化一行。委員長與朱先生密談時，坐得很近，忽以手加於朱先生膝上，關切地問詢朱先生有兒女多少及年齡大小？竟在負責朱先生身後，朱先生雖然效忠領袖，慷慨忘身，此時也惕然感動。[1]

朱紹良將軍夫婦晚年在台北

蔣介石平時風紀整齊，不苟言笑，顯得有些呆板，但在私下對部將卻如此溫膩，著實令朱紹良動容。蔣介石鮮為人知的柔軟功夫，贏得諸多軍政要員為他效忠。

蔣介石又與朱紹良促膝商討新疆問題，兩人研究的結果是，盛世才前後所來各電皆為預定之設計，新疆局勢「可危之」[2]

八月十五日，朱紹良帶疾飛抵迪化。朱紹良是盛世才的長官，之前每次飛抵迪化，盛世才必到機場迎接。新疆邊防督辦參謀長汪鴻藻致電羅家倫，問其可否到機場一接，此邀正中羅的下懷。羅家倫下午赴機場，見其周圍戒備之士兵約一營，沿途步哨林立。盛氏未到，由其夫人代表，新省人員來者寥落，至於中央人員，在昔成雁行者，而僅僅余一人而已。

羅家倫事後記述：

1 張大軍《新疆風暴七十年》第五九九六—六〇〇五頁。
2 蔣介石日記一九四四年八月十三日。

一民時有足疾，不良於行；下機後余卻偕登車赴東花園。吾人進入督署圍牆時，即見機關槍巢四布，裝甲車上炮位突出，如臨大敵。彼此相顧，以冷笑報之。東花園為督署內之一部分，用作招待貴賓棲息之所。一民與余往歲皆客居，惟此次重來，則光景全非。招待所係一舊式之玻璃廳，作長方形，四面土牆高二尺許，上面皆設玻璃窗，窗外花木扶疏，影落幾席間。是日抵此，首先感覺者即廳之四角，各設崗位二人，每人各向一方，槍頭均上刺刀。廳前階下複有六人，持槍侍立。八面刀光，洵非虛語，亦可見其保護之周密矣。

朱紹良與羅家倫都是經歷過大場面的人，並不為眼前緊張氛圍而手足失措。在雙方鬥智鬥勇之際，他們要演一場戲給盛世才看。

入室小憩，知一民精其精緻之象牙棋子，搬在行篋，力移一小桌於前廳空洞處，取出對弈，以雍容態度，藉對弈而對話，過重要處，間用筆談，而常亂以棋聲。余乃得以新局近況，扼要為一民告。彼亦密告余以中樞之決策，及將盛氏調離新疆之決心。吾人自知此項決定之允當，然亦料及恐有強烈之反應發生，惟既奉命如此，理當面對危機，以圖貫徹，此非尋常之一局棋也。

羅家倫告知真相：係陰謀案；朱紹良轉達蔣令：要換人！

直到下午六時半後，盛世才忽至東花園，撩簾徑入，向朱紹良與羅家倫均作寒暄歉仄之詞，然後敘述其所謂陰謀暴動案之重要性，繪影繪聲，滔滔不絕。言間露倉皇之形態，所述亦常難自圓其說。旋設晚餐，其平時有侍應經驗之副官三人，均已不見，設置餐具，概由其兄弟親手為之。餐畢，盛謂「朱長官沿途辛苦，請各自休息。」朱紹良夜宿署內新大樓，羅家倫電召使署汽車來迎。

羅家倫回署後，身在虎穴的朱紹良難以成寐，便從行笈中取出莊子《南華經》閱讀，以消永夜。不意深夜二時許，盛世才不招自來，神色益覺倉皇，見朱鎮定如常，便問所看何書？朱告以莊子之書。盛詫異道：「為何看這腐敗的古書？」朱笑答：「內容很有趣。」盛世才忽又離去。

朱將軍性好讀書，只要一有閒暇，他就看書。閱讀範圍十分寬泛，有關西北的書籍，只要收集得到的，他都參閱過。[1]

羅家倫事後聽聞，議論說：

盛世才有失常態，頗有彷徨不可終夜之勢。凡世間陷入之恐怖者其自身也必墮入極深之恐怖；更益以利害得失之內心矛盾與激蕩，常為任何離奇怪誕魯莽滅裂舉動之來源，此心理科學認為習見之現象。[2]

深夜朱將就寢，瞥見玻璃窗外之哨兵，時時對此靠窗之臥榻俯窺。朱不做計較，起而將床上設備移置他處，方得安枕。翌日，朱告知於羅，羅說：「此種猙獰恣態，日間尤令人難堪，況深夜乎？」二人相顧大笑。朱坦然對羅說：「如盛派人來解決我，自不能免，此不過要他多消耗幾粒子彈而已。」危難之中，羅家倫頗感幽默感之可貴。

「定而後能靜，靜而後能安，安而後能慮，慮而後能得。這是儒家哲學的精義所在，朱將軍可以說完全把它實踐了。」[3]

十六日，朱紹良面晤盛世才，告以中央擬將其調任意旨，措詞委婉而詞意堅決，不容商量。盛世才尷尬異常，進退失據。則以新局嚴重為由，藉延宕以固位。

盛世才本性不改，開始與朱紹良討價還價。第一方案：願先讓省主席之位置，而仍擁邊防督辦之兵權。見中央堅決不允，乃提出第二方案：建議在新任新疆主席就任後，自己尚須留新六個月，佈置軍事善後事宜，並審理此次「陰謀暴動」之重大案件。彎弓搭箭要張弛有度，方不折斷。朱紹良緩一步，說第二方案可以考慮，但自己定不了，必須飛渝請示於中共。盛世才扣住朱紹良不放，初定十七日起飛，盛氏要求改至十八日，嗣又改至十九日。

朱、羅事後得知，自十七日起，盛世才下令對被捕國民黨要員動刑，以屈打成招，形成有利於自己的口供。

1 周開慶《西北剪影》，臺灣商務印書館，一九六八，第三六—三七頁。
2 張大軍《新疆風暴七十年》六〇〇三—六〇〇四。
3 周開慶《西北剪影》，臺灣商務印書館，一九六八，第三六頁。

盛世才製造假案的程式是：先擬好全部情件，然後嚴刑逼供，叫一些「脅從」角色按案情寫出口供，再以這些口供為「人證」，用嚴刑叫「首要分子」按案情寫出口供，這樣就構成一個完整的假案，口供一致，「鐵證如山」。

國民黨員中不乏硬骨頭者，寧死不招。「黃如今等入獄後，遂即遭到刑訊。開始，他們當然不會承認是共產黨，但在後來嚴刑之下，黃如今被打傷了腿骨，林繼庸被折斷了指頭，林伯雅被戴上鐵頭箍，丁慰慈的手掌被打爛後，又遭到刀剪，最後都不得不『苦打成招』。只有張志智態度強硬，與審判官口辯舌戰，雖屢受酷刑，仍然拒絕寫出口供，因而當時被稱為是『有氣節的硬骨頭』。」[1]

至十九日，朱紹良仍未能回渝覆命。遠在重慶的蔣介石頗為焦慮，「朱逸民今日不能如期離迪回渝，盛之行動狂妄，甚為憂慮。」[2]

國民黨大軍壓境，盛世才見眾叛親離，幾無效忠之人，終沒敢拼個魚死網破。二十一日，盛世才同意放朱回渝。此時，盛世才已寫好給蔣介石長達十九頁的親筆信函，及「黃林案」的全部案情和口供。朱紹良與羅家倫同機飛渝。返渝之夜，同宿南岸黃山。朱紹良陳述一切在新經過後，蔣介石態度堅定，不改初衷，令盛離新。

蔣介石可不比文人學者羅家倫，在內政外交鬥爭中，曾不知與多少英傑梟雄打過交道，盛世才玩的小把戲，自然瞞他不過，何況一些黨國要員是他親自挑選、親自談話後派往新疆的。譬如「黃林案」中的要角建設廳廳長林繼庸，就是他信任的幹部。朱紹良複飛回迪化，傳達蔣介石指令，要麼赴渝，體面離疆，要麼留新，兵戎相見。

重兵驅雪豹

中國封建王朝大一統政治，史上分分合合，背後無不以軍力為後盾。民國初年，軍閥大行其道，或割據一

1 李帆群：盛世才投靠國民黨的前前後後《新疆文史資料》二二輯，新疆人民出版社，一九八七年七月，第八五—一一九頁。
2 蔣介石日記一九四四年八月十九日。

方，自成一統，或逐鹿中原，問鼎最高政治權力，亦賴軍力做靠山博勝負。蔣介石率軍北伐，擊垮各地軍閥，統一中國，建都南京，靠的還是軍事實力。蔣介石在西北拉攏四馬，繼而命令其讓開河西走廊，為收復新疆建立前進基地，軍力首當其衝。

軍人出生的蔣介石，一生迷信軍事。他知道，要讓天山雪豹服帖聽話，手中若無重兵，無異與虎謀皮。民國年間，蔣介石橫空出世，揮師北伐，無疑成了軍閥們的剋星，儘管他亦被軍閥和共產黨稱作軍閥。在對付軍閥上，蔣介石頗有心得，三分軍事，七分政治，大玩欲擒故縱之策。蔣不費一槍一彈，驅逐天山雪豹，為其傳奇一生再添一佳話。

回顧蔣氏擒拿盛的全過程，頗有看點。盛世才歸降中央政府後，蔣介石先將黨政軍的一個個頭銜封在盛世才頭上，令其風光一時無兩。此策為縱。然而，頭銜如同纏在身上的毒蛇，對外耀武揚威，對內有苦難言。

第一步，先將盛世才納入黨軍體制。一九四三年一月，新疆邊防督辦成立國民黨特別黨部，盛世才任省黨部主委。借此在全疆建立網路，發展黨員。

第二步，不失時機調動軍隊進疆。宣佈新疆省軍改為國民革命軍，將省軍整編為六個師。新疆航空隊亦做了改編，組建國軍空軍第十六總站。一九四三年春季，將新疆陸軍軍官能學校改為中央陸軍軍官學校第九分校，納入國民黨軍事學校系列。秋天，國軍第十八混成旅進駐哈密，與蘇聯紅八團餘部對峙，以迫使蘇軍加速撤退新疆。盛世才要借助國民政府軍事實力和外交影響力，逼退蘇聯駐哈密紅八團及在各地各單位的軍事顧問、教官，穩定新疆，鞏固權力，就無法擋住國民黨軍隊陸續開進新疆，進行控制新疆的戰略部署。

對於國民政府，盛世才始終將信將疑，半心半意，心中始終打著自己獨裁新疆的小算盤，他試圖限制國軍進疆人數。然而，勢不由人。

一九四四年三月十一日，蘇聯以中蒙邊境衝突為幌子，出動飛機轟炸中國軍隊。蔣介石暗喜：「安知俄國今日轟炸我新疆，而非為我國軍正式進駐新疆，收復我主權之良機乎？」[1]

是月，盛世才不得不同意謝義鋒之四十五師（轄三團）開進新疆。為避免刺激蘇聯起見，該師入新時偽裝成

[1] 蔣介石日記一九四四年三月二十二日。

一九四三年秋蔣介石與盛世才在重慶合影

交通警察總隊一總隊員警，分駐哈密、鎮西、吐魯番一帶。[1]

三月十九日，蔣介石令朱紹良抽調兩團附高射炮和防戰車炮各一連，用車輸送至奇台設防，要朱本人飛迪坐鎮策劃。同時加派其他精銳部隊入新駐防，其中預七師的兩個團駐守迪化。中央軍兵臨盛世才臥榻之下。

更大規模的調兵遣將旋即而至。四月，國軍第二十九集團軍總司令部及新二軍入新，數量在萬人以上。重兵上天山，是為擒。

依託軍事起家並維持新疆統治的盛世才，眼觀國軍源源不斷入新，心中惶惶，又無可奈何。

此時，盛世才手中沒有與中央軍對抗的資本。新疆原省軍數量不過一・八萬人，大部分部署於邊防地區，已整編為國民軍。盛世才可調動的力量主要是員警部隊。一九四四年夏秋，中央軍入新部隊已達三萬人左右，在東西南北四面已對迪化形成大包圍態勢。空軍也在酒泉佈置了若干架飛機，可隨時準備出擊。

朱紹良奉蔣介石之令，再返迪化，明確告訴盛世才必須服從中央擬將其調任的決定。「幸此時已有若干中央部隊入新，如駐防迪化附近老滿城之預備第七師一部分，及駐哈密之徐汝誠旅，聞變已做戰備，中央空軍複集中若干架於酒泉，在西北負責指揮之羅機司令奉令偕一民同機飛抵哈密，準備前進基地。凡此軍事情報，盛氏必能取得，自不能不轉生恐懼之心。」[2]

盛世才首鼠兩端，處處碰壁，自知大勢已去，不得不接受了重慶方面的調離要求。

八月二十九日，國民政府正式宣佈：新疆省政府主席兼新疆邊防督辦盛世才呈請辭職，准免盛世才本兼各職；裁撤新疆省邊防督辦公署；任命盛世才為農林部長；任命吳忠信為新疆省政府主席，吳未到任前由朱紹良暫代。國民政府並決定，此後所有駐新疆各部隊歸軍事委員會直轄，原督辦公署應辦事宜由新疆省保安司令部接

1 黃建華《國民黨政府的新疆政策研究》，民族出版社，二〇〇四年四月，第七六頁。

2 張大軍《新疆風暴七十年》第六〇〇五頁。

辦。[1]

國民政府的上述決定，翌日即見諸於《中央日報》、《大公報》等報刊，中外無線電波將決定傳播至更遠的區域。單從政府公文看這段歷史，盛世才離疆赴渝，吳忠信走馬上任，朱紹良暫代新疆省主席，似乎寡淡無味，毫無懸念，但史實卻要複雜曲折得多，即使用驚心動魄、命懸一線二詞形容亦不為過。

新疆代理省主席朱紹良三十一日已赴迪履職，然而盛世才仍將中央政府的決定壓下來，暫不予在《新疆日報》上公佈。

中央政府的任免決定遲至九月二日才在《新疆日報》上發表，迪化民眾聞訊後奔相走告，慘遭盛世才殺害者的家屬哭倒於墳場，尚被關押在監獄的犯人家屬集體赴省政府請願。而由盛世才控制的《新疆日報》上，仍大模大樣地刊登盛世才及夫人邱毓芳告新疆人民及婦女書。九月四日的《新疆日報》還刊登了新疆省公署的重要啟示，聲稱十二年來，新疆清廉政策已蔚成風氣，各處室官佐在移交檔案、金錢、物品時，必能始終無間，絲毫無苟，倘或不明義禮，於時巧取舞弊，自陷罪戾，一經查覺，定按懲治條列治罪不貸。[2]公允地說，盛世才下屬的交接工作是按程式的，是有秩序、有效率的，沒有給國民政府亂上添亂。

遲至九月十一日，盛世才飛往重慶履新。這是盛世才與新疆的最後訣別。盛氏一生成亦新疆，敗亦新疆，其中酸甜苦辣、功過榮辱，飲者自知。

目擊者拾零

歷史是多維的，官史僅僅是歷史的一個平面，民間口口相傳的生動細節，又構成歷史的另一面。發生在一九四四年秋天的那場擒盛大博弈，有許多目擊者，孫越琦就是其中之一。

是年七月，玉門油礦總經理孫越琦代表中央政府經濟部到新疆接受獨山子油礦。往返途徑迪化，恰逢盛世才

1 張大軍《新疆風暴七十年》臺灣蘭溪出版社，一九八〇年十月，第六〇〇八頁。
2 張大軍《新疆風暴七十年》第六〇〇五—六〇一一頁。

製造「八・一一」陰謀暴動案前後，事過多年後，他撰文回顧到：

我們於七月五日到達迪化住在盛世才指定的一個招待所。新疆監察使羅家倫是我的中學和大學同學，新疆省政府建設廳廳長林繼庸是我的老朋友，我先去看了他們，然後去看盛世才，在傳達室送名片進去請見盛世才。盛世才打電話給我說：「現在我有病，不能見你，很抱歉，待你從烏蘇油礦回來，我請你吃飯。那時再見吧。」

孫越琦返身又去見羅家倫，「羅很驚慌。他說：『盛世才要出問題了，他每次搞事變之前總是不見客，我最近也沒有見到他。今天你遠道而來，他不見你，我怕又要搞什麼名堂了。』我半信半疑，滿不在乎。」[1]八月下旬，孫越琦一行返回迪化，即在街頭看到「牆上新帖的國民黨政府的佈告，是調盛世才為中央農林部部長，任吳忠信為新疆省主席，這出乎我們意外的好消息，高興地不得了，一塊沉重的石頭落地了。」[2]一月之間，城頭已換大王旗。「第二天我去東花園見了朱紹良，說，『你來了，我放心了。』他說，不一定，現在盛世才本人可能無問題，但尚未辦理移交，他的部下會不會發生兵變，我沒有把握，我來時同我老婆說：『此行吉凶未卜，此生能否再見面，不敢逆料。』我聽了他的話大為喪氣。」

這期間，孫越琦又去會羅家倫與林繼庸夫人。「林夫人告訴我，她與羅家倫大吵了一場，因林繼庸等還關在監獄裡，要求立即釋放，而羅不置可否。據羅家倫告訴我，他和朱紹良已派人看過所有被捕的人，他們都平安無事，但何時放出來，沒有把握。」

在新疆政局撲朔迷離之際，孫越琦竟在幾天後獲批出境證。「汪參謀長（盛世才的連襟）把出境證交給了我。此出境證上蓋的是盛世才的私章。據我們瞭解，盛世才的私章比公章更有用。」

我們「次日一早就上車離開了迪化。到了星星峽，驗過出境證，汽車開出檢查站，司機同志陳永勝開足馬力

---

1 孫越琦：抗戰期間兩次去新疆紀略，《新疆文史資料》第十四輯，新疆人民出版社，一九八五年四月第八四頁。

2 同一注第八七頁。

向前奔馳，嘴裡說，『總算回國了。』我說，『新疆是外國嗎？』他說，『外國可能不會這樣可怕吧！』」[1]

盛世才離疆後，迪化民眾壓抑已久的怨恨如火山爆發，岩漿四溢。一個叫王勤軒的特情人員，記錄了那段特殊的社情：

> 一九四四年十二月，我從蘭州特種警官學校外事係俄文班畢業後，分配至新疆警務處。進入迪化市區後，見滿街牆壁上用粉筆或用硬物刻寫的標語口號：打倒盛世才！殺死盛世才！討還血債！

王勤軒大概沒有經歷盛世才得勢的歲月，那時，新疆人民的偉大領袖盛世才的畫像，歌頌四月革命的偉大領袖盛世才的標語，曾貼滿新疆。

「我的具體工作是翻譯往來機密電報。我發現一份重要文件，內容是新疆各界知名人士十二人聯名上書西北軍政長官朱紹良，請求嚴懲盛世才，訴狀上附有蓋有長官公署大印的批文，朱紹良批示：『交警務處辦理。』」在降服盛世才的過程中，第八戰區司令長官朱紹良臨危不懼，但在處理盛世才問題上，代理新疆省主席朱紹良上下為難，故含糊其辭，推諉不辦。

「某日，胡國振處長親擬電告，密封後派人送來，電文為：『重慶，毛人鳳先生：盛世才在新疆濫殺無辜，地方名流控告，人心不穩。搜刮民財，駭告。職胡國振。』時隔一日，回電來到：國振兄：昨電收到，希加強民族團結工作，穩定人心。人鳳。」[2]

盛世才調離後，新疆警務處長李英奇即被更換，重慶派胡國振繼任。幾個月後，蔣經國到訪迪化，在胡國振陪同下，祕密調查核實社會各界控告盛世才貪汙、濫殺之案。

1 孫越琦：抗戰期間兩次去新疆紀略，《新疆文史資料》第十四輯，新疆人民出版社，一九八五年四月，第八八－八九頁。

2 王勤軒：往事拾零，蘭州文史資料選輯，蘭州大學出版社，二〇〇四年一月，第一一六－一一八頁。

為盛氏說公道話

盛世才遠走重慶，新疆進入吳忠信時期。新政府至少面臨三大棘手難題：一是威權政治結束後，十多年積案一併曝光，案件堆積如山，亟待核查平反；二是蘇聯在北疆伊塔、南疆蒲犁策動的民族解放運動，已成蔓延之勢；三是新疆的金融秩序已經崩潰，物價猶如脫韁的野馬，基本生活品的價格已超過重慶、南京等大城市，嚴重的通脹肆虐著公教人員和百姓的日常生活。

羅家倫繼任中央政府駐新疆監察使。由於他完整地經歷了盛世才時期和吳忠信時期，在國民黨幹部和社會上一片討盛聲浪中，他到保持著學者的冷靜與客觀。一九四七年，在他卸任監察使一職時，向中央作專項報告，對比盛世才執政，從五方面評價與總結國民黨執政新疆時期的得失。

先論盛世才時期的行政效率：

> 我們先談一談民政及行政效率，在盛氏主新時候，那是絕端敏捷的，我們可以說省府及督辦公署沒有一件公事過三天沒有辦的，主要文件他隨到隨批，而且他能利用長途電話及電報網，利用得非常科學化，同時他也能運用人力，雖然跟做事的人不見得會掉文弄墨，然而到那裡去就得在限定期限內來回，這一批人到現在還可算新新疆行政上的實際幹部，雖然行政效率是由畏懼的心理逼出來的，效率卻實在高得使人佩服。[1]
>
> 民政方面縣長的遴選，注重實幹，他以簡單化的方式來處理地方普通行政，而以員警來督促並監視他們。我們可以說，除了他三支至親及人而外，官吏是被逼迫著清廉的，老百姓得到相當的安定。

盛世才暴政令人生畏是真，但其政府效率高得驚人亦不假！

1 羅家倫《泛論新疆——一個檢討》，《羅家倫先生文存》第二冊，第七一七頁。

盛世才是最會利用現代科學的，他對電話及電報綱非常重視」，據說，在盛世才的辦公室與臥室裡，各裝有幾十部電話，他可以不分晝夜獲悉情報，下達指令。不因人廢言，不因時變語，方能令人信服。會用善用現代科技執政，是有留學背景政治家的長項。

羅家倫續評國民黨執政時期的行政效率：

他一走之後，情事就不一樣了。大多數的人們怕流落在新疆，而想法積些旅費，這是可以寬容的，不過有些人就勾結新貴，胡作非為，譬如土產公司的總經理（已於去年死亡）每個月的私人開銷就要到新幣七、八百萬，卻也無人過問！這一種立地成「富」的風氣，一直到和平條款簽字後才收斂一些。至於行政效率，那是不堪言狀，普通公事石沉大海者十之三、四，緊要公事最好親自拿到主席或有權者那裡去看著批，拿著走，差不多是專要講情面，而無所謂行政了。

羅家倫又對比前後期政府的治軍績效：

我們再談一談治軍，在這一方面，盛氏以前不過是一個經紀人，一切的策動有「顧問」在計畫著，兵並不多，然而衣、食、住都能樸素結實，使士兵們滿意。行動是敏捷的，側重於步騎的訓練，雖不說現代化，卻也並不落後，至於機械化部隊，那是隨時可以借調的。此後入境的國軍，部隊長依舊帶來內地的陳腐習氣之下，在衣不足，食不飽，地形不明了，這一種犧牲是可歎可泣。但是不習於嚴寒，不習於山地，又在抗戰凋疲之餘，也只能盡一分力算一份罷了。這一年來，新疆的國軍，卻已有國防軍的風度了，部隊長的調整也嶄新了，很少到民間去混了，警覺性也加強了，只要在服裝、營養、供應、補給上逐步下些工夫，是可以成為保護新疆的勁旅；而機械化卻談不上。

最讓羅家倫憂慮的是新疆經濟面臨崩潰：

最使人感到煩愁的是經濟。在盛氏離職的前一年，新疆物價的穩定，一般民生的富庶，在國內可算第一，在抗戰前不過高上一、二倍。後來因為地位的不穩，移動了他的意志，在一年內驟然極度提高物價，以便驟斂而變成法幣，使人民處於水深火熱，種下今日迪化物價在全國為最高的因數，這是盛氏對新疆人民最不可恕的一件事。加以三十一年以後，外貨斷絕僅靠一些積餘來運用，對甘肅的來源，又採取壟斷方式，此後又經伊、塔之變，一層一層的刺激，再加上交通運輸的脫節，內地經濟的影響，以致形成今日的局面，幾乎完全在上海、西安、蘭州支配之下了。

羅家倫最痛心疾首的是新疆經濟建設的中斷：

最痛心便是建設。在三十一年以前，公路、水利、農林、畜牧、衛生，都曾經一度有相當的成就，造成了若干本地青年中下級幹部。可是此後一切科學器械及物品便無法接濟，就是有一些接濟，也因上級領導者的缺乏經驗而不會應用。盛氏去職之後，建設非但成為空談，已經有的也逐漸摧毀。舉一個例子來說，以四十餘萬頭羊換來的一個現代式的「農具製造廠」，不到一年半便弄得像破廟一般，真是連保管的能力也沒有，丟人之至！被些反動分子作為最有利的反宣傳事實。又如南疆蠶絲事業經過四年不斷的努力，農林部派來的專家，可以算對得起國家，也對得起新疆，可是到後來被土產公司的和田經理盡全力破壞，並且將與當地手工業工——地毯——最有關係的大批外國顏料，統統偷賣了，良好的烏克蘭麥種拿來吃了，種雞的蛋也上桌了，連種雞也殺了請客了，種馬來駕皮包車了，顯微鏡片用的染色素做了墨水了，諸如此類，不一而足。還有一個省政府委員提議把自來水管從地下挖出來到重慶去賣了吧！所以到現在各種建設事業，大半已按照國際慣例——掛一個某某機關的牌子而已。這是最刺激新疆青年的一件事。

身為教育家，他對新疆教育文化的失控，深感擔憂：

最可怕而又可憐的，便是教育與文化事業。以前散佈在新疆各區縣而總會都設在迪化的民族文化機關

（如維族文化會、漢族文化會），大半已成為政治爭鬥的場所，被人利用得像足球般踢來踢去。連全省的教育也牽連到這漩渦之內，現在竟有些人反對公民教育，而要稱之為社會教育——更談不上國民教育。至於和田的民教館，有一個時期被一個漢族的敗類（主持者）變作賭場，每晚能收幾十萬新幣的頭錢，也便算是雜亂局面中渾水摸魚姿態之一了。[1]

和田地處喀喇昆侖山北麓，與印度接壤，是新疆距迪化道途最遠、交通最不方便之地，可視為新疆政治的神經末梢。因天高皇帝遠，最易因官民胡作非為而成為亂源。一九三三年春天南疆動亂的發源地就在和田。凡舉數例內政，無不與領土安危相聯繫。在蘇聯咄咄逼人的強勢面前，新疆人民的人心向背成最大懸念：向西，還是向東？

在明哲保身、爾虞我詐的官場上，羅家倫不見風使舵，不怕直言得罪權貴而影響仕途，亦不怕為牆倒眾人推的盛氏說公道話而引火焚身，體現了一個正直學者應有的風骨。

1 羅家倫《泛論新疆——一個檢討》，《羅家倫先生文存》第二冊，第七一七頁。

第七章 史達林：獅豹鬥法

在那時看來，我似乎又為人所左右，任意擺佈，如同棋盤上的兵卒一樣。

——盛世才

大哥崇拜史達林，進而研究史達林，他知道他的能耐，絕非泛泛之輩，更何況處於事業巔峰的史達林，可以說無所不能。大哥學史達林治理國家的方式，也學他的機巧對付他，所謂「以其之道，還治其人之身。」如果史達林是頭獅子，那麼，大哥就是一頭雪豹，他護土的決心，絕不讓史達林在新疆得逞。

——盛世驥

關於盛世才與史達林及蘇聯的關係，毫無疑問是新疆民國史的核心問題。然而，由於盛世才首鼠兩端的表現，忽左忽右，時紅時白，加之新疆地位與領土問題的敏感性，前蘇聯、中國大陸、臺灣都有意無意回避，任由盛世才自相矛盾地百般辯解，大陸學者由於史料有限，使這一關鍵問題，一直處於語焉不詳的狀態中。

鐵幕之下，暗箱操作，必生出一個個謎團。解開盛世才與史達林及前蘇聯關係的謎團，需要借助新的史料。好在已有盛世才寫給王明的信、史達林接見盛世才會談紀要、前蘇聯部分外交檔案的公佈，還有一些盛世才的親隨寫的回憶錄，新疆民國史上撲朔迷離的謎團漸漸真相大白。

蘇聯出兵之謎

從地緣政治上觀之，新疆毗鄰前蘇聯，新蘇有著幾千公里的邊境線，許多民族跨境而居；新疆遠離內地，喀什、伊犁遙距南京四千餘公里，距最近城市蘭州亦有近三千公里。其間，沒有鐵路，沒有現代公路，一旦發生事變，中央政府鞭長莫及，只能望漠興歎。由此以來，新疆在政治、軍事、經濟、文化等諸多方面，不得不依賴蘇俄。

盛世才深諳對蘇外交與鞏固政權之理，從現實出發，他要找靠得上且靠得住的靠山，抓住能救命的稻草。

> 當偉大的「四・一二革命」（指一九三三年四月十二日新疆發生的推翻金樹仁統治的政變）發生時，我正巧被全疆各族各階層人民推舉為新疆邊防督辦。在取得政權之後，我對蘇聯駐烏魯木齊的總領事茲拉特金表示友好，然後，立即命令陳德立和姚雄帶著我給史達林與共產國際的親筆信去莫斯科，我在信裡寫道，我信仰馬克思列寧主義，並表示願意接受史達林的領導。[1]

史達林十分明瞭，一個政治上親蘇、經濟社會穩定、民族關係和諧的新疆，對橫跨歐亞大陸的蘇聯有著怎樣的戰略意義。他密切關注新疆亂局的發展，謹慎選擇新疆的政治代理人。

一九三四年一月十二日，數九寒冬之夜，馬仲英擁兵七千餘人，進襲迪化。至十六日晚，城東，馬部已攻佔了飛機場和無線電臺，繳獲飛機二架；城西，馬部又佔據制高點雅馬里克山，迪化城暴露於炮口之下；北邊，馬部攻打孚遠（呼圖壁），旨在切斷迪化的糧源。省垣迪化城破，危在旦夕之間。

邊防督辦盛世才似熱鍋螞蟻，急得團團轉，幾乎每天都要打電報詢問蘇軍是否入境。連問新疆省政府外交署長兼財政廳長陳德立：怎麼辦？怎麼辦？

---

[1] 盛世才一九三六年三月十五日給王明的信。

負責與蘇方祕密聯絡的陳籠統地答曰：「領事館裡講：快了！快了！」[1]

一月中旬，蘇聯紅軍三四千人（一部分是騎兵，其餘是乘卡車的步兵）攜帶山炮、野炮、裝甲車進入邊卡，換上了中國軍服，向迪化開進。

十八日，蘇聯飛機由塔城直飛迪化，轟炸馬軍。迪化守城軍民士氣大振。蘇聯派兵支援盛世才政府的序幕由此拉開。

一月二十日，聯共（布）中央政治局召開新疆問題會議，史達林簽署文件：一、劃撥一萬金盧布給蘇聯人民委員會國家政治保安局用於業務之需。二、為在新疆的部分白衛軍調撥二千件民用服裝。[2]

二月三日，從塔城南下的大批紅軍開到距迪化四十里處的舊飛機場。八日晨，紅軍炮擊馬部，迫使其從西大橋、水磨溝撤退。

十一日，馬仲英見紅軍源源而來，人強馬壯，武器精良，無法抵擋，下令退往南疆。[3]

十二日，持續一月的迪化危局終於解除。

一九三四年四月十五日，聯共（布）中央政治局再次召開新疆問題會議，主要研究決定了以下事項：

一是撤出入境參戰的蘇軍：「通告給督辦知曉，我們堅持自己的觀點，認為阿勒泰軍繼續留在新疆是不合適的。但是，考慮到督辦堅定地要求及其希望在最短的時間內鞏固成果，除掉馬仲英，以便能夠在阿克蘇－烏恰－吐魯番地區站住腳，我們同意把阿勒泰騎兵團和炮兵連（總人數為三五〇人）留駐新疆三－四個月，從而進一步鞏固省政府在阿克蘇和烏恰－吐魯番地區的統治，並建立起防範喀什東幹人向新疆北部滲透的屏障。」「阿勒泰騎兵團作為一個獨立兵團留守的，化裝成『由白俄僑民組成的俄國騎兵團』把相應的『官員』吸收到自己的隊伍中，擁有不同的番號，等等。」

二是幫助盛世才政府組建一支有戰鬥力的軍隊。「指示督辦，要借助於我們留給烏魯木齊政府掌管的技術專家和物質力量，同時要仔細挑選忠誠分子，他完全有能力組建一支有俄國軍隊那樣的紀律、鞏固的和有戰鬥力的

1 蔡錦松《盛世才在新疆》一五五頁。
2 沈志華編譯《俄國解密檔案：新疆問題》，新疆人民出版社，二〇一三年一月，第二四頁。
3 蔡錦松《盛世才在新疆》一五五頁。

軍隊。」

三是參戰蘇軍軍人獎勵事項。「在新疆軍事行動完成後，必須對參加戰役的部分軍人進行獎勵：戰士，每人三百盧布；低級軍官，每人五百盧布；中級和高級軍官，每人兩個月的口糧。對做出重要貢獻的士兵和指揮員授予『紅旗』動章和『紅星』動章。鑒於督辦提出請求，允許由烏魯木齊政府向阿勒泰騎兵團提供金錢獎勵。」[1]史達林在這份文件上簽了名。

一九三四年春，盛世才派張義吾去蘇聯，表面上是送教育廳長張馨去莫斯科治眼病和送五弟盛世驥去學習，實際上是要張義吾向蘇聯要求給他武裝一萬軍隊的全部武器、服裝和各種裝備。結果，蘇聯裝備了「一萬人的新疆軍隊，從腳上的靴子直到頭上的國民黨帽徽。」[2]

一九三八年盛世才（右一）與蘇聯軍事顧問拉托夫中將

由於蘇聯出兵作戰，北疆大部被省軍收復，馬仲英率部逃往南疆。盛世才要求蘇聯繼續出兵支援，澈底將馬仲英部消滅或逐出新疆。

一九三四年五月三十一日，聯共（布）中央政治局再次就新疆問題通過決議，其要點如下：「眾所周知，由於馬仲英同時在同英國人進行談判，所以必須立即利用現在的一切可能性向英國領事館和當局揭露他，敗壞他的聲譽。此時也要注意馬仲英同日本人的聯繫。如果馬仲英在執行烏魯木齊政府闡述的要求時採取抵制和拖延行動時，南方軍區的部隊要向瑪喇爾巴什方向移動。第一梯隊——尼亞孜哈吉人、蒙古人、吉爾吉斯人和中國騎兵團第一團；第二梯隊——俄國軍隊第一、二、五兵團；第三梯隊——（預備部隊）俄國軍隊第三團和阿勒泰第六兵團。在阿克蘇為P五航空中隊準備臨時機場。同先前一樣，由弗里諾夫斯基同志擔任新疆戰役的總指揮。建議蘇

1 沈志華編譯《俄國解密檔案：新疆問題》，新疆人民出版社，二〇一三年一月，第二七—二八頁。

2 艾倫・S惠廷：《蘇聯在新疆的戰略（一九三三—一九四九）》抄稿。轉自蔡錦松《盛世才在新疆》第一五一頁。

聯對外貿易部立即空運南方軍區發動戰役所必須的四〇噸糧食，經卡拉科爾運到阿克蘇。」[1]

前蘇聯解密檔案表明，蘇聯為幫助盛世才戰勝馬仲英，鞏固新疆親蘇政權，先後派遣近二萬名裝備優良、訓練有素的蘇聯紅軍入疆參戰（塔城入境四千人、伊犁入境七千餘人、南疆伊爾克什坦入境七千餘人）。蘇聯政府在政治上、外交上，講究策略，蘇軍換裝、借歸化軍之名，軍紀嚴明，達到戰略目的後迅速撤軍等等。蘇軍無論在總體上，還是在局部戰場上，都取得數量優勢，其機動性、戰鬥力、戰術組織，更是馬仲英、張培元部無法比肩的。蘇軍整建制勁旅入疆參戰，是新疆在短期內結束一九三三年波及全疆大動亂的關鍵力量，無論功過如何評價，史實不可抹殺。

在新蘇蜜月期間，盛世才坦言，沒有蘇聯的幫助，就沒有新疆的發展與進步：

> 新疆四・一二革命已快三年了，在這兩年多的時間裡新疆確實取得了巨大的進步。新疆的這一進步不應歸功於我個人，而應歸功於世界無產階級的祖國蘇聯的幫助。史達林遵循列寧的教導，援助東方弱小民族，特別是阿布列索夫總領事執行史達林的命令，給新疆直接的武力支援。目前新疆的光榮與喜悅只屬於馬克思主義、列寧主義和史達林主義，以及阿布列索夫。蘇聯對新疆的這一援助不僅使四百萬新疆人民有可能認識蘇聯，深深感謝它的友好之情，而且促使全中國人民瞭解與加強對蘇聯的友好。現在有希望中蘇兩國在國家關係方面向友好的方向轉變，儘管這一目標還未實現；因為受日本帝國主義壓迫的蔣介石沒有出路，他要尋

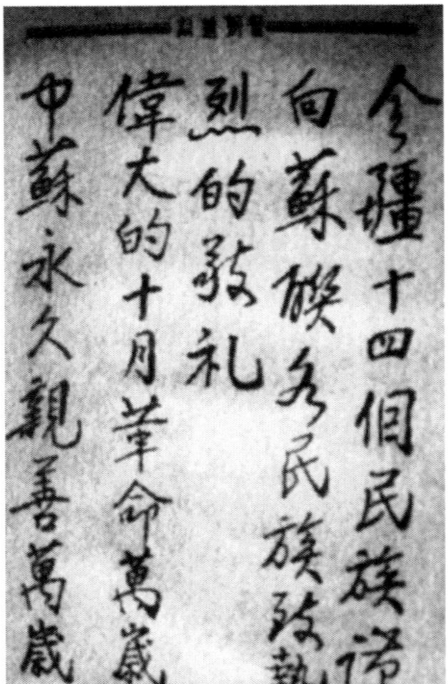

一九三九年盛世才為蘇聯十月革命節題詞

1 沈志華編譯《俄國解密檔案：新疆問題》，新疆人民出版社，二〇一三年一月，第三〇—三一頁。

求蘇聯的友誼，而蘇聯對新疆的幫助對此有巨大影響，並有利於新疆反帝、親蘇。這便使全中國人民與蔣介石手下的軍官們從蘇聯對新疆幫助的事實中明瞭，蘇聯不是侵略國家，而是實行列寧教導的給予東方弱小民族援助的國家，蘇聯給予新疆援助的事實成為這一瞭解有力的實際證據，是中蘇友好的最重要的因素之一。[1]

蘇聯是侵略新疆，還是援助新疆？蔣介石與盛世才斯時的觀點截然對立。

西安事變之謎

盛世才在蘇聯政府軍事、政治、經濟、文化多方面扶持下，確立了新疆「四一二」革命偉大領導者的政治地位。盛世才在新疆推行的六大政策、九項措施，促進了新疆經濟、教育、文化的發展，在國內博得了聲譽。盛世才遂成為聯共、中共、國民黨競相爭取的對象。盛世才亦自稱是獨立於中共、國民黨的政治集團。

一九三六年十二月十二日凌晨，隨著一陣刺耳的槍聲，震驚中外並影響中國現代進程的「西安事變」發生了。發動兵諫並扣留蔣介石的是盛世才的老長官、老冤家張學良。

「西安事變」發生後，中國各黨派及各種政治勢力紛紛展開角逐，調動軍隊，暗結列強，發表談話，表明立場，營壘分明。

西安與新疆相距近三千公里，若以距離觀之，新疆似應置身事外。其實不然，新疆督辦盛世才不但參與其中，而且涉事極深。

重新將張學良與盛世才勾連起來的一個關鍵人物，叫杜重遠（一八九七—一九四三）。杜重遠曾是盛世才的同學，後成為著名記者和社會活動家，在中國各種政治勢力中建立了廣泛的人脈。杜重遠遊歷歐洲回國後，即成為張學良的座上賓，時常為張縱論國際大勢，指點國內迷津。西安事變之前，杜重遠提出現代「隆中對」：

[1] 晉庸《四月革命的回顧與前瞻》，原載《新新疆》創刊號，一九四三年版，第一—十頁。

「聯合各方勢力是反蔣抗日的先決條件。一是聯合共產黨，二是聯合楊虎城西北軍，三是，「新疆的盛世才是東北老鄉，又是張的舊屬，好溝通，容易聯合，盛與蘇關係密切，與盛合作，還有可能得到蘇聯的支持。」[1]

「一九三六年春，張學良、楊虎城派栗又文為代表，來新疆與盛世才聯繫，商議共同抗日。盛世才命趙劍鋒負責接待。趙把自己珍藏的講武堂同學錄中張學良照片找出了。和盛世才的畫像同懸於會議室。經過接觸談判，盛同意並支持張、楊的抗日主張。[2]

一九三六年七月十四日，盛世才致電中央執行委員會，發表他「七項救國綱領」：

（一）必須全國各民族各界同胞一心一德精誠團結以救中國；
（二）必須停止內戰，以最堅決的鬥爭反對侵略與瓜分中國；
（三）全國各民族各界同胞必須與一切漢奸作堅決的鬥爭；全國各民族各界同胞
（四）對帝國主義必須拋棄不抵抗政策，而採取最堅決強硬之外交政策；
（五）必須與外來之經濟侵略及走私運貨作堅決之鬥爭；
（六）必須用一切力量發展本國經濟與農工商業；
（七）遵照孫中山先生遺囑聯合世界上以平等待我之民族共同奮鬥以救中國之危亡。

盛世才的七項政治主張，與張學良、中國共產黨的主張幾乎完全一致，但在蔣介石眼裡卻不屑一顧，認為張學良年輕幼稚，不諳中國國情，不懂陰陽之道，缺乏政治遠見，堅持攘外必先安內的既定政策。

事變前夕，盛世才和張學良電報聯繫十分頻繁。事變前一天，無線電突然失靈，電訊中斷。半夜裡盛世才命人將趙劍鋒叫去，命趙寫命令交衛隊團槍斃電臺臺長馬萬剛，趙問馬萬剛有何罪過，盛說『貽誤軍電』。」[3]

「西安事變」爆發後，盛世才頗為興奮，迅即在督署西大樓召集各機關主管及軍官少校以上幹部大會，並出

1 王海晨、胡玉海《張學良全傳》，人民出版社，二〇一一年三月，第五一〇頁。
2 湯永才主編《東北抗日義勇軍在新疆》，陳聲遠：記趙劍鋒將軍愛國直至的一生，新疆人民出版社，一九九一年八月第七七頁。
3 湯永才主編《東北抗日義勇軍在新疆》，陳聲遠：記趙劍鋒將軍愛國直至的一生，新疆人民出版社，一九九一年八月第七七頁。

三個題目：一、張副司令兵諫蔣介石這一措施是否正確？二、張副司令此種行動是否以下犯上？……當時盛世才在黑板上寫了「西安事變」，並寫著「蔣介石被扣」等語。又給每人發稿紙一張，令大家在稿紙上答，認為對就寫對字，反之亦然，各人親筆簽名。盛世才對幾位寫不對的軍官說：「你們不要以為部下扣長官是以下犯上，這個舊觀念是不對的。」又說：「我以後假如反革命，你們也可以將我這樣辦」等語。[1]

這一內部會議的細節頗有意思，盛世才對待部下，如同對待其軍校的學生，用考試的方式，如黑板板書，出考題，發考卷答題，再解疑惑。

就其政治傾向性而言，盛世才顯然是擁張反蔣的。盛世才指示《新疆日報》發號外慶賀，並即通電少帥暨延安，堅決主張對蔣介石「既扣之，則不放之」，甚不接受談判條件時，可殺之。

出乎延安共產黨高層，更出乎張學良、盛世才等預料的是，遠在莫斯科的史達林公然譴責張學良「叛逆」國家和領袖。蘇聯《真理報》十二月十四日指責張學良利用抗日名目製造國家分裂，是受到了日本帝國主義指使。[2]共產國際總書記季米特洛夫十二月十六日，在拍給中共中央的電報中表明態度：「張學良的發動，無論其意圖如何，客觀上只會有害於中國人民的各種力量結成抗日統一戰線，只會助長日本對中國的侵略。」[3]張學良發動兵諫最正當的理由結束內戰，國共團結起來一致抗日，打回老家去。而蘇聯政府卻說他是日本人的走狗。這令張學良感情上接受不了，亦令隔岸觀火、聽命於蘇聯顧問的盛世才有些不知所措。

盛世才得悉蘇聯政府的立場後，立即揚湯止沸，停發並銷毀《新疆日報》號外，但他發給中共及張學良的殺蔣電報，已覆水難收了。「及蔣委員長平安回京，盛複召集各員，告以上次所出三題係當時一種測驗，以後無論何人不得再提，違者重辦云云。」[4]

一九三七年三月二十日，盛世才大言不慚地發電給蔣介石：

1 《盛世才禍新記》之二，第八頁。
2 楊奎松：論張學良與西安事變之解決，《民國人物過眼錄》，廣東人民出版社，二〇〇九年一月第三一六頁
3 同上注第三一七頁。
4 《盛世才禍新記》之二，第八頁。

申述西安事變新疆持剛正不阿的情形，並請指示。公複電慰勉之曰：吾兄忠貞，素所佩慰。尚冀倍益努力，共圖復興為盼。[1] 大奸似忠，此語不虛矣。

「西安事變」前後，盛世才親蘇親共是公開的，婦孺皆知。「西安事變」促成國共第二次合作，使中共身分合法化，此時盛世才已不甘心置身黨外，他給王明寫信，要求加入中國共產黨。

入中共之謎

盛世才的黨派歸屬，狂熱多變，既反映出那個時代新疆所面臨的複雜局面，亦折射了盛世才詭譎嬗變的性格。盛世才年輕時嚮往蘇聯，迷戀馬克思主義學說，一度要求加入中國共產黨未果，便直接向史達林申請加入聯共。兩件事一前一後，互為因果。

盛世才青年時期即嚮往共產主義。盛的同學、同鄉宋念慈撰文說：

盛世才自讀書時代，就信仰共產主義。有一次他乘輪船到上海，在途中買了一本書，看過之後，深信共產主義社會，遠比資本主義社會勝強百倍，從此他便一心嚮往共產主義，多方設法研究。

盛世才對共產主義的信仰，先從理入，一個沒有壓迫、沒有剝削、人人平等、物質極大豐富、按需分配的理想社會，那是多麼誘人啊！再從醜惡的現實出發，更強化了共產主義信仰：

同時對中國舊社會制度和官吏的貪汙腐敗，更深惡痛絕，故在東北軍中服務期間，就深厭軍閥官僚的禍國殃民行為，亟思有所改革。

---

[1] 蔣介石一九三七年三月二十日日記）《蔣中正總統檔案事略稿本》，國史館，二〇一一年十二月，第二七七頁。

對當時中國社會而言，共產主義是泊來品，只是眾多政治學說的一種，尚未成氣候，信仰畢竟不能當飯吃。於是：

盛世才於民國十六年畢業返國，投入國民革命軍麾下，但他對三民主義既不信仰，更非國民黨黨員，甚至於還是一個內心極端嚮往共產主義之人。如果有人問，他既信仰共產主義，為什麼還要投入國民黨的國民革命軍陣營呢？這理由很簡單，他就是要利用這一大好機會，察看國民革命軍內部的虛實，窺探一下有無能令自己獨立發展的機會。[1]

從一九三七年盛世才寫給王明的信中看，宋念慈所言不虛：

我盛世才生活在帝國主義列強與軍閥雙重壓迫下的中國，在東北長大；在半殖民地的中國，東北處於日本帝國主義的直接壓迫之下。當我閱讀了馬克思主義富於哲理的著作，那正確的理論，「歷史唯物論」、「剩餘價值學說」、「階級鬥爭學說」，便點亮了我的心，確立了我的信仰。一九二九年我曾寫信給宋扶搖先生（一九三六年時宋已在新疆工作，為盛才世的「十大博士」之一，後改名宋念慈，現居臺灣），請求介紹我參加中國共產黨，但不幸，由於宋先生在日本被捕入獄，我沒有實現自己的願望。然而，雖然我當時沒有能加入共產黨，但我參加共產黨的願望從未改變。因此我後來沒有參加國民黨，我不願在蔣介石手下工作，目睹蔣介石的腐敗作風和軍閥作風，我離開了熱鬧的中國內地，來到長城外的荒涼的新疆。

此時的盛世才已在新疆站穩腳跟，利用迪化的樞紐地位，在莫斯科與延安之間牽線搭橋。聯共、中共均對其六大政策評價甚高，沒有誰能替代盛世才。盛世才這次沒有說謊話。

1 宋念慈《我所認識的盛世才》。

盛世才崇信馬克思學說，嚮往共產主義，不僅僅停留於理論學習、口頭討論上，而是大膽地付諸了行動。一九三六年，他大力支持西路軍開進新疆，打通國際大通道，西路軍失敗後，盛世才熱情接待和安置西路軍餘部左支隊四百餘人進駐迪化。盛世才積極為延安籌措武器、藥品、被服等急需物資。盛世才在新疆實行的六大政策，標榜新疆已經實現了共產主義。他控制的《新疆日報》，經常轉載《新華日報》、塔斯社的社論。若說盛世才是馬克思主義信徒，是共產黨人，言不猶過。

盛世才親共反蔣的立場，得到了聯共、中共的贊許。

王明「一九三六年前也曾幾次地作過回去的打算。沒有成功。而一九三七年抗日民族統一戰線建成了。蔣介石派其代表張衝到莫斯科來『請王明先生回國去共商國事』。於是我們於一九三七年十一月十四日晚離開了莫斯科。」「我們乘火車到阿爾瑪阿塔，又乘飛機（重型轟炸機）到新疆的迪化。」蔣介石的代表和我們同機到達。當時新疆的督辦盛世才和蘇聯和中共的關係都很好，所以招待得很周到。[1]

王明是乘蘇聯的重型轟炸機回到延安的，這顯示了他與眾不同的身分。在此之前，延安大多數軍民從未見過這樣大型的飛機，為使飛機安全起降，延安方面不得不整修機場跑道。

據盛氏說：

> 在一九三七年的時候，兩位高級共產黨員——陳紹禹（王明）、康生在俄逗留幾年之後經過新疆轉延安，他們在迪化停留並來看我，陳清楚地說明他們對我很感興趣。他說：「當我與史達林話別的時候，史達林要我親自與盛督辦談談。」
>
> 我認為陳的說法，對我非常有利與滿意，於是在他們離去以前，我提出參加中國共產黨的問題。

陳紹禹立即回答說：「你參加中國共產黨，對我們大家都引以為傲。」[2]

1　郭德宏編《王明年譜》，社會科學文獻出版社，二〇一四年三月，第三四六—三四七頁，轉引自孟慶樹整理《陳紹禹——王明傳記與回憶》（未刊稿）。

2　張大軍《新疆風暴七十年》第三九九二頁。

抗戰時期曾在新疆工作，熟悉盛世才並對盛世才有研究的趙明說：一九三七年十一月，中共中央駐共產國際代表從莫斯科回延安途經新疆時，盛世才向王明提出入黨的要求，並鄭重提出在新疆組織一個黨的小省委會，由鄧發、徐孟秋（此人後來叛變）、黃火青、盛世才、蘇聯駐新總領事組成，討論全疆各種工作，一切決議由盛世才出面執行。

不久，另一中共政治局委員任弼時經新疆往莫斯科，出乎意料的、非常熱烈的向我寒暄。我們單獨在辦公室內，他說：「毛主席將你入黨的事，向中共政治局提出，全體委員包括毛主席、朱德、周恩來、陳紹禹、康生、陳雲以及我個人，都歡迎你入黨，同時認為此一事，是一種光榮，值得驕傲。由於你的地位的重要性，故在我們開始辦理你入黨手續之前，必須先將此事報告第三國際與史達林。」

從唯物論出發，新疆的地緣價值超過陝北，因此，史達林愛屋及烏，對盛世才的重視甚至超過了延安。關於這一點，中共領導人十分清楚，因此才有盛世才入黨要報告史達林之說。

任弼時抵莫斯科後拍來一封電報：第三國際與史達林都知道你已經取得入黨資格，可是，他們認為你暫時不能加入中共，因為在國際舞臺上，新疆關係很微妙，而在中共之內，你的政治地位也非常重要。因為這兩種因素，目前你的入黨似非所宜。[1]

為什麼史達林要阻止盛世才加入中共？新疆問題專家張大軍是這樣解讀的：「史達林在當時心目中視盛仍比毛高，而新疆所獲得的接濟也比毛多，但對盛的控制當比毛加強，而威脅最嚴重的也比毛大，此可謂誰也不能否認的事實。」[2]由於新疆與蘇聯毗鄰，史達林要把盛世才牢牢抓在手裡。

受到史達林的青睞，盛世才很是自命不凡地說：延安和「他（指毛澤東）的所作所為漆黑一團，而新疆省的成就，卻如燈塔一樣光芒四射。」[3]

一九三八年初，盛世才加入中共遭到婉拒，中共領導人在說明原因時，閃爍其詞，令盛世才更生疑雲。是年秋天借祕密訪蘇之機，他直接向史達林提出加入聯共黨員一事。

---

1 張大軍《新疆風暴七十年》第三九九三頁。
2 張大軍《新疆風暴七十年》第三九九五頁。
3 SinKiang：Pawan or Pivot By A.S. Wang轉自張大軍《新疆風暴七十年》第三九八九頁。

據前蘇聯一九三八年九月二日檔案記載：

> 督辦說，他本人倒是有一個問題需要親自對史達林同志講。他很早便渴望能夠加入共產黨。他曾多次向阿普列索夫提出過這一要求，還曾就這一問題與王明交談過。王明對督辦的這一願望表示歡迎，並答應可以做他的入黨介紹人。如果史達林同志認為接受他入黨是可能的話，那麼他將會感到無比幸福。[1]

對於盛世才加入聯共的要求，「史達林同志答，如果督辦一定要堅持這樣做，他也不會表示反對。」伏羅希洛夫表示異議：「此舉可能對督辦今後的工作產生不利影響，因為如果蔣介石和楊大使知道了此事，將會感到非常地不滿。」

盛世才接話：「這一切都將嚴格保密，任何人都不會知道此事。」

史達林見這個積極要求入黨的督辦，卻不懂黨的運作，便教訓他：「要將督辦入黨的事嚴格保密是非常困難的，因為一旦督辦加入了共產黨，不論怎樣他都必須在自己周圍形成一定的組織，而這種組織一旦建立就立刻會有幾個人瞭解督辦的黨員身分。」史達林還有一絲擔憂：「蔣介石會否這樣想，督辦受到了恐嚇並強制性地被迫加入了共產黨。」

盛世才為達到取信蘇聯領導人的目的，一再要求加入聯共。史達林最後鬆口說：「如果督辦一定要堅持這樣做，他們依然表示同意接受督辦加入共產黨組織。」

盛世才喜歡單槍匹馬，單打獨鬥，他不理解共產黨所以發展壯大，不僅僅在於領袖的個人魅力，而在於黨組織的嚴密、黨員的忠誠而由此產生的巨大力量。

伏羅希洛夫即刻給盛上黨課：「黨的所有成員在入黨之後都不得再加入其他黨派，並要參加黨的組織生活……」

莫洛托夫接著訓誡：「在加入共產黨的同時，督辦在擁有了新的權力的同時，也肩負了新的義務和責任。」

---

1 沈志華編譯《俄國解密檔案：新疆問題》，新疆人民出版社，二〇一三年一月，第八三－八四頁。

盛世才信誓旦旦道：「他不懼怕任何義務與責任，面對任何義務自己都會心甘情願地去完成。」

在盛世才看來，他的莫斯科之行取得了巨大的收穫。「在蘇俄我會見史達林三次，這些克里姆林宮裡的重要人物，對待我不只是把我視作一省的省主席，而是把我當作中國的元首相看。……尤其重要的，史達林本人曾親自表示他對新疆的重要性非常關心，同時，對我將來領導新疆也深具信心。毫不足異的，我帶著欣慰和樂觀的光輝離開莫斯科。我的黨證號碼是：一八五九一一號。並帶來了一本黨的規章。後來克里姆林宮又送來七個包裝盒的禮物，如與我從迪化所帶來的微不足道的禮物相較，這些禮物似乎可以極為友誼的象徵。」[1]

世上既沒有免費的午餐，亦沒有只有權利而不盡義務的共產黨員。盛世才因一時之需，在莫斯科投機加入了聯共，雖一度證實了史達林及蘇聯政府對他的信任，但亦給自己設下了一個大的陷阱。時過境遷，當其國家利益與蘇聯利益相衝突時，當聯共黨員身分與國民黨員相對立時，當新疆國土安全與經濟利益與聯共黨員身分無法調和時，他該如何抉擇？

斯盛談話之謎

一九三八年八月，盛世才瞞著南京國民政府，以治病為名乘火車祕密訪蘇。「在我赴莫斯科途中，我心中忐忑不安，不知道史達林周圍的陰謀者，是否已影響他的心理，如對馬仲英一樣的對付我，這是不是我加入中共被拒的原因呢？因此，我最初熱烈想會見史達林念頭，卻被這種疑慮沖淡了。因為我懸疑我的命運，我家庭的命運，尤其孤單的，沒有外交保護下，尤其處在那充斥不安、謠言和恐怖的地方。」

盛世才懸疑很快被打消了，因為他在抵達莫斯科二十四小時後，即受到蘇聯政府高官的請柬。更使他料想不到的是，史達林竟意外地出現在他的面前。

1 張大軍《新疆風暴七十年》，第二九五七－二九五八頁。

一九三八年九月二日，史達林、莫洛托夫[1]、伏羅希洛夫在克里姆林宮與新疆省督辦盛世才就中國國內形勢和蘇中關係等問題舉行秘密會談，摘錄如下：

先看史達林最關心什麼。

史達林問督辦：新疆目前是否擁有自己的軍隊？

盛答：有數量不多的軍隊。新疆的財政狀況很差，因而不可能維持過多的軍隊。

史達林說：沒有好的軍隊，那如何生存呢，出現了情況依靠誰呢？如果沒有錢，也沒有好的軍隊都是幹不成事的，二者必居其一。

史達林問：新疆自己是否有一些中國飛行員？

盛答：有一些。

史達林問：你是否得到中央的授權，可以單獨與蘇聯簽訂關於組織空中航線的協定？

盛答：自己擁有這方面的所有權力，總體而言，漢口至哈密的航線由中央政府掌握，而哈密至阿拉木圖的航線則由他本人負責。

史達林詢問過新疆礦產資源後，又轉向問人的問題。

史達林問：在新疆的中國人主要都從事什麼職業？

盛答：他們中間有商人、手工業者和農民等。

史達林問：在新疆的中國商人與維吾爾商人中那個更為強大？

盛答：維吾爾族商人更強大一些。不過他們都是日本人的間諜。

史達林問：新疆是否存在托洛斯基分子？

盛答：托洛斯基分子是有過的，但如今都被我們抓起來了。

史達林又問：對孫科、張學良、馮玉祥、汪精衛以及楊大使有何看法？

1　莫洛托夫（一八九〇—一九八六），蘇聯老資格的政治家，列寧在世時，就擔任黨中央書記、政治局候補委員。是史達林最親密的戰友，主管外交工作。他是蘇德互不侵犯條約和蘇德友好和邊界條約的主要設計師之一。

督辦對上述所有人都給予了否定性的評價。雖然如今這些人聯合了起來，共同參加了中國的抗日鬥爭，這是因為他們都是民族主義者，可一旦戰爭結束，他們又都會各自為政，將人民的利益拋到腦後。

盛世才對政治人物評價的直率，表現了他在政治上的幼稚，他之後將為此付出慘痛的代價，因為蘇聯政府可根據政治需要，隨時可將談話紀要公佈，由此要脅和打擊盛世才。而史達林則是老謀深算的政治家，說話居高前瞻，滴水不漏。

史達林反對這一觀點：為了正義，國家內部的一切力量都應當聯合起來。也只有在戰爭中，國家內部的各種力量才可能聯合起來。

接著，史達林開始詢問盛世才的個人經歷。

史達林：督辦是否真的曾在日本學習過？

盛答：先後兩次赴日學習。

史達林：中國人在日本是否得到了良好的教育？

盛答：日本人是不可能很好地教育中國人的，因為他們並不想用自己學校培訓出素質優良的中國軍人，以便後者在日本侵略中國的戰爭中給予日本人有力的打擊。

對於蘇聯政府與史達林給予盛世才及家人的超規格禮遇，盛甚至有些受寵若驚，不知所措。

當莫洛托夫同志得知督辦是攜家屬一起來蘇的，便問督辦：如果我們請你們全家參加宴會，您意願如何？接到這樣的邀請，督辦甚至有些不知所措。他說，自己的妻子將會感到非常的幸福，因為她曾多次表示希望能夠見到世界無產者的偉大領袖史達林同志和蘇聯政府官員們，只是督辦阻止了她並不允許她打聽這方面的情況，畢竟領袖並不是她想見就見得著的。聽到這，史達林同志說，不要這樣來想我們這些人，我們也都是非常平常和普通的人啊。最後，雙方約定宴會於六日晚上六－七時舉行。

一方面是蘇聯政府出色公關，給予盛世才夫婦超規格接待，一方面是盛世才投懷送抱，主動將兄弟送到莫斯科學習，從而進一步受控於蘇聯，埋下日後禍根。

當史達林同志與進到會客室的秘書談話時，督辦請求伏羅希洛夫將自己的弟弟（身體有病）安排到莫斯科的中學或摩托－機械化學校或炮兵學校學習。伏羅希洛夫同志問：他是否懂俄語？當伏羅希洛夫得知其不懂俄語時，便說這事很難辦，但承諾自己將會盡一切可能去辦理這件事，並說多一個你的兄弟，問題不大。

會談紀要上還寫著一段對蘇方對盛世才反應的觀察和綜述：

與史達林同志的會面是完全出乎督辦的意料的。他本以為接見自己的只會是莫洛托夫和伏羅希洛夫等同志，而他所得到的通知也是這樣的。此次會見給督辦留下了極其深刻的印象。即使在返回住所的路上，他仍始終堅信，與史達林相見的機會並不是每個人都能輕易得到的。尤其使他感動的是，這些蘇聯領導人都是如此的平易近人，並對他的每個問題都如此關注。[1]

畢竟，盛世才密訪訪蘇，三次受到史達林的接見，這是盛世才事業的巔峰時刻，也是他炫耀陶醉的資本。在親蘇時，盛的態度是犬儒主義；在反蘇時，盛則換了一副完全不同的嘴臉——狂犬主義。就其真假而言，犬儒主義是真，反蘇鬥士的姿態是做給蔣介石和國民黨要員看的，是一種變相的犬儒主義。

「我離開史達林的住址後，我開始有了一個新的瞭解。我方知這位身材矮小，貌不驚人的人，怎樣竄了起來，指導著世界上最強大的革命運動。他將現在和未來聯結在一起，將特別的和一般的事配合發生的關係，分析得很清楚，對我的印象深刻。在我心中縈繞到數個月的問題，只用幾句話便表達出來。」

對於「偉大的史達林」，竄這個用詞，有大不敬之義。當時盛世才別說不敢用，甚至都不敢想。

「在第二次會議中，我特別籲請史達林加速交付工業方面的設備，這些設備我以前曾經訂好，但卻沒有送達。史達林在他的煙鬥上抽了幾口煙後，轉身對莫洛托夫，同時有點不容置辯地說：「趕快將主要的設備運到新疆去！」[2]史達林的權威性不容置疑。

史達林在莫洛托夫別墅裡舉行酒會，除俄國要人參加外，還有米高揚（國際貿易部長），以及史達林的小女兒斯薇娜拉（現已逃至美國）。邱毓芳第一次見到了他心中的太陽史達林。

[1] 沈志華編譯《俄國解密檔案：新疆問題》，新疆人民出版社，二〇一三年一月，第八二一—八五頁。

[2] Ibid.PP二〇三—二〇四.張大軍《新疆風暴七十年》第三九五二—三九五三頁。

1938年盛世才與邱毓芳在莫斯科

盛世才寫道：那種狂歡情況，真如中國人為人所樂道的「好客」相媲美。可是，這並不是一個歡樂的夜晚，並觀覽一部令人驚心動魄的「如果戰爭在明天發生」影片。後來盛乘史達林座車返莫斯科，以瘋狂的速度疾駛，我當時覺得很驚駭，主因是避免史達林被刺。[1]

盛世才是極聰明的人，他以後表現的多疑、多變、少在公共場合露面，無不在刻意模仿史達林。

盛世才與史達林還互送了了禮物。九月二日的會談紀要中這樣記載：

在辭別時，督辦說，自己帶了一些禮物並請與會者們笑納。

史達林說：督辦這樣做不好，因為如果蔣介石知道了此事，便會以為督辦是想賄賂蘇聯領導人。

史達林很幽默。盛世才很認真：蔣介石是不會這樣想的，因為此舉不過是依照中國待客的傳統習俗：贈送禮品以作為紀念。[2]

盛世才離開莫斯科時，史達林送給他的禮物，其昂貴精美大大出乎意料。史達林送給盛世才夫人邱毓芳的禮物是一隻鑲著鑽石的鉑金手鐲，精美絕倫。

盛世才訪蘇是祕密進行的，就連他的兄弟盛世驥也不知道其兄與史達林究竟談了什麼。時隔近六十年後，盛世驥談起蘇聯之行，亦語焉不詳。

1 張大軍《新疆風暴七十年》第三九五七頁。

2 沈志華編譯《俄國解密檔案：新疆問題》，新疆人民出版社，二〇一三年一月，第八二—八五頁。

面見史達林，對大哥而言，是多麼光榮的事！那個年代，對地球上擁有廣大土地的國家而言，史達林的言語就是法律，而他接見大哥時，他與史達林面談數個鐘頭，廣祿因此發出不平之聲，說史達林接見各國元首，不過幾分鐘，為何接見大哥要長談數個鐘頭？可見他們的談話一定有不可告人的目的。[1]

這種猜測是合情合理的，現在前蘇聯外交檔案已經公佈，猜忌自然隨之化解。

我和四哥盛世騏留學蘇聯是事實，我們都希望到蘇聯留學，原因無他，只為了我們和當時的人一樣，對共產主義仍有美麗的幻想。我進入東方大學，四哥盛世騏進入紅軍大學，我們都因大哥的關係才進得去這兩所著名的大學。東方大學是蘇聯的黨校，是共產國際為東方各國訓練共產革命家的大本營。教學的目的就是培養他們成為適合於亞洲的革命幹部。當時，我們以朝聖的心情來蘇聯吸取富國強兵的治術，一點不懷疑蘇聯的居心。還真的以為蘇聯是天堂，史達林是可以力挽狂瀾的救世主。[2]

不過，盛世才的兩個兄弟，盛世騏與盛世驥，當時是盛世才訪蘇親蘇的受益者，後來則成為盛世才反蘇叛蘇的麻煩製造者。

前蘇聯大清洗之謎

蘇聯大清洗運動發生在一九三七－一九三八年間，正值盛世才祕密訪蘇期間。一直跟在史達林屁股後面跑的盛世才，知道蘇聯正在發生什麼。據其在《回憶錄》中講：

1 盛世驥《蔣介石的封疆大吏——我家大哥盛世才》，萬卷書樓有限公司，民國八十九年八月第一〇八頁。
2 同一注第一〇七－一〇八頁。

自一九三七－一九三八年，幾乎沒有一個月沒有某人被判死刑，或者被審判的消息，這些消息，都涉及蘇俄的高級官員與外國勾結陰謀對付蘇俄，而被判刑。[1]

一九三七－一九三八年，前蘇聯究竟發生了什麼？有多少人在史達林發起的大清洗中喪生和失去自由？下面是兩份前蘇聯檔案：

一級國家安全委員、蘇聯副內務人民委員

貝利亞同志

一九三八年九月蘇聯最高法院軍事法庭在莫斯科、列寧格勒、基輔、哈爾科夫、哈巴羅夫斯克以及其他一些城市判處：

槍決一八九〇人

監禁三八九人

共計二一九八人

B・烏爾里希

傳記作者寫道：十月份就更多了，共三五八八人……這還只是軍事法庭所完成的「工作量」。而當時又有多少正在「出活兒」的普通法廳呢?!

致一級國家安全委員

拉・巴・貝利亞同志

自一九三六年十月一日到一九三八年九月三十日止這段時間裡，蘇聯最高法院軍事法庭和軍事法庭巡

[1] Ibid.PP二〇三－二〇四.張大軍《新疆風暴七十年》第三九五〇頁。

迴庭在六〇個城市判處：
槍決三〇五一四人
監禁五六四三人
共計三六一六七人

B．烏爾里希
一九三八年十月十五日

數字是精確的，但亦是抽象的，不足於說明蘇聯大清洗帶來的空前的社會危害。

一九三八年底，可以用來補充這個巨大缺額的候補中央委員實際上已經找不出來了。黨的十七次代表大會選出的一三九名中央委員和候補中央委員中，有九十人即七十%的成員被逮捕並在一九三七－一九三八年間死去。[1]

經過清洗之後，黨的州委會、州執行委員會以及區委會的正常活動已經停止。許多區委由於只剩下兩三個委員，實際上已經停止工作，在州裡這樣的區委竟達三〇多個！

國防人民委員伏羅希洛夫說：在一九三七－一九三八年紅軍清洗過程中，我們清除了四萬多人……

作者在分析了國防人民委員會的統計資料後指出，在一九三七年和一九三八年這悲慘的兩年裡，照我的看法，大約有三五〇萬－四五〇萬人遭到鎮壓。其中有六十萬－八十萬人死去是判了死刑的。

赫魯雪夫在黨的第二十次代表大會上說。一九三七－一九三八年間，葉若夫向史達林送過三八三份名單，開列了好幾千名黨、蘇維埃、共青團、軍隊和經濟部門的工作人員。所以這些名單都是史達林「批准」的。當鎮壓活動達到很大規模時，史達林批准死刑判決都是按一個個很長的名單，由於這項工作「太累」，他便授權法庭和軍事法庭去決定，不用向他報告。[2]

1 〔俄〕安．沃爾科戈諾夫／著、張慕良等／譯《史達林－勝利與悲劇》，世界知識出版社，二〇〇三年八月，第五六一－五六二頁。

2 〔俄〕安．沃爾科戈諾夫／著、張慕良等／譯《史達林－勝利與悲劇》，世界知識出版社，二〇〇三年八月，第五五七頁。

史達林揮動殺戮大筆時，既冷酷無情，又頗為自信。

有一次史達林在同葉若夫討論（莫洛托夫在場）又一份名單時，他自言自語地說：再過十年二十年，誰還會想起這些壞蛋呢？誰也不會。人民應當知道：他是在「清除」自己的敵人。每一個人最終都獲得了他應獲得的東西……

莫洛托夫好像無意識地附和說：約瑟夫・維薩里昂諾維奇，人民是理解的，他們是理解和支持的。

接著史達林親筆補上一句：所以這些人都承認有罪。[1]

由於蘇聯的大清洗是以人民名義、在專制體制下祕密進行的，使殺人、捕人、監禁人的恐怖活動愈演愈烈。作者援引了一份文獻：

史達林同志：

蘇聯內務部資向您報告各勞改營和勞教所一九四九年一年的情況和工作。截至一九四九年一月一日，共有二五五，〇二七五名犯人在押；從事反革命活動的罪犯占二二・七％。關押一〇年以上者為三六，六四八九九人。建立了兩個新的有嚴格制度的特別勞改營以關押間諜、破壞分子、恐怖分子、托洛茨基分子、右傾分子、孟什維克、社會革命黨人、無政府主義者、民族主義者、白俄僑民……為犯人提供的居住面積為一・八平方米……

C・克魯格洛夫

一九五〇年一月二十三日[2]

史達林的暴政與盛世才的殘暴，可以相互印證。李帆群寫道：「新疆每年到了所謂『四・一二』紀念日前後，盛世才就要大量逮捕人，又因牽扯很廣，連累到很多人，所以新疆的公教人員，大家平日都很少來往，有時

1 同上注第五六二頁。

2 〔俄〕安・沃爾科戈諾夫／著、張慕良等／譯《史達林—勝利與悲劇》，世界知識出版社，二〇〇三年八月，第五五六頁。

在路上遇見，也不點頭招呼，生怕對方發生事情牽涉到自己，惹起麻煩。什麼秘書，什麼廳長、處長、科長，今天還是『座上客』，明天就是『階下囚』，這是司空見慣的事。有人曾經加以統計，盛世才前後用過的十個副長官（官階都是少將），其中有九個都先後進了監獄。前後十七個糧服處處長，有十四人先後進了監獄。」[1]

「盛世才每次逮捕人，都不需在被捕人的身上或住所搜查出什麼『犯罪』的罪證，所有『罪證』都是根據被捕人在監獄裡受過酷刑後的口供。盛世才有三十六種慘無人道的酷具，據說無論你是怎樣一個銅皮鐵骨的好漢，受過十種盛世才的酷刑後，十個人有九個都沒有不照審判人的旨意招供的，杜重遠自誣為『托匪』就是這樣。」

盛世才很會利用官媒《新疆日報》。「凡在監獄中屈打成招者，迫使你在他預先寫好的供詞上簽字打指印。盛世才把這些簽過字、打過指印的供詞制好電板，在《新疆日報》上發表出來。你的親友，你的家屬，或你的同事，本來不相信你會參加『陰謀推翻新疆政權』的，但當在報紙上看見你曾經簽過字的供詞，不相信又有什麼辦法呢？這樣以來，本來被冤屈的，被害的，在許多旁觀者看來，都認為是『真實』的事了。於是一年一年的冤獄不斷地發生。」[2]

「盛世才還善於導演『公開審判』，設有所謂旁聽席位，邀請他的家屬、各機關代表、社會名流、各族文化界的代表人士等等參加旁聽。在公審的前一天，這些被擺佈的『演員』理了發，剃光鬍鬚，當天並穿上整齊的衣服（絕不像個囚犯）。」[3]

史達林深信暴力手段的萬能作用，深信無產階級專政首先是暴力的工具。暴力是在冠冕堂皇的無產階級導師的思想下進行的：「共產黨人決不把暴力方法理想化。可是他們，共產黨人，不願遭到突然襲擊，他們不能期待舊世界會自己離開舞臺，他們看到舊制度是在用暴力保衛自己，因為共產黨人向工人階級說，準備以暴力回答暴力……誰需要那種麻痹自己軍隊的警覺性的統帥，那種不知道敵人絕不會投降，不知道應當澈底消滅敵人的統帥

1 文思主編《我所知道的盛世才》，中國文史出版社，二〇〇三年一月，第二〇一頁。
2 文思主編《我所知道的盛世才》，中國文史出版社，二〇〇三年一月，第二〇三頁。
3 文思主編《我所知道的盛世才》，中國文史出版社，二〇〇三年一月，第二〇三—二〇四頁。

呢？」[1]總是，革命的工人階級不需要失敗者。勝利者不應受到指責，而應受到讚揚，無論你採取什麼手段。史達林達成王敗寇新說，勝過中國封建王朝十倍，因為勝利者就應戴獎章，失敗者就應被消滅，憐憫、同情、軟弱，視同犯罪，也要掉腦袋。

史達林從特性說，是個專橫暴虐的人，使人總感到他身上有一種東方的遠古的東西……難怪布哈林在一九二八年把史達林叫作「成吉思汗」。[2]

蘇聯用殘酷手段進行的政治大清洗，給盛世才樹立了壞榜樣。使他在對付政治對手時，變得更加冷酷無情，有罪推論，屈打成招，祕密逮捕，不審即殺，以致冤案遍及朝野，監獄人滿為患。如果史達林若受審判，那麼盛世才有罪難逃。

俞秀松失蹤之謎

一九三五年六月，中國共產主義青年團創始人之一俞秀松，受共產國際指派回新疆工作，化名王壽成，擔任新疆省民眾反帝聯合會總會秘書長，地位不凡。盛世才為巴結共產國際，鞏固自己的政治地位，自作主張將胞妹盛世同嫁給俞秀松。一九三七年，蘇聯大清洗期間，盛世才又派兵當著盛世同的面抓走了俞秀松。這一嫁一捕、一喜一悲之間，前後不過兩年時間。

在共產黨內，親不親，階級分，忠不忠，站對隊。還是中學生的盛世同則無此「政治覺悟」。她弄不清什麼是託派？史達林為什麼要清洗託派？她更無法明白哥哥出爾反爾，戲弄妹妹的婚姻，奪走妹妹的幸福，究竟是為了什麼？

俞秀松[3]神祕失蹤後，她與這個家庭分道揚鑣。下面錄自她晚年的回憶：

1 《史達林文集》中文版，第十八—二一一頁

2 〔俄〕安・沃爾科戈諾夫／著、張慕良等／譯《史達林——勝利與悲劇》，世界知識出版社，二〇〇三年八月，第三五九頁。

3 俞秀松（一八九九—一九三九），字柏青，浙江人，曾參加中國共產黨上海發起組，為發起人中最年輕的一員，受陳獨秀委託，負責組織上海社會主義青年團，任書記，是中國團組織主要創建人之一。民國十年（一九二一）三月，受少年共產國際邀請，赴

俞秀松與盛世同合影

一九三七年十二月二十七日晚上，俞秀松到新疆學院去檢查學生自修，八點多了還沒有回家。我們結婚以後他一直忙忙碌碌，我也就沒當一回事。而且，我當時還在新疆女子中學讀書，第二天要考生物，也就心安理得地複習功課。

過不多久，突然響起了一陣急促的打門聲。開門一看，盛世才的四個衛士手提馬燈走了進來，說督辦有要事，請秘書長馬上過去一趟。我說秘書長還沒回來呢，你們先在客廳等著吧。衛士們相互對望了一下，也就兩兩成對地在客廳坐了下來。

九點半，俞秀松終於回到了家。他見門口有輛小汽車，又聽說是接他到督辦公署的，立即感到不妙。過去盛世才有事，總是事先打電話給他，而後，有時由他自己去，有時則由我陪他去，為什麼今天要由小汽車來接他呢？但是他沒有把擔心說出來，反而安慰我說：你早點睡吧，明天還要考試呢，我去看看再說。我叫他早點回來，他晃了晃頭，說，不一定啊，就隨著衛士出了門。

眼見著過了十二點，秀松還沒有回來，我就給盛世才掛了電話。他說有要緊事，正商量著呢，叫我先休息。到了後半夜兩點，還不見秀松回家，我又再給盛世才打了電話，他又說是到蘇聯總領事館辦事去了，可能要到天亮才能回家，叮囑我不要東想西想，早點睡覺。我哪裡睡得著呀，整夜的心神不定，昏昏沉沉。

蘇聯參加少共國際第二次代表大會，並聯繫中國共產黨選送留學生事宜。會後入莫斯科東方大學學習。民國十四年（一九二五）十月，任留學生領隊赴莫斯科，先進莫斯科中山大學學習，並被選為該校中共旅莫斯科支部委員。後到列寧學院學習和任教。一九三五年六月，受共產國際指派回新疆工作，擔任新疆省民眾反帝聯合總會秘書長，此後任新疆學院院長、省立一中校長、督辦公署邊防處政訓處副處長、航空學校和軍官學校政治教官等職，並主編《反帝戰線》，從事對新疆督辦盛世才的統戰作。後於盛世才之胞妹盛世同結婚。一九六二年，俞秀松被中華人民共和國民政部追認為革命烈士，上海市民政局簽發了烈士光榮證書。

第二天天亮了好久，仍不見秀松回家。我只好先到學校應考。考試一結束，我就匆匆地趕了回來。一敲門，廚師就滿面淚痕地對我說：秘書長叫人抓起來了，公安處叫你把被褥和洗臉用具送去。我一聽火了，拿起電話就質問盛世才為什麼無辜抓人。他說電話裡說不清楚，叫我過去一趟。

我趕到督辦公署，母親和姐姐正相對哭泣。我的心都要跳出來了，立即找盛世才評理。他說俞秀松參加了一個「陰謀暴動案」，要殺他。我說你有什麼證據？他說監獄裡有人供出了這個陰謀組織的名單，上面有王壽成（注：即俞秀松）的簽字。我說你把這個簽字拿出來！他說你先把棉被拿到承啟處，叫他們轉給王壽成。簽字麼，以後當然會拿出來。

媽媽、姐姐也哭著勸我，說：同兒，天這麼冷，沒有被子，王秘書長怎麼過？千理萬理，身子要緊呀。我想著也是，就連忙回家張羅著給俞秀松送被子。送好被褥我又去找盛世才，一見面他就變了臉，說：沒有證據我會抓人？王壽成不僅同陰謀暴動案有關，還同託派有關係。過幾天就要開公審大會，你自己當面去聽！

我沒料到自己的親大哥會說出這樣的話。雖然我同秀松結婚才一年多，但我相信他不會搞什麼陰謀暴動，更不是什麼託派。等盛世才的話音一落，我就毫不妥協地站起來說：你說有證據有事實，拿不出事實我槍斃了你！

盛世才一聽暴跳如雷，拍著桌子指揮衛士：「把她抓起來」！我毫不膽怯，心想要抓就抓，姑奶奶豁出去了！我衝著盛世才說：抓吧，我要怕你就不叫盛世同！

盛世才的衛兵都認識，見我一副拼命的架式，沒有一個敢上前動手。恰巧媽媽也聞聲趕了過來，一見這樣子就哭了起來。盛世才在外頭霸道，在家裡可孝。看媽媽哭得傷心，頓了頓腳，也就走了。

據盛世才的同學郎道恒回憶，「一九三五年蘇聯派來二十五位各族聯共黨員如：王壽成（原名俞秀松）、王寶乾、張義吾等陸續到新，但各機關高級職位已為新舊兩派人士所佔據，無處分派，只有反帝會秘書長一職，蘇領事及盛均認為是要職，不能不讓出，將反帝會秘書長和新疆學院院長讓給王壽成。盛世才為拉攏王壽成並向蘇聯表示忠誠，將其妹盛世同嫁予王壽成。」[1]盛世同年輕不懂政治，只知愛情，盛世才拿其妹的愛情換取政治信任，牽線人是他，陷害人亦是他，難怪其妹大鬧盛世才。

盛世同在探望俞秀松時，曾問過獄長李溥霖：「你們為什麼要逮捕王秘書長（化名王壽成）？」對盛世才的胞妹還算客氣：「二小姐（盛世同有姐盛世芬）！不是盛督辦要抓的，這事不能說，說了要殺頭的，我們是代押的，是蘇聯叫我們幹的。跟新疆沒關係。」[2]

抓捕俞秀松等人的幕後黑手是誰？嵇直回憶說：

> 一九三七年我回到莫斯科，被安排在內務部邊防總局工作。這期間，我聽從新疆來的人說，王明、康生由莫斯科去延安，路經迪化時，利用盛世才向共產黨投機的意圖，拋出他們可以介紹盛世才加入中國共產黨，並可以從延安派人來新疆幫助盛工作為誘餌，向盛提出，必須肅清此間的反革命託派分子方可，乃收集了有關照片，請王、康識別。王、康當即指出：新疆反帝總會秘書長王壽成、保安局長張義吾、副局長任嶽夫婦、汽車局副局長江澤民、外交辦事處處長（後任喀什區行政長）萬獻廷、和田區行政長鄭一俊夫婦等都是託派。並指示：上述這些人，應當即關押，就地處理。」盛世才將這些情況報告了蘇聯總領事，蘇聯總領事報告了莫斯科，莫斯科便派工作組去幫助審訊……「由於共產國際中國部得到王、康的來信，致使俞秀松和萬獻廷被送回蘇聯嚴肅處理。[3]

一九三八年六月二十五日，數十名荷槍實彈的蘇聯士兵，將俞秀松、萬獻廷押上蘇聯派來的一架綠色軍用飛機，送到蘇聯。一九三九年二月二十一日，在蘇聯最高法院軍事法庭判處極刑槍決，沒收財產，即日執行，莫斯科頓河墳地火葬場火葬。

上世紀三〇年代中，因蘇共黨內鬥爭而引發的清算託派運動，亦波及到了蘇聯之外的許多國家。幾十年後，

1 蔡錦松一九九七年二月二十一日採訪安志潔《盛世才在新疆》第二八四頁。
2 盛世才《回憶錄》（臺灣版）。
3 郭德宏《王明年譜》，第三八四頁。

盛世才對當時的恐怖氣氛仍心有餘悸。

俞秀松入獄時，盛世騏還和同在莫斯科東方大學學習的弟弟盛世驥一起向盛世才據理力爭，要求釋放俞秀松，甚至想方設法要把他營救出獄，後因準備不及，未能如願。

俞秀松、盛世騏被害，在盛世才家裡鬧得雞飛狗跳，老人小孩不得安寧，使其一家人深感政治的冷漠與險惡。盛世才身為督辦，手操新疆幾百萬人的生殺大權，卻無力保護一個曾為中國共產主義青年團創始人的妹夫，其弟盛世騏更是死在他眼皮底下，他為此不僅大失顏面，從此與胞妹盛世同形同路人。

盛世同與母親一九四九年後獨留大陸，改名為安志潔。後改嫁俞秀松四弟俞秀臧。而後夫妻倆即開始為恢復俞秀松名譽上訪，為尋找俞秀松死因和葬地而展開馬拉松式的奔波。

俞秀松被害時年僅四十歲，到一九九六年俄羅斯軍事檢察院作出平反書時，已是其九十八歲誕辰了！

安志潔於二〇〇六年十一月在上海逝世，享年九十三歲。生前留下遺囑：死後與俞秀松的衣冠塚合葬在一起，墓碑上恢復了她和俞秀松結婚時的名字：盛世同。[1]

盛世騏被殺之謎

一九四二年三月十九日夜晚，一向戒備森嚴的迪化南花園響起了一聲沉悶的槍聲。[2]槍殺一個人而改變歷史的例子，古今並不鮮見。正如當今氣象學家說，南美洲亞馬遜河流域的一隻蝴蝶煽動翅膀，即可在太平洋上掀起一場巨大的風暴。這場風暴是從迪化盛氏家庭掀起，其烈度之強是幕後元兇所始料不及的。

翌日晨，官方媒體《新疆日報》即用「國際大陰謀」粗體黑字頭條標題報導了驚人噩耗。死者，盛世騏，中將，新疆機械化旅旅長，新疆督辦兼省主席盛世才之四弟。原因，國際大陰謀。

盛世騏在迪化有很高的人氣，一般人認為他是盛世才最合適的接班人。盛世騏早年畢業於日本士官及騎兵

1 羅紹文：盛世同女士的一生，《新疆文史》二〇一三年一期，第三七—四三頁。

2 南花園是盛世才把吉祥湧洋行的大資本家胡賽因巴依捕押後沒收了他的一切財產中的一部分不動產。這些不動產，改稱為督署南花園，分內外兩院，內院由盛世才的父母居住，外院由盛世騏居住。

盛世騏一家

專門學校，一九三三年來新疆投奔乃兄，一九三四年任督署衛隊長。在中國人的宗族觀念中，上陣親兄弟，打虎父子兵，盛世才對四弟精心培養。一九三七年送到莫斯科紅軍大學讀書。一九四一年盛世騏在紅軍大學畢業回國前，獲史達林接見，當面送一支手槍和一頂紅軍帽。這讓見識不廣的邊城人羨慕不已。[1]

盛世騏回國後，直接擔任新疆機械化旅旅長。在新疆當時編制中，盛世才之下，只有團長，因此，盛世騏是新疆唯一的旅長，盛世才視棋為股肱。

與胞妹盛世同的婚姻一樣，盛世騏的婚姻也由盛氏家族一手安排。其妻陳秀英是縣長閨秀，原為迪化女子學校校長邱毓芳的學生。盛、陳一九三四年結婚，一九三七年隨夫旅蘇，四年後一起回國。所不同的是，在大是大非上，盛世騏以國為重，以疆為任，為人直率坦誠，敢於堅持自己的觀點。而陳秀英則在生活上澈底俄化，平時花枝招展，衣履化妝品非俄不用，善交際，常出沒於蘇聯駐迪化總領館。此種習尚，為當時新疆社會所不容，一時閑言四起，雖經邱毓芳屢屢規勸與警告，陳依然我行我素。家有浪妻，禍之端倪也。[2]

盛世騏的葬禮在迪化西公園隆重舉行。入殮後，盛世才表現出罕見的失態，他趴在四弟的棺材上嚎啕大哭。這與盛世才平時展現給公眾的威儀截然不同。有人說盛世才在演戲。一位在盛家看小孩的楊姓老媽媽對其女兒楊惠清說：「其情其景悲傷至極，可以說如有假，恐怕連一級演員也達不到如此表現程度，可見是真情實意的。」[3]神龍見首不見尾，兔死狐悲，要使塞外梟雄盛世才露出真性情，除了他自己一時失控外，無人有此能力。

盛世騏死了，追悼會也開了，盛督辦的悲憤亦宣洩了，新疆失去重要軍事領袖的沉痛氛圍亦極盡渲染了，但

1 蔡錦松《盛世才在新疆》，河南人民出版社，一九九八年八月，第三二六頁。
2 蔡錦松《盛世才在新疆》，河南人民出版社，一九九八年八月，第三二六頁。
3 同一注第三二七頁。

是，兇手是誰卻無人認領。邊城迪化雖小，但各種政治勢力聚集，各省各族人群混雜，一向是搗弄是非之地。一九二八年七月七日，省長楊增新被害之案，亦是撲朔迷離，幕後元兇至今沒有頭緒。盛世騏之死，引起各方政治勢力相互攻訕：盛督辦矛指蘇聯，中共暗指國民黨，國民黨責難中共，蘇聯說是盛氏導演的苦肉計，民間還有自殺、情殺之說，簡直亂成一鍋粥！遂成新疆民國史中的又一樁迷案。

史界一向重視盛世騏案，並不因盛世騏有多麼重要，而是因這是盛世才政治轉向的導火索，所以一直為新疆民國史研究者所關注。蔡錦松《盛世才在新疆》一書的《後記》寫道：「盛世才的胞妹、八十餘歲高齡的安志潔老太太幾次接受我的採訪，她給了一份《關於盛世騏之死》的約二千四百餘字的材料，提供了許多鮮為人知的史料和寶貴資料。」[1]

「我如獲至寶，詳細研讀了幾遍，感到材料與我的或者是傳統的、流行的說法，有幾點明顯的不同之處：盛氏兄弟之間並無政治分歧；二、盛世騏不是自殺，而是他殺。按材料邏輯推理，兇手是在場的陳秀英。至於陳為何殺夫？可參考陳秀英的自白書和盛世才向蘇聯交涉的史料。也就是說，安認為此事的真實背景是蘇聯人策劃了這一案件。」[2]

安的材料讓我們回到事發現場：「一九四二年三月十九日這一天，四嫂打電話給我四哥，叫他回家吃豆腐（他愛吃豆腐）。晚飯後，按例我和四哥、五哥（盛世驥）到母親房裡請安聊天，約抽一支煙的功夫，四哥的大女兒（梨娃）跑過了說她媽叫她爸回房去，明天還要上政治課呢。不到十分鐘，梨娃哭著來找我，大叫說：『姑姑快去，爸爸槍走火了。』（當時梨娃才六歲）我隨即跑到四哥屋裡，見他坐在床邊的小椅子上，正在照看出風沙病的小兒子克莫，低著頭，滿臉是血。我大聲喊：『四哥，你怎麼了，是誰打的槍？』他哼了一聲，亦不能說話。……」

「這時並沒有通知其他任何人，突然來了一男一女兩個蘇聯醫生，闖進屋裡，不問青紅皂白，用大白布單把四哥的頭、臉部緊緊包紮起來，連口鼻都堵住透不了氣。我就往下拉，醫生卻拼命地包紮，我急叫四嫂陳秀英對醫生說（她會俄語）。她不作聲，也不制止。」

---

1 蔡錦松《盛世才在新疆》，河南人民出版社，一九九八年八月，第三三四頁。
2 同一注第四一一頁。

「不久，盛世才派汽車來了，幾個兄弟（二、三、五哥）把四哥抬到車上，急送第一醫院。這兩個醫生也乘自己的汽車同時到醫院。蘇聯醫生說要開刀挖子彈，二哥（盛世才）說，子彈在頭部打穿，彈頭落在地上，用不著再動手開刀挖子彈了。可醫生不聽，開刀挖了一個大洞，又打了一針，人就斷氣了（出事約晚上七時，死亡約晚上八時）。」

「四哥死後，這兩個蘇聯醫生又回到四嫂房裡，當時，我也在房裡陪伴四嫂和看護兩個孩子。醫生對四嫂嘰裡咕嚕講了約十五分鐘，神色慌張，我聽不懂什麼。可四嫂一聲不吱，只用兩隻手擰自己的大腿。也未哭一聲、掉一滴眼淚。整個過程，我都在場，親眼目睹。」[1]

如果盛世同文說法屬實，案情似乎並不複雜，是嫌疑人陳秀英與蘇聯醫生共同策動了謀殺，而且在盛世才眼皮底下，平時說一不二的盛世才亦無力阻止。蘇聯領事館在新疆的霸蠻行徑由此可見一斑。據前蘇聯的檔案稱，蘇聯在新疆的醫院實際上是特務機關。那麼那些穿白大褂的所謂〝醫生〞，真實身份則是特務。這一偽裝恐怕只有盛世才明白。

「作者認為，安志潔所提供的材料很重要，其重要性在於她是事發後在現場的第一見證人，又是盛氏兄弟的胞妹，其言應當可信。……盛世才以此為契機，澈底與蘇聯與中共決裂。」[2]

在盛世才部下的嚴刑逼供下，陳秀英留下一份供詞：《俄共青年團員陳秀英刺殺親夫盛世騏的親筆供詞》，詳細描述了刺殺事件的來龍去脈，和蘇聯總領事等人引誘威逼的全過程。

陳秀英在供狀中寫道：「……在三月二十九日那天肖作鑫又來了，他小聲地說：『過於你的工作，巴庫林總領事和拉托夫顧問命我告知你，必須在三天內實行。』由此我在三月二十九日晚八時左右就做出這樣大逆不道的謀殺親夫的事情了。」[3]

陳秀英的最後懺悔，亦可以視為其最後的遺言：「我係一個無知的婦女，被蘇俄托拉夫顧問愚弄、誘惑和壓迫、威脅，做出這樣罪該萬死的事情來，真是追悔莫及。倘政府和督辦不能夠原諒，將我處死的時候，乃是罪該

1 蔡錦松《盛世才在新疆》，河南人民出版社，一九九八年八月，第三三一頁。
2 同一注第三三一頁。
3 盛世才《牧邊瑣憶》，《五十年政海風雲》，春秋雜誌社，民國五十六年四月，第九三頁。

應得，我亦毫無怨恨。不過請督辦將我親筆供狀，要給我的子女抄錄一份，使他們知道我被蘇俄聯共黨人拉托夫和巴庫林愚弄、欺騙、威脅和壓迫，我謀害親夫的經過情形，使他們成人後設法刺殺我們夫婦的仇人人拉托夫和巴庫林，好使我們瞑目在九泉之下。同時，我的原始錯誤，是在莫斯科私自加入聯共黨CY，信仰共產主義，使他們憑藉我私自加入聯共組織的事實，從事威脅和壓迫我不能不接受他們的無人性的命令。因此我希望我的子女反對共產主義，消滅共產黨。罪犯陳秀英親筆供。一九四二年四月十四日」[1]

陳秀英的親筆自供狀，究竟是陳秀英的本意，還是有人代筆再讓陳抄錄，大可懷疑幾點：一、寫信人神情鎮定、冷靜，行文很有邏輯，不像一個死到臨頭亂了分寸的女人；二、信中擅用成語，文筆老辣，不知陳有無此水準？三、陳要求子女長大後刺殺幕後兇手，不合情理，因為這會給子女安全帶來極大風險；四、這封供詞恐怕不會提交給史達林，因為有反蘇、反共言論，而是有意提交給蔣介石的，作為盛世才歸順國民政府的投名狀。

時隔多年，盛世才是這樣解釋盛世騏案的：「盛世騏這時由蘇俄莫斯科紅軍大學畢業未半年，正當青年有為，準備施展所學，訓練勁旅，以鞏固六大政策政權，並保障新疆永久為中國領土，鞏固抗戰後方，和鞏固西北邊防重鎮。可惜長才未展，即痛失英才，這在我雖屬極大的不幸與遺憾，可是由於盛旅長一人之死，而得暴露與破獲蘇俄、中共的整個計畫得使邊局轉危為安，未動搖抗戰後方，得免邊民遭受流血慘劇，使新疆無西顧之憂，亦可謂不幸中之大幸了。此次大陰謀暴動案，參加陰謀組織的罪犯總計六五六人，處死首要及蘇諜共八十人。」[2]盛世才所述事實不虛，但理由太過冠冕堂皇。

關於盛世騏之死，盛世才與原新疆日報社社長宋念慈有過一段對話。盛猶疑了片刻對我說：「盛旅長被刺去世了，他是被反動派謀刺死亡的。」聽了他的話，真覺得是天外飛來的噩耗。我對盛家幾位弟兄之中，除盛世才之外，以盛世騏為最熟，其次才是老五世驥。老二見過幾面，老三則完全陌生。我聽到盛世騏遭遇不幸的消息。既感到震驚，又覺得痛惜。他為人既很率直坦誠，也很有辨別是非的能力。他和盛世才比較，兄是講武堂和日本陸大畢業，弟弟是日本士官學校和蘇聯紅軍大學畢業，論文武經驗自以盛世才為多，以在新疆所負的責

1 同上注第九三—九四頁。
2 盛世才《牧邊瑣憶》，《五十年政海風雲》，春秋雜誌社，民國五十六年四月，第八九頁。

任，盛旅長也不啻是擎天的一柱，盛世騏縱沒有兄終弟及的欲望，但為兄的指望世騏為股肱之寄，也是確定不移的事實。現在盛世騏遭遇不幸的消息由盛世才的口中道出，真是叫人震動心弦的痛惜，回想求學時代的交遊和到新疆後短暫的相處，不由地潸然淚下。

繼而我請問他凶嫌是何人，並且是否已經拘捕到案？他期期艾艾地說：「都已逮捕到案了。這案子和蘇聯顧問及共黨有關。」我接著說：「案子既已很明朗，這對彼此的政治立場恐怕不無障礙。」他隨即開口問道：「你以為如何？事情能就這樣算了麼？這裡面某方一定參與了陰謀。」「我早就懷疑蘇俄在頭屯河的農機製造廠裡藏有武裝，我擬進入參觀屢遭拒絕，最後我帶隊強行進入，竟引起蘇聯的不悅，提出抗議。可是那裡完全是武裝人員和飛機！一旦有事他們什麼都幹得出來。」我說：「新疆的地位很難，如果東西兩方都有敵意，那麼處境就更難了，現在必須找出一條出路，不知督辦怎麼想。」他說：「連日來眠食俱廢，想了很多，今天我們見面談談也就是為這事。我想目前還不能公開反蘇，你認為馬上宣佈實行三民主義怎樣？」我說：「這是必然要走的途徑，但是還需要一些籌措的手續，中央方面自表歡迎，可是新疆的對內對外關係，也不能不有所顧慮。對內我想不致有大問題，蘇聯方面也許不能不擺一下姿態，例如唆使它的邊疆民族入侵擾亂等等，不能不防。」他說：「歷年如此，我已早有防備。不過向中央表示信仰三民主義一事，還要仔細籌畫。」[1]

盛世騏死後，儘管其死因傳聞沸沸揚揚，但不外兩種針鋒相對的說法：一方是盛世才所說的「國際大陰謀」，一方是坊間盛傳的盛世才「無毒不食子」，自導自演。

莫洛托夫——在盛世才訪蘇期間給予盛氏高規格接待的蘇聯外交人民委員，在給盛世才的信中寫道：

> 如果（我們）也只是一味地聽信社會上的傳聞，比如在新疆和莫斯科所流傳的那種傳說，將盛世騏死亡的原因歸罪於您，並由此斷定是您由於擔心其可能成為自己在新疆治理方面的競爭對手而組織並殺害了盛世騏，那您又將作何感想呢?![2]

---

1 宋念慈《我所認識的盛世才》。
2 沈志華編譯《俄國解密檔案：新疆問題》，新疆人民出版社，二〇一三年一月，第一二二頁。

莫洛托夫毫不客氣地說：

我們認為，在新疆您周圍的活動家中混入了對中國抱敵視態度的帝國主義列強的間諜。這些人暗藏在你們內部，企圖破壞中蘇關係，搞亂新疆的安定局勢，而您自己——已不知不覺中成為了這些帝國主義間諜分子的工具。[1]

此話說得很重，已帶有威脅、警告的口吻。

盛世才與蘇聯關係的破裂，引起了宋念慈的擔憂：

這次回到牢房，和前天夜裡一樣，因為親身聽到盛世才的說辭，深覺我們同是處於一個危險震撼的環境之中，使我深深感覺訝異的是，當我於二十四五年兩年內和他相處的時光裡，他對於蘇聯、馬列主義和史達林的信仰與崇拜，是何等真誠與狂熱，而如今竟一反常態，和蘇聯鬧成水火不能相容的地步，以他當年的言行態度來衡量，殊覺有諸多不可解之處。但除了拋開馬列主義和所謂六大政策的精神與實質不談，是否一個是裸露著的，而另一個卻是蒙著面紗的魔鬼，兩者一前一後，縱使目的一樣，但步驟未必相同，因之他們之間難免就發生齟齬。我反復思維，感覺事態演變到今朝這樣，一定還有其他因素存在。可是再轉念共產陣營的常情，又覺得這並不是什麼了不起的意外。不過我所最擔心和懷疑的，倒是盛世才多疑善變翻雲覆雨的性格。[2]

問題在於，是誰炮製了盛世才謀殺其弟的說法？又有誰有能力廣為傳播，讓人們信以為真，讓盛世才有口難辯？一九四〇年代前後，蘇聯不僅在政治、軍事、經濟上控制了新疆，而且在輿論上也鉗制了新疆。盛世才只能

1 同上注同頁。
2 宋念慈《我所認識的盛世才》。

控制一張《新疆日報》和幾本雜誌，而蘇聯不但操控著國內眾多媒體，並通過塔斯社向世界發新聞稿，加之蘇聯駐烏魯木齊總領事館對新疆無孔不入的滲透，空中、地上、地下龐大的輿論網，盛世才如何招架得住！在盛世騏死因的較量中，盛世才並沒有占上風。

一波未平，一波又起。盛世騏被殺事件不久，「繼之發生了馬郊（新疆裕新土產公司經理，盛世才岳父邱宗浚之義子）勾結邱之媚妾姚執中暗殺邱宗浚案。這兩起案件，均是在蘇聯軍事總顧問托拉夫和土產公司專家列賓的指使下所進行的。」[1]其實，幕後黑手不查自明，史達林向盛世才這個聯共叛徒索命來了。

盛世才在蘇聯與中共之間玩弄陰謀，利用其矛盾互相制衡。先借蘇軍打馬軍，再借蘇聯經濟援助穩固政權，懼怕蘇聯在新疆坐大，又引入中共抗蘇共。中共在新疆影響力劇增，盛又轉向他一貫反對的敵人蔣介石，以作為他清除蘇共、中共在新疆勢力的靠山。盛世才的本性和表演，各方面都看得很清楚，但一時又拿他沒有辦法。縱觀古今歷史，凡玩陰謀者，最終被陰謀所害。盛世才亦不例外，盛世才先得罪蘇共，繼而得罪中共，他的路越走越窄，最終只剩下一條路，只有投靠蘇聯與中共的死敵蔣介石一方。

借兵索礦之謎

一九三四年，在與馬仲英、張培元的角逐中，盛世才雖然成為勝利者，但在政治、軍事、經濟、文化上全面依賴蘇聯，等於給自己套上了馬龍頭。

欠債遲早是要償還的，無論是政治、軍事，還是財政、經濟，即使曾標榜自己實行無私的、高尚的、無條件的國際主義的蘇聯。

一九四〇年十一月間，蘇聯派密員來疆，當面交給盛世才一個絕密文件——租借新疆錫礦條約。[2]該約共有十七條。詳細規定了蘇聯政府控制的新錫公司在新疆境內的十一項權力，包括新錫公司享有獨立法人各項權

1 《新疆文史資料選輯》第一輯，第七九－八〇頁。
2 《蘇俄對新疆的經濟侵略》，第五章「一九四〇年之盛蘇密約」。

利；活動按照蘇聯法律為基礎；新疆政府應按新錫公司之申請撥給土地，不應延遲，並必須與所提申請完全相符；新錫公司在撥給的土地上，享有森林開採、煤炭開採及獲取建築材料的權利；新疆政府應將居住於土地區域內之人民，一律遷出；新錫公司第一個十年免納關稅及他項捐稅；蘇聯有權將購自新疆的錫礦及其副產有用礦物無阻礙的運出新疆；新疆政府不得對新錫公司之生產、財政，以及商務加以考察、監督、檢查及稽核……

所謂條約，大凡經雙方協商而定，體現平等互利的原則，並經有關方面授權批准，方能成立生效。但蘇方單方提出的租借新疆錫礦條約，卻不打算這樣做。史達林的特使巴庫林直截了當地對盛世才說：「我們從莫斯科動身來新疆之前，史達林同志對我們說：『這份關於蘇聯租借錫礦產地的祕密條約的內容，除盛督辦外，不能對任何人透露。盛督辦要在條約上簽字。這份文件不應交給省政府的任何其他官員，也不應呈送給中央政府。締結雙方明天必須在條約上簽署，至遲不得過後天。同時，蘇聯駐迪化領事館把中文和俄文正式文本列印出來。』」[1]

顯然，無論從條約內容或簽訂程式看，這都不是什麼經濟條約，而是城下之盟，或最後通牒。盛世才同意得簽，不同意也得簽！在完全陌生的紙上，祕密地、糊里糊塗地寫下盛世才三字，由此成為捏在蘇聯手中的賣身契和賣國書。

盛世才是精明之人，此時更是無奈之人：「內容異常荒謬與不合理，完全帶有侵略性質。彼時職要求修改內容，以及縮短租借年限，蘇方來員答覆謂：你一個字都不能修改，你一方面係聯共黨員，應該服從黨的命令，更應該為蘇聯的利益作鬥爭。另一方面，馬仲英馬虎山變亂時期，蘇聯在新疆流過許多的血，我們沒有得到什麼代價。」[2]

盛世才回憶起一九三八年秋天，他在莫斯科與史達林的一次談話：

史達林問：新疆是否有石油，石油是否正在開採？

盛答：有石油，開採剛剛開始。

1　《蘇俄對新疆的經濟侵略》第五章，「一九四〇年之盛蘇密約」。

2　蔡錦松《盛世才在新疆》，河南人民出版社，一九九八年八月，第三四八頁。

史達林又問：新疆境內是否有森林，因為無論是開採石油，還是建設工廠都需要使用大量的木材。
盛答：森林是有的。
為了確切地瞭解新疆石油開採地區的具體位置以及森林距離這些開採區的遠近，他們還專門取來了地圖。
史達林問：新疆是否有金屬錫？
盛答：有的。
史達林問：是否還有金子，多不多？
盛答：金子在幾個民族區均有發現，但開採活動主要集中的阿勒泰地區。[1]

盛世才明白了，蘇方是來討債的，聯共黨員絕不是政治花瓶，牆上的擺設，蘇聯亦絕不提供免費的午餐。不還債，就索命。

蘇聯為逼盛世才在蘇錫礦密約上簽字，施以種種威嚇手段，特型坦克進迫迪市，全城戒嚴，哈密紅八團亦時向迪化偵查道路，修築橋樑；繼而公然刺殺盛世才弟弟盛世騏旅長，再嫁禍於人。

盛世才非昏庸官僚，而是懂得政治經濟學、軍事學、法律學的現代政治玩家。時下，新疆雖實受蘇聯控制，但在名義上還是國民政府管轄下的一個行省，外交權歸屬中央而不在地方，因此地方政府無權與他國簽訂協定，違法簽署者，中央政府不但概不承認，還要追究私簽者的刑事責任。新疆省主席金樹仁因背著中央私簽《新蘇臨時通商協定》，曾被南京國民政府判處五年有期徒刑。[2]前車之鑒，後事之師。盛世才知道私簽新蘇錫礦協議的後果，一是身敗名裂，二有牢獄之災。

張大軍評論說：「蘇俄勢力已在新疆占為上風，壓力使盛世才就範，甚至不惜一切而欲時時置盛世才於死地係事實，盛在苦惱與畏懼之餘，趁莫斯科危機時不得不脫離羈絆以保全性命。」[3]

---

1 沈志華編譯《俄國解密檔案：新疆問題》，新疆人民出版社，二〇一三年一月，第八二—八五頁。
2 黃建華：《金樹仁案探析》，喀什師範學院學報，一九九四第四期。
3 張大軍《新疆風暴七十年》，第四八八三—四八八四頁。

在十字路口徘徊既久，盛世才決定幡然悔悟，輸誠中央政府。之前，他必須向蔣介石說清楚蘇新錫礦密約的原委，撇清自己的責任。他在輸誠國民政府的這盤棋局中，只欲獲取利益，不欲承擔風險，更不願承擔法律責任。

雪豹與獅子鬥法

盛世才作為史達林親自批准的聯共黨員，曾獲得至高無上的榮譽，因此也套上無形的枷鎖。他在密訪莫斯科期間，曾獻媚般地向蘇方作出信誓旦旦的承諾。然而，在實際執行過程中，只要涉及國家主權和領土安全，盛世才總是敷衍搪塞，不予落實，也不敢落實，如同他的老長官張作霖周旋日本人。對於這一背叛行為，令史達林怒不可遏，換掉或戕殺盛世才，只是時間、時機問題。

史達林與盛世才之間的關係，或曰盛對斯的情感，實在複雜，一言難盡。曾留學蘇聯、常充任盛氏俄語翻譯的盛世驥寫道：

> 大哥崇拜史達林，進而研究史達林，他知道他的能耐，絕非泛泛之輩，更何況處於事業巔峰的史達林，可以說無所不能。大哥學史達林治理國家的方式，也學他的機巧對付他，所謂「以其之道，還治其人之身。」如果史達林是頭獅子，那麼，大哥就是一頭雪豹，他護土的決心，絕不讓史達林在新疆得逞。[1]

盛世才與史達林的關係幾乎可以貫穿其一生，這種關係隨時代演變而變化，可大體細分為十個階段：嚮往——崇拜——學習——敬畏——恐懼——決裂——互鬥——擺脫——反思——批判。盛世才像雪豹，史達林像獅子，雪豹與獅子鬥法，這是一九四〇年代斯盛關係的真實寫照。

然而，獅子喜歡綿羊，不喜歡雪豹。一九四二年七月三日，蘇聯外交人民委員莫洛托夫授權對盛世騏案作出

[1] 盛世驥《蔣介石的封疆大吏——我家大哥盛世才》，萬卷書樓有限公司，民國八十九年八月第頁。

回應。

督辦先生：

我們收到了您於今年五月十日寫的信，N.B.史達林和我都看過了。您的所發資料和來信中包含了大量的我們聞所未聞的針對蘇聯駐烏魯木齊總領事巴庫林先生、蘇聯駐中國總軍事顧問拉托夫將軍、以及蘇聯駐新疆其他工作人員的毫無根據的指責。您的責難都是以一些挑撥離間式的傳聞為依據的。但蘇聯政府是清醒的，認為您——督辦先生完全被這些謠言所迷惑了。

莫洛托夫在信中堅定的表明蘇聯政府的立場：

蘇聯政府堅定地認為，所有針對巴庫林、拉托夫以及其他蘇聯駐新疆領導幹部的指控都是毫無根據的明顯的誣陷。因為這些人都是真實可信的。他們長期地為新疆和中蘇友誼而踏踏實實地工作，蘇聯政府將會一如既往地信任他們。至於從事這方面調查活動的負責人——李溥霖和李英奇等及其所進行的調查的真實性，我們也是一點也不信任的。……那些所謂的材料也都是明顯的誣陷和誹謗。另外，我們還對你們如此舉動的正確性抱有很大的懷疑，如肆無忌憚的鎮壓、大量撤換和逮捕新疆著名活動家，等等。

莫洛托夫指名道姓點了李溥霖、李英奇的名，等於點了盛世才的名，因為他們曾經借蘇聯國內反託派運動，羅織罪名，將許多在新疆工作的聯共黨員送上了斷頭臺。根據蘇聯駐烏魯木齊領事館的情報，二李在新疆的名聲很臭。

在信中，莫洛托夫將盛世才與帝國主義、間諜分子劃上等號，扣上「企圖破壞中蘇關係，搞亂新疆的安定局勢」的帽子，等於在政治上宣判了他的死刑。

這還不夠，莫洛托夫繼而列舉了盛世才賣國的、隱秘的、已被蘇聯政府握有把柄的種種罪狀，以警告和要脅盛世才：

可能你還記得，以前您便在這方面犯過相當嚴重的錯誤……例如，一九三四年您便致函蘇聯政府並提出關於在新疆「儘快實現共產主義，並將之擴展到甘肅和陝西」的建議。您還在信中指出，拯救中國和新疆的唯一道路便是推翻以蔣介石為首的中國中央政府。接著，在一九三六年十二月當張學良在西安發動事變並逮捕了蔣介石先生之際，您選擇了完全和毫不保留地支持張學良及其行動的立場，並打算發表公開聲明以表示新疆將給予張學良全面的支持。最後，在一九四二年一月您又向我們提出了關於從中國分離出去，在新疆建立蘇維埃共和國並加入蘇聯的建議。[1]

可以說，這三條隱秘的罪證，每一條都牽扯到蔣介石，涉及國家主權和領土完整，只要一條成立，國民政府就可以背叛領袖和國家的名義，判處盛世才徒刑。

莫洛托夫揭出盛世才賣國投蘇的隱私，旨在堵死他輸誠蔣介石的路，讓他在走投無路之際，幡然回首，服服帖帖地聽從蘇聯政府調遣，成名莫斯科名副其實的新疆代理人。

如果說，俞秀松案讓盛世才顏面盡失、裡外不是人，盛世騏案則使盛世才毛骨悚然，芒刺在背，畢竟四弟是在家中被殺的呀！俗話說，兔子逼急了也會咬人，何況雪豹。盛世才決定與蘇聯翻臉。

蘇聯使出威嚇手段不靈，即使出借刀殺人之計，要借蔣介石的刀，殺掉聯共叛徒盛世才。畢竟，盛世才是中央政府任命的封疆大吏，因此，蘇聯要撤換或打倒盛世才，必須通過國民政府與蔣介石。

盛世才收到莫洛托夫信件的同時（含郵路時間），七月九日，蘇聯駐重慶大使潘友新（中國名）即緊急拜會了蔣介石。

在禮節性地以蘇聯政府和盛世才的名義問候了蔣介石並回答了其提出的問題之後，我給蔣讀了關於近期新疆

1　沈志華編譯《俄國解密檔案：新疆問題》，新疆人民出版社，二〇一三年一月，第一二二—一二三頁。

督辦盛世才所持立場問題所做的備忘錄，並向其轉交了B・M・莫洛托夫給盛世才的信。[1]

對此，蔣介石是什麼反應呢？據潘友新的紀要記載：

蔣介石說，他得先瞭解一下信中的內容。

蔣介石又問我：盛世才給莫洛托夫同志寫過信？

他唯一對我提出的意見是：關於新疆的一切事務，蘇聯政府理應直接找中國中央政府。[2]

令潘友新感到失望的是，蔣介石對蘇聯政府的訴狀竟毫無反應，既不像以往暴跳如雷，也沒有立刻表明態度。「在說話時，他所使用的語氣仍跟以往與我們會談時所使用的一樣，缺乏足夠的誠意。」蘇聯政府控告盛世才賣國行徑的行動，之所以未收到預期收穫，是因為盛世才已將他與蘇聯的交往向中央政府合盤托出，並做了詳盡的解釋，蔣介石已了然於胸。由此，盛世才與蘇聯政府之間的矛盾，已演化成蘇聯政府與民國中央政府之間的較量。

一周後，即七月十六日，潘友新與蔣介石再談中蘇關係與新疆問題。蘇方紀要中，蔣介石答覆蘇聯政府關於處理盛世才的內容有如下三條：

蔣介石說，他已收到盛世才所寫的相關報告並打算派遣中央政府的代表朱紹良先生親赴當地調查莫洛托夫來信中所涉及到的問題，以便採取相應舉措對盛世才的活動實施監督。

蔣介石請莫洛托夫同志相信，關於盛世才可能會被「某個帝國主義列強」所利用的危險是不存在的。因為他——蔣介石完全相信盛世才是不會與中國的敵人（這裡指日本）有染和賣身投靠後者的。

蔣介石說，盛世才將得到指令，以確保其絕對服從中央政府的意志，支持中蘇兩國間的合作和以尊重的態度對待蘇聯代表。盛世才還將嚴格執行中央的如下指令，即不再重複自己過去在對待蘇聯及代表問題上所犯的錯

1 沈志華編譯《俄國解密檔案：新疆問題》，新疆人民出版社，二〇一三年一月，第一二三頁。
2 同一注第一二三—一二四頁。

誤。[1]

與莫洛托夫代表蘇聯政府致盛世才的信異常憤怒的態度相比，蔣介石對盛世才的態度是溫和的、袒護的，甚至代其作出了改正錯誤的保證。這種太極手法，相信蘇聯政府是不能滿意的，但蘇聯政府已不能阻止盛世才金蟬脫殼，投向中國政府懷抱。

---

1 沈志華編譯《俄國解密檔案：新疆問題》，新疆人民出版社，二〇一三年一月，第一二五頁。

第八章

遭放逐：鎩羽渝州

一九四四年，盛世才將新疆政權交還中央，結束其十一年統治，到重慶任農林部長。農林部長是國民政府安撫割據地方失勢後的軍閥。我所知陳濟棠[1]和龍雲[2]，都以做農林部長，離開其割據稱霸一方的地盤。蔣公感念盛世才終不做漢奸，故禮遇午餐。但我所知，盛在新疆的統治非常殘暴，不僅共黨分子，即其他政見不同者，被害甚眾，故樹敵極多。

——郝柏村

「新疆王」盛世才被迫離開新疆，並帶走了所有家族成員和他們搜刮的財富。第八戰區秘書長深諳邊情，為盛世才「寫了一幅對聯：『功在西域，安度玉門』。」[3]

1 陳濟棠（一八九〇—一九五四），字伯南，廣東防城港客家人。民初長時間主政廣東，政治上與南京中央政府分庭抗禮，在經濟、文化和市政建設方面則頗多建設，有南天王之稱。一九四〇年任國府農林部長。粵系軍閥代表，中國國民黨一級上將，曾任中國國民黨中央執行委員、中華民國農林部部長。一九五〇四月從海南島赴台，任國民黨中央執委會常委及總統府資政。一九五四年十一月三日，突然患腦血管栓塞去世，終年六三歲。

2 龍雲（一八八四年十一月十九日—一九六二年六月二十七日），字志舟，原名登雲，雲南昭通彝族人。一九一四年畢業於雲南講武堂第四期，從下級軍官逐步提拔為侍衛隊長，直至滇軍第五軍軍長。後任雲南省政府主席，被譽為雲南王。一九四六年五月。國民政府還都南京，龍雲也跟隨政府至南京，並被軟禁在中央路一五六號洋房居住。中華人民共和國成立後，一九五〇年一月龍雲從香港赴北京，龍雲歷任中央人民政府委員、國防委員會副主席、中國人民政治協商會議常委、民革中央副主席、西南軍政委員會副主席等職。一九六二年病逝，享年七九歲。

3 盛世驥《蔣介石的封疆大吏——我家大哥盛世才》，萬卷樓圖書有限公司，二〇〇〇年八月，第一九二頁

實際上，盛世才在西域的功罪未定，安度玉門倒是事實。唐人有詩云：西征幾人能封侯？古今征戰幾人回？清末民初以來，新疆巡撫何彥升暴死於赴任途中，新疆巡撫潘效蘇被查辦，新疆巡撫聯魁被撤職，伊犁將軍志銳被殺，新任新疆都督袁鴻佑被戕；楊增新治疆十七載，一言九鼎，最終死於政敵亂槍之下。繼任者金樹仁，撫疆五年即被革命者趕下臺，借道蘇聯逃之夭夭，最終不免牢獄之災。反觀盛世才，赴疆十四年，治疆十二載，不但封侯拜相，而且生還玉門關，可謂幸運之人矣！

其弟盛世驥更是感佩不已，只有天山雪豹盛世才才能逃出獅子王史達林的追殺，全身而退。

盛世才從新疆飛抵蘭州後，將已醞釀多遍的虛詞「對中央社記者稱：本人才能淺薄，此次調農林部長深虞隕越，惟本人出自農家，前曾研究農學，對於農業大感興趣，本人認為建設三民主義新中國，農林宜居重要地位，今後自當秉承中央旨意，竭力以赴云。」盛世才在就讀上海中國公學前，曾在遼寧農林中學讀過年餘書，連中專水準亦未達到，算什麼一技之長？盛世才真正的特長是政治經濟學，是軍事學，一度是新疆的常勝將軍，國民政府為什麼不讓他出任經濟部長或軍事首長？

官場上總是死要面子，找一些冠冕堂皇的理由掩蓋事實真相。盛世才明明被國民黨軍隊擡出新疆，卻說要發揮盛世才農林專業的特長。昔日的新疆王盛世才更要臉面，虛言空語，順著杆往上爬。

類似的騙局，後被曾任臺灣行政院長的郝柏村一語戳穿：「一九四四年，盛世才將新疆政權交還中央，結束其十一年統治，到重慶任農林部長。農林部長是國民政府安撫割據地方失勢後的軍閥。我所知陳濟棠和龍雲，都以做農林部長，離開其割據稱霸一方的地盤。

蔣公感念盛世才終不做漢奸，故禮遇午餐。但我所知，盛在新疆的統治非常殘暴，不僅共黨分子，即其他政見不同者，被害甚眾，故樹敵極多。」[1]原農林部長沈鴻烈，[2]亦屬東北軍序列倒戈蔣介石者，他與盛世才可謂

1 《郝柏村解讀蔣公日記》（一九四五—一九四九）一九四五年九月檢討。

2 沈鴻烈（一八八二—一九六九），字成章。湖北天門人。一九〇〇年，沈鴻烈府考中秀才，遂執教於府學。一九〇四年，入武備學堂，後參加湖北新軍。一九〇五年春，公費赴日本海軍學校留學，同年加入中國同盟會。一九一一年回國，成為張作霖、張學良的心腹，是東北海軍的實際締造者。一九四一年冬，沈鴻烈調任國民政府衣林部長。之後曾任過浙江省政府主席、國民黨總統府國策顧問等職。一九四九年去臺灣，任「總統府戰略顧問」。晚年杜門謝客，埋頭寫書，著有《讀史答記》、《歐戰與海權》、《東北邊防與航權》、《收回東北航權始末》、《青島市政》、《抗戰時期之山東黨政軍》、《抗戰時期之衣業建設》、

沈走盛來。

儘管蔣介石在日記中對盛世才個人品性多有微詞，但對於盛世才最終服從中央而使新疆回到國家治下仍頗多肯定。對於新疆問題的解決，蔣在此後的日記中曾一再提及，視為莫大成功。此時，中美之間正因史迪威指揮權問題引發危機，蔣介石異常鬱悶，但想到新疆問題的解決，蔣的心情似乎又有所解脫：「盛世才就農林部長職，新疆問題完全解決，此為國家進步與統一之基礎，何必以美國外交為深憂長慮乎？」[1]

九月十八日，國民政府在重慶高調舉行盛世才就任農林部長典職禮，蔣介石親臨主持授印。蔣表彰盛世才的功績曰：新疆有我東北四省之大，不費一彈而璧還中央，此為邊疆大吏最大之功績。

自民國以來，楊增新、金樹仁，包括盛世才，都是擁兵自重，要脅中央政府，中央鞭長莫及，被動追封。自盛世才始，而由中央政府自主撤換和任命新疆地方首長，此為第一次，象徵中央權威覆蓋邊疆，蔣頗有成就感。

黨內紛爭

蔣介石的高級侍從幕僚唐縱，有記日記的習慣，秘不示人，連其老婆也不讓看。一九四九年，唐縱敗退臺灣時，不慎將日記遺落，後被大陸公安部整理出版，其中記有盛世才到重慶後的一些情況。

一九四四年九月十八日，也就是東北「九一八」事變第十三年祭日，唐縱在日記中寫道：盛世才就農林部長職。主席訓示新疆有我東北四省之大，不費一彈而璧還中央，此為邊疆大吏最大之功勞。查新疆自民國反正以來，正式由中央任命官吏，此為第一次。[2]

十月二十八日這一天，唐縱受蔣介石委託赴新疆駐重慶辦事處會見盛世才。

往見盛部長晉庸，彼先在辦事處候我，余與彼為第一次見面。余先說明委座令我來見盛部長之意，然後說明

1　蔣介石日記一九四四年九月二十四日。

2　《在蔣介石身邊八年－侍從室高級幕僚唐縱日記》，一九四二年五月二十三日日記，群眾出版社，一九九一年八月，第四六〇頁。

《抗戰時期之國家總動員》、《浙政兩年》、《消夏漫筆》、《政海微瀾》、《五十年間大夢記》等。一九六九年三月十二日十八點四十分，因心臟病醫治無效，去世於台中市省立醫院，終年八八歲。

目前丙種會報工作情形。盛謂，相信政府內部有共產黨分子潛伏在各級組織內，尤其政府要員之子侄親信，易為共產黨之目標；即黨內老者、腐化者、資本家均有為共產黨利用之可能。盛有謂，如與徐可均、戴雨農見面，須有委座之命令，並請蔣專員經國參加，同往野外最祕密處所商談。如果清查黨政內部同志，須有特務機構以外之人員，彼願擔任此項任務。[1]

此時，盛世才坐著農林部長的交椅，心中仍想著新疆的事。他堅稱在新疆所逮捕之國民黨要員是潛入的中共分子，要求提解重慶親自審訊。國民黨中央被逼無奈，只得做了一些妥協。

一九四五年一月十日

陳主任約談新疆陰謀案，盛世才希望解來重慶辦。如果解來重慶將來引起黨內極大之反感，陳主任為此而擔憂。（唐縱日記第四八六頁）

陳主任即蔣介石的幕僚長陳布雷。

一九四五年一月二十二日

陳主任約商新省案件，委座已批准我們之意見，但對盛世才仍欲敷衍其面子，商量全案不移渝，但程東白（原任新疆省政府教育廳長）、宋念慈（原任國民黨新疆省黨部兼《新疆日報》社社長）等可解來渝審理。（唐縱日記第四八七頁）

盛世才還主動約談唐縱，想通過他，一方面替自己叛國行徑辯解，一方面向蔣介石獻計。

[1] 同上注第四六八頁。

一九四四年十二月十九日

盛世才約談，彼將當年加入中共而莫斯科不允，其後史達林邀其加入聯共的經過相告。證明蘇聯對新疆與對中共態度並不一致。蘇聯欲扶植中共，同時更欲直接經營新疆。蘇聯對新疆其志不小。彼謂當年六大政策，可謂竭盡親蘇之能事，而終不免蘇聯之反目，彼現已離新，蘇聯猶縱匪陷伊犁，其事可以想見。彼對國內人事關係略有所詢，亦自有其分析。彼曾詢軍事幹部之政治理解力如何。彼一再強調幹部之重要性，如果幹部不健全，建樹甚難有所成就。彼乃自述其此次失敗與決心離新之主要原因，即因軍事幹部（二步兵師師長）缺乏政治理解力，受反動派之挑撥而叛變，使其寒心！談話約二小時一刻，彼之談性甚高，但一再囑勿向外人言。

在政治理解力上，盛世才與唐縱不分伯仲，棋逢對手。然而，在盛世才惦記黨國安危和陷害他人的時候，他的麻煩卻接踵而來。

一九四四年十一月二日

雨農告我二事。盛世才之新疆省政府民政廳長李溥霖與其警務處長李英奇密告盛世才過去之陰謀，謂盛過去反正之動機，係因蘇聯欲在新疆扶持一維吾爾領袖打倒盛，盛故投歸祖國。此次盛在新疆逮捕中央人員，因黨中央對盛許多要求並未達到，而黃如今、林繼庸等，對盛頗多批評，故下定決心。言盛如何疑忌、陰險、殘忍。朱長官介紹李見雨農，恩曾將李接走，其介函與密報均為截留，雨農表示不滿。

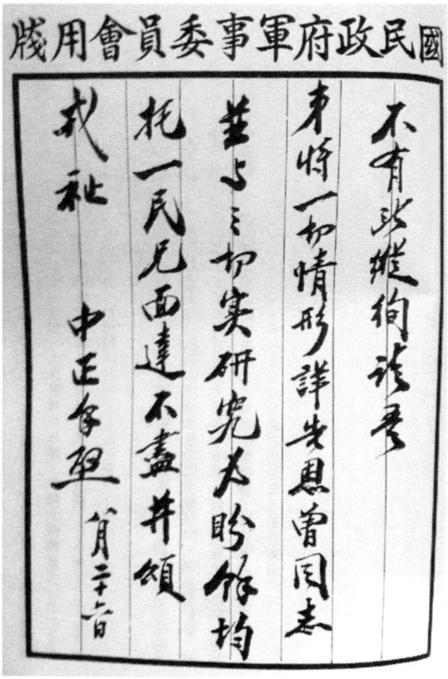
國民政府軍事委員會用牋

中正手啟

蔣介石一九四二年八月二十六日寫給盛世才的信函，成了盛氏的護身符

李溥霖[1]與李英奇[2]均是東北義勇軍軍官，是盛世才的死黨和寵信，他們的談話較可信：一九四二年，盛反蘇投蔣，動機是保位；一九四四年，盛反蔣投蘇，動機亦然。

盛世才調離新疆後，國民黨繼續調查他的問題。

一九四五年一月五日

據羅家倫報告，盛世才離新前大規模逮捕中央人員一案，自盛離新後，各種事實逐漸公開，案情業已大明，其最大動機乃出自轉變政治方向，並舉四點事例以為論證。發動之時有人奔走蘇聯使館一也；優待獄中共產黨，毫未刑訊二也；臨行前釋放歸化族與蘇聯特工有關之犯人三也；蘇領事於事後向特派員言詞之間頗有吐露四也。余並為之舉一例證，即盛逮捕之人員中有在阿山剿匪師長柳正欣亦同時被捕是也。（唐縱日記第四八五頁）

一九四五年五月初，國民黨在重慶召開第六次中國全國代表大會。尚在農林部長任上，盛世才即在此次大會上受到嚴厲聲討，衝擊來的直接而猛烈。

一九四五年五月十七

在大會時，新疆代表麥斯武德報告盛世才在新疆之虐政，博得掌聲不絕。其後麥斯伍德提出：（一）請求大會開除盛世才黨籍；（二）請求總裁扣留盛世才！盛世才起辯，謂此係黨的大會而非國民大會。全場哄然鼓噪。一時頗形絮亂。

---

1 李溥霖，東北講武堂畢業，為抗日名將李杜之義子，一九三三年隨東北義勇軍進疆。歷任財政監察委員長等重要職務。盛世才任農林部長後，國民黨任命他為行政院參事。一九四九年敗退臺灣。

2 李英奇（一九〇〇－一九五一），遼寧人，一九三三年隨東北義勇軍進疆。歷任新疆公安管理處處長、秘密審判委員會副委員長、特種刑事法庭庭長等職。因罪大惡極，一九五一年被人民政府處決。

在盛世才坐立不安、膽戰心驚之際，蔣介石出面講話，為他開脫。

一九四五年五月十八日

蔣在大會上發言，為盛開脫：「諸位同志，要知道新疆省在我國西北邊陲，其面積十五倍於浙江省，自民國成立以來，中央與該省之聯繫似斷似續，無權過問，盛同志卒能運用其力，將新省奉獻於中央，功在黨國，諸位同志，要明瞭此旨，顧念大體，勿再責難往事。」又或獲全場掌聲。

上午總裁作政治報告解釋新疆問題，盛世才將省政交還中央，可以將功贖罪。盛世才聞之痛哭流涕！並責備本黨同志站在黨外批評黨，為不忠實！表示抗戰勝利後本黨基礎鞏固，即行辭去總裁職務。

一九四五年五月十九日

晚上總裁會餐，解釋昨日為盛世才責備新疆同志事為一疏忽。以後新疆問題，仍當注意。同時解釋幾次大會責備同志，都是一本親愛精誠的真性情。又云九歲喪父，孤兒寡婦受人壓迫，後來在黨內也是如此，所以一方面對敵人盡情容忍，對同志則無所隱諱。語多誠摯，令人感動！

蔣介石頂住來自黨內外的政治壓力，三番五次為盛世才開脫，雖說放出重話將反盛聲浪抑於一時，但自身威望亦受到一定損害。

不過，對於國民黨六大所上演的戲劇性場面，唐縱在日記中自嘲道：

一九四五年五月二十日

兩件可笑之事，一是二三〇餘人簽名提案准許列席者改為出席，但至表決時無一人起立；二是麥斯伍德罵盛世才時全場鼓掌，但其後總裁責麥時全場又鼓掌。

好漢有淚不輕彈，只是未到傷心處。盛世才在新疆獨步天下，誰人敢言不字？到言論自由的重慶之後，各方批判輿情撲面而來，盛世才有口難辯，無力還擊，令盛世才不堪其擾。據說，蔣介石起身為他擋子彈，盛世才聞之痛哭流涕，說明他良心未泯！

火爐之煎

重慶，舊稱渝州，是長江上游著名的火爐城市之一。與夏秋氣候高爽的新疆相比，此地冬季潮濕多霧，夏季炎熱難耐。盛世才赴重慶任農林部長，看似由地方上調中央，體面鮮光，實際如暑天食重慶名吃麻辣燙火鍋，不僅口舌麻木，而且內火攻心。

自一九三三年「四・一二」政變算起，盛世才與國民黨之間的糾葛纏鬥持續了近十二個年頭，到一九四四年秋，終於有了一個不算澈底的了斷。儘管盛世驥將其大哥稱為天山雪豹，但遠離天山的雪豹，到了火爐之中，就要忍受一番煎熬了。

盛世才離新後，遂由中央「特派新疆清理特種刑事積案審判團」入新，審訊所謂「八・一一」陰謀暴動案，結果毫無懸念，該團以「法新審字第五二二號判決書」，平反此獄，宣告入獄者無罪釋放。

在新疆，受過盛世才迫害的新舊獄友聯合起來，發佈「新疆省全體民眾討盛檄文」，自費編寫出版《盛世才禍新紀略》叢書，集體向國民黨中央控告盛世才。輿情壓力由新疆傳至重慶，響應討盛者眾多。一時，有冤申冤，有恨聲援，聲勢浩大。

「單就盛世才來說，民國十九年他一家人由南京赴新疆的時候，他的經濟狀況實在窮困已極，據深知當時盛世才底細的人說，那時的盛世才簡直是一身之外別無長物，但他把持了十二年新疆於三十三年交卸回陪都的時候，卻是滿載而歸了。盛世才絕對是自由中國的首富，他的富不僅在於黃金美鈔，尤其在於他劫奪所得的那些鑽石羚羊角和其他稀奇珍品。」

持續七年多的抗日戰爭，致使絕大多數中國家庭破產，大部分公務員和普通民眾家徒四壁，窮困潦倒，他們對官僚通過不法手段聚斂財富相當敏感。僅一個「中國首富」的帽子，就足以招致群情義憤，群起攻之。

根據盛世才「送禮」「行賄」的處世哲學，和俗語所謂「長袖善舞」、「多財善賈」的道理，加之盛世才聚斂的財富，盛世才可能還在幻想他未來的前途，可惜「時」「地」都不對了，盛世才的幻想恐怕永遠是幻想了！[1]

這屬於有罪推論，因為盛世才有錢，故「有錢能使鬼推磨」，但人們又希望國民政府公平正義，堵死盛世才「長袖善舞」之路。

討盛的輿情，沸騰的民怨，令中央政府倍受壓力。行政院長宋子文亦不顧蔣介石的情面，召開行政院會議，堅持要撤掉盛世才農林部長一職。國民政府行政院於一九四五年七月三日作出決定，免去了盛世才農林部長一職。至此，從一九四四年九月十八日就職到翌年七月三日免職，盛世才的農林部長僅僅做了不到十個月。消息傳至新疆，自然是一片歡呼聲。

時隔五十年，盛世驥在其的口述著作裡，依然不忘此事。「大哥作農林部長大概一年多，後來因宋子文和蔣經國的關係下臺。當時蔣經國和宋子文要求進入新疆，大哥不給他們發放通行證，以致飲恨而結下樑子。」[2]恐怕不僅僅是個人恩怨問題，中央如何處置盛世才，事關大是大非，事關社會公平正義，事關國民政府的威信。盛氏被速免職，乃咎由自取，怪不得別人。

抗日勝利後，盛世才隨中央政府移居南京。但新疆人民追討盛氏罪行如影相隨，不依不饒。一九四六年十月三十一日，國民政府監察院監察委員嚴莊等又對盛世才提出彈劾案：「查前新疆省政府主席盛世才於二十二年前任職以來，違法犯紀，形同割據，殘暴貪黷，駭人聽聞，新疆人民曾有禍新記略之刊佈，新疆臨時參議會全體參議員又有電報之控訴，經委員等於本年七月間親往調查，舉凡該冊所錄電文，所舉事實昭彰，即以濫用刑獄而論，被殘害有名可稽者不下八萬餘人」。有名可查的受迫害人員不下八萬人，真是駭人聽聞的數字！

盛世才獲悉監察院已受理彈劾案後，恐新疆前任督辦金樹仁的厄運要在自己身上重演，即向蔣介石寫了求救信：

1 張大軍《新疆風暴七十年》第六〇三二頁。
2 盛世驥《蔣介石的封疆大吏——我家大哥盛世才》，萬卷樓圖書有限公司，二〇〇〇年八月，第一九二頁。

> 世才前於新疆省督辦任內，為保障新疆領土，遏止政治陰謀起見，曾艱苦支持，作不得已之種種緊急措施，今監察院受理新疆省臨時參議會控告，並提出彈劾，移付懲戒，其控告世才私人貪汙部分，仍願自負其責，至關公事，則望察情，秉公作主。

這無異於戲子在劇中呼叫：蔣公，青天大老爺，我有功啊！我冤枉啊！一定要為我做主呀！

蔣介石左右為難，欲斷難斷。一九四四年八月，國民政府決定將盛世才調離新疆時，蔣介石於二十二日在重慶官邸接見盛世驥，囑其轉告盛世才，「其生命財產餘必為之負責保護也。」八月二十六日，蔣介石親筆致函盛世才，再次向盛作出個人保證：「此後一切公私各事，中必為吾弟負其全責，主持一切，請勿顧慮。」[1]不保護盛世才，失信於個人，保護盛世才，又失信於公眾。蔣介石決定不食其言。

盛世驥說，對於黨內攻擊盛世才的政客，蔣介石倒有二次不留情面地抨擊，一次說：「你們現在攻擊盛世才，為什麼盛世才在新疆時，你們不攻擊？如今盛世才在中央，你們才攻擊？」另一次說：「據我所知道，許多省主席都貪汙，只有盛世才一人沒貪汙，全交給中央了。」[2]蔣介石所說，「全交給中央了」，是指盛世才到重慶後將新疆法幣的儲備金五萬餘兩黃金、珠寶悉數交出。國民黨內貪腐成風，屢受國際、國內、黨內輿論聲討，蔣介石放出重話，一是說我知道許多省主席都貪汙，敲山震虎，二是為盛世才作經濟擔保，無貪瀆行為。蔣介石為履行諾言，誠待盛世才，真是不遺餘力。

一九四六年十二月二十七日，蔣介石對盛世才的來信作了批示，並轉政務官懲戒委員會司法行政部部長謝冠生：「查（盛）所陳政治鬥爭與保衛國土不得已而作種種緊急措施，尚屬實情，希即密予注意，勿加深究為要」。

也許，蔣介石還有更深的意涵，就是不能讓史大林的陰謀詭計得逞。當時中蘇友好口號響徹雲天，不便直言罷了。在蔣介石的庇護下，盛世才再次闖過了生死劫。

---

1 盛世驥《蔣介石的封疆大吏——我家大哥盛世才》，萬卷樓圖書有限公司，二〇〇〇年八月，第一七六頁。

2 盛世驥《蔣介石的封疆大吏——我家大哥盛世才》，萬卷樓圖書有限公司，二〇〇〇年八月，第一七六頁。

冷熱棋局

一九四四年冬，蘇聯利用盛世才調離新疆時出現的權力真空期，直接策劃和發動了「三區革命」，全殲國民黨伊犁守軍。至一九四五年夏，三區民族軍已打到瑪納斯河西岸，距省會迪化僅一五〇餘公里，東逃難民不斷湧入迪化，一時人心浮動。

在此危機關頭，盛世才有才無德，不復再用，誰能擔當大任，扭轉敗局呢？蔣介石想到了參謀本部次長郭寄嶠。

有意思的是，盛、郭二人曾是東北軍名將郭松齡麾下的雙傑。盛、郭二人雖畢業於不同的軍校和專科，盛學陸軍，郭讀炮科，但在東北軍第八混成旅，他們都從排長做起，漸次升任連附、連長、營長、中校參謀，隨著郭松齡反奉被殺，而各奔東西。

郭寄嶠一九〇二年出生在一個「清貧業儒」之家中，在六兄弟中排行第四。年少時，郭寄嶠身強力壯，脾氣倔強，好抱打不平，動輒就卷起袖子與人幹仗，鄉人稱其「四呆子」。[1]十七歲那年（一九一九），他考入保定軍官學校最後一期即第九期炮科。盛、郭二人雖相差九歲，但考入軍校的時間僅相差一年。

天將大任於斯人，人與時合一也。一九三七年「七・七盧溝橋事變」爆發時，郭寄嶠早已崛起軍中，任衛立煌的第十四集團軍參謀長。同年秋，在山西前線協助衛立煌指揮忻口戰役。十一月，第九軍軍長郝夢齡陣亡後，衛立煌力薦郭寄嶠接任第九軍軍長。在蔣介石嫡系部隊裡，沒有當過師長而一下躍升軍長者，除郭寄嶠外，幾乎無第二人。[2]

一九三八年十二月，蔣介石在武功召集國民黨華北、西北高級將領軍事會議。會上，郭寄嶠代表二戰區前敵總指揮部彙報，蔣介石聽完後大加讚賞：「像這樣的參謀長，才是標準的參謀長。」在國民黨軍隊裡，衛立煌

1 《民國檔案》二〇〇二年第三期，第六四—六六頁。
2 《民國檔案》二〇〇二年第三期，第六四—六六頁。

郭寄嶠一九四五年冬在迪化留影

的參謀長郭寄嶠、胡宗南的參謀長盛文、杜聿明的參謀長趙家驤，被稱為蔣介石嫡系部隊的三大參謀長。[1]

一九三九年一月，郭寄嶠任第一戰區司令長官部參謀長。該部設在洛陽，轄十一個集團軍，並可調用第二、第三、第九、第十戰區的部隊，兵力達二百萬人。

對於本職工作，郭寄嶠非常敬業。「每天上午八點上班，除掉中間回家吃兩頓飯，一直忙到夜裡十一二點，一手握著電話機聽彙報，一手拿著一杆寸楷毛筆批公文，批完了隨手扔到地上，旁邊就有一個副官恭恭敬敬地蹲下去拾取。下級人員有什麼事情來請示，郭寄嶠一手握著電話機不放，一手握著筆不放，簡單明瞭的向來謁者答覆幾句，不一定都合理，但和當時別處許許多多稀裡糊塗的國民黨軍官和參謀人員相比，的確表現得精明強幹，高人一籌。蔣介石在武功軍事會議上當眾表揚他為『標準的參謀長』，使他從此身價百倍，顧祝同、陳誠聞之也另眼相看，敘起保定同學的關係，都試圖把他挖到他們的身邊當參謀長。』」[2]

郭寄嶠臨危受命，從重慶飛赴迪化，坐鎮指揮，部署守衛大迪化。

其時，迪化省政府除財政廳外，民政廳、建設廳、教育廳早已停頓，無人到廳辦公。省府要員之妻妾乘軍機先走，秩序紊亂，民眾指摘尤甚。教育廳長令各校停課，並通令小學生徒步疏散至吐魯番。迪化知識份子及民眾均有「政府不要我們了」之口號。[3]「來迪化的難民愈集愈多，沙灣、綏來、昌吉、呼圖壁，甚至伊犁、塔城。阿山三區跑出來的人。糧食已大為恐慌。東去的黑市票賣到新幣一百萬元左右一張，許多汽車載人，對糧食運輸無人問及。更有帶著臨時太太，腰纏累累的黑貨（鴉片）向迪化運輸，一個戰神籠罩下之古城，糧食匱

1 《民國檔案》二〇〇二年第三期，第六四—六六頁。
2 趙榮聲《回憶衛立煌先生》，文史資料出版社，一九八五年一月，第一六一頁。
3 羅家倫《新疆最新情況報告》，《羅家倫文存》第二冊。

乏，市井紛擾，以使朱吳二位溫良恭儉軍政負責人已無法收拾，幸當時郭寄嶠將軍擔當著此一危局。」[1]

千里長堤毀於蟻穴，堡壘往往易從內部攻破。最令郭寄嶠憂慮的是迪化城內特殊的民情、社情。「迪化城居民約八萬人，維族占四萬，與其他十三種民族及外國人。其中維族很多人，多在反動顧慮之列。南門有蘇聯總領事館，占地甚大，幾等於皇城，聞其職員逾八百，記憶體槍彈極多，觀蘇聯族人，每日出入不息。聞有暗中領運槍械分送外縣者。城內散佈謠言極多，輒謂某日或某時，將有暴動，日必多起。我詢以假如敵人迫近迪化城附近時，城內如有叛徒敢不敢發起暴動內應，新疆情報負責人胡國振君立即答覆謂：「一定有暴動」，因此我當即告訴與會人員應即宣告：

第一，郭某個性比盛世才更殘酷，殺人毫不瞻顧（因新疆人怕盛世才亂殺人）。第二，今後無論何時迪化有叛亂，郭某已下令不分中外人士，一律就地處決，軍隊先清除城內敵人，再向城外敵人決戰。第三，以多種方法直接或間接散佈此種宣傳以使企圖蠢動者不敢輕舉妄動。」[2]

郭寄嶠不僅僅是軍事家，亦是政治家，不戰而屈人之志，乃心理戰高手也！

當然，豺狼是嚇不跑的，只有持械將其消滅或趕跑。郭寄嶠迅即調防部隊，陸軍第四十六師調綏來。新編第二軍軍部移駐呼圖壁，暫三師調赴焉耆，陸軍四十五師在七角井一帶加強警戒。特別是從青海入疆的騎五軍開赴頭屯河協防迪化，各民族沿街夾道歡迎，並有設茶水和燃鞭炮以慶祝者。[3]市民見這支隊伍軍紀嚴明，士馬精壯，鎧仗鮮明，各族心頭積宿多日之恐怖愁雲為之消散。

郭寄嶠嚴令各部隊長在行軍期間如有違反軍紀者，或有搶劫民間車馬財物人證俱獲者，准由團長以上主官就地處決。

「在新疆，每天工作十八個鐘頭以上，晚十二點就寢，晨四點起床，我只有感覺工作的重要，而沒有感覺什麼叫累，在別人家都替我擔心的情況下，我卻毫不在乎，自己駕著汽車外出巡視，並親視工兵到戈壁灘上去挖行

1 張大軍《新疆風暴七十年》，第六五六九頁。
2 一九八〇年周昆田先生訪問郭寄嶠筆錄。
3 周昆田《民國吳禮卿先生忠信年譜》，臺灣商務印書館，一九八八年七月，第一七九頁。

軍水井。」[1]

一迨後方整頓部署完畢，郭寄嶠即赴「北疆綏來縣城及瑪納斯河前線，勞軍、視察，並在最前線戰壕上向官兵講話，勉以雪恥報仇，爭取國際上失去的榮譽。此行前線官兵極為感動，因我講話位置，距離瑪納斯河對岸敵人堡壘不過三四百公尺，彼此相視都很清晰，如彼對我射擊，我當立即倒地。」[2]

郭寄嶠事後解釋說：「我為啥冒此危險？良因此時，新疆軍心渙散，咸認長官部控有兩架飛機，如敵接近，即行逃入關內。故我特別為此說明：『我奉命來此，是與我官兵同為國際戰而抱犧牲決心，獲取勝利，絕不逃跑。』故當時有一班長在壕溝站起來說：『我們知道長官在國內非常有名望，我們絕對服從長官，奮鬥到底，擊敗敵人，收復失地。』」[3]

時任新疆省主席吳忠信亦對郭氏的作用給予很高評價。「郭寄嶠副長官蒞新，給予朱長官一極優的助手，明快果斷，負全域指揮責任，冒著寒風烈雪到冰天雪地的瑪納斯河最前線，冒險犯難，隨時隨地準備犧牲，尤其是調動軍隊，敵人也畏神速。郭將軍於二日內即速成對迪化保衛戰之防禦……盡心縝密部署，積極反攻，局面隨而複歸安定。有了此一安定的局面，蘇俄感受到以武力奪取很麻煩，戰爭再難獲勝。」[4]

軍事是政治的延續和籌碼，一旦對抗雙方勢均力敵，在戰場上再難撈到好處，政治就會走到前臺，以談代戰，以戰促和。古今皆然。總之，郭寄嶠指揮若定，調兵有方，為新疆贏得和平增添了關鍵籌碼。

時任中央駐新疆監察使的羅家倫曾吟詩贊曰：「百尺雄關萬里牆，祁連山勢壓沙場。男兒未覺西征遠，更囑天山侍道旁。這首詩是在新疆時吟贈的。」[5]這是郭寄嶠立功西陲的真實寫照。

因郭寄嶠安邊有功，一九四六年十一月，剛剛出任國民政府參謀次長的郭寄嶠出任西北行轅副主任兼甘肅省主席，繼朱紹良、谷正倫之後主政甘肅。此時的盛世才，已被行政院免去農林部長職務，在政壇上黯然失色。

1 張大軍《新疆風暴七十年》，第六五六六頁。
2 同一注第六五六七頁。
3 同上同頁。
4 《民國吳禮卿先生忠信年譜》，臺灣商務印書館，一九八八年七月，第一八〇頁。
5 《統一論壇雜誌》，一九九六年第三期，第二九頁。

一九九三年，臺灣近代中國出版社出版了《郭寄嶠先生訪問紀錄》。書中，郭寄嶠將他的人生信仰及性格作了如下歸納，信仰：「岳武穆文官不貪財、武官不怕死」，「鄉賢包青天（拯）維護正義、明辨是非善惡、不阿不屈、擇善固執」；性格：「處人坦誠信，重然諾，反貪汙，喜研國學書法，好運動騎射」。晚年，郭寄嶠對邊疆建設獨有情衷，他著書立言，先後有《邊疆政策之研究》、《邊疆與國防》、《我國歷代邊疆地區各民族之遷徙與衍化》等書問世，對民族問題、邊疆問題做了一些有益的研究，主張民族團結，反對分裂，有獨到的見解。[1]

盛世才在政治上過早凋謝，非才華不足，而是德行有缺。[2]

1 《統一論壇雜誌》，一九九六年第三期，第二九頁。
2 《統一論壇雜誌》，一九九六年第三期，第二九頁。

第九章 蔣介石：庇護餘生

大哥名義上雖任國防部上將參議，行政院光復大陸設計委員會委員，沒有實權，只是一個平民百姓。為了生計，他做起生意來，種香菇、養魚、在成都路開「起士林麵包店」，由於大哥大嫂都不會經營生意，生意後來一一結束。

——盛世驥

赴臺之初

正如盛世才一九四三年所判斷的，國民黨黨派林立，互相傾軋，一盤散沙，恐靠不住。沒料到，國共兩黨戰端一開，不出三年，國民黨便由虛盛轉衰弱，兵敗如山倒，敗退孤島臺灣。

臺灣與新疆雖相隔萬里，千差萬別，但有一條相同：孤懸中原，為大國之戰略屏障。是故，新疆一八八四年建省，臺灣一八八五年建省，均由戰略家左宗棠力促而成。不過，在西域效法左宗棠不成，而將臺灣作為餘生歸宿，是盛世才萬萬想不到的。

盛世才被免去農林部長一職後，即被國民政府邊緣化，成了賦閑之人。至一九四八年末，國共交戰呈一邊倒之勢，共產黨於一九四八年十二月公佈第一批四十三名戰犯名單，盛世才不在其列；一九四九年一月公佈第二批十四名戰犯名單，盛世才仍榜上無名。這並不因為盛世才沒有血債，而是表明盛世才孑然一身，不掌一線兵權。

據王德溥撰文說：「民國三十八年春（一九四九），前新疆省邊防督辦兼主席盛晉庸（世才）同鄉突然來訪。他說：『我特地來告訴你一個重要消息，毛澤東下令通緝你。我接聽北平共匪電臺廣播，毛匪竊據北平，樹立偽政權後，發佈一遭命令：以殺害中共領袖徐傑（中共中央駐新疆代表團團長，中共元老派之一陳潭秋。）、毛澤民（曾任新疆財政廳廳長，毛澤東之弟。）等罪名，專案通緝你。要歸案嚴辦！』」[1]這說明，盛世才雖被閒置，但一直密切關注著國共戰局的演變。他與王德溥是一根繩上拴著的兩隻螞蚱，一旦國民黨戰敗，他們因罪行巨大，若留大陸，必難逃懲罰。

一九四八年十二月，盛世才隨中央政府由南京到上海，乘中興輪到臺灣。帶了一大家子與部分家族成員及隨從人員。盛世同與其母留在俞秀松浙江老家。

一九四九年五月十六日，岳父邱宗浚一家十一口在蘭州被仇家滅門，唯一的孫女邱光慈因病住院逃過一劫，盛世才的侍從黃國文冒險進入大陸，把邱光慈接到臺灣。

盛世驥與小兒克蘇後來乘飛機赴臺，沒有通行證，由盛世才擔保放出。正是這個盛世驥，不僅在新疆沒有留下什麼好名聲，其毒蠍心腸堪比其兄。

據盛世才的打手警務處長李英奇的口供，盛世才在扣壓中央社免職電訊稿的幾天內，處決要犯，焚毀祕密文件，遣散衛士。盛世才曾將李英奇招至新大樓，當時盛世驥也在座，盛世驥命令李英奇，以部隊包圍第二監獄，然後澆些汽油，將第二監獄全部焚毀，如有犯人逃跑，則以機槍掃射。盛世驥還說：「這批人必須斬盡殺絕，否則他們出獄，都將是我們的死對頭。」此事所以沒有發生，是那個「稱病」不上盛世才圈套的預七師師長李禹祥，打電話警告盛世才：「如果燒第二監獄，你盛世才也要遭火燒。」[2]盛世才因未有勝算，下令作罷。

盛世驥預測的不錯，正是這批在監獄裡受盡盛世才酷刑的國民黨精英，此後一直是盛世才的死對頭，從重慶口誅筆伐至臺灣，追財討命。話說回來，假使盛世才放火燒了第二監獄，其及家族成員的下場一定比既定的要壞。所謂多行不義必自斃也！

1 王德溥《宦海遊蹤》，臺灣中華書局，民國六十五年六月，第七四頁。
2 李帆群：盛世才投靠國民黨的前前後後《新疆文史資料》二二輯，新疆人民出版社，一九八七年七月，第一一八頁。

二〇〇〇年，盛世驥口述的《蔣介石的封疆大吏——我家大哥盛世才》一書出版。親不過兄弟，盛世驥在談話中極力為其大哥辯護、辯解，乃立場所致，似可理解。但為什麼選擇到上世紀末才發聲呢？盛世驥在序言中寫道：「我們盛家曾因大哥的緣故，遭到各方的謾罵和詆毀……中央也做出許多動作，致使大哥無法暢所欲言，使得我們在那個時期不得不默默承受指責和誣衊，不是無力辯解，而是時不予我。」[1]盛世才生前名聲太爛，盛世驥自己亦有助紂為虐的前科，辯解一出，恐怕只會引火焚身。無辯止謗，不失為好棋。到了二〇〇〇年前後，新疆四〇年代的當事人一個個都走了，新疆民國年間的那些事，對年輕一代而言，已是一個遙不可及的昔日之夢。盛世驥口述的真偽，由後人去評判吧！

一九五〇年上半年，在大陸政治、軍事的雙重攻勢下，臺灣如波濤洶湧中的漏船，隨時有傾覆的危險。蔣介石的肅諜、集兵、總動員貫徹到臺灣的每一個角落。在街頭，在學校，在軍營，從咿呀學語的兒童，至步履蹣跚的老翁，都在傳唱著《保衛大臺灣》：

保衛大臺灣，保衛大臺灣！
保衛民族復興的聖地，保衛人民至上的樂園！
萬眾一心，全體動員！
增產節約，支援前線！打倒蘇聯強盜，消滅共匪漢奸！
我們已經無處後退，只有勇敢向前！向前！
臺胞七百萬，快快總動員！
七百萬人一條心，
拿起武器上前線。
殺盡共匪保家鄉，

[1] 盛世驥《蔣介石的封疆大吏——我家大哥盛世才》，萬卷樓圖書有限公司，二〇〇〇年八月，第六—七頁。

打倒蘇聯護國權！
海陸空軍聲勢壯，
勇敢戰鬥，齊步向前！
殺盡共匪，打倒蘇聯！
保衛反攻戰線！
保衛金澎舟山！
保衛家鄉，保衛自由，
保衛祖國，保衛臺灣！[1]

歌是如此唱，悲壯激昂，但國民黨能否守住臺灣，鮮有人表示樂觀。臺北的富商們都在尋找退路，準備逃難。一些黨國大員見勢不妙，佇留國外，隔岸觀火，拒不到臺共赴時艱，這中間也包括孔祥熙、宋子文等蔣家親屬。蔣介石本人雖口口聲聲準備「與臺灣共存亡」，但仍在祕密準備後事。[2]

「當臺灣一度吃緊，大哥一家想移民美國，但因不能帶走整個家族，大哥、大嫂恐家人受共產黨迫害，紛紛幫家人改名，改名這件事是經過當時陳誠副總統批准的。民國三十九年（一九五〇）五月，部分家族成員改了姓名，也把部分家族成員遷往屏東潮州鄉下。」[3]

已經退到臺灣孤島之上，四面是茫茫大海，還能退到哪去？美國是安全島嗎？早在一九四四年美國副總統華萊士訪迪時，就明言要換掉盛世才，以改善中蘇邦交，換取蘇聯出兵日本。另外，一九四三年設立的美國駐迪化總領館，搜集了不少新疆的政軍情報，作為民主國家，美國恐怕不歡迎血債累累的獨裁者入境。赴美避難，凶吉禍福如何，興許盛世才心中亦無底吧。

一九五〇年秋，朝鮮半島爆發戰爭，中美兩國交戰，美國出動第七艦隊封鎖了臺灣海峽，為臺灣撐起了保護

1　江南著《蔣經國傳》，中國友誼出版社，一九八四年，第一九二頁。
2　陳紅民《蔣介石的後半生》，浙江大學出版社，二〇一〇年三月，第八三頁。
3　盛世驥《蔣介石的封疆大吏——我家大哥盛世才》，萬卷樓圖書有限公司，二〇〇〇年八月，第二〇七頁。

傘。國際局勢突變，解救了蔣介石，也救了盛世才。

「後來，局勢穩定下來，大哥沒有去美國，又把家人接回來。」[1]

一九六九年，也就是盛世才去世的前一年，他還心有餘悸地寫道：「在韓戰未發生，在第七艦隊未協防臺灣前，假如毛共匪幫有決心、有計劃的侵佔臺灣的話，則臺灣雖然四面環海，有臺灣海峽天險，以當時雙方的人心、士氣和力量而論，則臺灣亦不無有被關進鐵幕的危險。」[2]留在大陸的盛氏幫兇在劫難逃。盛世才的姐夫彭吉元、爪牙李英奇，先後落入法網，由公安部門從內地押送回新疆，依法執行槍決。逃至臺灣的盛世才家族，雖然躲過了共產黨的清算，但來自國民黨原駐新人士的圍剿不斷上演。

國民黨駐新人員，一部分曾受過盛世才迫害的，在新疆和平解放前夜，翻越帕米爾高原，從印度返回臺灣。他們聯合起來，成為繼續清算盛世才在新罪行主力軍。

同年三月八日，國大代表艾拜都拉等一一四人向國民大會提：為整肅法紀必先懲辦叛國家、賣民族、勾結俄寇、為共產黨作倀之首惡盛世才，茲檢舉盛世才重要罪狀，請政府從速徹查，依法制裁案。

該提案列舉盛世才六大罪狀：

（一）實行割據，反抗中央。（二）出賣主權，附庸俄帝。（三）投靠斯魔，濟助共黨。（四）嫉賢妒能，屠殺無辜。（五）反復無常，一再叛變。（六）為俄帝作倀，誣衊政府。[3]

除國民黨內集體提案外，還有廣祿的個人提案，更有人著書立說，披露真相，如萬箭攢心，射向盛世才，要把盛世才牢牢釘在歷史的恥辱柱上。

應該說，提案人所列舉的盛世才叛國禍新的罪行，件件屬實，控之有據，但往往就事論事。判斷任何事物真

1 盛世驥《蔣介石的封疆大吏——我家大哥盛世才》，萬卷樓圖書有限公司，二〇〇〇年八月，第一九二頁。
2 盛世才《共產主義和資本主義時代的過去民生世紀的來臨》，帕米爾書店，民國五十八年六月，第一六二頁。
3 張大軍《新疆風暴七十年》，第六〇五一頁。

偽、是非、功過，都不能孤立於時空條件、當事者動機、事物發展過程，還有秘不可宣的幕後交易等等因素。若採用主觀的有罪推論，或事後定罪，難免將情緒化、主觀性寓於事實之中。

就政治而言，說易行難——論政者易，執政者難。旁觀者雖清楚是非，卻難察執政之難，惟有當政者自知。

其介如石

一九四六年初，在國共開戰之前，蔣介石的高級幕僚唐縱在日記中寫下兩則觀感：

一月二十八日

據美國廣播，美駐德士兵對德國之觀感，均認為希特勒對德國有貢獻，德國人民比較優秀，而應統治歐洲。據美陸軍之測驗，約有百分之五十如此觀感。國家雖然敗了，人家的長處，還是有人承認。又自中國返國之美國士兵，大都評摘中國的腐化，揩油，貪汙舞弊，缺乏效率，尤其不團結，對漢奸的寬厚！我們看了，真是慚愧！[1]

應該說，在中國參戰的美國官兵，對中國事務的瞭解和參悟要比華爾街的政客更深刻。腐化，揩油，貪汙舞弊，缺乏效率，不團結，無一不是國民素質問題。抗戰打了八年，民眾國家觀念已有長足進步，但國民黨執政能力不進反退，唐縱慚愧之事，既有國民素質問題，亦有執政黨執政出了問題。

比較了中德國民素質的差別，是年二月二十日，唐縱再將中日官兵素質作一番比較。

與各地將領談話，彼等經過接受敵軍投降後之比較，無論管理、保育、教育、訓練，與敵軍比較，真是慚愧。在敵人手中的營房、武器、馬匹，都是很有規模，到了我們手裡不是管理不好，就是保育不好。敵

1　《在蔣介石身邊八年——侍從室高級幕僚唐縱日記》，群眾出版社，一九九一年八月，第五八三—五八四頁。

人營房有水電設備，到了我們手裡，移防的部隊，就要拆走，請示中央增加管理人員與管理費用，中央不理，寧可聽其毀壞。馬匹因為馬糧不敷，均患腸胃病，相繼倒斃，日人聞之竊笑不已！[1]

在中日戰爭中，中方贏了，但不是一對一的獨贏，美國在太平洋戰場上摧毀了日軍的海空軍力量，把戰火引向日本本土，蘇軍一舉重創了日本關東軍主力。應該說，中日戰爭的勝利是世界反法西斯同盟的勝利。因此，日本戰敗後，服美不服中，日本人則竊笑戰勝國的國民。檢討我們自己，一是軍隊素質待提高，國民素質待改善，綜合國力待進步。執政的國民黨對此有不可推卸的責任。

然而，國共開戰之後，戰場和民心一起倒向共產黨，國民黨軍隊千里大潰敗，共產黨軍隊千里大圍殲。面對頹勢，國民黨內部紛爭再起，蔣介石被逼下野，以負其責。蔣介石以靜制動，靜觀其變，理性反省國民黨之敗因。

蔣介石在日記中將對手共產黨的優點概括為七個大的方面：

一、組織嚴密。二、紀律嚴厲。三、精神緊張。四、手段澈底。五、軍政公開。

對這些方面要逐一反省：

甲、檢討，乙、研究，丙、批評，丁、學習，戊、坦白，己、計察，庚、偵探。

國共兩黨在辦事方法上也有明顯差異：

六、辦事方法：甲、調查，乙、立案，丙、報告，丁、審查，戊、批准，己、執行，庚、工作檢討。

---

[1] 《在蔣介石身邊八年—侍從室高級幕僚唐縱日記》，群眾出版社，一九九一年八月，第五九二頁。

國共兩黨的差異更表現在組織方面：

七、組織內容：甲、領導幹部，乙、研究由下而上，丙、縱橫聯繫，丁、互相節制，戊、監察澈底（情報），已、審判簡捷（迅速執行紀律），庚、主義第一（革命利益與思想錯誤為定罪標準）」[1]

平心而論，蔣介石若無向對手學習的胸懷，謙卑反省自身不足之處的態度，勇於克服缺點錯誤的勇氣，他就不配做領導中國人民抗戰的領袖，不配做國民黨黨魁，亦不會贏得美、英、俄等大國領袖的尊重。

實際上，共產黨在戰場上戰勝了蔣介石，但並沒有在精神上挫敗蔣介石。蔣介石堅忍不拔、忍辱負重、愈挫愈勇的精神品質，在八年抗戰中已顯現出來，單從個性上講，蔣介石不會認輸，他要像以往一樣，在大陸跌倒，他期盼從臺灣島爬起，再光復大陸。

已經公開的《蔣介石日記》，顯露出蔣悔過自新、重整旗鼓的心路：

一九五二年九月十三日，上星期反省錄

以退集臺灣，範圍較小，關係較簡，所以有此始整頓一暇之良機，此乃塞翁失馬，未始非福之證。

這是蔣介石從中國歷史與傳統文化中汲取智慧。

一九五二年十月二十五日，上星期反省錄

非失敗以後不能有此機會，亦不能獲此進步，不能謂非失敗也有益也。

這是蔣介石對成功與失敗作的哲學總結。

1 《蔣介石日記》一九四九年六月八日。

蔣介石雖丟了大陸，退到彈丸之地的海島，但精神上毫不氣餒，並無敗相。

蔣介石退敗臺灣後，痛定思痛，才著手國民黨的革新再造，整整比共產黨整黨運動晚了六七年。一九四五年前後，共產黨通過延安整風運動，已經完成了共產黨的更新再造。一個團結、清廉、高效的共產黨，對決一個分裂、貪腐、低效的國民黨，勝負已見分曉。

蔣介石年輕時曾嚮往蘇聯共產黨，之後不斷研究共產黨，公開提出要學習共產黨。因此，蔣介石在臺灣實行的改革，是整體的、全面的、大刀闊斧的，甚至是脫胎換骨的一次革命，為國民黨建黨以來最深刻、最澈底的一次改造。

當然，這次改造是在失敗的氛圍中、求生存的壓力下進行的，具有壯士斷腕的悲壯，具有置於死地而後生的勇氣。同時，這次改革既有學習共產黨優長的成分，亦有順應民意而改過糾錯。

蔣介石主導的國民黨改造，先從「四大家族」開刀。排擠孫中山的公子孫科，元老派的居正，蔣介石的「財神爺」孔祥熙、宋子文，軍界強人白崇禧、顧祝同等都淪為明日黃花。放逐陳氏兄弟，「CC系」土崩瓦解：陳果夫重病纏身命逝黃泉；陳立夫遠走美國，養雞閒居；張道藩、谷正綱改弦更張，投身蔣介石。「陳家黨」一統天下的格局被陳誠、蔣經國一分為二共同聽命於蔣介石。[1]

蔣介石在國民黨七大報告總結中，直言不諱地強調「汰舊」，認為清除了大量黨內的腐化分子、惡化分子，所有歷來靠黨為生之渣滓、凡腐化惡化分子、軍閥如桂系，黨閥如××，財閥如孔、宋及孫科等，皆已澈底清掃此一行動，自認為比任何軍事政治改革為艱巨。以五百餘之中委而減為四十八人之限額，若非不計親疏恩怨，而有革命大無畏之精神，決不能至此也。

國民黨內部的派系山頭基本上被削平，絕大多數元老重臣紛紛落馬。國民黨改造案完成後，組成了新的權力核心，具有很多特點：「一是成員新面孔居多，二／五以上不是原來的中央委員，多數成員在國民黨中原先並非位居高位；二是平均年齡較小，五十歲以上僅占一／五，五〇歲以下占四／五；三是學歷高，十六人中有十人曾留學美、蘇、英、法、日、德等國，有的獲博士學位，學歷最低的也是保定軍校和黃埔一期畢業。據學者陳紅民觀察，

[1] 陳紅民《蔣介石的後半生》，浙江大學出版社，二〇一〇年三月，第一四〇頁。

國民黨改組充滿了濃厚的個人色彩，中央委員會的權力公開移向以蔣介石為主、陳誠、蔣經國為輔助的新核心。[1]

據吳國楨回憶，參加大會的代表「十分之九是蔣經國的人，軍方的代表大都是蔣經國的人。」[2]軍隊編制簡化了，人數減少了，盛家兄弟的將銜統統化成一張廢紙，紛紛被打回原形，變為自謀生路的平頭百姓。

國民黨改造運動對盛世才有何得失呢？隨著四十五歲的蔣經國等一批少壯派進入臺灣行政內閣，其核心層成員平均年齡不到五十歲，此時盛世才已經六十歲，無論從年齡、派系、意識形態等方面說，都不可能用盛世才了。由於國民黨中常會、國大代表、行政閣員都換成效忠蔣介石的人馬，蔣介石一言九鼎的局面已經形成，他保護盛世才的能力強化了，而當年彈劾盛世才的政治勢力，大部分退出政治舞臺，查辦懲處盛世才的呼聲漸漸偃旗息鼓了。

蔣介石任命盛世才為光復大陸設計研究委員會委員。該委員會設置於臺灣總統府之下，共有委員一八八三人，每年舉行一次會議，蔣介石則照例到會發表訓詞。這個類似養老院的鬆散組織，除說些光復大陸的大話，年年製造又年年束之高閣的戰略報告外，別無它用。當年中華民國的省長不過二十幾個，擁有實實在在的權力。現在盛世才是二千分之一，其政治地位可謂一落千丈。

因盛世才樹敵太多，蔣介石對他一直實行特殊保護措施。郝柏村說：「一九四九年到臺灣，我見過他，當時國防部還派了一排步兵，專門保護他，直至他去世。」[3]

一九五六：獅子受到審判

偉人是人，不是神，這需要無情的時間做裁判。偉人沒有崇拜者頌揚、媒體上宣稱的那樣偉大，更不會活萬歲、萬萬歲。

1 陳紅民《蔣介石的後半生》，浙江大學出版社，二〇一〇年三月，第一三〇頁。
2 同一注第一三六頁。
3 《郝柏村解讀蔣公日記》（一九四五—一九四九）一九四五年九月檢討。

一九五三年三月四日，深居簡出、高深莫測的史達林溘然逝世。史達林的突然離世，震驚了世界，國際間輿論紛紛猜測死因，蘇聯政府語焉不詳。

史達林死後，全蘇聯都沉浸在哀悼中。「一連三天，不分清晨和傍晚，滿懷愛戴和悲痛心情的人群匯成一條長河，蜿蜒流淌在莫斯科大街上，源源不斷地注入圓柱大廳。人們聚集的實在太多了，以至於莫斯科大街的一些地方發生了可怕的擁擠，使不少人喪了命。」

人們理所當然地擁護中央和部長會議的決定：把盛放史達林遺體的水晶棺放進紅場的陵墓中，同列寧的水晶棺擺在一起，並建造一座名人墓——蘇維埃國家偉人永垂不朽的紀念碑。「偉大的」、「天才的」、「永垂不朽的」詞語，充斥各種媒體。[1]

千百萬蘇聯人和社會主義陣營的人們，也許並不知道，史達林的葬禮竟是他們擺脫一個最可怕的暴君，回歸正常生活的開始。

一九五三年七月十日，蘇聯部長會議第一副主席和內務部長貝利亞被解除職務，距史達林死不到四個月，幾個月後被槍決。蘇共召開「二十大」（這是史達林死後召開的第一次代表大會）的日期決定後不久，赫魯雪夫提議成立一個委員會以調查史達林時代濫用權力的罪行。

一九五六年二月二十五日，赫魯雪夫走上了蘇共二十大的講臺。約一千五百名代表緊張地看著站在講臺上的那個人，死一般的寂靜有時被憤怒和驚叫聲所打破。主席團的場面模糊不清了，似乎有兩個人在臺上獨唱：一個是赫魯雪夫，另一個是十分熟悉（但現在變得陌生了！）的幽靈。會議達到了預期：赫魯雪夫的報告將有關史達林的謊言、神話和傳說澈底揭穿，說史達林是一個劊子手、虐待狂者、毫無起碼道德的人，史達林在政治上瀕於毀滅。

但毀滅史達林的行動，僅限於少數官僚階層，注意：赫魯雪夫作的是祕密報告。他說：「我們不能把這個問題弄到黨外去，尤其是不能捅到報刊上去。因此，我們只能在代表大會的祕密會議上作報告。我們得有個界限，不能將武器交給敵人，不能在他們面前暴露我們的膿瘡。」

1　〔俄〕安・沃爾科戈諾夫／著、張慕良等／譯《史達林－勝利與悲劇》，世界知識出版社，二〇〇三年八月，第一二四六頁。

然而，報告一經發佈，就難免「走漏風聲」。一九五六年六月初，報告的全文就在美、法、英各國資產階級的報刊上刊登出來。可是在我們這裡，官方和黨的機關刊物三十多年來都仍然裝著這個報告根本不是現實問題的樣子。直到一九八九年春天，《蘇共中央委員會通報》才發表了這個報告。[1]

盛世才在海峽彼岸關注著蘇聯政局的演變，並就此發表評論：

史達林竟由一念之差，造成屢次清黨，屢次犧牲優秀共產黨幹部的悲劇，結局不僅在俄共政治舞臺上演出史達林暴死悲劇，而且由史達林親信部屬赫魯雪夫導演出鞭屍史達林悲劇。[2]

與變化無常的人間裁判相比，歷史的裁決是無情的，亦是永恆的。一息尚存的史達林或許不會想到，伴隨著他肉體的死亡，繼而就是政治死亡，名譽掃地。他的貢獻、他的聲譽本是他生前頗為自信的地方，他以為自己能永載史冊，像生前那樣尊享盛名。他更不會想到的是，一直在他身邊沒有思想、沒有反抗，只有順從、只有執行的赫魯雪夫，竟將他釘在歷史的恥辱柱上，並在東西方陣營掀起軒然大波。

由於西方媒體的公開化，臺灣高層有條件較早得到赫魯雪夫的祕密報告。我們很難推測和想像當盛世才第一次讀到它時，會有何種反應和感受。不過，在祕密報告發表十三年後，即一九六九年，正值中國大陸「文革」期間，盛世才撰書猛烈抨擊史達林。斯、盛相見於一九三八年，時隔三十一年，盛世才是如何評價當年的崇拜者的呢？

盛世才認為史達林至少犯了五大錯誤。

第一個錯誤，是在第二次世界大戰期間，用很愚蠢的辦法把愛沙尼亞、拉脫維亞、立陶宛三個小國，併入蘇聯領土，在無形中消滅了三個國家的獨立性。……遭致三國人民的不滿與馬克思主義信徒的懷疑。

第二個錯誤，是對鐵幕內的其他各國實行著無限制的掠奪與榨取政策。蘇俄為了剝削其他民族壯大自己民族

1　〔俄〕安・沃爾科戈諾夫／著、張慕良等／譯《史達林－勝利與悲劇》，世界知識出版社，二〇〇三年八月，第一二七四－一二七五頁。

2　盛世才《共產主義和資本主義時代的過去民生時代的來臨》，帕米爾書店，民國五十八年六月，第十五－十八頁。

經濟政策的失敗，與北大西洋公約各國政策的成功，其關鍵就在「掠奪物資」與「物資的援助」。

第三個錯誤，是蘇俄特務「克伯格」的恐怖政策。由於史達林對特務人員的寵信與特別優待，就養成了他們驕傲性與乖張性，對所謂反革命分子與嫌疑犯的偵訊與審判的過程中，就犯了很多錯誤，例如只憑信特務與密探的書面形式報告，或口頭報告材料，對被逮捕者嚴刑逼供與屈打成招，致冤枉了好人。史達林的特務制度是除了史達林一人外，其他由政府要人至一般人民，均經常在特務人員的考察與監督之列。這樣一來，遂使人人都感覺到在恐怖中生活，結果，就使蘇俄成了恐怖世界，成了祕密員警統治的國家。

第四個錯誤，是史達林的對人態度與整肅政策。俄共黨的對人態度與整肅政策，是空前殘酷無人道的。認為人有利用價值時則恭維為上賓，若失掉利用價值時，就變為放逐殺戮的囚犯。對在朝和地方當權者事事另眼相看，對在野無權者視同路人。

第五個錯誤，是史達林放逐托洛斯基，殺害布哈林的事件。假如史達林氣度寬宏，善於領導的話，原可形成史達林、托洛斯基、布哈林三人集團領導的局面，免掉自相殘殺，犧牲許多優秀同志，減弱黨政軍力量。而史達林竟由一念之差，造成屢次清黨，屢次犧牲優秀共產黨幹部的悲劇，結局不僅在俄共政治舞臺上演出史達林暴死悲劇，而且由史達林親信部屬赫魯雪夫導演出鞭屍史達林悲劇。[1]

盛世才對史達林的批判，無疑是毫不留情的，且針針見血。所以這樣，因為他曾經就是個人專制獨裁體制中的一員，他熟悉這一體制的運作，知曉體制運行的法門，更是打擊競爭者、濫用酷刑的高手。史達林所犯的錯誤，盛世才全部犯過，盛世才對史達林的聲討，受盛世才迫害者亦同樣回敬於他。盛世才是極其聰明、敏感之人，他口誅筆伐批判史達林時，不可能不想起自己罄竹難書的罪行。因此，不禁要問，盛世才對史達林的批判，有沒有一點兒晚年自我懺悔思過的成分呢？

我們不能說史達林、盛世才一生下來和未獲最高權力前就是壞人，就良心泯滅，但為什麼他們在獲得最高權力後，就蛻化變質，就化友為敵，由謙恭者變為暴君，由親和民眾變為孤家寡人呢？說到底，就是魔鬼般的專制體制，將他們，以及他們的他們，紛紛妖魔化了，一進鐵幕，在劫難逃。

1 盛世才《共產主義和資本主義時代的過去民生時代的來臨》，帕米爾書店，民國五十八年六月，第十五—十八頁。

史達林傳記作者是這樣用文字審判史達林的：

我知道，對於一個不管我們願意與否都將永遠留在史冊上的人物（如鐵木耳、成吉思汗、希特勒以及其他暴君和獨裁者），如果不經常依靠經濟、社會、政治和精神方面的資料，會是無法理解的。我是儘量這麼做的。但是，我認為，歷史作出的裁決的主要內容將與道德有關。

無論多麼重大的政策，如果不講道德，都是冒牌的珍品。史達林是殘酷的政治家，他在整個一生執行這種政策的時候，一點也不考慮起碼的道德價值觀。因此，對於獨裁者來說，人是工具，是個統計單位，是一大片不成形的物料中的一塊。由於對道德採取罪惡的輕視態度，「勝利者」遭到了惡報；他的歷史性的失敗早已註定，勢所必然。[1]

人們對盛世才的批判與爭論，往往集中在他殺伐迫害了多少人的資料上，有十二萬、十萬、八萬、六萬等不同的說法，盛世驥也為其辯護，說數字被誇大了，統計錯了。但是在獨裁者眼裡，殺一個人和殺十萬個人沒有本質區別，就像打仗一樣，將軍只要勝利，而不惜傷亡。因為他們眼裡只有權力，沒有生命，只有屠刀，沒有真理，只有獸性，沒有良心。

當勝利的獨裁者受到道德批判時，他們共同的做法就是鉗制輿論，同時編造謊言。盛世才編造的謊言是，永遠保障新疆是中國的領土。與之相矛盾的是，他殺害的絕大多數社會精英，恰恰是新疆安全的保護者，新疆發展的建設者，他們為新疆安全灑過汗，流過血，直至付出了生命。

盛世才犯了誣陷罪、謀殺罪，這一點他自己也知道。他事後寫文章，寫回憶錄，在媒體上批判他人的錯誤，都是在為自己的罪行辯解。他一生的所作、所為、所言證明，謊言是無縫不鑽的禍害，一切災難都從謊言開始。而製造謊言，掩蓋謊言，將謊言打扮成真理，暴力、個人專權、官僚制度、教條主義、凱撒主義，既是幫兇，又是根源。上述言行，適用於一切獨裁者。

1　〔俄〕安・沃爾科戈諾夫／著、張慕良等／譯《史達林—勝利與悲劇》，世界知識出版社，二〇〇三年八月，第一二九四頁。

盛世才人生的悲劇表明，政治手段若與道德相左，執政者總會受到歷史清算，這一報應若不發生在現世，必然發生在身後。

一九九七年，當張大軍主編的《盛世才上史達林報告書（一九四〇）》出版時，時年九十四歲的宋念慈「現趁半盲之際，強打精神晝夜趕工，寫下一篇東西……」。宋在序言中寫道：

在中央政府抗戰期間，盛世才即秉其一貫對馬列主義的信仰和對史達林的崇拜，認蘇聯才是他的祖國，所以他甘心向史達林遞迴順的降書順表，願以新疆併入蘇聯，接受偉大領袖史達林的領導。斯魔瞻前顧後雖未立予應允，但內心之喜悅可知。這一段珍貴史料，在盛世才於卅三年被撤換倉皇出走時遺留在舊都署的文庫裡，這是一件千真萬確，成色十足的賣國範本。後世讀史之人對於每一事件或容有疑義，但盛世才的劣跡彰彰在人耳目，且有歷史文件為憑，凡有血性之讀者撫今思昔，能無慨歎！[1]

歷史判決盛世才有罪，死亡亦不能使他得到解脫。

盛家「四分五裂」

盛世才口誅筆伐史達林，可視為晚年反思錄的一部分。但痛批史達林，並不能減輕他昔日犯下的罪行，更不能阻止盛氏家族分崩離析。

社會輿論對盛世才的一片追討之聲，給盛、邱家族造成了巨大壓力，從外部加速了它的分裂和解體。

有婚姻，必有外戚，婚姻使得一個家族的社會關係變得複雜。盛、邱二家的聯姻，對盛世才影響頗大。

民初的中國社會，城鄉差異巨大，階級等級分明，對此差距，鄉下人特別敏感。「邱家在東北是顯赫之家，我們盛家只不過是鄉下農戶，而大嫂並沒有感染上大戶人家的驕縱氣息，瞧不起我們家人及親戚，反倒很照顧我

1 張大軍主編《盛世才上史達林報告書（一九四〇）》，中亞出版社，民國八十六年，第九頁

們。」[1]

其實，這只是暫時的、表面的現象。在門不當、戶不對的聯姻中，邱家自視清高，高人一等，盛家心存卑微，小心翼翼，生怕別人看不起。一旦當盛世才的地位發生變化，其家族本來存在的分歧就顯現出來。

「由於大嫂的緣故，我們兄弟在臺灣不如在新疆時的親密反而疏離了。歸根究底還是起自在新疆時期，大嫂在權衡利害關係時太袒護娘家邱家人，而排擠我們盛家。有關我四哥的案子，我一直懷疑邱家涉了案，只是涉案的程度至今是個謎，這負面效應一直打擾我們盛家，一致彼此感情不睦。」[2]

「老實說，大哥任新疆督辦以來，盛家人很少出頭，我家兄弟雖有五位，二哥盛世英、三哥盛世駿因學歷限制，不能給予重要職務，四哥和我當時還年輕，還必須深造，沒辦法分擔大哥的責任。因此，新疆的權位多在邱家及汪家的手裡。邱宗浚是大哥的老岳丈，也曾是他的長官上司，大哥對他自然倚重。初來新疆，曾任命他為伊犁屯墾使，由於他在伊犁的作風太過軍閥，因故調回迪化閒置。他的氣焰比大哥高，對大哥經常大聲訓示，始終想攬權在身。汪家就是汪鴻藻，他是邱宗浚的大女婿，也就是大嫂姊姊邱毓英的先生，大哥把部分軍權給了他。

盛家、邱家、汪家，雖是姻親關係，但背景迴異，我們盛家在大哥尚未出頭時，只不過東北一戶簡單的農家而已。而邱家和汪家則不同，他們居城市，受教育，處高位。和他們相較下，盛家顯得單純多了。大哥指望自家人協助他治理新疆，義不容辭送我們到蘇聯深造，就是希望我們有一天學成歸國，能成為他的得力助手。果然，我們陸續歸國，不負大哥期望。四哥一回國，大哥馬上為他籌組最現代、最好的機械化旅。而我，則負責情報和教育工作。

當邱家和汪家，看到大哥的部署方向，是有意將政治方面交給我，軍事方面交給四哥，這可能引起他們的不安，他們視盛家如眼中釘，在有意無意間，刻意打壓我們，尤其是大嫂更是偏袒邱家，大哥夾雜其中，很無可奈何。在新疆惡質的環境中，四哥是大哥的左右手，大哥如何自砍手腳？」[3]

君子和而不同，小人同而不和。文化的差異，地位的落差，教育的程度，生活習慣的不同，政治見解的分

1 盛世驥《蔣介石的封疆大吏——我家大哥盛世才》，萬卷樓圖書有限公司，二〇〇〇年八月，第十六頁。
2 盛世驥《蔣介石的封疆大吏——我家大哥盛世才》，萬卷樓圖書有限公司，二〇〇〇年八月，第二〇八頁。
3 盛世驥《蔣介石的封疆大吏——我家大哥盛世才》，萬卷樓圖書有限公司，二〇〇〇年八月，第一六七－一六八頁。

歧，家族政治關係，皆因血親遠近和社會地位變化而產生。無共同信仰，因權利而聚的家族政治，最終亦因權利而散。大凡可共患難不能同分享的家族，其中夾雜的家長裡短、恩恩怨怨、前因後果、舊恨新仇，有幾人能理得清楚？外戚干政，分贓不均，兄弟鬩牆，禍起蕭牆，乃古今中外封建王朝的通病。儒家講修齊治平次第，盛世才尚理不好家務事，又如何治好新疆？作為政治家，若治家有方，可博得尊敬，贏得威望；若縱容家族成員腐敗、貪瀆，胡作非為，總帳統統要算在當政者頭上。

一九六三年盛世才與邱毓芳臺北飴孫

盛家因權利而聚，因盛世才發跡而移居新疆，隨著盛世才失勢，樹倒猢猻散，亦合常理。夫妻本為同林鳥，大難當頭各自飛。用此語形容盛、邱家族的分分合合，似乎頗為貼切。

盛家的第一次分裂，發生於一九四四年秋。盛世才被免去新疆督辦兼省主席，盛、邱兩家即一分二處：「大哥坐飛機離開新疆，老太太也是蔣介石派專機接出來。其他家族成員都是坐汽車出來，我們這一家族和好些東北同鄉，帶著一連兵隊一千五百人，分乘一五〇輛卡車，除了大哥的老岳丈邱宗浚一家在蘭州停留下來，其他人則繼續往重慶前進。」[1]可笑的是，在這逃離新疆的長隊中，竟有十多位棄職將軍，一夜之間即丟了軍銜。

盛家的第二次分裂，發生於一九四九年國民黨敗退臺灣之時。盛世才夫婦、子女、盛父、新媽及警衛、司機、傭人等由上海乘興隆號抵臺。「當時，我也不願意到臺灣來，後來情況危及，在不得已情況下，帶著小兒克蘇乘飛機出來。由於到臺灣沒有入境證，最後還是大哥把我保出來。至於母親，一直由妹妹盛世同照顧，由於妹妹與大哥之間的心結未開，再加上她一直等著俞秀松，有一天能回來團聚，老太太也就沒跟著大哥來臺灣。」[2]

1 盛世驥《蔣介石的封疆大吏——我家大哥盛世才》，萬卷樓圖書有限公司，二〇〇〇年八月，第一九二頁。
2 同一注第二〇四頁。

至於「老太太也就沒跟著大哥來臺灣」的原因，顯然是盛父有了新歡，盛世才兄弟有了新媽。從盛世驥提供的兩張照片看，盛世才的父親一直跟著長子生活。盛父的教育遠見造就了盛世才，並改變了盛氏家族的命運。盛父從東北遷到新疆，複遷重慶、南京，再遷至臺北，葬於寶島。盛世才克盡孝子之責，為其父養老送終，此點無可挑剔。

盛家的第三次分裂，出現在盛世才死後。「大哥死後葬於臺北陽明山第一公墓第十二區，大嫂便赴美，於民國七十五年（一九八六）九月四日死於紐約，安葬於紐約。

蔣介石一家的命運，為什麼與盛、邱兩家截然不同？蔣介石年少喪父，寡母含辛撫子，家境並不富裕，但仍支持他赴日留學。蔣在娶美國留學生宋美齡之前，又送十五歲的長子蔣經國赴蘇留學。留學經歷，使得蔣家具有國際眼光和國際思維。儘管蔣介石後來反共抗蘇，但並不影響他接納蔣經國地道的俄國妻子蔣方良。在蔣家成員中，有中國人、美國人、俄國人，其包容性、開放性是超前時代的。更令人歎息的是，蔣介石家族並沒有在開放性中失去自我，他們信奉基督教，願做上帝的子民，但根則深植於中國傳統文化之中，國家、民族至上，愛國主義是這個家庭的靈魂。

從中年至晚年，蔣介石夫婦贈送兒子蔣經國的壽禮，就是宋美齡作畫、蔣介石提款或作詩的中國畫——或梅、或菊、或蘭、或竹。這如同蔣介石晚年的笑容，宋美齡暮年的優雅，盡在不言之中了。

中國人修行的最高境界是內聖外王。盛世才家庭的「四分五裂」，恐怕出在內俗外狂上。

一字代價

貴為蔣介石的封疆大吏，盛世才沒有給蔣經國留下好印象。一九四二年，蔣經國奉父之命前往西北考察，結果被盛世才拒之新疆門外。

一九四五年四月，蔣經國初訪迪化時，坊間一度盛傳蔣經國將出任新疆省主席。蔣經國在迪化調研期間，許多人向他哭訴盛世才的暴行。此時，盛已被免去農林部長職務，改任武漢行轅高參的虛銜，但他畢竟還是國民黨的高官，蔣經國不便說出自己真實的想法。只是認真核實盛世才殺人逾七八萬的真實性，並一針見血地指出，盛世才濫捕濫殺是學史大林的。

從新疆歸來，蔣經國曾與唐縱私下議論過蔣介石袒護盛世才的利弊得失。唐縱在五月十九日的日記中寫道：「袒護盛世才與黨政方面腐化分子小組織者頗易引起黨員之失望！當時私下與蔣經國議論過此事，蔣經國說：『父親還顧慮雲南龍雲之事，看得遠，顧慮多，但又不便說明。』」[1]政治的關聯性、複雜性、隱秘性、計算性，惟有當事者才知其輕重。

盛世才得勢新疆時，在政治上目光如豆，在為人上心胸狹窄，在處世上自大狂妄，在國學上根基膚淺。得罪了太子蔣經國，便失去長遠前途。蔣經國總攬臺灣人事佈局後，冰凍盛世才合乎因果關係。

投靠國民黨後，盛世才所犯的另一大失誤，就是得罪了羅家倫。羅家倫與陳布雷都是蔣介石幾番禮遇而延攬於身邊的高級幕僚，與蔣介石有著特殊關係。「羅家倫當時是監察使，但大哥不把他放在眼裡，時常冷落他，很多事不與他直接商量。」[2]羅家倫曾任過蔣介石的秘書，留學歐美，知識淵博，是蔣介石最信賴的幕僚，冷落他，給他難堪，組織上不講規矩，目無中央，人際上為自己樹敵，自斷後路。

為什麼羅家倫一直受到蔣介石的重用？在蔣介石任校長、羅家倫任教育長的中央政校的門口，樹立兩塊招牌：「要做官的莫進來，想發財的請出去！」這兩句話，不但是羅家倫的座右銘，亦深深地打動了很多有理想、有志氣的愛國青年。臺灣前行政院長李煥在回憶錄中就說，他當年看到之後「精神一振」，並終身引為座右銘，便是典型例證。

羅家倫曾在《新人生觀》一書中寫過這樣一段話：「政治本來是求公道的，是發揚真、善、美的，是使人性變得更加高尚的，然而，近來的政治，卻成為勾心鬥角，傾軋排擠、不擇手段，互相吞食的假的、惡的、醜的黑暗場合。」羅家倫理想中的公道政治，與盛世才施行的私欲政治，是一對無法咬合的齒輪。

公道自在人心不是一句空話。事實證明，國民黨的政治風氣姓公時，即使在艱難困苦中也能取得勝利；如果姓私時，官員貪汙腐化，中飽私囊，就會失去民心，慘遭失敗。

1　《在蔣介石身邊八年—侍從室高級幕僚唐縱日記》，群眾出版社，一九九一年八月，第五一一頁。

2　盛世驥《蔣介石的封疆大吏——我家大哥盛世才》第一八九頁。

在盛世才過世四年多後，即一九七五年四月五日夜十一時五十分，蔣介石病逝於臺北士林官邸。是年，蔣經國在他寫下的日記中提到盛世才：

父親經常告訴我，要誠懇待人，要一生把「誠」字看得最重，當作立身處世的根本和秘訣，永遠保持；縱使別人有錯誤，或對自己不起的地方，我也不必管他，還是要盡到自己的畦心。父親說過：「能公必能『誠』。」

又說：「求得人生最完滿的境界，我的所作所為，皆要本乎『至誠』。」譬如：過去新疆督辦盛世才，很多人都反對他。抗戰期間，他到重慶出席六全大會，許多人更要求中央懲辦他，還有人向政府請願。父親答覆他們說：「盛世才今天來重慶，是我要他來的，他的一切都由我負責。」散會之後，又有許鄉人對我說：「盛世才這樣的人，為什麼還要替他負責？」我當時也很懷疑，但心裡總想一定有其他的理由。後來，到了民國三十四年，要處理雲南問題時，父親叫龍雲到重慶。他當時打電報給中央，須父親保證他的安全，他才肯來重慶。經過父親的剴切曉諭，龍雲來了，雲南的問題乃得到了解決。這時我才想到：當時盛世才來到重慶，如果我的父親不保障他的安全，現在龍雲還敢來嗎？這正是「誠之所至，金石為開」了。……可見「誠」之一字，不但可為立身處世的張本，同時也是事業成功的秘訣。[1]

關於「誠」字，乃蔣介石一貫之主張。早在一九三六年，蔣介石在中央政治學校對學生們就講過類似的道理：

我們要立志做一番大事業，如果沒有一個「法寶」在手裡，心中便沒有把握。遇事沒有主意。如此不僅不能治國，連到自己一身一家也治不了。所以我們在學校裡求學，如果不懂做人和做事的基本方法，沒有一個安心立命之學來做根據，無論各門科學和技能，學得怎麼好，都沒有用，到最後都不能成功。[2]蔣介石所說的「法

1 《蔣經國日記》（一九二五—一九四九），中國文史出版社。
2 師永剛、張凡編著《蔣介石》（一八八七—一九七五），華文出版社，二〇一一年八月，第〇一四頁。

寶」，就是誠字。

人生在世，往往誠字定命運。蔣介石因為有誠，故能取得眾人之信，這是他三次下野又三次出山的重要因素，即使退敗海外，亦能收拾殘兵敗將，整治一盤散沙的國民黨，重拾人心，頑強地屹立不倒。盛世才以詭代「誠」，以疑代信，雖然保住小家、小命，卻失去了眾信，並為此付出了後半生的代價。

關於誠的內涵，蔣介石早在一九三六年三月三日在南京陸軍大學就論述過：

> 我們陸大將官班的同志，將來都是要操千萬人生命之權，司國家民族存亡之機者，決不僅以具有勇力技能為滿足，必須澈底明瞭做人處事的大道，更要以「誠」貫穿始終——「至誠無息」，來教化部下士兵和民眾，古人所謂「精誠所至，金石為開」，只要你誠之所至，不僅能以感格人心而且能動天地泣鬼神。現在要問如何做到「誠」字？其功夫如何著手？那就要分二方面來說：其（一）為內心修養的誠意功夫，此即大學所謂「誠其意者，毋自欺也」。其（二）為行為修養的修身功夫，此即要從中庸所指「澹、簡、溫、微」的暗然日章中做起。

一九五九年、一九六二年、一九六三年，蔣介石又先後訂正，可見其貫穿始終的功夫。

蔣介石自選的人生箴言有：靜敬澹一。修己以嚴，待人以誠，處事以公，學道以專，應戰以一。[1]古人云：誠為本，術為末；誠則人多自附，術則物終不親。其中之理，盛世才晚年當有刻骨銘心的體會。

蔣氏誄辭：志業孔彰

吳忠信後任新疆省主席，卻走在盛世才前面。一九五九年十二月十六日下午二時二十分，因肝臟硬化症併

1 師永剛、張凡編著《蔣介石》（一八八七—一九七五）（下），華文出版社，二〇一一年八月，第二五二—二五三頁。

發，吳忠信不治逝世。彌留之際，是日十二時二十分，蔣介石聞訊親臨榮民總醫院探視。[1]蔣經國親任治喪委員會總幹事。

吳忠信生前留下遺言：「余先後追隨總理孫先生，總裁蔣先生，致力革命，五十餘年來服務黨國，無多建樹，良深愧怍；惟一本忠誠，始終無間，差堪自慰。」

蔣介石頒發總統褒獎令：「總統府資政吳忠信，賦性剛正，器識閎通，學裕韜衿，才長幹濟……嗣任蒙藏委員會委員長及新疆省政府主席，安定邊圉，勞徠遠人，厥功尤偉。」[2]對於這位三十七年前結拜為金蘭兄弟的兄弟，蔣介石頒題匾額：勳望永昭；並親至靈堂，敬獻花圈。

副總統陳誠撰寫長聯哀悼：平生以志節忠亮自存磊落高風彌一世；至死為邦國艱難為念精誠遺語足千秋。

國民黨元老于右任不甘人後：青史記前謨羽翼中興協元首；白頭傷老友艱難來軫失先驅。

羅家倫、朱紹良分別題寫挽幛：功昭青史；天不憖遺。

盛世才不在治喪委員會列，但敬送了花圈。[3]

與吳忠信繼續游走於上書房，參與國民黨改造相比，盛世才退居到臺灣後，門可羅雀。「名義上雖任國防部上將參議，行政院光復大陸設計委員會委員，沒有實權，只是一個平民百姓。為了生計，他做起生意來，種香菇、養魚、在成都路開『起士林麵包店』，由於大哥大嫂都不會經營生意，生意後來一一結束。」[4]

經商不成，盛世才乾脆深居簡出，息影在家撰寫文章。

盛世驥說，大哥對臺灣當局從不說三道四。但盛世才會寫一些投蔣所好的文章，譬如，談如何光復大陸，書中不忘吹捧蔣介石、宋美齡。

在《民生世紀的來臨》一書中，盛世才稱蔣介石的思想「是天才的發展了總理本體論的哲學理論，又天才的

1 《吳禮卿先生紀念集》第七頁藏於臺灣東吳大學圖書館。
2 同一注第十一頁。
3 《吳禮卿先生紀念集》第一四九頁，藏於臺灣東吳大學圖書館。
4 盛世驥《蔣介石的封疆大吏——我家大哥盛世才》口述歷史，第二〇五頁。

發展了民生主義理論。所以總裁是在孫文哲學美麗花園裡邊，繼續開放出來的人類智慧的美麗花朵。」[1]

在另一篇文章的卷頭，盛世才發出特別聲明：「此文係為慶祝總統八秩華誕的禮物。因為加快光復大陸，總統是特別希望殷切的，因此以《如何順利達成光復大陸的使命》一文，慶祝總統八秩華誕！」[2]

在文中，盛世才建議：「這位女政治家的蔣夫人，假如能夠充當商談特使的話，則一定能夠以進步的理論，和正確的觀念，說服美國人而獲得商談成功。」[3]殊不知，一九六七年，宋美齡已是七十歲的老媼了，她能像出水芙蓉時再續光焰嗎？只有天知道。

盛世才吹捧蔣介石，蔣氏亦有回贈。來臺之後，盛世才分別獲得二等及一等雲麾勳章暨陸海空軍獎章。雲麾勳章，是政府專門頒給對國家建有勳績，或震懾內亂、立有功績的陸海空軍軍官的勳章。陸海空軍獎章，分甲、乙、丙種，每種均分一等二等，由最高軍事機關諮行政院轉呈國民政府核准頒發。[4]

不可否認，盛世才虛職高掛，不再重用，是其為「誠」字付出了的代價。沒有朋友的人，只有敵人，最大的敵人是自己。儘管盛世才常搖動筆桿子，在報刊上為自己的「清白」、「功勞」辯解，年復一日，不得安寧。

一九七〇年七月十三日，盛世才因腦溢血死於臺灣榮軍總醫院。蔣介石送去一幅匾額——志業孔彰。

志者，立志也；業者，事業也；彰者，彰顯也；孔者何意？一九三四年，羅家倫在《玉門出塞歌》中寫到：當年是匈奴右臂，將來更是歐亞孔道。經營趁早！經營趁早！莫讓碧眼兒射西域盤雕！這就是說，新疆別稱是歐亞孔道。

盛世才作為歐亞孔道的經營者之一，在強敵環伺之下，沒有失去新疆，可算平生大功一件。一九四四年八月二十六日，蔣介石親筆致信盛世才稱：「吾弟十年艱苦，為國家保持邊疆完整無闕，苦心毅力，實難言喻。民國以來封疆功績未有如吾弟之盛也。」[5]

---

1 盛世才《共產主義和資本主義時代的過去民生世紀的來臨》，帕米爾書店，民國五十八年六月，第一〇三頁。

2 盛世才：《如何順利達成光復大陸的使命》，臺北《政治評論》雜誌，民國五十六年四月。

3 同二注同頁。

4 蔡錦松《盛世才在新疆》，第三五三頁。

5 盛世驥《蔣介石的封疆大吏——我家大哥盛世才》口述歷史，第一九六—一九七頁。

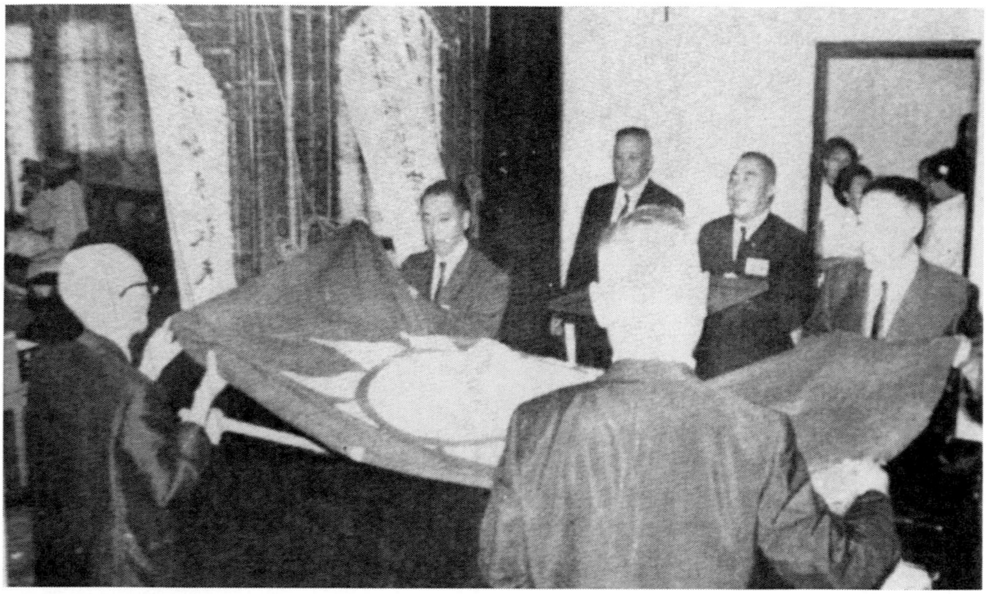

郭寄嶠等為盛世才覆旗

保障新疆安全，是一代代中國人的神聖使命，也是下一代判定上一代功過的主要標準。建設新疆，亦是一代代人的接力，但總前提是新疆是中國的新疆，而不是他國的領地。盛世才向蔣介石上交了及格的答卷，蔣介石向國民交上了及格的答卷，作為歷史人物，這就了不起了，就盡責了，我們後人不能脫離時空條件，苛責前人，而應升起感恩敬畏之心。

政治家的葬禮規格，在一定程度上體現著政治地位和影響力。比照吳忠信與盛世才的葬禮，蔣介石的言行是一個觀察點。

蔣介石為吳忠信頒題匾額：勳望永昭；評價顯然高於盛匾：志業孔彰。蔣評價吳忠信「安定邊圉，勞徠遠人，厥功尤偉」，不吝懿辭，對盛氏評價則惜字如金。對吳忠信葬禮「並親至靈堂，敬獻花圈」，對盛氏則不見其影。

盛世才喪禮比之吳忠信，為何天壤之別？吳忠信總結一生處世原則，不過忠信二字矣。而盛世才治疆要訣，可以詭叛二字概括。盛氏治疆十二年，炮製冤獄無數，鬧得怨聲載道，人稱魔王，群口伐惡。吳忠信赴疆不過二載，撥亂返正，清理牢獄，人稱恕老，眾口言善。生是死之因，死是生之果。善有善報，惡有惡報，古今法則。

蔣介石為什麼沒有出席盛世才的葬禮？這涉及到當

時臺灣的最高機密。

一九六九年七月，蔣介石在陽明山仰德大道上出現一次車禍（蔣車猛然撞擊前導車尾部）。在撞擊一剎那，蔣手持拐杖，無絲毫準備，瞬間像彈出的皮球，身體直衝駕駛座後側的玻璃隔板，嘴巴、胸部和下體受到猛烈撞擊！一九七〇年春天，長住醫院的蔣介石傷心不已地對副總統嚴家淦說：永福車禍，減我陽壽二十年。自一九七一年初夏起，蔣介石昏迷達六個月之久。[1]

蔣之缺席盛氏葬禮，許是天意。

盛世才治喪委員會推舉郭寄嶠做主弔，為其遺體覆蓋「國旗」。至少出於兩個原因：一是他們同出於東北軍名將郭松齡麾下，均從排長做起，一直做到封疆大吏，陸軍上將；二是郭寄嶠時任蒙藏委員會委員長，乃工作禮儀的需要。理是這個理，但其中的妙門，玄之又玄，智者自明。

一九四九年國民黨敗退臺灣後，軍隊系統進行大改組，新生代軍人脫穎而出。與盛世才在臺灣被冷凍相反，郭寄嶠則熱絡起來。

一九五〇年蔣經國出任國防部總政治部上將主任。一九五一年二月二十日蔣介石下令：「一、行政院政務委員、國防部長俞大維呈請辭職，准予辭職；二、特任郭寄嶠為國防部長並為行政院政務委員。」[2]郭寄嶠接替俞大維出任國防部上將部長後，與蔣經國共事多年。

一九五二年，郭寄嶠在國民黨「七大」上當選為中央委員。一九六三年，國民黨「九大」後為中央評議委員。同年十二月任行政院蒙藏委員會委員長。[3]

盛、郭二人同出於東北軍名將郭松齡麾下，為什麼青年時起點相同，中晚年景卻冷熱反差極大？妙門只能從盛世才身上找。

歷史不是沒有給盛世才機會，而是盛世才將自己送上了懸崖絕壁。想當年，盛督辦權傾西域，說一不二，風頭一時無兩。而郭寄嶠參謀長埋沒在萬軍從中，功名全在司令長官。但正因為郭寄嶠的專業、低調、踏實、誠

1 陳紅民《蔣介石的後半生》，第五〇七－五〇八頁。
2 陳紅民《蔣介石後半生》，浙江大學出版社，二〇一〇年三月，第三四頁。
3 《民國檔案》二〇〇二年第三期，第六四－六六頁。

信，受到了蔣氏父子的信賴。反觀盛世才，當年在西域專橫跋扈，為所欲為，首鼠兩端，公然逮捕黨國大員，向中央叫板，此背信棄義之舉，不禁在國民黨內失盡人心，亦令蔣氏父子膽戰心寒。盛、郭結局正應了中國的一句古話：揚善者積福，作孽者招禍。

此時，身在臺北的宋念慈評論說：「依盛世才在新十年濫殺無辜，侵奪人民財產的罪行來看，他死後還獲榮典，真是有些令人有啼笑皆非之感。」[1]人生本是一齣戲，政治更是梨園世家，男扮女裝、假戲真做，其中真真假假，誰又分得清、說得清呢！

常言道：官不過二代，富不過三代，惟有詩書傳家，可保家族永昌。詩書傳家，關鍵在立德，按修齊治平人生次第一步步前行。郭寄嶠做過臺灣的國防部長，其姪女婿郝柏村亦先後出任臺灣的國防部長、行政院長等職，其侄外孫郝龍斌擔任國民黨副主席、臺北市市長。一個家族在五十年內出了兩位國防部長，一位臺北市長，在臺灣傳為佳話。

再觀盛家後人，「我反對子女涉入政壇，大哥的子女也沒有一個從政的，現在他們都在美國，過著平靜的生活。」[2]話說回來了，父輩惡名遠揚，眾叛親離，早把下一代從政之路堵死了。所謂官不過二代矣。

盛世才長女克勤、幼子克新、幼女克文皆旅居美國。盛世才死後，邱毓芳赴美生活，於一九八六年逝於紐約，並下葬於此。[3]

盛世才遺體葬於臺北陽明山第一公墓十二區。遺囑不詳。

一九九八年，郭寄嶠以九十六歲高齡在臺灣病故，比盛世才整整多活近二十年。

---

1 張大軍主編《盛世才上史達林報告書（一九四〇）》，中亞出版社，民國八十六年，第十一頁。

2 盛世驥《蔣介石的封疆大吏——我家大哥盛世才》口述歷史，第二〇八頁。

3 蔡錦松《盛世才外傳》，第三五五頁。

尾聲

天涯孤客

盛世才逝世四十四年之際，即二〇一四年五月二十六日下午，筆者在表哥穆繼承帶領下，驅車赴臺北陽明山尋找盛氏墓地。幾經輾轉，終於在一個熱心的何姓中年男子的指引下，找到盛氏墓地。墓地坐東向西，遠眺淡水河。墓碑前雖沒有鮮花、香爐，倒也清潔整齊。何先生說，二〇一三年夏秋間，盛世才的大女兒從美國歸臺，安排修葺其父的墓園。

盛氏的棺槨由黑白相間的大理石鑲嵌，暗合了他有功有過、時白時黑的一生。金無赤足，人無完人，況盛世才乎。

筆者還在臺灣國家圖書館發現了未公開出版的《盛世才紀念文集》。從該文集中集納的挽幛、挽聯、唁電、照片中，四十四前盛世才的葬禮似乎歷歷在目。

孫科所題挽幛「功昭西陲」，還有寫「大漠英風」、「嵐在邊塞」、「功在西陲」、「保全金甌」、「邊陲柱石」……，肯定盛世才戍邊勳業。

隨國民黨遷臺的堯樂博士，亦寫了「哲人其萎」的挽幛，相同內容的挽幛達十一人之多。就盛世才出生的地域和家庭來說，他在中國政壇崛起，本身就是一段「草澤英雄」傳奇。傳統中國是一個講家鄉觀念、講出身貴賤的社會。盛世才衝破南人掌控的政治圈，在無絲毫家庭背景支持下，一飛沖天，這種反常規的特例，招致社會各階層的不同非議，純屬正常。也許，在某些人眼中，盛世才是集軍事家、政治家為一體的哲人，他喜歡研究主義，關注人類社會演進方向，兼有宏大的國際視野，對事物發展有超前的判斷，而且十有八九正確，且能從史達林鐵幕前死裡逃生，全身而退，讓熟悉他的人，不得不從心底佩服。但亦有例外，曾痛批他草菅人命的王德溥所送的挽幛為「人天永隔」，有情而無義。

國民黨元老陳立夫為盛世才撰寫了挽聯：

戎幕憶當年慷慨談兵壯心耿耿人難識
邊疆抒長策經營撫治往事悠悠恨難平

國民黨軍隊的常青樹郭寄嶠亦送了挽聯：

三略夙深研揚曆外中躋身通顯
大庭仗謀議雍容老壽殆世全歸

盛世才之妻邱毓芳擬四十八字長聯哭悼夫君：[1]

哭夫君昔日獨任艱難為國精忠為家茹苦溘然長逝成切痛
攜哀子而兮單撐劬育效夫節縮效父功業從此繼啟振家聲

盛世才之子、媳，之女、婿，均撰寫了挽聯，各訴哀婉。此乃教育之花矣。

出席盛世才葬禮者，約四五百人，說不上隆重，也不算顯赫，但並不冷清、草率、寒磣，所有哀儀程序一一走過，所有祭禮樣樣不缺。但從寫挽額、挽聯之人的現狀身分分析，再次映證了盛世才來臺後的邊緣化。

若將盛世才與朱紹良的葬禮做一比較，其規格、規模則相去甚遠。

朱紹良逝世時，蔣介石除批示追贈一級陸軍上將外，「素知朱先生清廉，一再垂詢喪葬費用，並在總統府

1 《盛世才先生紀念集》，臺灣國家圖書館藏。

主管單位依例請發一萬元的簽呈上，親批加發一萬元。朱夫人逝世後，又諭亦增發二萬元。這都是元老重臣的殊榮。」蔣「曾不止一次的對何敬之先生歎說：『自少年迄今，同患難的戰友，又少一個了。』」感傷之深可見。[1]

「一九六三年十二月三十日上午八時起設奠，總統題頒『勳勞永念』挽額，並於九時三十分親臨靈堂悼念，慰問遺族。陳副總統，五院院長，軍政首長及先生生前友好二千餘人前往悼祭。」[2]

真可謂：得道多贊，失道多箭；桃李不言，下自成蹊，奸雄墓前，賢民止步。

盛世才一生，若按《易經》乾卦解析，可分六爻四段：

一八九三—一九一八：潛龍勿用

一八九三年出生在東北開源縣盛家屯。

雖生於農家，卻自聰敏好學，漸立大志。

二十歲即到上海就讀中國公學。

二十三歲到日本留學政治經濟學。

一九一九—一九三一：見龍在田

君子終日乾乾，夕惕若，厲無咎（第三爻）。

二十五歲投筆從戎考入雲南講武學堂韶關分校。

三十一歲再赴日本就讀陸軍大學。

---

1 《朱紹良先生年譜》，陸軍印刷廠，一九六四年十二月，第一四二頁。

2 同上第五四頁。

三十二歲反張作霖兵敗，失去學費，後得蔣介石資助。或躍在淵，無咎（第四爻）。
三十四歲參加北伐戰爭。
三十七歲孤身一人遠赴新疆。

一九三三—一九四四：飛龍在天

四十一歲出任新疆邊防督辦。
四十三歲授陸軍上將軍銜。
四十七歲兼任新疆省主席。

一九四五—一九七〇：亢龍有悔

五十一歲離開新疆赴重慶任農林部長。
五十五歲渡海赴臺，成為虛職高掛的「平民」二十餘年著書辯解不輟。
七十七歲客死臺灣，孤身葬于陽明山。

一個人，無論其卑微還是高貴，渺小還是顯赫，早夭還是長壽，肉體終將殊途同歸：一杯黃土，一縷青煙。然而，人類社會是不斷走向文明的，因此就有了善惡，有了是非，有了道德標準。蓋棺定論，道德審判，由此而來，尤其對那些影響歷史的大人物們，更是毫不留情。

對於盛世才的審判，自他離開新疆那時起就開始了，一代代人，口誅筆伐，各抒己見。來自四面八方的審判，弄得盛世才焦頭爛額，他的後半生，幾乎是在為自己辯誣中度過的。然而，有一個人至死庇護他，就是那個他曾經感恩又怨恨過，言殺又頌揚過，投靠又背叛過，最後將身家性命託付的蔣介石。蔣介石的不變，與盛世才的嬗變，說明了什麼？

知其兄者，莫過於其弟。「孤客」一詞出自盛世才五弟盛世驥之口，似乎最能概括盛世才的性格、舉止和境遇。於是就有了以下十問：

出生貧寒農家，賣地四處求學，不是貴族，卻與農民格格不入，孤否？

投筆從戎，身經百戰，險象環生，孤否？

兩次留學日本，卻堅決抗日，孤否？

非國民黨，非共產黨，是聯共黨員又不執行聯共決定，孤否？

得罪史達林，遭克伯格追殺，得罪毛澤東，日夜擔心被追殺索命，孤否？

盛世才失敗在不信任任何人，最後連一個親信都沒有，因為中央派去的人，他既不放心，身邊的老部下也不信任，充其量也只有相信他自己的太太一人而已。[1]孤否？

來臺後，一個胸懷大志的人卻無實權，一個擅長政治的人偏要經營生意，孤否？

盛世才深居簡出，家中很少訪客，每日只是寫書度日。孤否？

一個留學日本，曾嚮往蘇俄，最後羨慕美國（子孫多移居美國），孤否？

一個曾信仰馬列主義和共產主義，在新疆推行六大政策，最終自我否定。從輕視孫中山到信奉三民主義；從徹底的唯物主義無神論者，到晚年信奉天主教，時常做禮拜，孤否？

總攬盛世才一生，盛自命不凡，自譽為新疆人民的偉大領袖，新疆已建成中國模範省，其共產主義光輝映耀亞洲。盛看不上楊增新，痛罵蔣介石，怨恨史達林，攻擊毛澤東，但從未見他貶低一個千夫所指的獨夫——袁世凱。

盛世才的同學知交趙鐵鳴曾說，盛世才「最崇拜袁世凱的為人，所以他們兄弟都以「世」字排行，子侄均以「克」字排行」。盛世才若以袁世凱為楷模，其人生悲劇便由此註定。

且看著名教育家黃炎培如何審判袁世凱。民國五年六月六日（一九一六年），黃炎培作《吾教育界袁世凱

---

1 《成敗之鑒——陳立夫回憶錄》。

觀》一文，曾轟動一時。文曰：

袁死，余嘗撰一文，分表於當時各日報。其文如下：

今日得耗，袁氏已也。彼一生之所為，在政治上自有所判定之者。余不善談政治，此筆此口，願以讓諸當世政治家。余以抽象的觀察，於其間獲得左若干大教訓焉。願與吾全國人共試讀之。

一、道德不滅。

二、不道德之勢力必滅。

三、凡違反大多數人心理之行為，必敗。

四、其知識不與地位稱，必敗。

五、欲取大巧，適成大拙。

六、欲屈天下人奉一人，必至盡天下敵一人。

七、以詐偽盡掩天下人之耳目，終必暴露。以強力禁遏天下人之行動，終必橫決。

八、以不正當之方法，誘致人於惡，而不悟人即以其道誘致人於惡，以底於敗且死。

九、盡其力以破裂道德，其結果反資證明道德之不可得而滅。

自人類文明史以來，力與德的較量從無休止符。大明王朝開國元勳劉基曾發三論，一曰：大德勝小德，小德勝無德；大德勝大力，小德敵大力，力生敵，德生力；力生於德，天下無敵。二曰：故力者勝，一時者也，德愈久而愈勝者也。三曰：夫乃非無力也，人各力其力也，惟大德為能得眾力。是故德無窮，而力可困。[1]

時隔二十年，即民國二十五年一月二十三日舊除夕（一九三六年），黃炎培再將上文作序，輯入白燕所著《袁世凱與中華民國》一書中：「願以此六月六日為道德紀念日，各詔其青年，勿忘勿忽此民國開基之大教訓。」

1 劉基《鬱離子・德勝篇》，《人民政協報》二〇一四年三月，第三七版。

時光又逝八十餘載，再借此文蓋棺盛世才未定的人生，謹供後世鑒。

二〇一四年二月十九日第一稿
二〇一四年四月十八日第二稿
二〇一四年七月八日第三稿
二〇一九年元月十二日修訂稿

參考書目

1.有關蔣介石的書

《總統蔣公思想言論總滙總目錄》卷十九，國民黨中央黨史委員會，民國七十三年十月。
《總統蔣公思想言論總集》，卷三十七，別錄。
《蔣總統秘錄》第十三集，一九七七年九月，中央日報社出版。
《蔣中正總統檔案事略稿本》，臺灣國史館，二〇一一年十二月。
蔣介石《蘇俄在中國》，臺灣中央文物供應社出版一九五六年十二月。
《蔣介石家書・日記文墨選錄》，團結出版社，二〇一〇年一月。
安淑萍、王長生《蔣介石悼文誄辭密文件》團結出版社，二〇一〇年十二月。
〔美〕布萊恩・克洛澤《蔣介石》全譯本，內蒙古人民出版社，一九九五年七月。
曾振《蔣介石總統在中國大陸成敗紀實》，一九九三年五月，臺灣。
李慶、根志優《蔣介石初上臺灣島》（一九四九－一九五三）山西人民出版社。
張憲文、方慶秋著《蔣介石全傳》（上下），人民出版社。
李輝著《封面中國》美國《時代》週刊講述的故事（一九四六－一九五二）長江文藝出版社。
黃仁宇《從大歷史的角度讀蔣介石日記》，臺北，時報文化出版企業有限公司，一九九四。

汪朝光主編《蔣介石的人際網路關係》，社科文獻出版社，二〇一一年六月。
汪朝光《蔣介石「最高領袖地位是如何確立的」》，社會科學文獻出版社，二〇〇九年。
陳紅民《蔣介石的後半生》，浙江大學出版社，二〇一〇年三月。
郝柏村《郝柏村解讀蔣公日記》（一九四五－一九四九）。
郝柏村《郝柏村解讀蔣公日記》（一九三七－一九四五）（上下）遠見天下出版有限公司，二〇一三年六月。
師永剛、張凡編著《蔣介石》（一八八七－一九七五），華文出版社，二〇一一年八月。
〔美〕陶涵《蔣介石與現代中國》，中信出版社，二〇一二年。
呂方上《蔣中正日記與民國史研究》，《民國史事與檔案》，政大出版社，二〇一〇年。
《宋美齡回憶錄》東方出版社，二〇一〇年十一。
楊樹標、楊菁《百年宋美齡》，人民出版社，二〇一〇年十月。
〔美〕漢娜・帕庫拉《宋美齡傳》，東方出版社，二〇一二年一月。
師永剛、林博文《宋美齡畫傳》，作家出版社，二〇〇三年十月。
高慧敏編著《中國第一夫人——蔣夫人的政論文采》。
竇應泰《宋美齡身後重大事件揭秘》，團結出版社，二〇〇八年五月。
胡彥雲《往事回眸——二〇世紀新疆圖片紀實之一》。
《宋美齡的貼身兩隨從》：《文史精萃》〔四〕，河北人民出版社。
何樹林《宋美齡銜命度天山》，新疆人民出版社，一九八六年。
江南著《蔣經國傳》，中國友誼出版公司，一九八四年。
《蔣總統經國先生追思錄》，黎明文化公司，一九八八年。
《蔣經國回憶錄》，東方出版社，二〇〇九年。
《蔣經國日記》（一九二五－一九四九），中國文史出版社。
楊者聖《隨同蔣經國的西北之行》，上海人民出版社，二〇〇七年八月。
朱重聖編《永續經國——已故總統經國先生百年誕辰紀念特展圖錄》，臺灣國史館，二〇一〇年七月。

2. 有關盛世才的書

盛世才《牧邊瑣憶》，《五十年政海風雲》，春秋雜誌社，一九六七年四月。
盛世才《回憶錄》（臺灣版）。
盛世才《共產主義和資本主義時代的過去民生世紀的來臨》，帕米爾書店，民國五十八年。
盛世才《如何順利達成光復大陸的使命》，臺北《政治評論》雜誌，民國五十六年四月。
杜重遠《盛世才與新疆》。
張大軍《新疆風暴七十年》第六－十冊，蘭溪出版社。
中國邊政協會《盛世才怎樣統治新疆》，民國四十三年七月。
盛世驥《蔣介石的封疆大吏－我家大哥盛世才》，萬卷樓圖書有限公司，二〇〇〇年八月。
蔡錦松《盛世才在新疆》，河南人民出版社。
蔡錦松《盛世才外傳》，中央黨史出版社，二〇〇五年一月。
《盛世才禍新記》之二。
張大軍主編《盛世才上史達林報告書（一九四〇）》，中亞出版社，民國八十六年
《盛世才先生紀念文集》。

3. 其他有關書籍

周雨編《大公報憶舊》，中國文史出版社。
李滿星《張季鸞與民國社會》，百花文藝出版社，二〇一一年五月。
陳紀瀅：《一代論宗哀榮余墨》；臺灣《傳記文學》，二一卷第三期，第十二頁。
王金海文、葉雄圖《畫說老上海》，華藝出版社，二〇一〇年七月。

徐徹、徐悅《張作霖》，中國文史出版社，二〇一二年一月。
張繼學《張作霖幕府與幕僚》，浙江文藝出版社，二〇一一年一月。
吳相湘：《孟祿博士與張作霖、閻錫山的談話》，臺灣《傳記文學》，第三四卷，第二期。
《日本國志敘》《日本國志》。
錢仲聯《黃公度先生年譜》。
《人境廬詩詞箋注》（下冊）。
《黃遵憲研究新論》，社會科學文獻出版社。
彭昭賢《政海沉浮話當年》，《五十年政海風雲》。
趙廷《趙劍鋒新疆見聞錄》，江蘇人民出版社，二〇一三年六月。
《思考與回憶——俾斯麥回憶錄》第三卷，楊德友等譯，三聯書店，二〇〇六。
《錢昌照回憶錄》，中國文史出版社，一九九八年。
A·D·W·福布斯：《新疆軍閥與穆斯林：民國新疆政治史》。
崔保新《新疆一九一二》，社會科學文獻出版社，二〇一二年十一月。
黃紹弘著《五十回憶》上冊，風雲出版社印行。
楊鐮主編（西域探險考察大繫·吳藹宸著《邊城蒙難記》新疆人民出版社。
宋希濂《鷹犬將軍—宋希濂自述》，中國文史出版社。
文思主編《我所知道的盛世才》，中國文史出版社，二〇〇三年一月。
《民國時期的新疆學術研討會論文集》，二〇一三年九月。
王正儒《馬福祥》，人民出版社，二〇一二年七月。
〔瑞典〕斯文·赫定《馬仲英逃亡記》，寧夏人民出版社，一九八七年二月。
王海晨、胡玉海《張學良全傳》，人民出版社，二〇一一年三月。
李根源著《雪生年錄》，文海出版社。
李根源著《曲石詩錄》，一版，卷二，二頁，重慶鉛印，一九四〇。

楊增新《補過齋文牘》。
謝本書、李成森《民國元老－李根源傳》，雲南教育出版社，一九九九年九月。
李根源《曲石文錄》民國二十一年。
許涅《黃炎培年譜》，一版，文史資料出版社第十九輯。
《鷹犬將軍－宋希濂自述》中國文史出版社，一九八六年七月。
胥惠民編著《現代西域詩鈔》新疆人民出版社，一九九一年八月。
楊奎松《民國人物過眼錄》，廣東人民出版社，二〇〇九年一月。
宋念慈《我所知道的盛世才》。
李揚帆《國恨——民國外交二十人》，東方出版社。
《新疆文史集》，新疆社會科學院歷史研究所內部資料二〇〇七年十月。
周開慶《民國上將朱紹良年譜》（羅家倫序）民國七十年十月，臺灣商務印書館。
《歷史偉人左宗棠》，珠江文藝出版社，二〇一二年十一月。
丁劍《吳忠信傳》，人民出版社，二〇〇九年十二月。
《翁文灝日記》，中華書局，二〇一〇年一月。
《金紹先文史政論叢稿－海峽情思》，團結出版社，一九九三年七月。
《成敗之鑒——陳立夫回憶錄》，正中書局。
《梁寒操先生文集》中國國民黨黨史委員會，一九八三年六月。
吳忠信：《主新日記》中國第二歷史檔案館編：《中華民國史檔案資料彙編》第五輯。
《民國人物與民國政治》，山田辰雄：一九二三年蔣介石訪問蘇聯，社會科學文獻出版社，二〇〇九年九月。
馮友蘭：《五四前的北大和五四後的清華》，安徽人民出版社，二〇〇〇年版。
《羅家倫先生百年誕辰口述歷史座談會紀實》，臺北《近代中國》一一六期。
劉敬坤《中央大學遷川記》，《抗戰時期內遷西南的高等院校》，貴州人民出版社，一九八八年。
葉兆言《學府尋夢》，張宏生、丁帆主編《走進南大》，四川人民出版社，二〇〇〇年。

張曉京《羅家倫評傳》，人民出版社，二〇〇八年三月。
黃建華《國民黨政府的新疆政策研究》，民族出版社，二〇〇三年四月。
劉維開編著：《羅家倫先生年譜》，中國國民黨黨史委員會《近代中國》一九九六年印行。
〔俄〕安・沃爾科戈諾夫／著、張慕良等／譯《史達林——勝利與悲劇》，世界知識出版社，二〇〇三年八月。
《史達林文集》中文版。
艾倫・S惠廷：《蘇聯在新疆的戰略（一九三三－一九四九）》抄稿。
《蘇俄對新疆的經濟侵略》，民國三十九年。
沈志華編譯《俄國解密檔案：新疆問題》，新疆人民出版社，二〇一三年一月。
楊奎松：論張學良與西安事變之解決，《民國人物過眼錄》，廣東人民出版社，二〇〇九年一月。
王德溥《宦海遊蹤》，臺灣中華書局，民國六十五年六月。
《在蔣介石身邊八年－侍從室高級幕僚唐縱日記》群眾出版社，一九九一年八月。
趙榮聲《回憶衛立煌先生》，文史資料出版社，一九八五年一月，第一六一頁。
羅家倫《新疆最新情況報告》，《羅家倫文存》第二冊。
周昆田《民國吳禮卿先生忠信年譜》，臺灣商務印書館，一九八八年七月。
《吳禮卿先生紀念集》。
刁抱石《民國吳禮卿先生年譜》，臺灣商務印書館，一九八八。
臺灣中研院歷史研究所口述歷史叢書〇二，林繼庸先生訪問記錄，（一九八三）初版。
臺灣國史館現藏《民國人物傳記史料彙編》第十一輯，第一六二頁。
《民國人物小傳》叢書。
《中華民國史事紀要》，中華民國七十一年，中央文物供應社。
張憲文主編《中華民國史》，南京大學出版社。
朱漢國、楊群主編《中華民國史》，四川人民出版社，二〇〇六年一月。
李新主編《中華民國史》，中華書局。

周東郊《新疆十年》。
劉效黎《邊政十年剖視》。
《新疆簡史》第三冊，新疆人民出版社，一九八〇年八月。
陳慧生、陳超《新疆民國史》，新疆人民出版社，二〇〇七年十月。
朱培民《新疆革命史》（一九三三－一九五七），新疆人民出版社，一九九三年十月。
《中華民國史檔案資料彙編》第五輯第二編，《政治》。
新疆檔案館編《中瑞西北科學考察檔案史料》，新疆美術攝影出版社，二〇〇六年一月。
郭寄嶠《民國以來中央對蒙藏的施政》，蒙藏委員會，一九七一年。
郭寄嶠《敉平新疆東土耳其斯坦經過紀實》，國防部編譯局，一九八二年。
林泉《郭寄嶠先生訪問記錄》，一九九三年。
高素蘭《盛世才與國民政府關係之研究》，臺北論文，一九九四年。
廣祿《廣祿回憶錄》，傳記文學，一九七〇年。
廣祿《新疆研究》，中國邊疆歷史語言研究會叢書之二。
堯樂博士《回憶錄》，傳記文學，一九六九年。
《朱紹良先生年譜》，陸軍印刷廠，一九六四年。
《梁寒操先生紀念文集》（一九七三年）。
梁寒操主編《新疆研究》，中國邊疆歷史語言研究會，一九六四年。
梁黎劍虹《梁寒操與我》，黎明文化出版社，一九八〇年。
《林繼庸先生訪問記錄》，（一九八三年）。
陳紀瀅《新疆鳥瞰》，臺灣商務印書館，一九六九年。
周開慶《西北剪影》，臺灣商務印書館，一九六八年。
張大軍編著《新疆史》，蒙藏委員會，一九六四年。
張大軍《新疆近四十年變亂紀略》，中央文物供應處，一九五四年七月。

金惠《西北行》，臺灣商務印書館，一九七六年。
朱文原編《國民政府禁煙史料》，第二冊，臺灣國史館。
馬全忠編《中華民國百年紀事》，聯經出版事業有限公司，二〇一一年六月。

4.有關報刊雜誌

《民國新聞》月刊，古吳軒出版社。
《東方》雜誌。
民國《邊政》雜誌。
國民新疆《反帝戰線》。
民國新疆《瀚海潮》雜誌。
民國新疆《新新疆》。
天津《大公報》。
民國《新疆日報》。
民國《中央日報》。

5.文史資料

《文史資料選輯》，中國文史出版牡，一九八一。
李堅白：《東北國民軍總司令郭松齡事略》，《遼寧文史資料》第十六輯，遼寧人民出版社，一九八六。
李英夫：《我所知道的郭松齡將軍》，《瀋陽文史資料》第三輯，一九八二年內部版。
羅靖寰：《我所知道的張作霖的對日外交》，《天津文史資料選輯》，第二輯，天津人民出版社。
《金樹仁在江寧地方法院的供詞》蘭州文史資料選輯，蘭州大學出版社，二〇〇四年一月。

王勤軒：往事拾零，蘭州文史資料選輯，蘭州大學出版社，二〇〇四年一月。
湯永才主編《東北抗日義勇軍在新疆》，文史資料專輯，新疆人民出版社，一九九一年八月。
《新疆文史資料選輯》。
《新疆文史資料》新疆政協文史委員會編。
《新疆文史》新疆自治區人民政府參事室。
《烏魯木齊文史資料》第一輯，新疆青年出版社，一九八二年五月。

後記

幾乎每個大陸人都有一個臺灣情結，即使他們居住在遙遠的邊疆。生在烏魯木齊少年的我，儘管距臺灣相隔萬里，更有海峽阻隔，但臺灣是祖國的寶島，我們一定要解放臺灣的信念，牢牢紮根在心中。

一九七二年十月，十五歲的我作為新疆代表隊一員赴南京參加中國全國田徑運動會，當「臺灣代表隊」舉牌入場時，全體觀眾自發起立，發出山呼海嘯般的掌聲和歡呼聲。至於代表隊員來自哪裡，是真是假，似乎沒人在乎和質疑。與臺灣籍的運動員同場競技，算是當時與臺灣的一次最近距離的接觸。是為震撼之旅。

又過了十七年，因臺灣開放老兵回鄉探親，一九八九年初夏，我與岳父母一家人在北京迎接臺灣的大姨夫婦回大陸探親，算是陸臺來往之始。是為接觸之旅。

二〇〇六年元月，我陪岳母秦克信回訪臺灣親人，走遍南北臺灣，在旅行車上觀看蔣氏夫婦、父子紀錄片，細察兩岸習俗、文化、觀念上的差異，在士林官邸、中山紀念堂購買書籍，是為感受之旅。

遊走閱讀之間，《蔣介石與盛世才》這本書的構思形成了。中華民國中後期，蔣介石是黨國領袖，盛世才是他的封疆大吏，挖掘和梳理二人的關係，實際上就是研究二戰及冷戰時期中央與邊疆的關係。

最初的資料搜集和獲得是間接的。因表兄穆繼誠（臺灣政大本科畢業）在東莞開廠，穿梭頻密，見面時，有時會為一些兩岸問題因觀點不同而爭得面紅耳赤。本書引用的諸多書籍、文史資料，即是表兄穆繼誠（工商碩士）、表妹穆佩芬（醫學博士）幫助購買、查尋、複印的。妻李安華多次赴臺參加兩岸四地超聲學術會議，其禮物即是臺版書籍。

當然，上述資料遠遠不能滿足成書的需要。因為史論是建立在史料基礎之上的，其過程如聚沙成塔，集腋成裘。借助妻在臺灣參加學術會議之便利，二〇一四年孟夏，我再次赴臺，先後到臺中圖書館、中央圖書館、臺大圖書館、政大圖書館查閱資料，是為圖書館之旅。

二〇一八年夏，我再次赴臺，先後到臺北重慶南路書店街、羅斯福路二手書店、臺灣國史館、中央圖書館等處搜書、淘書，是為尋書之旅。

就歷史書而言，一書是從眾書中生成的。若沒有大陸改革開放，沒有兩岸關係從軍事封鎖走向和平競賽，沒有兩岸從政治對立走向文化交流，哪會有這本書的出生呢？

今年是大陸改革開放四十周年，作為受益者，謹以此書獻給改變億萬中國人命運的偉大年代。

感謝秀威資訊科技股份有限公司暨杜國維先生為本書出版付出的辛勞。

著者改於廣州石書齋

二〇一九年元月十二日

人物索引

十二劃

十三劃

史地傳記類　PC0782　讀歷史89

大漠孤客
——蔣介石與盛世才關係揭秘

作　　者／崔保新
責任編輯／杜國維
圖文排版／楊家齊
封面設計／蔡瑋筠

發 行 人／宋政坤
法律顧問／毛國樑　律師
出版發行／秀威資訊科技股份有限公司
114台北市內湖區瑞光路76巷65號1樓
電話：+886-2-2796-3638　傳真：+886-2-2796-1377
http://www.showwe.com.tw
劃撥帳號／19563868　戶名：秀威資訊科技股份有限公司
讀者服務信箱：service@showwe.com.tw
展售門市／國家書店（松江門市）
104台北市中山區松江路209號1樓
電話：+886-2-2518-0207　傳真：+886-2-2518-0778
網路訂購／秀威網路書店：https://store.showwe.tw
國家網路書店：https://www.govbooks.com.tw

2019年4月　BOD一版
定價：520元
版權所有　翻印必究
本書如有缺頁、破損或裝訂錯誤，請寄回更換

Copyright©2019 by Showwe Information Co., Ltd.
Printed in Taiwan
All Rights Reserved

國家圖書館出版品預行編目

大漢孤客：蔣介石與盛世才關係揭秘 / 崔保新著.
-- 一版. -- 臺北市 : 秀威資訊科技, 2019.04
面； 公分. -- (史地傳記類；PC0782)(讀歷史 ; 89)
BOD版
ISBN 978-986-326-677-8(平裝)

1. 盛世才 2. 傳記

783.3886 108003927

讀者回函卡

感謝您購買本書，為提升服務品質，請填妥以下資料，將讀者回函卡直接寄回或傳真本公司，收到您的寶貴意見後，我們會收藏記錄及檢討，謝謝！

如您需要了解本公司最新出版書目、購書優惠或企劃活動，歡迎您上網查詢或下載相關資料：http:// www.showwe.com.tw

您購買的書名：________________________________

出生日期：________年________月________日

學歷：□高中（含）以下　□大專　□研究所（含）以上

職業：□製造業　□金融業　□資訊業　□軍警　□傳播業　□自由業

□服務業　□公務員　□教職　□學生　□家管　□其它_____

購書地點：□網路書店　□實體書店　□書展　□郵購　□贈閱　□其他

您從何得知本書的消息？

□網路書店　□實體書店　□網路搜尋　□電子報　□書訊　□雜誌

□傳播媒體　□親友推薦　□網站推薦　□部落格　□其他__________

您對本書的評價：（請填代號　1.非常滿意　2.滿意　3.尚可　4.再改進）

封面設計____　版面編排____　內容____　文／譯筆____　價格____

讀完書後您覺得：

□很有收穫　□有收穫　□收穫不多　□沒收穫

對我們的建議：________________________________

____

____

____

請貼
郵票

11466
台北市內湖區瑞光路 76 巷 65 號 1 樓
秀威資訊科技股份有限公司 收
BOD 數位出版事業部

（請沿線對折寄回，謝謝！）

姓　　名：____________　年齡：______　性別：□女　□男

郵遞區號：□□□□□

地　　址：____________________________

聯絡電話：（日）____________（夜）____________

E-mail：____________________________